20

MW01710823

L'ÉTAT ADMINISTRATEUR

MODES ET ÉMERGENCES

PRESSES DE L'UNIVERSITÉ DU QUÉBEC
Le Delta I, 2875, boulevard Laurier, bureau 450
Québec (Québec) G1V 2M2
Téléphone : 418-657-4399 ▪ Télécopieur : 418-657-2096
Courriel : puq@puq.ca ▪ Internet : www.puq.ca

Diffusion / Distribution :

CANADA et autres pays

PROLOGUE INC.
1650, boulevard Lionel-Bertrand,
Boisbriand (Québec) J7H 1N7
Téléphone : 450-434-0306 / 1 800 363-2864

FRANCE
AFPU-DIFFUSION
SODIS

BELGIQUE
PATRIMOINE SPRL
168, rue du Noyer
1030 Bruxelles
Belgique

SUISSE
SERVIDIS SA
Chemin des Chalets
1279 Chavannes-de-Bogis
Suisse

DANGER LE PHOTOCOPILLAGE TUE LE LIVRE

La *Loi sur le droit d'auteur* interdit la reproduction des œuvres sans autorisation des titulaires de droits. Or, la photocopie non autorisée – le « photocopillage » – s'est généralisée, provoquant une baisse des ventes de livres et compromettant la rédaction et la production de nouveaux ouvrages par des professionnels. L'objet du logo apparaissant ci-contre est d'alerter le lecteur sur la menace que représente pour l'avenir de l'écrit le développement massif du « photocopillage ».

L'ÉTAT ADMINISTRATEUR

MODES ET ÉMERGENCES

2009

Presses de l'Université du Québec
Le Delta I, 2875, boul. Laurier, bur. 450
Québec (Québec) Canada G1V 2M2

Données de catalogage avant publication (Canada)

Vedette principale au titre :

L'État administrateur : modes et émergences

Comprend des réf. bibliogr.

ISBN 2-7605-0889-7

1. Administration publique. 2. Entreprises publiques. 3. Sciences de la politique. 4. Politique publique. 5. Relations internationales. I. Tremblay, Pierre P., 1946- . II. Bernard, André, 1939- .

JF1352.E82 1997 351 C97-940759-1

Les Presses de l'Université du Québec remercient le Conseil des arts du Canada et le Programme d'aide au développement de l'industrie de l'édition du Patrimoine canadien pour l'aide accordée à leur programme de publication.

Révision linguistique : MONELLE GÉLINAS

Mise en pages : TYPO LITHO COMPOSITION

Conception graphique de la couverture : DESCHAMPS DESIGN

1 2 3 4 5 6 7 8 9 PUQ 2009 9 8 7 6 5 **4** 3 2 1

Tous droits de reproduction, de traduction et d'adaptation réservés
© 1997 Presses de l'Université du Québec

Dépôt légal – 3e trimestre 1997
Bibliothèque et Archives nationales du Québec / Bibliothèque et Archives Canada
Imprimé au Canada

Avant-propos

L'État administrateur : modes et émergences est un livre de science politique conçu et rédigé par des personnes dont c'est la discipline de formation et celle dans laquelle elles ont choisi d'œuvrer. C'est aussi un ouvrage sur l'administration publique qui vise à jeter une lumière nouvelle sur les caractéristiques propres à l'État en tant qu'administrateur de ressources et d'activités dont l'origine et la destination sont l'ensemble de la société. Il examine l'administration publique comme instrument privilégié de l'action de l'État et comme reflet des choix politiques d'une société. L'administration de l'État est principalement vue comme un prolongement du politique et les organismes, institutions, agences et entreprises publiques sont présentés comme les instruments des autorités constitutionnelles. De plus, les champs occupés par le secteur public apparaissent comme les lieux d'enjeux proprement politiques et, contrairement à la majorité des ouvrages qu'on produit sur le sujet, les points de vue juridique, organisationnel ou managérial ne constituent pas les angles d'analyse mais contribuent plutôt à enrichir l'information des textes et à illustrer les propos des auteurs.

Les auteurs qui ont été sollicités dans le cadre de ce projet ont reçu la consigne de travailler à partir des propriétés de l'administration publique et de traiter chacune en fonction des ressources de l'État ou en fonction d'un champ d'action particulier. La grille de rédaction suggérée comprenait les éléments suivants : la définition et la délimitation de l'objet traité, son historique, son évolution ainsi que sa finalité. Chaque auteur devait aussi exposer les principes, les règles, le cadre juridique ainsi que le système administratif des ressources ou des champs d'action publiques selon le cas. Enfin, la conclusion devait apporter un éclairage sur le devenir de l'objet observé.

Il était utopique d'espérer rendre compte de toute l'administration de l'État, celle-ci étant extrêmement variée et touchant à presque tous les aspects de la vie d'une société. Il a donc été décidé de traiter, dans une première partie, des ressources de l'administration publique que sont l'organisation, la gouverne, les finances, les employés, l'information, le territoire ainsi que l'économie et de présenter, dans une seconde partie, des champs d'action généralement exclus ou ignorés par les études en administration publique et des secteurs où les phénomènes de globalisation et d'internationalisation semblent avoir une influence irrésistible sur les décisions de l'État comme la diplomatie, la politique commerciale et la participation aux organismes internationaux. Le recueil comprend aussi deux chapitres qui, sous forme de notes, exposent deux champs d'action particuliers : l'éducation et l'environnement. Contrairement à ceux qui sont en pleine émergence, la présence de l'État n'y est pas récente; cependant, l'influence de la globalisation risque à brève échéance de s'y faire fortement sentir.

L'État administrateur : modes et émergences ne prend pas la forme d'un travail d'analyse ou d'évaluation des administrations ou des politiques publiques. Il se veut un outil d'enseignement destiné aux étudiants qui, dans le cadre de leur programme, doivent acquérir les notions de base de l'administration publique. Il s'adresse, par ailleurs, à tous ceux pour lesquels la question de l'État, de sa présence et de ses interventions est importante, voire préoccupante.

La préparation du recueil n'aurait pu se faire sans de précieuses collaborations, qui méritent notre reconnaissance. Nous tenons à remercier en particulier madame Angèle Tremblay, directrice générale des Presses de l'Université du Québec, qui est à l'origine du projet, ainsi que toute son équipe. Nous rendons aussi hommage à notre collègue André Bernard, un des doyens de l'administration publique au sein du département de science politique de l'UQAM, notamment pour sa contribution au chapitre introductif ainsi que pour son apport à l'ensemble du projet. Nous remercions également tous les collaborateurs et tous ceux qui, de près ou de loin, ont contribué à cette production.

Pierre P. TREMBLAY
Département de science politique
de l'Université du Québec à Montréal

« Tout de même l'État, ce n'est pas
seulement la justice, la police,
la diplomatie et la guerre, c'est encore
une gestion d'intérêts collectifs; … »

Pierre-Joseph Proudhon
Théorie de l'impôt, 1860

Table des matières

AVANT-PROPOS vii

Introduction : À PROPOS DE L'ADMINISTRATION PUBLIQUE
André Bernard et Pierre P. Tremblay 1

Chapitre 1 : LES ADMINISTRATIONS CENTRALES : LA JONCTION DU POLITIQUE ET DE L'ADMINISTRATIF
Julien Bauer 23

Chapitre 2 : LES ENTREPRISES PUBLIQUES
Michel G. Bédard et Luc Bernier 49

Chapitre 3 : LA HAUTE DIRECTION
Jacques Bourgault 89

Chapitre 4 : LES FINANCES PUBLIQUES
Pierre P. Tremblay 123

Chapitre 5 : LES RESSOURCES HUMAINES
Carolle Simard 155

Chapitre 6 : LES STATISTIQUES : SOURCE D'INFORMATION
Jean-Pierre Beaud et Jean-Guy Prévost 181

Chapitre 7 : LE TERRITOIRE
Jacques Léveillée 211

Chapitre 8 : L'ÉCONOMIE
Christian Deblock et Afef Benessaieh 243

Chapitre 9 : LE COMMERCE INTERNATIONAL
Christian Deblock et Fanny Marcoux 293

Chapitre 10 : LES AFFAIRES EXTÉRIEURES ET LA DIPLOMATIE
André Donneur 337

Chapitre 11 : LA PARTICIPATION AUX ORGANISATIONS INTERNATIONALES
Daniel Holly 367

Chapitre 12 : NOTES SUR L'ADMINISTRATION DE L'ÉDUCATION
André Girard 389

Chapitre 13 : NOTE SUR L'ADMINISTRATION DE L'ENVIRONNEMENT
Laurent Lepage 401

NOTE SUR LES AUTEURS 419

INTRODUCTION

À propos de l'administration publique

André Bernard et Pierre P. Tremblay

LE SENS PRÉCIS DU TERME ADMINISTRATION PUBLIQUE .. 5

LA DÉFINITION DU SECTEUR PUBLIC 6

LA DIVERSITÉ DES ÉLÉMENTS
QUI COMPOSENT LE SECTEUR PUBLIC 8

LE SECTEUR PUBLIC, LA POLITIQUE
ET L'ADMINISTRATION PUBLIQUE 10

LES PARTICULARITÉS DE L'ADMINISTRATION PUBLIQUE ... 12

L'ADMINISTRATION PUBLIQUE ET LE BIEN PUBLIC 14

L'ADMINISTRATION PUBLIQUE ET L'AUTORITÉ 18

Aujourd'hui, l'administration publique s'impose à tous. Cependant, même si elle agit en vertu de règles publiées, elle demeure fort mal connue. Pour mieux la découvrir, il est nécessaire, en plus d'étudier ses activités et ses moyens, d'examiner ses principales caractéristiques.

Au moment où nous écrivons ces lignes, environ 17 % des Canadiens occupant un emploi travaillent dans ce qu'on appelle communément le secteur public, c'est-à-dire l'ensemble des ministères, organismes, agences, administrations municipales ou régionales, entreprises et autres institutions créés par les autorités constitutionnelles.

Cette proportion, bien qu'importante, constitue un recul sensible par rapport au début des années 1990 où, selon l'*Annuaire du Canada 1994*, la main-d'œuvre en emploi dans l'administration publique représentait encore 24 % de la population active. Pour la seule année 1991, ce pourcentage représentait un bassin d'environ 2,7 millions d'individus : 44 % exerçaient leurs fonctions au sein des administrations, institutions et agences relavant directement des autorités politiques (fédérales, provinciales ou municipales); 5 % appartenaient aux Forces armées et à la Gendarmerie royale du Canada (GRC); environ 18 % travaillaient dans les hôpitaux et autres établissements de santé et de bien-être social; 19 % étaient des enseignants ou des administrateurs d'écoles ou d'autres établissements scolaires; environ 14 % travaillaient au sein d'entreprises du gouvernement, comme les sociétés d'État[1].

Dans l'ensemble de l'économie canadienne, au cours de la présente année 1997, le secteur public génère directement une production de biens

1. *Cf.* Statistique Canada, *Annuaire du Canada 1994*, p. 309.

et services qui correspond, en gros, à quelque 18 % du produit intérieur brut du Canada[2]. Selon la livraison de mars de *L'Observateur économique canadien*, les services gouvernementaux ont fourni 5,5 % du produit intérieur brut du Canada en 1996, alors qu'on peut estimer à 10 % du même produit intérieur brut la contribution des établissements publics du domaine de l'enseignement et du domaine de la santé et des services sociaux. Les entreprises publiques, de leur côté, fournissent environ 3 % du produit intérieur brut.

Par ailleurs, Statistique Canada rapporte qu'en 1996 tous les pouvoirs publics du Canada ont dépensé 348 milliards de dollars. Parmi ces dépenses, quelque 115 milliards de dollars (ou 33 %) ont été transférés à des « particuliers » (dont deux milliards à des non-résidents). Les entreprises privées ont reçu 11 milliards en subventions. Enfin, 74 milliards ont été payés en intérêts sur la dette publique.

Quand on considère les activités recensées lors de la compilation du montant du produit intérieur brut du pays, qui s'élève à quelque 750 milliards en 1997, on constate facilement l'omniprésence des autorités constitutionnelles. Les flux que représentent les transferts en provenance du secteur public affectent la consommation et la production. Par ailleurs, la totalité des échanges répertoriés lors de la compilation du PIB est assujettie à des réglementations imposées par les autorités. De plus, les montants des transactions servent de base au prélèvement d'impôts de toutes sortes (que ces impôts prennent la forme de droits, de taxes ou de cotisations). En définitive, il n'y a que « l'économie souterraine » qui échappe aux contrôles exercés par le truchement des administrations publiques.

L'administration publique n'a pas toujours été aussi présente dans la vie des citoyens canadiens. Au dire de Ronald W. Crowley[3], l'interventionnisme effectif de l'État ne remonte pas plus loin qu'aux années 1930. Il aura fallu l'avènement d'une nouvelle philosophie, de théories nouvelles (en particulier celle de John Maynard Keynes) et, surtout, du développement industriel, technologique et économique pour que les pouvoirs

2. Quand on entreprend de comparer les « finances » du secteur public au PIB, il faut bien se garder d'oublier la définition même du PIB (qui est la somme des « productions nettes » ou « finales »). Il faut aussi savoir que certaines dépenses de transfert sont taxées. Autrement dit, les autorités prennent d'un côté ce qu'elles donnent de l'autre; leur action, en matière de transferts, a un effet sur la distribution et sur les comportements, mais non pas sur le volume de la production. Par exemple : sur un dollar reçu en intérêt (ce dollar n'augmente pas le PIB, puisqu'il s'agit d'un transfert), le détenteur d'une obligation du Trésor doit verser, en moyenne, 50 cents en impôts — le fisc reprend 50 % de ce que le Trésor a versé !

3. Voir Ronald W. Crowley, dir., *Compétitivité et prestation des services publics*, École des études en politiques publiques, Université Queen's, Kingston, 1992, p. 7 à 9.

publics mettent en place le secteur public tel qu'on le connaît actuellement. Les mêmes facteurs sont de nouveau en effervescence et travaillent à changer le visage et le rôle de l'administration publique. Sur cette question de l'évolution des institutions publiques, Crowley écrit :

> [...] la grande question est de déterminer si les institutions publiques répondent au besoin du prochain demi-siècle. Autrement dit, il s'agit de déterminer si les institutions publiques peuvent offrir un meilleur produit que d'autres institutions. Selon l'OCDE, le véritable enjeu des années 90 sera d'accroître la souplesse du secteur public (Oxley et Martin, 1991). Dans cette optique, il serait raisonnable de s'attendre à ce que certaines institutions publiques doivent changer de façon à acquérir les qualités de compétitivité, d'adaptabilité et de dynamisme. Dans certains cas, il peut être nécessaire de transférer des fonctions de l'État vers d'autres institutions, existantes et nouvelles, ou même d'autres institutions vers l'État[4].

Sur la foi de tels propos, il faut donc s'attendre à ce que certains champs d'action des pouvoirs publics acquièrent une nouvelle importance et que d'autres perdent de leur prépondérance. En revanche, il ne semble pas que la présence même de l'État administrateur soit rejetée du revers de la main. Les finalités et les façons de faire particulières du secteur public resteront tout en étant utilisées dans une optique différente.

Pour bien réfléchir à cette question fondamentale de l'évolution de l'État administrateur, il nous semble essentiel de faire le point sur certaines notions de base de l'administration publique et de bien établir la démarcation entre secteur public et secteur privé.

LE SENS PRÉCIS DU TERME ADMINISTRATION PUBLIQUE

Il importe tout d'abord de distinguer l'administration et les administrations, car le mot administration a plusieurs significations. Il peut désigner au premier chef l'action d'administrer : par exemple, l'administration des autoroutes relève du gouvernement du Québec. Le terme peut aussi identifier une institution comme dans le cas suivant : l'éclairage des rues relève de l'administration municipale. Il y a, enfin, une troisième possibilité qui réfère à un champ de connaissance particulier comme les études en administration publique.

Par ailleurs, pour parler de l'action d'administrer, au lieu d'employer le mot administration, on a tendance à recourir au mot gestion, lequel signifie aussi l'action de gérer. On emploie même le mot

4. *Idem*, p. 15.

management[5], lequel désigne, selon certains dictionnaires, l'ensemble des techniques de direction, d'organisation et de gestion de l'entreprise. Les mots administration, gestion et management, comme les mots administrer, gérer et diriger, ont des sens voisins. Cependant, ceux qui ont le souci de la précision vont davantage utiliser le mot administration pour parler d'actions de grande envergure (ainsi, on dit conseil d'administration ou administration publique), et ils ont recours au mot gestion pour parler de la direction d'un service ou d'une entreprise. Pour ces personnes soucieuses de précision, le mot management, emprunté à l'anglais, s'applique aux entreprises et non pas aux administrations publiques (mais d'autres personnes, voulant sans doute imposer au secteur public les techniques préconisées dans le secteur privé, emploient le mot management pour désigner ce que d'autres appellent administration)[6]. Même si les mots management, gestion et administration sont utilisés comme des synonymes par de nombreuses personnes, ce livre ne fait usage que des mots administration et gestion, le mot administration étant employé dans un sens plus englobant que le mot gestion (ce dernier mot étant utilisé, par exemple, dans l'expression « gestion des finances publiques »). En fait, dans cet ouvrage, nous donnons au terme administration publique le sens que lui attribuaient Carolle Simard et Luc Bernier, c'est-à-dire : l'ensemble du pouvoir administratif contrôlé par l'État[7].

LA DÉFINITION DU SECTEUR PUBLIC

Le secteur public se définit par rapport au secteur privé. La distinction que l'on fait au Canada entre le secteur public et le secteur privé est une distinction « conventionnelle », fondée sur divers critères, le principal étant le statut juridique des organismes. Cette distinction s'applique au classement des organisations dès lors qu'il s'agit de les départager en catégories. Il est possible d'imaginer de nombreuses classifications : on peut en effet classer les organisations selon le genre d'activités qu'elles

5. Une bonne analyse du terme management et de ses implications pour l'administration de l'État a été réalisée dans Roland PARENTEAU, dir., *Management public : comprendre et gérer les institutions de l'État*, Sainte-Foy, Presses de l'Université du Québec, 1992. Lire, en particulier, les quatre premiers chapitres, p. 3 à 95.

6. *Idem*; voir surtout Adrien PAYETTE, « Éléments pour une conception du management public », p. 3 à 24. La même question est discutée par Roland PARENTEAU, « Peut-on parler de management public ? » dans Gérard ÉTHIER, dir., *L'administration publique, diversité de ses problèmes, complexité de sa gestion*, Sainte-Foy, Presses de l'Université du Québec, 1994, p. 3 à 20.

7. Voir à cet effet Carolle SIMARD et Luc BERNIER, *L'administration publique*, Montréal, Boréal, 1992, p. 13 à 16.

semblent privilégier; on peut les ranger selon le nombre de personnes qu'elles regroupent; on peut les distinguer selon leurs modes de gestion... Au Canada, quand on veut distinguer le secteur public du secteur privé, on considère, pour l'essentiel, le statut juridique des organisations.

Ce statut juridique sépare généralement les organisations qui relèvent d'intérêts privés de celles qui relèvent des pouvoirs publics. Il est cependant difficile de « classer » une organisation dont le statut juridique ne correspond pas à la norme (cas, par exemple, d'une entreprise commerciale incorporée à titre de « société anonyme » qui serait la propriété d'une institution relevant des pouvoirs publics).

Jadis, on a pu croire que la définition du secteur public pouvait reposer uniquement sur la notion de propriété. Il y aurait eu, d'un côté, la propriété privée et, de l'autre, tout le reste. Mais, tout le reste comprenait aussi la propriété mixte, associant pouvoirs publics et intérêts privés. Était-il « logique » de classer dans le secteur public l'ensemble des organisations dont la propriété était mixte ? Fallait-il classer d'un côté les organisations « dominées » par des intérêts privés et, de l'autre, les organisations « contrôlées » par les pouvoirs publics ? Forcément, pour répondre à ces questions, il fallait « choisir ».

Tant qu'à « choisir », fallait-il classer dans le secteur public des organisations qui, tout en appartenant entièrement à des intérêts privés, étaient presque entièrement « financées » par les pouvoirs publics (cas, par exemple, des universités dites « privées ») ?

On pourrait penser étendre la définition du secteur public à toute organisation financée par l'impôt (l'impôt étant défini comme « tout prélèvement monétaire, effectué d'autorité par les pouvoirs publics pour alimenter le Trésor public, ne comportant pas de contrepartie directe »). Mais le mode de financement (« fiscal », d'une part, et « autre », d'autre part) ne permet pas de tout départager, car de nombreuses organisations sont financées à la fois par l'impôt et par le marché.

À l'évidence, il est difficile de classer des organismes dont la propriété est mixte et ceux dont le financement est fondé à la fois sur des revenus tirés du marché et des sommes d'argent tirées du Trésor public. La difficulté reste considérable même quand on prend en compte le degré de contrôle que les autorités imposent à de tels organismes. En effet, les contrôles varient en intensité et, à la limite, il serait arbitraire de déterminer le degré de contrôle qui décide du classement. Faudrait-il classer dans le secteur public une entreprise « semi-privée » dont les prix de vente sont fixés, les conditions d'exploitation, réglementées et les transactions, scrutées en détail par les pouvoirs publics et classer dans le secteur privé une entreprise « semi-publique » à laquelle les autorités ont laissé une très grande autonomie ?

Certes, le statut juridique semble bien pratique. Il permet de dire si Air Canada fait partie ou non du secteur public ! Mais le statut juridique peut faire illusion. En effet, on vient de le voir, une organisation constituée en entreprise privée (par exemple, en vertu de la loi sur les compagnies) peut se trouver sous l'entière dépendance des pouvoirs publics.

En définitive, définir, c'est choisir. Et la définition du secteur public procède nécessairement de choix difficiles. Statistique Canada a tenté de clore le débat en « énumérant » les organismes à classer dans le secteur public. L'énumération retenue par Statistique Canada a été fortement critiquée[8] tout en faisant autorité parce qu'elle est la seule qui fasse l'objet de compilations systématiques.

LA DIVERSITÉ DES ÉLÉMENTS QUI COMPOSENT LE SECTEUR PUBLIC

La multiplication des organismes autonomes qui relèvent des autorités fédérales ou provinciales (sans parler des corporations créées par des organismes autonomes, notamment par les municipalités) rend difficile l'identification des frontières précises du secteur public, quelle que soit la définition que l'on veuille bien lui donner. La difficulté s'accroît, on l'a vu, parce que de plus en plus d'organismes « publics » sont associés à des intérêts privés, certains étant même propriétaires d'une partie du capital d'entreprises privées. Cette difficulté est à la mesure de la complexité qui caractérise le secteur public.

Étant donné que la capitale de la fédération canadienne est située en Ontario, Statistique Canada distingue, parmi les employés du gouvernement fédéral, ceux qui sont en emploi au siège du gouvernement (Ottawa et sa région, ce qui inclut Hull, au Québec) de ceux qui sont en emploi ailleurs en Ontario ou au Québec. C'est ainsi que l'on peut dire que seulement 22 % des fonctionnaires fédéraux travaillent en Ontario. Cependant, si on prend en compte les employés du gouvernement fédéral en poste à Ottawa, ce sont 38 % des employés du gouvernement fédéral du Canada qui se trouvent en Ontario (4 % des employés du gouvernement fédéral du Canada se trouvant en poste à l'extérieur du Canada).

8. Cette critique a surtout été faite par Gérard Bélanger. Voir, notamment, G. BÉLANGER, *Croissance du secteur public et fédéralisme : perspective économique*, Montréal, Agence d'ARC, 1988, p. 215 à 250.

Les autorités provinciales de l'Ontario ont une pratique de décentralisation qui contraste avec celle des autorités des autres provinces. Ainsi, parmi les fonctionnaires provinciaux de l'ensemble du Canada, 34 % travaillent en Ontario, alors que, parmi les fonctionnaires d'administrations locales, 44 % se trouvent en Ontario.

La complexité du secteur public, dont un aspect vient d'être évoqué, en parlant de la variété de ses composantes, est surtout le fait de l'extraordinaire hétérogénéité de ses activités et des insondables particularités du politique.

À la différence d'une entreprise privée, même de la plus grande des entreprises privées, qui n'embrasse jamais qu'un certain nombre d'activités, le secteur public s'intéresse aux activités de toutes les entreprises, de sorte que, de ce premier point de vue, l'hétérogénéité des domaines d'intérêt du secteur public est plus grande que celle d'aucune autre entreprise. Les autorités du secteur public imposent aux entreprises, à toutes les entreprises, une réglementation très contraignante (enregistrement, rapports, contributions, normes, et ainsi de suite) mais, en même temps, elles accordent une sécurisante protection aux entreprises qui se conforment aux lois en vigueur. La plupart des lois qui s'appliquent au monde des affaires ont d'ailleurs été adoptées pour régulariser les échanges, amener le respect des engagements, des commandes, des contrats, éviter ce qu'on appelle « le vol » et éliminer le recours privé à la violence (la violence ou la menace de violence étant souvent associée au vol et à toutes sortes de spoliations). Certaines lois ont été conçues pour encourager la recherche de gains de productivité et pour stimuler l'innovation (c'est le cas des lois relatives aux brevets d'invention, des lois relatives à l'aide au développement, à l'exportation, à la recherche, et ainsi de suite). D'autres lois, qui bénéficient à toute la population, avantagent tout de même les entreprises : c'est le cas, par exemple, des lois relatives aux services « publics » et des lois relatives à l'aménagement du territoire (ce qui implique la construction d'installations « publiques » allant des réseaux d'irrigation des terres agricoles aux réseaux routiers). Le secteur public sert aussi le monde des affaires en assurant le long terme (négociations internationales, protection des ressources, étude des tendances, etc.). Par ailleurs, en exerçant un certain contrôle sur la monnaie, les autorités tentent d'assurer à la fois la stabilité et l'incitation à la croissance que réclament les porte-parole de nombreuses entreprises et de nombreux groupes d'intérêt représentatifs de diverses catégories sociales. En outre, pour le bénéfice des entreprises qui respectent les règles, les autorités essaient de traquer les gens d'affaires et les « simples particuliers » qui ne les respectent pas. En définitive, les très nombreuses interventions du secteur public dans le monde des affaires couvrent un éventail de domaines d'une très grande hétérogénéité.

Mais en plus d'intervenir dans le monde des affaires, le secteur public s'occupe aussi d'une gamme étendue de comportements individuels, notamment par le truchement du droit criminel et par son action en matière de droit civil.

Par ailleurs, grâce à l'impôt à taux progressifs et à diverses autres mesures fiscales, associées à la prestation de services qu'on appelle « publics » et à des allocations en faveur des personnes démunies, le secteur public contribue à atténuer les conséquences des inégalités qui distinguent les êtres humains.

Le secteur public s'occupe également de ce qu'on appelle « les biens publics » (lesquels ne relèvent pas des entreprises privées), la gamme de ces biens publics couvrant une liste considérable d'installations et de services dont le bénéfice ne peut être réservé à quelques personnes seulement.

À la limite, le secteur public peut être impliqué dans la quasi-totalité des questions qui concernent la vie en société, comme l'a montré, dans certains pays, l'instauration de régimes communistes.

LE SECTEUR PUBLIC, LA POLITIQUE ET L'ADMINISTRATION PUBLIQUE

La distinction entre les administrations publiques et les entreprises privées est, comme le reste, affaire de définition. Il est possible de dire que ce sont des choix politiques qui décident finalement de la définition officielle du secteur public. En conséquence, cette définition est un enjeu politique. Il s'ensuit que la définition officielle est contestée et que les personnes qu'elle ne satisfait pas proposent leur propre définition.

En proposant sa propre définition du secteur public, une personne exprime sa vision du monde et son idéal. Ainsi les personnes qui préconisent l'extension des libertés individuelles auront tendance à donner une définition extensive du secteur public afin de dénoncer plus facilement les innombrables interventions des autorités dans les activités des êtres humains. Ces personnes vont préconiser ce qu'elles appellent la « privatisation » des activités qui relèvent encore du secteur public; elles vont souhaiter ce qu'elles appellent une « déréglementation » des activités des entreprises et des agents économiques.

Les personnes qui, opposées aux précédentes, estiment que le secteur public devrait s'étendre davantage auront tendance à montrer qu'il n'est pas aussi tentaculaire qu'on le prétend. Ces personnes, qu'on peut qualifier d'interventionnistes, font remarquer que, dans le secteur public, on trouve surtout des travailleurs qui accomplissent des tâches qui répondent aux vœux de la population plutôt qu'aux vues du pouvoir. Ces personnes critiquent ce qu'elles appellent l'iniquité qui découle de la propriété privée des entreprises et elles préconisent une réglementation accrue, voire une « collectivisation » de la propriété industrielle et financière.

Les antagonismes relatifs à l'extension du secteur public se traduisent dans le vocabulaire et non seulement dans les définitions de chaque expression. Ainsi, les personnes favorables à l'action des autorités et aux activités des membres des administrations publiques vont parler avec respect des fonctionnaires et éviter le recours à des termes injurieux pour les désigner. Inversement, les personnes qui se disent insatisfaites du secteur public utilisent des mots comme « bureaucrates » ou « ronds-de-cuir » pour parler des fonctionnaires; ils qualifient le système administratif du pays de « bureaucratie » ou de « technocratie ». Certaines catégories de fonctionnaires, en particulier les agents de la paix, sont la cible d'une grande animosité.

L'insatisfaction à l'égard du secteur public peut découler de causes multiples. Il est en effet très difficile, pour les autorités, de satisfaire les demandes concurrentes ou contradictoires formulées par les gens, car la satisfaction de toutes ces demandes est impossible, faute de moyens, alors qu'il y a, de toute façon, incompatibilité entre les demandes opposées.

Certains contribuables ont le sentiment de contribuer bien davantage que d'autres, sans satisfactions correspondantes, et cela quel que soit leur âge[9]. Rares sont les contribuables qui réalisent l'implication politique, sociale et économique du cycle de vie, qui fait passer les gens d'une dépendance, celle de l'enfance, à une autre, celle de la vieillesse, ce qui oblige chacun, au milieu de son existence, à épargner pour lui-même et à aider, par l'impôt, ses cadets et ses aînés. Laissés à eux-mêmes, rares seraient les gens qui voudraient prendre en compte la solidarité « collective » entre générations; nombreux seraient les égoïstes qui, ayant épuisé les ressources de leurs pères et mères, refuseraient toute aide à qui que ce soit. Bref, bien des contribuables sont insatisfaits du secteur public parce que celui-ci contrarie leur égoïsme et leur cupidité.

Mais il y a plus. Plusieurs sont convaincus de l'inefficacité du secteur public. À leur avis, puisque l'impôt est obligatoire et qu'il n'y a pas à fournir une contrepartie directe en échange, les personnes qui sont

---

9. Lire à ce sujet le rapport d'enquête de Pierre P. TREMBLAY et de Guy LACHAPELLE, *Le contribuable : héros ou malfaiteur ?*, Sainte-Foy, Presses de l'Université du Québec, 1996, p. 41 à 57.

rétribuées grâce à l'impôt n'ont aucune raison de chercher à plaire. Elles peuvent même être désagréables, hautaines, méchantes... car elles ne risquent rien, l'impôt les assurant contre l'insatisfaction du public.

Le mode de financement principal du secteur public, l'impôt, donne l'illusion de la gratuité aux personnes qui bénéficient des services fournis par les autorités, et il laisse croire que le fisc confisque sans contrepartie aucune. Même indirecte, la contrepartie est bien réelle. La qualité de vie que procurent les interventions des autorités dans les pays démocratiques ne saurait être obtenue dans l'anarchie. Ne serait-ce que parce qu'ils achètent la paix et la sécurité, les impôts valent d'être payés.

Dans une démocratie, par ailleurs, le secteur public est divisé en de multiples composantes relativement autonomes les unes par rapport aux autres. Certains auteurs du XVIIe et du XVIIIe siècles ont même soutenu qu'une condition de la liberté se trouvait dans l'établissement de contrepoids institutionnels destinés à limiter le pouvoir des détenteurs de l'autorité (on parlait, en anglais, de *checks and balances*). Au Canada, à la division fédérale des compétences législatives entre le Parlement canadien et les institutions provinciales s'ajoute une longue tradition de décentralisation municipale et une pratique de plus en plus répandue de décentralisation fonctionnelle.

Les composantes du secteur public peuvent être classées de diverses façons. Elles peuvent l'être selon les activités (réglementation, production de biens et services publics, semi-publics, semi-privés et privés) ou selon les processus ou procédés (prélèvements, redistributions, etc.) ou, encore, selon les répartitions « juridiques » traditionnelles (organes législatifs, organes judiciaires, autres « exécutifs »). Les divers organes distingués selon un premier critère peuvent être eux-mêmes séparés selon d'autres critères; les éléments des diverses catégories qui résultent de ces premiers classements peuvent être, à leur tour, répertoriés selon les types d'emplois, les genres, les personnes, et ainsi de suite. Il est possible d'établir des hiérarchies, des typologies complexes, bref, il est facile de montrer, par l'analyse, la variété des composantes du secteur public.

LES PARTICULARITÉS DE L'ADMINISTRATION PUBLIQUE

La principale raison pour laquelle les administrations publiques n'opèrent pas sur le modèle des entreprises privées se trouve dans le fait que les administrations publiques appliquent la loi alors que les entreprises privées la respectent ou, même, la subissent. Les administrations publiques sont l'instrument de l'autorité, qui s'exprime par la loi. La loi dicte les obligations et les interdictions, établit les droits et les libertés, prescrit, en somme, la marge de manœuvre à l'intérieur de laquelle peuvent s'inscrire les comportements individuels. Les administrations publiques servent l'autorité en appliquant et en faisant respecter les décisions politiques dont l'ensemble constitue la loi (ou, plus largement, le droit).

Une bonne part des activités du secteur public se rapporte aux biens publics, dont on a dit, précédemment, qu'ils relèvent nécessairement d'une autorité. Il est, en effet, un certain nombre de services ou de biens qui, de toute façon, doivent relever d'une autorité. Ainsi, la paix et la sécurité d'une population donnée ne peuvent être assurées que par une autorité, qui impose les obligations et les interdictions sans lesquelles règnent les querelles interminables et l'anxiété permanente. On dit des biens qui sont indivisibles et accessibles à tout le monde (c'est le cas de la paix et de la sécurité) qu'ils sont des « biens publics » et on admet volontiers que de tels biens relèvent de la « sphère publique ».

Il arrive cependant que, pour diverses raisons, l'autorité confie à des administrations publiques le soin de dispenser un service que pourrait aussi offrir une entreprise privée (par exemple, l'enseignement ou, autre exemple, les soins de santé).

On l'a vu, compte tenu de la variété des arrangements qui s'y appliquent, le secteur public est extrêmement complexe. Ainsi, une distinction importante sépare les administrations publiques proprement dites des entreprises publiques, les premières étant surtout financées par l'impôt, les secondes, par la vente de titres, de services ou de biens, ces dernières faisant ce que pourraient faire des entreprises privées. Certaines administrations publiques, financées surtout par l'impôt, accomplissent néanmoins des activités qui pourraient être effectuées par des entreprises privées (qui pourraient être financées, en tout ou en partie, par des subventions ou octrois provenant du secteur public et, par conséquent, au moins en partie, de l'impôt). Les administrations publiques et les entreprises publiques, ensemble, correspondent à ce qu'on appelle, au Canada, le « secteur public » (mais, en langue française, cette dernière expression, le « secteur public », désigne, dans certains pays, uniquement les « entreprises publiques », lesquelles se distinguent des entreprises privées, qui forment le « secteur privé », et des entreprises dont la propriété est en partie privée, qui, elles, forment le « secteur semi-public »). Dans ce livre, pour éviter la confusion, une distinction est faite entre, d'une part, les administrations publiques proprement dites et, d'autre part, l'ensemble du secteur public.

Il est patent que les administrations publiques se distinguent davantage des entreprises privées que des entreprises publiques, mais elles se distinguent tout de même des entreprises publiques. Les entreprises publiques sont toutes engagées dans des activités qui pourraient relever d'entreprises privées alors que la plupart des administrations publiques s'occupent de biens publics et, plus généralement, du bien public. Les administrations publiques sont directement liées à l'autorité politique (autrement dit, elles sont l'expression des pouvoirs publics). Elles appliquent le droit conformément au principe de la primauté du droit qui est inscrit en tête de la Charte canadienne des droits et libertés entrée en vigueur en 1982.

L'ADMINISTRATION PUBLIQUE ET LE BIEN PUBLIC

C'est une tautologie de le dire, mais il est important de le faire : l'administration publique concerne la gestion des activités des administrations publiques. Et les administrations publiques mettent en œuvre les décisions des autorités, notamment les décisions qui visent le bien public ou qui se rapportent aux biens publics.

Parce qu'elles consacrent une bonne part de leurs activités à la mise en œuvre des décisions des autorités qui visent le bien public, les administrations publiques peuvent sembler au service du bien public. Certes, chacun peut avoir sa conception du bien public, cependant les décisions des autorités sont généralement présentées comme des décisions formulées pour le bien public. Dans la mesure où l'élection et la réélection des titulaires des postes d'autorité dépendent de la confiance que leur portent de très nombreuses personnes, il est vraisemblable que les décisions des autorités correspondent à la conception du bien public qui est la plus répandue et qui, sans doute, est dominante. Il s'ensuit qu'il est logique de dire, dans une démocratie, que l'administration publique est au service du bien public.

Le bien public est habituellement défini comme « l'intérêt général » et il est censé transcender les intérêts particuliers ou privés. Ainsi, lors d'une épidémie appréhendée, les autorités prescrivent des mesures de prophylaxie qui gênent la plupart des gens, des mesures auxquelles de nombreuses personnes ne se soumettent que sous la contrainte, sous prétexte que l'épidémie annoncée n'est pas inéluctable : ces mesures sont néanmoins requises par les circonstances et elles évitent l'aggravation de la situation, qui se produirait autrement. Cet exemple (que l'on pense simplement aux cas de méningite) montre que l'intérêt du public n'est pas nécessairement perçu par tous.

Le bien public doit être distingué des biens publics et les biens publics doivent, à leur tour, être définis. Selon une définition, les « biens publics » sont les espaces, ressources, installations, matériels, denrées, marchandises, titres et autres « avoirs » qui appartiennent aux pouvoirs publics. Selon une autre définition, l'expression « biens publics » désigne ce qui ne peut pas être divisé et approprié au bénéfice d'une seule personne à l'exclusion des autres personnes qui désireraient en profiter. L'exemple de l'air pur a déjà été donné pour illustrer cette définition de l'expression « biens publics ». Il est clair que la plupart des « avoirs » des pouvoirs publics ne sont pas des biens publics selon la seconde définition (car ils sont divisibles, peuvent être appropriés au bénéfice d'une ou de plusieurs personnes à l'exclusion des autres, et ainsi de suite) alors qu'ils le sont selon la première.

Cette distinction est importante. En effet, pour prendre un exemple, une « voiture officielle » est un « bien public », mais elle est réservée à l'usage exclusif des « officiels ». Un terrain militaire est un « bien public », mais on ne peut y accéder sans autorisation.

En revanche, si l'air pur est un bien public, au sens de la deuxième définition, c'est parce qu'il n'est pas possible d'empêcher les gens d'en profiter à moins de les chasser de l'endroit où l'air est pur. Par ailleurs ce n'est pas parce qu'une personne profite de cet air pur que les autres ne peuvent pas en profiter également. De plus, on n'épuise pas ce bien public en le consommant.

C'est la même chose pour la paix, la sécurité, la stabilité. Quand la paix règne, tout le monde en profite. Quand la sécurité et la stabilité sont assurées, chacun peut espérer sans crainte.

Or, ces biens publics ne peuvent être disponibles s'il n'y a pas une autorité et une administration pour les rendre disponibles. Pour faire régner la paix, il faut des « agents » capables de l'imposer aux fauteurs de troubles (qui, par définition, tentent de « troubler » la paix publique). Pour assurer à une population la sécurité et la stabilité qui peuvent contribuer à son bien-être, il faut substituer l'ordre à l'anarchie et accepter une gestion centralisée et collectivisée de certaines ressources (que cette gestion soit démocratique ou non). En définitive, dans une agglomération, la plupart des « biens publics » sont ceux que procurent les autorités et les administrations.

Selon les spécialistes de ces questions, l'exercice d'une autorité va de pair avec la formation et le développement des sociétés humaines. Plusieurs ont même soutenu, à tort semble-t-il, que, dans les communautés primitives, avant l'invention de l'écriture, l'exercice de cette autorité imposait une forme de collectivisation apparentée au communisme, la plupart des « biens » étant considérés comme « biens communs ». Déjà, dans ces communautés primitives, certaines règles et des traditions auraient constitué ce qu'on appelle aujourd'hui un « système politique ».

Alors que, dans une famille, la force, le contrôle des ressources et l'expérience confèrent aux adultes la possibilité d'imposer leur loi aux enfants, dans une agglomération comprenant plusieurs familles l'expérience, la force et les ressources propres de certaines personnes leur permettraient sans doute d'orchestrer l'action concertée d'un petit groupe et d'imposer leur loi à l'ensemble de l'agglomération, mais, dans la plupart des sociétés, l'histoire a tellement contribué à structurer les rapports sociaux que la loi que peuvent imposer le plus facilement les plus habiles, c'est la tradition.

La tradition, dont font état les écrits les plus anciens, établissait déjà ce qu'on appelle aujourd'hui les « pouvoirs publics ». Des textes qui datent de plusieurs milliers d'années (4 000 années dans certains cas) parlent de titulaires de postes d'autorité dont les titres évoquent ceux de l'histoire récente. Les représentations de l'autorité, évoquées dans des sculptures ou des dessins exhumés par les archéologues, montrent que les sociétés des débuts de l'histoire étaient hiérarchisées et segmentées (quelle que fût la « forme » de leur « système politique » ou celle de leur « système économique »); dans ces sociétés, il y avait des dirigeants et ceux-ci avaient leurs conseillers, leurs serviteurs, leurs soldats... Les sociétés du passé avaient leurs lieux publics (places, lavoirs, etc.) et des installations gérées par les autorités (greniers, caches, etc.). Dans certaines de ces sociétés anciennes, les autorités avaient mobilisé les ressources collectives pour construire des ouvrages défensifs, des routes, des canaux, etc. Certaines de ces sociétés d'autrefois ont même laissé des vestiges d'une formidable organisation politique (forteresses, palais, réseaux d'irrigation, aqueducs, etc.). Loin d'être une invention contemporaine, la politique a marqué l'histoire de l'humanité, de l'invention de l'écriture (qui marque la frontière entre la préhistoire et l'histoire) jusqu'à maintenant.

L'histoire montre aussi que, parmi les « systèmes politiques » et les « systèmes économiques » qu'ont connus les sociétés du passé, il en est de toutes sortes. La plupart des sociétés ont connu des « régimes monocratiques » ou « totalitaires » (c'est-à-dire des régimes dans lesquels le pouvoir suprême est exercé par un individu qui n'a pas à se soumettre à la volonté d'un quelconque électorat), des « régimes oligarchiques » (c'est-à-dire des régimes dans lesquels un petit nombre de personnes se partagent les postes d'autorité ou participent au choix des gouvernants) et des « régimes démocratiques » (autrement dit des pays qui, comme les États-Unis, font dépendre le choix des gouvernants d'élections périodiques, libres et pluralistes, auxquelles tous les adultes du territoire ont droit de participer). Tous ces régimes, y compris des régimes dits « démocratiques » ont pu être plus ou moins « oppressifs », « despotiques », « autoritaires » et « tyranniques »... Une « monocratie » oppressive est habituellement qualifiée de « dictature ». Dans certains pays dits « démocratiques », on a parlé de la « dictature de la majorité » ou, autre exemple, de la « dictature du prolétariat ». Aujourd'hui encore, dans certains pays, existent des « régimes totalitaires » ou, même, des « dictatures ». Les « démocraties » sont cependant de plus en plus nombreuses. Ayant échappé aux mouvements anti-démocratiques qui ont entraîné l'instauration des dictatures militaires dans certaines régions du monde encore récemment, le Canada fait partie des pays qui ont une longue tradition démocratique.

Or, la tradition, dans une société complexe, donne à chaque nouvelle génération un héritage de règles que les plus anciens respectent et dont ils imposent le respect aux plus jeunes. Et parmi ces règles, il en est un grand nombre qui ont trait aux autorités, aux lois et aux « biens publics ».

Ces règles elles-mêmes donnent à un pays une stabilité qui est perçue comme un « bien public ». Ce « bien public » peut être valorisé par un très grand nombre de personnes, comme c'est le cas au Canada.

Au Canada, ces règles, héritage du passé, posent, en tout premier lieu, le principe de la primauté du droit. Ce principe est perçu comme primordial par la plupart des gens puisqu'il dicte aux autorités d'agir conformément à la loi et de ne modifier la loi que selon des procédures déterminées (la plus importante étant celle qui donne à la « majorité parlementaire » le pouvoir de refuser tout projet de loi modifiant une loi ancienne ou créant une règle nouvelle).

Au Canada, les règles héritées du passé déterminent également un agencement d'institutions qui est censé éviter le despotisme et l'arbitraire. Cet agencement, auquel il a été fait allusion précédemment et qui est bien connu de tous, partage les « pouvoirs » entre deux ordres d'institutions, selon un arrangement qualifié de fédéral, et, dans chacun de ces ordres d'institutions, une division est opérée entre diverses catégories de postes d'autorité. Cette division, dans les institutions fédérales et provinciales, permet toutefois une pratique institutionnelle que l'on dit être celle du parlementarisme de type britannique (en vertu duquel les chefs de l'administration publique, c'est-à-dire les ministres, doivent leurs postes au soutien qu'ils obtiennent de la majorité des parlementaires désignés par l'électorat). Par ailleurs, on l'a vu également et c'est là un sujet de savoir commun, les autorités fédérales comme les autorités provinciales ont délégué, jadis, d'importants pouvoirs à des organismes autonomes dont l'existence et le rôle ont acquis une pérennité qui semble assurer leur avenir. Finalement, en vertu de l'agencement institutionnel qui est celui du Canada, le secteur public y apparaît exceptionnellement fragmenté, chacun des nombreux organismes qui le composent exerçant son autorité sur un nombre limité de domaines.

La stabilité qu'assurent les institutions qui sont celles du Canada et la forme de démocratie qu'elles permettent sont, pour la population du Canada, un bien public, tout comme l'est la sécurité qu'assure le principe de la primauté du droit.

Il y a bien d'autres biens publics purs auxquels tiennent les gens au Canada. La Charte canadienne des droits et libertés garantit le respect de la différence et l'autonomie de mouvement et d'établissement.

L'ADMINISTRATION PUBLIQUE ET L'AUTORITÉ

À titre de bien public, le respect de la différence et l'autonomie de mouvement et d'établissement ne peuvent exister sans l'intervention d'une autorité et des agents de l'autorité (autrement dit sans une administration publique). La notion même de « bien public » suggère l'exercice nécessaire d'une autorité. Une place publique ne reste « publique » que si une autorité et des agents de l'autorité interdisent à quiconque de se l'approprier.

Le désir de certaines personnes (qui peuvent être majoritaires) a mené, dans plusieurs pays, à l'attribution aux autorités et, par ce truchement, au public, de la propriété non seulement des places publiques, des rues, des routes (des ponts, des gués, des tunnels...), mais aussi de celle de très nombreux autres lieux (les terres inoccupées, les cours d'eau, les lacs, les mers, etc.) et de très nombreuses autres installations (les quais, havres, jetées, ports, phares, balises, canaux, écluses, aides à la navigation, etc.). Devenus biens publics, ces propriétés sont censées servir le bien public et, biens publics au sens de la première définition de cette expression, elles le sont devenues aussi au sens de la deuxième.

La définition d'un « bien public pur » (un bien indivisible dont la consommation peut bénéficier à tous sans s'épuiser) peut finalement s'étendre en fonction des choix des autorités. Les autorités peuvent, en effet, décider de transformer en « bien public » un bien semi-public, un bien semi-privé ou même un bien privé. Ainsi, un pont peut être un bien public alors qu'il peut tout aussi bien être un bien privé. Bien privé, un pont est rentable pour ses propriétaires dès lors que les péages exigés des personnes qui le traversent permettent de le financer et de dégager un surplus. Bien public, le même pont peut n'être accessible qu'aux personnes qui acceptent de régler un péage, mais il peut aussi être accessible à quiconque pour peu que son financement soit assuré par l'impôt.

La notion de « bien public pur » (selon laquelle est un bien public pur tout bien dont la consommation peut bénéficier à tous sans s'épuiser) a servi à justifier la conception selon laquelle les autorités devaient restreindre leurs interventions et laisser aux intérêts privés la propriété de tous les biens qui ne sont pas des biens publics purs. Cette conception mène toutefois à l'anarchie. Ainsi, un premier pont privé sur une rivière autrement infranchissable donne à ses propriétaires la possibilité d'exiger un péage équivalent au coût du détour par le gué le plus proche; ce monopole permet un enrichissement rapide de sorte que la construction d'un deuxième pont, par des concurrents, peut être envisagée (et combattue par la violence que pourraient exercer les propriétaires du premier pont). Dans l'hypothèse où un deuxième pont était éventuellement construit, la rentabilité de chaque pont peut devenir aléatoire. L'intérêt des usagers et, même, celui des concurrents, peut justifier l'intervention des autorités, qui ont alors le choix soit de « collectiviser » (exproprier) le pont unique ou les deux ponts, soit d'imposer un tarif (ou un impôt) aux propriétaires du pont ou des ponts. Cet exemple illustre la logique de l'intervention des autorités au nom du « bien public ».

Il s'ensuit que les limites à l'intervention des autorités que peut suggérer la notion de « bien public pur » n'ont jamais retenu les titulaires des postes d'autorité qui pouvaient désirer exercer leur autorité sur d'autres types de biens. L'expropriation d'un pont privé très rentable pour ses propriétaires peut en effet apporter d'importants revenus aux pouvoirs publics, si les péages antérieurs sont maintenus; cette expropriation peut aussi apporter d'importants avantages aux usagers si le pont, devenu bien public, est accessible sans péage (son financement étant assuré par l'impôt). De fait, au Canada, les gués privés et les ponts privés qui existaient jadis ont tous été « collectivisés » et les ponts construits depuis un siècle ont été des ponts publics dont le financement a été assuré soit par l'impôt, soit par des péages au bénéfice des pouvoirs publics. Mais, les autorités pourraient tout aussi bien « privatiser » certains ponts (pour le bénéfice de leurs propriétaires privés), tout comme ont été privatisées, dans plusieurs pays, des autoroutes ou bien d'autres installations (canaux, chemins de fer, et ainsi de suite).

La gestion publique ou la gestion privée de biens semi-publics, de biens semi-privés et de biens privés (selon la définition « économique » de ces expressions) est fonction des choix des autorités. Il n'y a guère que les biens publics purs qui, effectivement, ne peuvent être gérés que par des autorités.

Tout comme elles doivent l'exercer dans la gestion des biens publics purs (la paix, on l'a vu, n'est possible que grâce aux interventions des pouvoirs publics), les autorités ont nécessairement recours à la coercition dès qu'elles choisissent d'intervenir dans la gestion des autres biens. Cette coercition, on l'a compris, peut prendre diverses formes : un impôt sur ces biens ou sur les revenus qu'ils procurent, l'imposition d'un tarif sur l'usage ou la location de ces biens, l'application d'une réglementation relative à l'usage de ces biens, et, à la limite, la « collectivisation » (par voie d'expropriation).

Dans une démocratie, la gestion des biens que les autorités ont à gérer (bien publics purs) ou décident de gérer (autres biens) repose non seulement sur la coercition (interdictions ou obligations assorties de sanctions) mais aussi sur un certain consensus social (il faut que les autorités puissent s'appuyer sur des soutiens qui l'emportent sur les oppositions).

La construction d'un consensus social, quel qu'il soit, demande du temps. Elle est affaire de leadership, de séduction, de valeurs. Le consensus qui peut exister à un certain moment à propos de tel ou tel sujet peut être considéré comme la « tradition ». Sur certains sujets, le consensus actuel paraît général, solidement établi; sur d'autres, le consensus semble partiel, fragile.

Au Canada, bien que la plupart des gens aient « intériorisé » le respect de l'autorité, il est clair que les valeurs qui étaient jadis dominantes n'ont pas, aujourd'hui, la vogue d'autrefois. Ainsi, depuis une quinzaine d'années, les pouvoirs publics ont pu « privatiser » la gestion de biens qui, antérieurement, étaient des biens publics (ainsi, les autorités fédérales ont pu privatiser Canadair, Air Canada, etc.).

L'un des motifs évoqués pour justifier les « privatisations » opérées depuis quelques années réfère à la « globalisation » ou à la « mondialisation » des échanges, à l'interdépendance des économies. De nombreuses personnes soutiennent en effet que les États territoriaux n'ont plus leur raison d'être et que les décisions des autorités d'un pays doivent être conformes aux décisions des autorités des pays qui, par leur population et leurs capacités de production, dominent « l'économie mondiale ». Ce raisonnement, qui paraît séduire beaucoup de gens, sape les fondements de l'autorité traditionnelle.

L'autorité, jusqu'à maintenant, tendait à s'exercer sur la population d'un territoire déterminé. Chaque population, définie par les frontières du territoire sur lequel s'exerçait une autorité, était soumise aux pouvoirs publics de ce territoire.

Le raisonnement à la mode aujourd'hui mène à conclure que la population d'un pays de moindre importance est dorénavant soumise aux autorités des pays dominants, par le truchement des autorités locales, qui adoptent les décisions conformes aux décisions des autorités des pays dominants. Ce raisonnement, aujourd'hui à la mode, contredit celui qui, jadis, justifiait « le droit des peuples à disposer d'eux-mêmes ».

C'est en gardant ces propos en tête que nous vous invitons maintenant à lire, à discuter et à réfléchir sur chacun des treize textes qui suivent. Les deux premiers, celui de Julien Bauer et celui de Michel G. Bédard et de Luc Bernier, présentent deux des plus importantes facettes de l'organisation de l'administration publique moderne : les administrations centrales, qui constituent le point de rencontre du politique et de l'administratif, et les entreprises publiques dont la vocation principalement commerciale en font un outil économique majeur pour les gouvernements et les grandes administrations locales et régionales. Les cinq suivants traitent des ressources dont bénéficient les administrations publiques pour mener leurs activités. Ces ressources sont : la haute direction dont Jacques Bourgault trace un portrait savant et documenté; les finances publiques dont les règles particulières découlant des grands principes de la démocratie sont étayées par Pierre P. Tremblay; les ressources humaines dont les enjeux sociaux et politiques sont expliqués par Carolle Simard; les statistiques qui constituent la source d'information la plus sûre et la mieux structurée pour la gouverne des collectivités et dont Jean-Pierre Beaud et Jean-Guy Prévost explorent avec beaucoup de bonheur la double dimension politique et cognitive; le territoire sans lequel les administrations ne pourraient asseoir leur autorité et pour lequel Jacques Léveillée expose les questions de l'administration locale et régionale; et, en dernier lieu, l'économie, une des sources premières de la richesse sur laquelle prend appui le développement des administrations publiques : Christian Deblock et Afef Benessaieh en expliquent l'administration de la politique.

Les trois textes qui suivent portent sur les secteurs en émergence de l'administration publique et dont l'importance est devenue stratégique avec les phénomènes de la mondialisation et de l'internationalisation. Le premier a été rédigé par Christian Deblock et Fanny Marcoux et traite de l'administration de la politique commerciale. Le second est consacré à la diplomatie et aux relations avec l'étranger; André Donneur, spécialiste de ces questions, en est l'auteur. Le troisième texte de cette série examine, sous la plume de Daniel Holly, les diverses facettes de l'administration de la participation d'un pays comme le Canada aux diverses organisations internationales.

Les deux derniers sont respectivement ceux d'André Girard et de Laurent Lepage. Le premier expose la difficile question de l'administration de l'éducation; le second s'attaque à celle de l'environnement. Ces deux derniers secteurs ne sont, à vrai dire, pas en émergence. Cependant la question du modèle d'administration à leur appliquer n'est pas encore réglée. C'est pourquoi nous avons jugé pertinent de les inclure dans ce livre.

CHAPITRE 1

Les administrations centrales : la jonction du politique et de l'administratif

JULIEN BAUER

L'EXÉCUTIF OU LA PRISE DE DÉCISION AU SOMMET 26

LE CONSEIL DU TRÉSOR
OU LA GESTION DES FONDS PUBLICS 30

LE MINISTÈRE DU PREMIER MINISTRE
OU LA COORDINATION DES POLITIQUES 35

LE CABINET DU PREMIER MINISTRE
OU LA PROMOTION DES INTÉRÊTS POLITIQUES 40

LE VÉRIFICATEUR GÉNÉRAL ET LE PROTECTEUR
DU CITOYEN OU L'ART DE SE FAIRE DES AMIS 42

CONCLUSION : DES ADMINISTRATIONS CENTRALES
EN PERPÉTUEL RÉÉQUILIBRE 45

LECTURES COMPLÉMENTAIRES 47

Le peuple vient de se prononcer. Le leader du parti qui a obtenu le plus de sièges est appelé à former le nouveau gouvernement. Il est le premier ministre. Ce qui n'était qu'un objectif est maintenant une réalité. Le gagnant doit immédiatement prendre des décisions : choisir les responsables des divers ministères, prendre connaissance des dossiers depuis la situation des finances publiques jusqu'aux questions internationales en passant par les points chauds de l'actualité, ajuster le programme électoral aux réalités concrètes. Il lui faudra ensuite donner l'impulsion au système décisionnel politique et administratif, coordonner les activités de l'État, assurer la bonne marche des rouages de l'État pour obtenir de bons résultats et, dans trois à cinq ans, se faire réélire. Les responsabilités du premier ministre sont tellement nombreuses et diversifiées qu'il lui faut le soutien des administrations centrales.

Les administrations centrales ont comme finalité d'assurer un minimum de cohésion dans le système politico-administratif. En effet, si l'on veut éviter que chaque ministère, chaque organisme public ne devienne un petit royaume menant sa politique, il est indispensable d'établir un cadre général dans lequel tous les ministères et organismes publics s'insèrent. Cela signifie que la gestion des fonds publics, l'utilisation du personnel, la coordination entre les diverses politiques sectorielles soient dirigées par un centre. Cela signifie aussi un endroit où politique et administration s'interpénètrent.

Le niveau politique, issu du suffrage universel et responsable devant la population, doit prendre des décisions pour s'assurer que l'État rende les services que la population est en droit d'attendre. Ces décisions politiques sont appliquées concrètement par l'administration publique. Voter une loi, annoncer une décision mais ne pas prévoir quel organisme sera responsable de son application, quel en sera le budget, quel en sera le personnel est un trompe-l'œil. *La politique sans administration manque de sérieux*, c'est comme avoir un plan d'architecture sans construire de bâtiment.

Avoir un organisme public, un budget et du personnel sans objectifs à atteindre fixés par les politiciens n'a guère de sens. Le mandat de déterminer des objectifs au nom de la population ne revient pas aux fonctionnaires mais au niveau politique. *L'administration sans guide politique manque de légitimité*, c'est comme un jeu de construction sans plan.

L'administration publique n'est pas seulement, selon l'expression consacrée, la servante du pouvoir politique. Elle en est aussi la collaboratrice. Les études, analyses, expertises fournies par l'administration aident les politiciens à prendre leurs décisions, à choisir les politiques qui répondent le mieux aux problèmes, qui ont le plus de chance d'être efficaces, à éviter les écueils. Les administrations centrales qui connaissent le mieux le fonctionnement de l'administration publique sont le plus à même de contribuer au processus décisionnel politique.

Indispensables tant pour préparer les politiques que pour les faire appliquer, les administrations centrales sont le lieu privilégié où politique et administration se rencontrent, où les idées politiques se transforment en programmes administratifs.

Ces administrations centrales sont de deux ordres : elles sont statutaires ou elles relèvent du bon vouloir du premier ministre. Par statutaire, nous entendons les administrations centrales qui existent de façon permanente, dont le rôle a fait l'objet d'une loi, loi qui s'impose au nouveau premier ministre. On voit mal le nouveau titulaire du poste suprême de la hiérarchie politico-administrative commencer sa législature par la présentation d'une nouvelle loi changeant les règles du jeu. Les administrations centrales statutaires sont là pour rester. Elles peuvent être amendées par des mesures législatives en cours de route mais connaissent une grande stabilité. Les administrations qui relèvent du bon vouloir du premier ministre sont les organismes qui peuvent être modifiés sans passer par le législatif, Parlement ou Assemblée nationale, et croître en importance ou, au contraire, perdre de leur influence sans que les députés aient à en débattre. L'objectif de ce chapitre est de présenter les administrations centrales, d'analyser l'évolution de leur rôle et de tenter de déterminer les tendances pour les années à venir.

L'EXÉCUTIF OU LA PRISE DE DÉCISION AU SOMMET

L'exécutif formel, à l'origine, est la reine représentée par le gouverneur général au Canada et par des lieutenants-gouverneurs dans chaque province. Le pouvoir du gouverneur général est symbolique. Il convoque, proroge et dissout le Parlement mais seulement sur avis du premier ministre. Dans la pratique, il officialise une décision prise par un autre que lui.

Le Conseil privé, l'organisme qui doit conseiller la reine, est composé de membres nommés à vie (les ministres fédéraux, d'anciens ministres, des premiers ministres des provinces, des premiers ministres du Commonwealth, des membres de la famille royale britannique, des anciens présidents du Sénat et de la Chambre des communes et quelques civils « distingués »). Ce conseil existe sur le papier mais ne joue aucun rôle sinon un rôle protocolaire comme l'envoi d'un message de félicitations lors du mariage du prince héritier Charles et de lady Diana. En fait, le rôle dévolu au Conseil privé est rempli par un groupe à l'intérieur de ce Conseil : le Comité du Conseil privé. Le Comité du Conseil privé est une expression archaïque qui désigne l'exécutif, également appelé gouvernement ou Cabinet.

Le gouvernement, présidé par le premier ministre, comprend les ministres nommés par le premier ministre. La *Charte des droits et libertés* du Canada stipule que la durée maximum d'un gouvernement est de cinq ans. Auparavant cette durée n'apparaissait dans aucun texte mais faisait partie des coutumes, coutumes qui, dans le système britannique, jouent un rôle aussi important que les écrits. La vision que l'exécutif a de lui-même est fournie par l'*Annuaire du Canada*, publication gouvernementale canadienne qui présente les principales données du pays, politiques, économiques, sociales, culturelles, etc. La citation qui date de 1973 est régulièrement reprise : « Le rôle premier du Cabinet dans le système politique canadien consiste à établir des priorités parmi les besoins formulés par la population et à déterminer les mesures susceptibles d'y répondre. » Cela suppose que les ministres discutent de toutes les questions qui feront l'objet de lois, préparées par l'exécutif et votées par le législatif, et de décrets, décisions gouvernementales qui n'ont pas besoin de l'assentiment du législatif.

Le développement continu des interventions gouvernementales dans la vie de la société, particulièrement pendant la Seconde Guerre mondiale, a conduit à une augmentation du personnel de la fonction publique, du budget de l'État, du nombre de ministères et d'organismes publics et surtout à une croissance et à une complexité sans cesse grandissantes des décisions que doit prendre le Cabinet. Ce nombre est d'environ 3000 annuellement. Il est clair qu'une réunion hebdomadaire du Cabinet ne peut venir à bout d'une telle tâche. Parmi ces décisions, un grand nombre sont techniques et ne nécessitent pas un débat au gouvernement. D'autres peuvent être préparées de façon telle qu'elles n'occupent qu'un temps limité des membres réunis en conseil, ce qui permet à ces derniers de s'occuper de problèmes réellement importants.

Un des moyens pour permettre à l'exécutif de fonctionner a été la création de comités du Cabinet. Un comité du Cabinet est un groupe spécialisé dans un domaine (économie, affaires sociales, etc.), composé de ministres nommés par le premier ministre. Ces comités étudient les dossiers, évaluent les solutions possibles et présentent au Cabinet les décisions à prendre. Dans la mesure où les ministres non membres d'un comité sont tenus au courant des activités de chaque comité et peuvent y faire valoir leur point de vue, lorsqu'un comité propose une politique, elle est acceptée sans débat, les discussions ayant eu lieu au préalable. L'idée est que tout sujet qui peut être préparé par un comité sans soulever des débats ne justifie pas d'occuper l'ordre du jour chargé du Conseil des ministres. Cela permet aux ministres de se consacrer collectivement aux questions de fond et d'éviter de se perdre dans les détails qui peuvent être réglés ailleurs.

Les comités du Cabinet ont commencé à fonctionner pendant la Seconde Guerre mondiale. Leur rôle a été précisé sous Lester B. Pearson, institutionnalisé sous Pierre Elliott Trudeau, remanié sous Brian Mulroney, simplifié sous Jean Chrétien. Ces changements, qui reflètent le style de chaque premier ministre, sont possibles car les comités ne sont pas prévus par la loi. Le premier ministre peut donc en changer le nombre, le rôle, la composition comme il l'entend.

Pearson avait institué pas moins de 27 comités. Trudeau, lui, a instauré un système hiérarchique de comités. Au sommet, il a placé le Comité des priorités et de la planification, présidé par le premier ministre, comprenant les ministres les plus influents et les plus proches de lui, comité limité à ses seuls membres, les autres ministres n'ayant pas le droit d'assister à ses réunions. Ce Comité des priorités et de la planification était en fait le super-gouvernement, le cœur du système, le lieu où se prenaient les décisions majeures quitte à prétendre qu'elles avaient été prises par le Cabinet au complet et non pas par un comité. S'ajoutaient d'autres comités de trois types : les comités de coordination (législation et planification parlementaire, relations fédérales-provinciales), les comités spécialisés ou permanents (politique économique, politique sociale, politique extérieure et défense, science-culture et information, opérations gouvernementales) et les comités spéciaux et *ad hoc* (fonction publique, sécurité et renseignements, relations de travail, comité spécial du conseil). Les premiers comités prenaient les décisions globales, les seconds contrôlaient les principaux secteurs d'activité gouvernementale et les derniers s'occupaient d'activités spécifiques.

Mulroney a remplacé le système hiérarchique par un système concentrique de comités. La distinction est plus cosmétique que fondamentale. Au centre, se trouvait le Comité des priorités et de la planification (CPP) qui ne peut plus réellement fonctionner en tant que tel. Avec ses 19 membres, il ressemblait plus à un Cabinet au grand complet[1] qu'à un comité décisionnel supérieur. Il était entouré de quatre comités-enveloppes ou comités d'orientation. Ces comités (développement économique et régional, développement social, politique étrangère et défense, opérations gouvernementales) avaient des pouvoirs de gestion, d'où le terme « enveloppe », sur leurs secteurs respectifs dans le respect des politiques globales du gouvernement. Ces quatre comités étaient à leur tour entourés par d'autres comités. Sous le deuxième gouvernement Mulroney, deux comités sont venus épauler le CPP : le Comité des opérations qui préparait les points à discuter au CPP et le Comité des dépenses qui assurait le lien entre les priorités gouvernementales, en particulier la réduction du déficit, et les dépenses. Il est à noter que les comités-enveloppes avaient des noms légèrement différents mais ressemblaient aux comités permanents de Trudeau. Il faut également souligner que de nouveaux comités avaient vu le jour sous le deuxième gouvernement Mulroney, témoignant de l'acuité de certains problèmes : environnement, relations fédérales-provinciales, affaires culturelles et identité nationale.

Chrétien est revenu à un système de comités beaucoup plus léger. Il a supprimé le Comité des priorités et de la planification (CPP) qui était au cœur du système. Il a conservé quatre grands comités et un comité essentiellement technique. Les comités généraux peuvent être soit permanents, soit en activité intermittente, donc fonctionner à certains moments et demeurer en veilleuse à d'autres. Les comités du développement économique et du développement des politiques sociales sont permanents. Ils couvrent des domaines d'activité gouvernementale essentiels. Comme les décisions économiques et sociales sont nombreuses et complexes, et nécessitent une très grande coordination pour éviter les contradictions, elles deviennent d'autant plus importantes que le gouvernement Chrétien entend changer les principes et les modalités de gestion des politiques économiques et surtout sociales. Cette situation oblige quasiment le premier ministre à les faire traiter par des comités. Laisser chaque ministre sectoriel en charge de son dossier serait atomiser le processus décisionnel. Tout remettre au Cabinet serait la garantie d'un ralentissement sinon d'une paralysie du processus. Les comités permettent d'éviter ces deux écueils.

1. Encore que le gouvernement Mulroney n'ait eu pas moins de 40 ministres.

Les comités sur l'unité nationale et sur l'emploi sont intermittents. Ils ne proposent pas des décisions au Cabinet sur une base continue, mais connaissent des périodes d'activité intense (discussions, rédaction de rapports servant de base pour les politiques gouvernementales) puis, lorsque leurs rapports sont acceptés, attendent une nouvelle commande du premier ministre avant de se remettre à la tâche. Le comité au rôle technique est le Comité spécial du Conseil qui doit approuver les nouveaux règlements.

Ces comités, contrairement à ceux des gouvernements précédents, sont plus politisés : n'en font partie que des ministres, alors qu'auparavant la présence de sous-ministres était fréquente. Actuellement des sous-ministres peuvent être entendus pour présenter un dossier, expliquer un problème, donner des indications mais seulement dans les domaines qui les concernent. Les fonctionnaires présents en tout temps sont ceux du Bureau du Conseil privé (BCP) qui assurent le soutien technique et font le lien entre les comités, le BCP et le premier ministre.

Nombre de comités considérablement réduit, comités à vitesse variable (les uns permanents, les autres intermittents), comités où ne siègent que des ministres, tout cela indique la crainte que l'institutionnalisation des comités ne débouche sur une trop grande emprise des structures sur la décision politique et témoigne surtout de la volonté de garder le contrôle du processus gouvernemental.

Les changements mentionnés indiquent que le premier ministre jouit d'une marge de manœuvre dans la façon de faire fonctionner les comités du Cabinet. Le fait que tous les premiers ministres depuis Pearson aient conservé le système de comités montre à quel point il est utile pour gérer les affaires de l'État. Les comités du Cabinet sont là pour rester. Ils dépendent du premier ministre qui est libre de les organiser à sa guise. Ils ont fait leur preuve qu'ils aident le premier ministre à garder le contrôle du processus décisionnel gouvernemental.

LE CONSEIL DU TRÉSOR OU LA GESTION DES FONDS PUBLICS

Le processus décisionnel gouvernemental n'a de sens que si des structures administratives et des fonctionnaires sont disponibles. Cela demande des fonds. Il est donc absolument indispensable qu'un organisme central soit en charge de l'argent. Au Canada, le responsable de la gestion est le Conseil du Trésor. Il est apparu au tout début de la Confédération (1868) car un État ne peut se passer d'un responsable de sa gestion interne. La composition du Conseil du Trésor est originale : une structure politique et une structure administrative. Ces structures ont été modernisées dans les années 1970. Aujourd'hui le niveau politique comprend le président du Conseil du trésor qui est le ministre en charge de l'organisme, le ministre des Finances et quatre autres ministres qui sont déjà responsables de ministères.

Le niveau administratif s'appelle le Secrétariat du Conseil du Trésor. C'est l'équivalent d'un ministère mais d'un ministère qui a un droit de regard sur tous les autres ministères. Avant de préciser les pouvoirs et l'organisation du Secrétariat du Conseil du Trésor, il est nécessaire de rappeler que ce secrétariat dépend du Conseil du Trésor. Contrairement à une idée répandue, encouragée par des organigrammes officiels peu compréhensibles, le Conseil du Trésor n'est pas un comité du Cabinet comme les autres : il ne relève pas du bon vouloir du premier ministre mais est statutaire, prévu par la loi, et ne peut être changé à moins du passage d'une nouvelle législation. Le Conseil du Trésor est un organisme public permanent et son secrétariat non pas un simple support administratif, comme pour les autres comités du Cabinet, mais une structure elle aussi permanente.

Que le Secrétariat du Conseil du Trésor soit assimilé à un ministère n'en fait pas un ministère comme les autres. Il n'est pas à côté des ministères mais au-dessus d'eux car il contrôle la gestion générale de l'État. Même dans les systèmes où le rôle du Conseil du Trésor est joué par un ministère (par exemple, en France, le ministère des Finances), ce ministère, en raison de son droit de regard sur tous les ministères, est une institution à part. L'originalité des systèmes canadien et québécois est d'avoir combiné absence de concurrence pour le premier ministre et collégialité.

Par absence de concurrence, nous entendons que le premier ministre ne souhaite pas qu'un seul ministre, grand maître de la gestion des deniers de l'État, devienne l'équivalent d'un deuxième premier ministre et lui porte ombrage. Que l'on songe à la carrière ultérieure des ministres des Finances français qui sont devenus premier ministre et Président de l'État. Le fait que, tant à Ottawa qu'à Québec, on attribue au principal responsable politique du Conseil du Trésor (CT) le titre de président et non pas de ministre, est une bonne indication qu'il n'est pas, contrairement aux ministres qui ont la charge d'un ministère, le seul responsable mais le responsable le plus important, le premier d'un groupe de ministres.

La prise de décision collégiale a une double conséquence. Elle permet au ministre des Finances et aux autres ministres membres du CT d'apporter des points de vue qui auraient pu échapper au président. De façon plus significative, la collégialité permet de minimiser les risques de déchirements à l'intérieur du Cabinet. Dans la mesure où les décisions au niveau politique ne dépendent pas d'un seul ministre mais d'un groupe de ministres, l'autorité du CT sur les ministères est moins ressentie. Les ministères sont conscients d'être indirectement représentés au Conseil du Trésor par les ministres membres du CT qui gardent cependant la responsabilité de leurs ministères respectifs, assurant ainsi un lien entre gestion centrale et ministères ordinaires.

Ni comité du Cabinet ni ministère, le Conseil du Trésor et son secrétariat constituent un cas unique : une administration centrale sous la direction politique de plusieurs ministres.

Au Québec, il existait depuis 1883 le Bureau de la trésorerie. Ce bureau est devenu le Conseil de la trésorerie en 1961, puis le Conseil du Trésor en 1970. Son organisation suit le même modèle que le Conseil du Trésor canadien : un organe public composé de ministres, le Conseil du Trésor, et une administration centrale de type ministériel, le Secrétariat du Conseil du Trésor (SCT).

Les secrétariats du Conseil du trésor, tant dans la version fédérale que dans la version provinciale, s'occupent de trois dossiers fondamentaux : le budget, les politiques administratives et le personnel. La responsabilité de la préparation du budget incombe à la Direction des programmes (Ottawa) et au Secteur des politiques budgétaires (Québec). Les deux fonctionnent de façon similaire. En fonction des critères déterminés par le président du Conseil du Trésor et le ministre des Finances, critères entérinés par le Conseil du Trésor, les responsables administratifs du Secrétariat préparent un plan de dépenses pour chaque ministère et chaque organisme public. Ministères et organismes présentent ensuite leurs demandes en fonction de ce plan. Après des discussions avec les ministères, le SCT présente son projet au niveau politique pour approbation. Une fois approuvé par le CT, le budget est accepté par le gouvernement puis présenté, pour ratification, au Parlement ou à l'Assemblée nationale. Les députés du parti majoritaire votent pour le budget sans réelle discussion. Les députés de l'opposition votent contre mais n'ont pas les compétences nécessaires pour y apporter des changements. La Direction des programmes et le Secteur des politiques budgétaires jouissent ainsi d'un pouvoir considérable. Tenant les cordons de la bourse, ils ont un pouvoir sur toutes les activités de tous les ministères, chaque activité nécessitant un budget et chaque budget ayant besoin de l'accord du SCT.

Outre la préparation du budget, le SCT vérifie que le budget est respecté, analyse les implications budgétaires et administratives de toute demande d'autorisation de dépenses, et fait les ajustements budgétaires nécessaires en cours d'exécution du budget des dépenses.

Dans la pratique, l'ensemble de la fonction publique sait que son budget dépend des recommandations de la direction ou du secteur.

Préparer et assurer le suivi du budget n'est pas suffisant : encore faut-il que, dans le respect du budget, les ministères soient bien gérés. Pour éviter que chaque organisme public n'ait sa manière à lui de gérer, ce qui rendrait une politique de gestion globale impossible, un cadre général de politiques, de règles et de procédures de gestion est imposé à tous les ministères. L'objectif est la formulation et l'application de règles uniformes pour la gestion des fonds publics, que ce soit à l'interne ou à l'externe : immeubles, locations, achats, contrats, systèmes informatiques, comptabilité, etc. La vérification permet d'établir quelles sont les règles qui sont mal suivies. Selon le cas, les gestionnaires sont rappelés à l'ordre ou les règles sont amendées pour être plus applicables aux réalités sur le terrain. Cela permet d'assurer l'efficacité de l'administration publique. La Direction de la politique administrative (Ottawa) et le Secteur des politiques de gestion (Québec) sont les branches du Secrétariat du Conseil du Trésor responsables de ce dossier. À nouveau, cela leur donne un droit de regard permanent sur les activités des ministères, depuis l'imposition des règles à suivre jusqu'à la vérification du respect de ces règles.

Un élément essentiel pour la bonne marche de l'administration publique est le personnel qui la compose. La quantité et la qualité de ce personnel sont déterminantes pour l'État. Il s'agit, d'une part, d'une portion majeure du budget public et, d'autre part, du personnel par lequel transitent les services à la population. Les responsables du personnel sont la Direction des politiques des ressources humaines (Ottawa) et le Secteur des politiques de personnel et des relations de travail (Québec). Ces deux instances élaborent et mettent en œuvre les politiques en matière de gestion du personnel. Elles jouent un rôle comparable à celui des directions du personnel dans le secteur privé, leurs responsabilités comprenant l'organisation et l'utilisation de l'effectif, la classification et la rémunération, les relations de travail, la négociation et l'application des conventions collectives dans le secteur public. Cette énumération, non exhaustive, nous indique que la Direction des politiques des ressources humaines et le Secteur des politiques du personnel et des relations de travail sont plus que des directions du personnel qui ont des comptes à rendre à la haute direction, dans notre cas au gouvernement : ils sont les « patrons » de la fonction publique, l'employeur des fonctionnaires, l'endroit où se décident l'effectif de la fonction publique, l'affectation des fonctionnaires dans les ministères, leurs plans de carrière et leurs rémunérations, décisions ayant des conséquences sur le budget de l'État et la qualité de ses services.

Si les trois principales activités des deux Conseils du trésor se ressemblent fort (budget, gestion, personnel), une quatrième direction n'existe qu'à Ottawa : la Direction des langues officielles. Elle a pour mandat de planifier, d'élaborer et d'assurer la mise en œuvre des politiques et programmes de langues officielles. Que ce dossier relève directement du Conseil du Trésor est révélateur du rôle central de ce conseil. À l'époque où P. E. Trudeau a instauré la politique de langues officielles, encourageant la bilinguisation des services à la population et par conséquent des fonctionnaires, une forte opposition s'est manifestée, surtout parmi les cadres de la fonction publique. Étant généralement anglophones unilingues, ils voyaient d'un mauvais œil l'arrivée de francophones bilingues. Le gouvernement leur a offert une panoplie de services pour les encourager à apprendre le français (cours à plein temps, stages, bonifications de salaires). Pour signaler que la politique était là pour rester, il en a fait assurer l'application par le Secrétariat du Conseil du Trésor. Habitués à recevoir des directives du SCT et sachant que la Direction des langues officielles était au même niveau hiérarchique que les directions des programmes, de la politique administrative et des ressources humaines, des fonctionnaires ont compris le message : le gouvernement attachait une grande importance à ce dossier.

Dans le même ordre d'idée, lorsqu'un problème ponctuel nécessite à la fois des fonds publics et une grande coordination entre ministères et organismes publics, la question se pose d'où situer la responsabilité. Créer une structure administrative sur une base temporaire a peu de sens. Le temps que le nouvel organisme comprenne les rouages de l'État et convainque les administrations de coopérer, il sera trop tard. Remettre le dossier à un ministère ou à un organisme déjà existant fait aussi problème. Les autres ministères et organismes considéreront cet arrangement comme une intrusion dans leurs affaires. Par contre, ces mêmes administrations, qui ont l'habitude de recevoir des directives du Secrétariat du Conseil du Trésor, accepteront plus facilement que le nouveau dossier soit sous sa direction. C'est ainsi que, pour les Jeux olympiques de 1976, la coordination des activités gouvernementales d'une vingtaine de ministères et d'organismes fédéraux a été assumée par la Direction de la politique administrative du SCT. Plus près de nous, le Programme des travaux d'infrastructure de Jean Chrétien, programme qui prévoit une collaboration fédéral–provincial–municipal, est géré par le SCT.

La même attitude a contribué, au Québec, à la disparition du ministère de la Fonction publique. Son mandat était triple : accroître l'efficacité du personnel, accroître l'efficacité de l'organisation et voir à la consultation, à la négociation et à la coordination dans le domaine des relations de travail. C'était sans compter sur l'hostilité des autres ministères à voir le ministère de la Fonction publique intervenir dans la gestion de leur personnel : ce qu'ils acceptaient du Secrétariat du Conseil du Trésor, ils n'étaient pas prêts à l'accepter d'un simple ministère. C'était sans compter sur la logique interne du système : si le budget — et les salaires des fonctionnaires en sont un élément essentiel — dépend du SCT, les conditions de travail et leurs négociations en dépendront aussi. Au bout d'une dizaine d'années, en 1982, le ministère de la Fonction publique a été aboli et ses fonctionnaires, dossiers et documents transférés au Secrétariat du Conseil du Trésor.

Le Conseil du Trésor et son secrétariat jouent le rôle de gestionnaire de l'État. Par la force des choses, leurs horizons sont relativement limités : budgets annuels et projections à moyen terme. Les tentatives d'établir des projections à long terme ont fait long feu. Le Secrétariat du Conseil du Trésor fédéral avait une Direction de la planification; cette direction a été abolie car il était quasi impossible d'avoir dans le même organisme des spécialistes de la gestion à court et moyen terme et des spécialistes de la gestion à long terme. Malgré les impératifs immédiats de la gestion, le gouvernement, s'il veut jouer un rôle actif, doit se situer dans une perspective politique plus générale. L'administration centrale qui correspond à cette perspective est le Bureau du Conseil privé. Le Bureau a considérablement changé au cours des ans : de *Je me souviens*, il est devenu un acteur pour le présent et un préparateur de l'avenir.

LE MINISTÈRE DU PREMIER MINISTRE OU LA COORDINATION DES POLITIQUES

À l'origine, la mission de souvenir était dévolue au greffier du Conseil privé, autrement dit au greffier du gouvernement. C'est le greffier qui prenait note des délibérations et des décisions du gouvernement et qui s'assurait que ces décisions s'exprimaient en lois et en décrets, en actions concrètes. En 1960, le titre du greffier du Conseil privé a été allongé de trois mots : secrétaire du Cabinet. Cette addition témoignait d'une modification importante. Jusqu'alors, le rôle essentiel était d'être la mémoire du gouvernement, et ce n'est pas un hasard si le vocabulaire utilisé était archaïque : « Conseil privé » est, nous l'avons noté, une abréviation de « Comité spécial du Conseil privé », appelé également « Cabinet » ou « gouvernement ». « Greffier » insistait sur la conservation. « Secrétaire » implique un rôle plus actif, plus dynamique et « Cabinet » est une expression plus moderne que « Conseil privé ». En 1975, le Bureau du Conseil privé (BCP) est devenu l'équivalent d'un ministère, donc une structure administrative permanente, dépendant du premier ministre. Un des membres du gouvernement porte le titre de président du Conseil privé, mais ce titre prête à confusion. Pendant plus de vingt ans, le président du Conseil privé était en fait le leader du gouvernement au Parlement. Aujourd'hui, c'est un titre que le premier ministre donne à un ministre influent qui est déjà à la tête d'un ministère. Dans le passé comme de nos jours, « président du Conseil privé » est un titre honorifique. Le vrai ministre du Bureau du Conseil privé est et reste le premier ministre.

Les fonctions du BCP se résument à quatre : 1) le soutien au Cabinet et à ses comités; 2) la rédaction; 3) la coordination; et 4) le conseil.

La fonction de soutien comprend tout ce qui permet au Cabinet et aux comités du Cabinet de fonctionner efficacement : préparation des documents utiles, études spéciales, coordination entre les divers comités. La fonction de rédaction est dans la tradition du greffe : rédaction des projets de décrets. Celle de coordination comprend non seulement la coordination entre les comités et entre les comités et le Cabinet, mais aussi la coordination entre le Cabinet et l'ensemble des ministères et organismes du gouvernement. Ainsi le BCP a un droit de regard sur toutes les activités gouvernementales. Enfin, la fonction de conseil est ainsi présentée par *Info Source, source de renseignements fédéraux 1994-1995*, publié par le gouvernement du Canada : « [...] assiste et conseille le premier ministre dans l'exercice de ses prérogatives et responsabilités concernant l'organisation du gouvernement du Canada. » On est loin du greffe ! Il s'agit maintenant de faire des recommandations au premier ministre sur les décisions qu'il doit prendre à l'avenir.

Parallèlement aux modifications de l'organisme administratif central qu'est le Bureau du Conseil privé, des modifications ont transformé son équivalent québécois, le ministère du Conseil exécutif. Comme à Ottawa, la terminologie utilisée est peu claire. « Conseil exécutif » signifie « gouvernement du Québec », et « ministère du Conseil exécutif » correspond à « Secrétariat général du gouvernement ».

Dès 1887, apparaît à Québec le poste de greffier du Conseil exécutif. Son titulaire avait une triple tâche : appariteur, enregistreur des décisions, rédacteur des textes de lois et de règlements. En novembre 1968, est créé le poste de secrétaire général du Conseil exécutif puis, un peu plus tard, les fonctions sont cumulées sous le titre, toujours en vigueur, de secrétaire général et greffier du Conseil exécutif. Comme on peut le constater, l'évolution du titre du plus haut fonctionnaire, fédéral dans un cas, provincial dans l'autre, est similaire.

Cela correspond à des problèmes similaires même s'ils se sont développés à des moments différents. La multiplication des décisions à prendre par le gouvernement du Québec date de la Révolution tranquille, dans les années 1960, époque durant laquelle le gouvernement intervient de façon croissante dans des domaines où il était jusqu'alors peu présent : éducation, santé, affaires sociales, etc. Pour répondre à ces besoins, Lesage avait instauré un système de super-ministres de fait, hommes politiques qui, officiellement ministres comme les autres, travaillaient comme s'ils formaient, avec le premier ministre, un comité des priorités. L'idée de comités de coordination a commencé à s'implanter sous Jean-Jacques Bertrand et est devenue, avec des modifications dans le nombre, le titre et la composition des comités, un trait permanent du processus décisionnel politique. Des comités de coordination (affaires intergouvernementales, économie et développement, législation, politique scientifique, *ad hoc*), on est passé en septembre 1975 à des comités ministériels permanents (ressources humaines, qualité de la vie, ressources naturelles, aménagement de territoire) et à des comités de législation et de coordination des relations intergouvernementales. René Lévesque a conservé le Comité de législation, constitué quatre comités ministériels permanents (développement social, développement économique, développement culturel, aménagement) et créé le Comité des priorités. Nous voyons deux gouvernements dirigés par deux premiers ministres en opposition permanente, Trudeau et Lévesque, suivre le même modèle de processus décisionnel. Lucien Bouchard préside le Comité des priorités et a institué quatre comités ministériels (affaires régionales et territoriales, emploi et développement économique, éducation et culture, développement social). Comme à Ottawa, les comités ne peuvent fonctionner sans un support administratif, support qui leur est fourni par le ministère du Conseil exécutif.

Le ministère du Conseil exécutif (MCE) relève politiquement du premier ministre et administrativement du secrétaire général et greffier du Conseil exécutif. Ce dernier a sous ses ordres des secrétaires généraux associés, des secrétaires de comité et des directeurs responsables de différentes unités administratives. L'organigramme officiel du MCE est d'une lecture peu compréhensible car on y mêle des ministres responsables de dossiers spécifiques et des hauts fonctionnaires. Dans la pratique, le MCE ou Secrétariat général du gouvernement répond à cinq types de services : 1) dossiers délicats; 2) dossiers importants; 3) comités ministériels; 4) dossiers techniques; et 5) divers.

Parmi les dossiers délicats, celui des autochtones est particulièrement difficile, la moindre erreur risquant de précipiter une crise. Le Secrétariat aux affaires autochtones, sous la direction d'un secrétaire général associé, a un quadruple mandat : « inventer » une politique gouvernementale pour les autochtones, coordonner les activités gouvernementales et paragouvernementales touchant les autochtones, faire circuler l'information entre le gouvernement, les autochtones et l'opinion publique et, enfin, négocier avec les autochtones. Que la responsabilité d'un tel dossier soit placée aussi haut dans la hiérarchie — le secrétaire général associé dépend directement du secrétaire général et, par son intermédiaire, du premier ministre — n'est pas le fruit du hasard. Voulant éviter la création d'un ministère provincial des Autochtones, le gouvernement avait cependant besoin d'experts pour l'aider à formuler et à appliquer une politique autochtone. C'est pourquoi il a créé une structure administrative loin des yeux du public mais très proche du premier ministre. Un autre dossier délicat aux ramifications multiples est celui du Secrétariat aux affaires intergouvernementales.

Parmi les dossiers importants, se trouve celui de la condition féminine. Un ministère consacré aux femmes ayant peu de chances de remplir son mandat — des tentatives à l'étranger se sont soldées par des échecs —, le gouvernement se devait néanmoins de s'intéresser à la condition féminine, ne serait-ce que pour éviter de se trouver en difficulté politique. Le Secrétariat à la condition féminine fait des analyses et conseille le gouvernement sur les lois, politiques et programmes concernant les femmes et assure la coordination des activités interministérielles dans ce domaine.

Les secrétariats des comités ministériels voient au bon fonctionnement des comités : préparation des documents utiles, études, coordination.

Les dossiers techniques comprennent la législation, la planification et les emplois supérieurs. Le comité ministériel de législation a comme objectif de s'assurer que les textes de lois correspondent à la volonté du gouvernement, qu'ils répondent adéquatement aux problèmes, qu'ils fournissent une solution efficace. Le Secrétariat du comité de législation est concrètement un service de légistes pour le gouvernement. Le Secrétariat à la planification aide le gouvernement à s'assurer que ses orientations politiques se traduisent en solutions concrètes et à coordonner les activités des comités ministériels, du Conseil du Trésor et du Conseil des ministres. Le Secrétariat à la réforme administrative et aux emplois supérieurs s'occupe des modifications à apporter aux structures de l'administration publique et joue le rôle de direction du personnel pour les hauts fonctionnaires : sous-ministres, sous-ministres adjoints et associés, dirigeants d'organisme public, administrateurs d'État. Le Secrétariat établit un fichier des hauts fonctionnaires et des candidats potentiels aux postes comblés selon le bon vouloir du premier ministre. Il aide donc le premier ministre à nommer les personnes les plus compétentes, à formuler une politique de rémunération et à suivre la carrière de ces dirigeants.

Quant aux dossiers divers, ils comprennent aussi bien des questions de gestion interne du ministère du Conseil exécutif, comme la Direction générale de l'administration, que des activités symboliques, comme le Secrétariat de l'Ordre national du Québec.

Le ministère du Conseil exécutif est l'œil du premier ministre sur les problèmes chauds, les comités ministériels et les hauts fonctionnaires, bref sur les questions politiques et les personnes qui déterminent largement la réputation d'un gouvernement, son efficacité et sa capacité à se faire réélire.

Les gouvernements, et ceux du Canada et du Québec ne font pas exception, sont confrontés à une montée des problèmes qui rend leur fonctionnement plus ardu. Les interventions croissantes de l'État dans tous les domaines — politique, économique, social, culturel, international, santé, régional, transports, etc. — entraînent une multiplication des décisions à prendre. Cette multiplication risque d'entraîner, à son tour, des contradictions entre les décisions. Comment s'assurer, par exemple, qu'une augmentation des taxes ne va pas entraîner une violation de la loi par un grand nombre de citoyens (trafic de cigarettes en 1994), qu'une subvention à une industrie ne va pas entraîner des représailles économiques de nos partenaires (États-Unis et bois d'œuvre), qu'une augmentation du salaire minimum pour des raisons de justice sociale ne va pas entraîner une augmentation du chômage (des petites entreprises marginales fermant leurs portes), etc. ? Devant ces risques de contradiction, il est toujours plus nécessaire et plus difficile d'établir une liste des priorités. À ces questions inévitables, deux autres s'ajoutent, qui sont au cœur du débat politique actuel : la lutte au déficit et les privatisations. Malgré les apparences, ces deux points, loin de diminuer le nombre de décisions à prendre, l'augmentent. Privatiser une société d'État ne signifie pas que le gouvernement n'intervient plus dans un domaine économique précis. Privatiser Air Canada n'empêche pas le gouvernement d'avoir une politique des transports aériens. Devant tous ces problèmes, quelles sont les réponses ?

Les réponses sont doubles. D'une part, la gestion des programmes et des ressources est de plus en plus centralisée au Conseil du Trésor; d'autre part, la coordination des activités et interventions gouvernementales, leur priorisation, bref une vision d'ensemble politique relève de plus en plus du Bureau du Conseil privé et du ministère du Conseil exécutif. Ce double mouvement de centralisation est un phénomène qui, dans les circonstances actuelles, paraît irréversible. En effet, un État qui est à court d'argent cherche, par tous les moyens, à réduire ses dépenses.

Le lieu où se décident les politiques administratives, les politiques du personnel et le budget étant le Conseil du Trésor et son secrétariat, on voit mal comment le premier ministre pourrait décentraliser ces trois politiques. Pour s'assurer que ses multiples organismes, politiques comme les comités du Cabinet et administratifs comme les ministères et organismes publics, respectent une philosophie générale commune, un État a besoin d'un organisme central dépendant directement du premier ministre, le BCP ou le ministère du Conseil exécutif.

LE CABINET DU PREMIER MINISTRE OU LA PROMOTION DES INTÉRÊTS POLITIQUES

Le premier ministre n'est pas seulement la personne au sommet de la hiérarchie politico-administrative, il est également un personnage politique partisan qui a besoin de l'appui de la population pour que lui et son parti se fassent réélire. Les administrations centrales ne prétendent pas respecter une impossible neutralité; elles comprennent, tant à Ottawa qu'à Québec, un organisme payé par les fonds publics et officiellement partisan : le Cabinet du premier ministre. Son objectif est la réélection du premier ministre. À nouveau, la terminologie utilisée prête à confusion : le Cabinet du premier ministre (CPM) n'est pas un comité du Cabinet mais une entité administrative située à la fois en dedans et à l'écart du Bureau du Conseil privé (BCP) et du ministère du Conseil exécutif (MCE). En dedans car CPM et soit BCP, soit MCE travaillent de concert; à l'écart car ils ne poursuivent pas les mêmes buts. Le Cabinet du premier ministre comprend des employés choisis sur une base partisane; le premier ministre a tout intérêt à recruter du personnel compétent mais ce personnel n'est pas nommé selon les critères de la fonction publique mais suivant le bon vouloir du premier ministre. Le Cabinet du premier ministre joue un quadruple rôle : faire le lien avec les électeurs, faire le lien avec le parti, faire le lien avec l'opinion publique, conseiller le premier ministre et s'assurer que les décisions du BCP et du MCE sont conformes aux intérêts politiques du premier ministre.

Contrairement aux députés, le premier ministre n'a guère le temps d'assurer une présence régulière dans son bureau de comté. Pour garder le lien avec les citoyens de sa circonscription électorale, il s'en remet au CPM. Les relations avec le parti sont d'un autre ordre : le premier ministre doit pouvoir compter à la fois sur le soutien du caucus — le regroupement des députés de son parti — et sur celui des militants du parti.

Le caucus, qui comprend non seulement les ministres mais les députés, dont plusieurs sont déçus de n'être que de simples députés, peut créer des difficultés si les décisions gouvernementales lui paraissent s'éloigner du programme électoral du parti. Vu son emploi du temps chargé, le premier ministre ne peut pas rencontrer régulièrement tous ses députés; il lui est donc utile d'avoir du personnel pour maintenir ouverts les canaux de communication entre le gouvernement et les députés. Si les députés doivent être convaincus du bien-fondé des décisions du premier ministre, cela est encore plus vrai des militants. Sans leur soutien, les politiques gouvernementales ont moins de chance d'être acceptées par l'opinion publique, et les tiraillements entre le premier ministre et son parti risquent de nuire à l'efficacité de l'action gouvernementale et, ultimement, aux chances de réélection. Que l'on pense aux relations souvent chaotiques entre les premiers ministres péquistes et le Parti québécois. Le CPM aide le premier ministre à contrôler son caucus et son parti.

Au-delà du parti, de ses militants, membres et sympathisants, se trouve l'ensemble de l'opinion publique qui déterminera, lors des élections, le sort du premier ministre et de son parti. Le CPM cherche à établir de bonnes relations avec les médias dans l'espoir qu'ils présenteront une image positive du premier ministre. Il devient responsable des relations publiques du gouvernement. Le quatrième rôle, celui de conseiller et de contrôleur, est moins visible mais néanmoins fort important. Le premier ministre doit faire confiance à ses plus hauts fonctionnaires, en particulier au responsable du BCP ou du MCE et à celui du Secrétariat du Conseil du Trésor. Ces fonctionnaires, nommés par le premier ministre, ont, par la nature même de leurs activités, une vision étatique des problèmes. La vision plus politique, au sens de politique partisane, est offerte par le CPM. Cette vision ne se traduit pas seulement par des conseils et des recommandations, mais également par le contrôle des décisions des comités du Cabinet, de leur application par le BCP et le MCE. Cet équilibre délicat et en perpétuelle évolution entre les intérêts que le premier ministre défend en tant que chef de gouvernement et ceux qu'il met de l'avant en tant que chef du parti majoritaire a été présenté ainsi par le BCP lui-même : le Bureau du Conseil privé s'occupe d'administration mais doit tenir compte de la politique, le Cabinet du premier ministre s'occupe de politique mais doit tenir compte de l'administration. Une situation semblable existe au Québec.

En résumé, le Cabinet du premier ministre (CPM) est l'antenne du premier ministre dans son parti, dans l'opinion publique et surtout dans l'administration publique. Il devait permettre une répartition des tâches entre un CPM partisan et une administration publique neutre. Dans la réalité, il n'a pas empêché la politisation de la haute fonction publique.

Organismes centraux politiques et administratifs

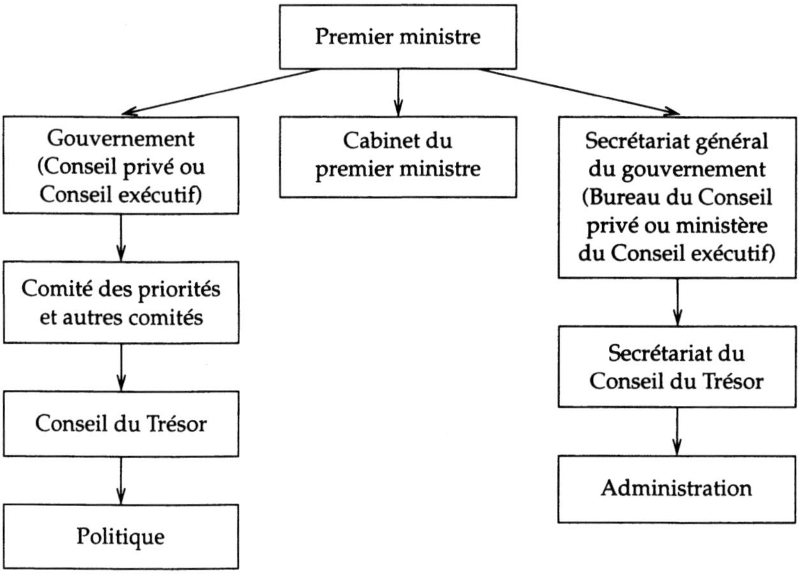

LE VÉRIFICATEUR GÉNÉRAL ET LE PROTECTEUR DU CITOYEN OU L'ART DE SE FAIRE DES AMIS

Dans des sociétés qui réclament toujours plus d'interventions étatiques, le pouvoir de l'administration publique devient la cible de nombreuses critiques. Plusieurs relèvent de la paresse intellectuelle et se contentent de critiquer les fonctionnaires sans analyser le système politico-administratif et les contraintes qu'il impose à l'activité administrative. Comment, par exemple, reprocher à la machine administrative sa lenteur en ignorant les innombrables contrôles, règlements et vérifications qui ne peuvent que ralentir le processus décisionnel ? Par contre, d'autres critiques sont justifiées, comme la complexité du processus décisionnel administratif qui empêche dirigeants et dirigés de comprendre vraiment ce qui se passe. On considère qu'il faut environ une année à un nouveau ministre pour comprendre les rouages de son ministère. Partant du principe que les politiciens passent et les administrateurs demeurent, on a quelquefois l'impression que l'administration échappe au politique. Si les politiciens sont frustrés, que dire des simples citoyens perdus dans les arcanes de l'administration et qui ont l'impression d'être sans défense devant une administration toute-puissante ? Pour limiter le pouvoir de l'administration, des organismes de contrôle ont été créés. Le Vérificateur général assure un contrôle général de l'efficacité de l'administration publique; le Protecteur du citoyen, comme son nom l'indique, défend le citoyen face à l'administration.

Le poste de vérificateur général du Canada existe depuis 1878 et a été remanié en 1977. L'objectif du gouvernement Trudeau était de rationaliser le système, d'assurer une instance supplémentaire de contrôle sur l'administration publique, bref de renforcer le pouvoir du politique sur l'administratif. L'utilisation des nouveaux pouvoirs par le vérificateur général n'a pas correspondu aux attentes du gouvernement. Le vérificateur général n'est pas un fonctionnaire comme les autres : nommé à titre inamovible pour un mandat de dix ans par une majorité des deux tiers du Parlement, il jouit d'une remarquable autonomie; la durée de son mandat excédant celle du gouvernement, il doit être accepté tant par le parti au pouvoir que par l'opposition. Surtout, il n'est pas un employé supérieur de l'administration centrale, donc soumis ultimement au premier ministre, mais un employé du Parlement. Son rôle est « d'examiner les états financiers et tous autres états soumis par le président du Conseil ou le ministre des Finances » (*Loi concernant le Bureau du vérificateur général du Canada et les matières connexes*, 25-26 Élisabeth II, ch. 34, 1977, article 6). Il peut exiger que lui soit remis tout renseignement qu'il juge nécessaire. À la fin de chaque année, il remet au Parlement un rapport qui comprend les points suivants : la liste des comptes qui ne sont pas tenus de manière fidèle et régulière, les règles et procédures jugées insuffisantes, l'argent dépensé à d'autres fins que celles prévues par le Parlement, les vérifications quant à l'efficacité des dépenses, les recommandations pour l'amélioration du système. Les pouvoirs de vérification auraient pu rester « à l'intérieur de la famille » et aider le Parlement et surtout le gouvernement à avoir un meilleur contrôle de l'administration. L'approche des trois vérificateurs des vingt dernières années (J.J. MacDonell, Kenneth Dye et Denis Desautels) a considérablement augmenté l'influence du Bureau du vérificateur et souvent mis le gouvernement dans l'embarras. Ainsi, pour éviter que le rapport annuel, épais et d'une lecture difficile, ne soit mis sur les tablettes, le vérificateur a fait appel à l'opinion publique en lui présentant, dans les médias, quelques histoires d'horreur, comme des subventions sans enquête sur les résultats, des dépenses non justifiées, etc., ce qui a obligé le gouvernement à réagir, à tenter de corriger les erreurs. Ce qui était prévu comme un moyen de contrôle de l'administration au bénéfice du premier ministre s'est transformé en un mécanisme de contrôle du premier ministre par les citoyens. Les choses ont été très loin. Kenneth Dye n'a pas hésité à poursuivre le gouvernement devant les tribunaux quand il a refusé de lui remettre les procès-verbaux des réunions du Comité des priorités où le coût d'achat de la société pétrolière privée Pétrofina par la société d'État Petro-Canada avait été déterminé. La demande du vérificateur mettait en cause la confidentialité des réunions ministérielles et a finalement été rejetée par la Cour suprême, mais le fait même de tenir tête à l'exécutif constituait une première. Dans ses activités, le vérificateur n'a reçu qu'un soutien limité du Parlement dont il est l'agent. Par contre, il a trouvé des alliés auprès des médias et de l'opinion publique et est devenu une force avec laquelle les politiciens et les administrateurs doivent compter.

Au Québec, le poste de vérificateur général date, dans sa version moderne, de 1985. Comme son homologue fédéral, il est nommé pour dix ans à une majorité des deux tiers de l'Assemblée nationale et relève de l'Assemblée et non pas du premier ministre. Les pouvoirs sont sensiblement les mêmes pour les deux vérificateurs. Durant les premières années, le rapport annuel du vérificateur général du Québec n'a pas fait l'objet d'un grand intérêt. Petit à petit, suivant l'exemple du vérificateur général du Canada, celui du Québec a eu, lui aussi, recours à des présentations simplifiées de son rapport, à des conférences de presse, bref il est devenu une autorité qui représente l'intérêt des contribuables face à l'exécutif.

Techniquement parlant, les vérificateurs généraux ne font pas partie des administrations centrales puisqu'ils ne dépendent pas de l'exécutif, du premier ministre, mais du législatif, des députés. Dans la pratique, leur rôle est extrêmement important car ils ont le droit, et ils n'hésitent pas à l'utiliser, de vérifier que les décisions administratives et les décisions politiques entraînant des dépenses sont conformes aux législations en vigueur et à l'intérêt général.

Au Québec, le rapide développement des interventions et des institutions gouvernementales dans les années 1960 a eu une double conséquence. D'une part, les citoyens ont eu tendance à valoriser l'État, à vouloir toujours plus de services publics; d'autre part, ils se sont aperçus qu'ils se trouvaient souvent démunis face à une administration publique toujours plus complexe. C'est pour répondre aux demandes de la population qu'a été créé, en 1969, le poste de protecteur du citoyen. On l'appelle quelquefois *ombudsman*, expression utilisée dans les pays scandinaves d'où est venue l'idée que le citoyen avait besoin d'aide face aux rouages administratifs. Le rôle du protecteur du citoyen est de s'assurer que chaque citoyen est traité équitablement par l'administration publique provinciale, les administrations fédérale et municipales ne relevant pas de lui. Pour assurer son autonomie, le protecteur du citoyen dépend, tout comme le vérificateur général, de l'Assemblée nationale. Il lui remet un rapport annuel comprenant les informations suivantes : nombre de plaintes reçues et de plaintes justifiées, ministères et organismes publics visés, corrections et recommandations pour l'amélioration des services. Le pouvoir du protecteur en est un de persuasion — personne ne souhaite se voir mentionné dans le rapport annuel comme étant réfractaire à toute suggestion — et d'éducation : habituer la fonction publique « à fournir au public les services de qualité auxquels il a droit » (*Loi sur la fonction publique*, 1983, art. 2). Les recommandations du protecteur peuvent dépasser les cas individuels et aller jusqu'à suggérer des modifications à des politiques qu'il juge injustes. L'existence même du protecteur du citoyen rappelle aux autorités administratives et à leurs maîtres politiques que leur mission est de servir le public.

À des titres divers, vérificateur général et protecteur du citoyen laissent planer sur les administrations et les ministres responsables la menace d'un appel à l'opinion publique. Ils diminuent ainsi la toute-puissance de l'exécutif.

CONCLUSION : DES ADMINISTRATIONS CENTRALES EN PERPÉTUEL RÉÉQUILIBRE

Vous venez d'être élu premier ministre. Ayant déjà une carrière politique derrière vous, vous avez une bonne connaissance des rouages des administrations centrales. La grande différence est que vous en êtes maintenant responsable.

Vous ne toucherez pas aux administrations statutaires, en particulier au Secrétariat du Conseil du Trésor; vous en attendrez une bonne gestion de l'État. Vous apporterez des modifications à votre propre ministère, le Bureau du Conseil privé ou le ministère du Conseil exécutif, pour qu'il soit mieux adapté à votre vision de la chose politique, à votre style de gouvernement. Vous utiliserez votre Cabinet du premier ministre pour vous aider à contrôler l'ensemble de la machine. Vous n'aurez pas d'autre choix que de tolérer le vérificateur général et, au Québec, le protecteur du citoyen.

Le Secrétariat du Conseil du Trésor (SCT) est et restera le grand maître de la gestion publique. Le SCT, dont le pouvoir était déjà grand en période de vaches grasses, voit son pouvoir augmenter dans la période actuelle, et qui va continuer, de vaches maigres. Le rôle du SCT dans la détermination des programmes sera de plus en plus marqué.

Bureau du Conseil privé (BCP) et ministère du Conseil exécutif (MCE) continueront à jouer leur rôle crucial d'impulsion et de coordination.

Tenant compte à la fois des buts poursuivis par le premier ministre et des contraintes budgétaires, le BCP et le MCE continueront à jouer un rôle majeur, même si peu connu de l'opinion, de canalisation des idées politiques du gouvernement en interventions concrètes. Ces interventions nécessitant des fonds, la collaboration entre SCT et BCP ou MCE est indispensable.

Dans une société où l'opinion publique exprime une certaine désillusion face au pouvoir politique, l'image que projette le premier ministre et la perception des activités des administrations centrales deviennent des facteurs importants. C'est pourquoi le rôle du Cabinet du premier ministre sera de plus en plus marquant.

Gestion, coordination, relations publiques, tout cela ne peut fonctionner qu'avec la présence de hauts fonctionnaires compétents et dévoués à la chose publique. Ces fonctionnaires, qui travaillent dans des administrations aux priorités différentes, poursuivent un même objectif : fournir aux citoyens les meilleurs services possible et permettre à la société de se développer. Alors que l'on parle de réduire le rôle de l'État, que l'on remet en cause l'État-providence, on se trouve confronté à un paradoxe : plus les interventions directes de l'État seront limitées, plus le noyau central des administrations publiques sera indispensable pour s'assurer de la meilleure allocation possible des fonds publics.

Complexité croissante des problèmes, multiplication des ententes intergouvernementales, tant fédérales-provinciales qu'internationales, nécessité d'une bonne gestion et de l'apparence d'une bonne gestion dans l'intérêt de la société et dans l'intérêt du premier ministre, tous ces éléments pointent dans la même direction : un rôle accru pour les administrations centrales.

Le pouvoir des administrations centrales serait-il sans limite ? La réponse, heureusement pour la démocratie, est doublement négative. Le fait de travailler dans le noyau central n'empêche pas la concurrence entre les diverses unités administratives. Bien plus, le fédéralisme institutionnalise la complémentarité et la concurrence entre deux paliers de gouvernement, donc entre deux premiers ministres et deux administrations centrales. Malgré les discours, la réalité est que les administrations centrales sont condamnées à s'entendre, ne serait-ce que pour assurer le fonctionnement des services essentiels de l'État.

Les deux administrations centrales, sous le leadership de deux premiers ministres, sont au sommet de leur hiérarchie respective. Tout indique que leur rôle ira croissant. Elles sont également en concurrence et donc dans une relation de pouvoirs horizontale et non plus seulement verticale. Les administrations centrales canadiennes et québécoises sont donc originales car, centralisatrices à l'interne, elles ont pris l'habitude de fonctionner dans un cadre décentralisé.

LECTURES COMPLÉMENTAIRES

BERNARD, Louis (1987). *Réflexion sur l'art de se gouverner. Essai d'un praticien*, Montréal, ÉNAP, Québec/Amérique.

BORGEAT *et al.* (1982). *L'administration québécoise, organisation et fonctionnement*, Presses de l'Université du Québec.

CAMPBELL, Colin et SZABLOWSKI, George J. (1979). *The Superbureaucrats: Structure and Behaviour in Central Agencies*, Macmillan.

DOERR, Audrey D. (1980). *The Machinery of Government in Canada*, Methuen.

CHAPITRE 2

Les entreprises publiques

MICHEL G. BÉDARD ET LUC BERNIER

LA GENÈSE ET LES RAISONS D'ÊTRE DES ENTREPRISES PUBLIQUES . . . 52
Les entreprises publiques sur la scène fédérale . . . 53
Les entreprises publiques québécoises . . . 54

UNE FORME PARTICULIÈRE D'ENGAGEMENT DE L'ÉTAT . . . 57
Une définition des entreprises publiques . . . 57
Le cadre juridique des entreprises publiques . . . 60

LES CONTRÔLES S'EXERÇANT SUR LES ENTREPRISES PUBLIQUES . . . 68
Les contrôles gouvernementaux et administratifs . . . 68
Les contrôles parlementaires . . . 74
Les influences sociales et politiques . . . 76
Les contrôles comme facteurs de spécificité dans le cas particulier des sociétés à vocation commerciale . . . 77

UNE FORME D'ENTREPRISE À MI-CHEMIN ENTRE LE PUBLIC ET LE PRIVÉ : LES ENTREPRISES MIXTES . . . 79

LA REMISE EN QUESTION DES ENTREPRISES PUBLIQUES . . . 81
Un bref historique du phénomène de la privatisation . . . 82
Les arguments en faveur de la privatisation . . . 83

CONCLUSION . . . 85

À compter des années 1940, les entreprises publiques ont occupé une place déterminante dans l'économie de la plupart des nations occidentales. Au Canada notamment, l'État central et les provinces étaient encore, au début des années 1990, propriétaires en tout ou en partie (c'est-à-dire par voie de participation au capital-actions) de plusieurs centaines d'entreprises dont les actifs totalisaient plusieurs milliards de dollars.

C'est surtout au cours des années 1960 et 1970 que le phénomène a pris de l'ampleur. Pas moins de 175 entreprises publiques ont été créées durant cette période, au Canada[1]. Ces entreprises ont été mises en place par des gouvernements formés par des partis politiques provenant aussi bien de la droite conservatrice traditionnelle que de la mouvance sociale-démocrate[2].

Par leur force économique, les entreprises publiques ont fait en sorte de relier entre elles les différentes régions du pays. En plus de constituer localement des centres névralgiques de décision, elles ont contribué à moderniser les infrastructures économiques, sociales et culturelles et à élaborer de vastes programmes que le secteur privé n'était pas en mesure de soutenir à l'époque. Avec le temps, les entreprises publiques sont donc devenues de puissants agents de développement dont le principal souci

---

1. A.R. Vining et R. Botterell, « An Overview of the Origins, Growth, Size and Functions of Provincial Crown Corporations » dans *Crown Corporations in Canada : The Calculus of Instrument Choice* (J. Prichard et S. Robert, dirs.), Toronto, Butterworths, 1983, p. 303-367.
2. L. Bernier, « Privatization in Quebec », dans *A Down-Sized State ?*, R. Bernier et J.I. Gow (dirs.), Sainte-Foy, Presses de l'Université du Québec, p. 221-246.

était l'intérêt public, les activités commerciales et financières ayant pour unique but de mieux servir celui-ci.

Avec la remise en question de l'État-entrepreneur qui s'est étendue à tout l'Occident et la multitude de privatisations qui s'ensuivit, le poids économique des entreprises publiques a, d'année en année, considérablement diminué. Ce qui ne veut pas dire pour autant que les entreprises publiques encore en place sont maintenant réduites à occuper une place de second rang dans l'économie. Bien au contraire, dans certains secteurs d'activité, elles constituent encore la pièce centrale; on n'a qu'à considérer des sociétés comme Hydro-Québec, la Société générale de financement, la Caisse de dépôt et placement, Petro-Canada et la Société canadienne des postes pour s'en convaincre et réaliser *de facto* le rôle majeur que jouent encore ces sociétés comme partenaires aussi bien économiques que sociaux. Par ailleurs, force est de constater que ces mêmes sociétés occupent encore une place importante dans l'appareil d'État.

LA GENÈSE ET LES RAISONS D'ÊTRE DES ENTREPRISES PUBLIQUES

Le recours aux entreprises publiques comme instruments de mise en œuvre de politiques publiques[3] remonte au début du XXe siècle, c'est-à-dire à l'époque où l'État décide de s'impliquer dans des secteurs jugés névralgiques comme le transport ferroviaire et aérien (ex. : Canadian National en 1911; Air Canada, en 1937), et la radiodiffusion (ex. : Société Radio-Canada, en 1932). Le phénomène prendra par la suite de l'ampleur avec la Seconde Guerre mondiale, époque durant laquelle de nombreuses entreprises publiques verront le jour dans des domaines aussi divers que les approvisionnements, la fabrication, la construction et la distribution. Dans les décennies qui suivront, le gouvernement fédéral s'impliquera, par l'entremise d'entreprises publiques, dans des secteurs aussi divers que l'énergie (ex. : Eldorado Nucléaire Ltée; Énergie Atomique du Canada Ltée), les télécommunications (ex. : Télésat; Téléglobe Canada), la commercialisation (ex. : Office canadien des provendes; Commission canadienne du lait), l'exploitation et la distribution de matières premières (ex. : Petro-Canada), etc.

Au Québec, exception faite de la Commission des liqueurs (1921), devenue depuis la Société des alcools du Québec, et d'Hydro-Québec (1944), les entreprises publiques prendront de l'ampleur dans l'économie

3. L. Bernier, « Soldiers of Fortune : State-owned Enterprises vs Instrument of Public Policy », thèse de doctorat, North western University, 1991.

beaucoup plus tardivement que sur la scène fédérale. La grande majorité d'entre elles verront en effet le jour après la Révolution tranquille, dans les années 1960 et 1970.

Les entreprises publiques sur la scène fédérale

Au plan fédéral, trois grandes raisons ont milité au fil du temps en faveur de l'instauration d'entreprises publiques : 1) la promotion de l'identité canadienne; 2) la contribution aux efforts de guerre (principalement durant la Seconde Guerre mondiale); et 3) le développement de l'économie nationale[4].

La plupart des entreprises publiques créées dans la première moitié du XXe siècle avaient ultimement pour mission de cimenter entre elles les différentes régions du Canada et de jouer un rôle unificateur. Parmi ces entreprises, il y a lieu de citer la Société des chemins de fer nationaux (CN), la Société Radio-Canada et Air Canada. Le CN, constitué en 1919, apparaît comme la première entreprise publique d'importance à être mise en place par l'État central. À cette entreprise se grefferont dans les décennies subséquentes plusieurs filiales et participations impliquées dans les domaines des chemins de fer, du camionnage, des télécommunications, de l'hôtellerie, des traversiers, etc. Il importe ici de rappeler que la responsabilité des chemins de fer incombait au secteur privé, avant 1919. Devant l'imminence d'une faillite des propriétaires des compagnies œuvrant dans le secteur et conscient de la nécessité de maintenir un lien entre l'est et l'ouest du pays, le gouvernement fédéral s'est vu contraint de prendre en charge les activités afin de protéger les investissements qu'il avait lui-même consentis et de sauvegarder la confiance des milieux financiers. Les entreprises, une fois acquises, furent fusionnées pour former l'entreprise que nous connaissons maintenant.

La Société Radio-Canada fut quant à elle instituée en 1932. À l'origine, cette entreprise exercera un rôle de réglementation et d'exploitation. Avec le temps, sa mission sera élargie pour assurer l'accessibilité de la radiodiffusion dans les deux langues officielles à tous les citoyens du pays et faire la promotion de la réalité canadienne. On craignait en effet à l'époque que les émissions américaines ne prennent le dessus sur la programmation canadienne. Étant donné le marché réduit et l'étendue géographique à couvrir, le secteur privé n'était pas intéressé à investir les sommes requises. L'État dut alors prendre les devants. Ce n'est que

4. J.K. Laux et M.A. Molot, *State Capitalism : Public Enterprise in Canada*, Ithaca, Cornell University Press, 1988.

beaucoup plus tard que les investisseurs privés considéreront plus sérieusement ce secteur d'activité.

Les Lignes aériennes transcanadiennes, devenue plus tard Air Canada, est une entreprise publique qui fut constituée en 1937. Celle-ci avait pour mission d'assurer un service transcanadien régulier. En 1945, le service fut étendu au transport aérien international. Air Canada a été privatisée à la fin des années 1980.

Un autre bloc d'entreprises publiques a vu le jour pour contribuer, comme nous le mentionnons plus haut, à l'effort de guerre, à l'époque du second conflit mondial (1939-1945). Dès le début des hostilités, le ministre des Munitions et des Approvisionnements reçut l'autorisation d'instituer des entreprises pour répondre aux divers besoins. Une trentaine d'entreprises virent par conséquent le jour, en relativement peu de temps, et pour des besoins temporaires. Ces entreprises furent affectées à la production de munitions, d'avions, de navires, etc. Après la guerre, la plupart de ces entreprises furent dissoutes. Quelques-unes seulement resteront en place, comme Polymer Ltée, connue par la suite sous le nom de Polysar Ltée, et Eldorado Mining and Refining Ltd qui devint Eldorado Nucléaire Ltée. Ces entreprises ont maintenant été privatisées.

Enfin, plusieurs entreprises publiques ont été instituées par le gouvernement fédéral dans le dessein de promouvoir le développement de l'économie canadienne et de suppléer à l'inertie du secteur privé dans les domaines économique, social, culturel, etc.[5] Nombre d'entre elles ont été créées dans les années 1970. Le tableau 1 dresse la liste des entreprises publiques fédérales en activité entre 1945 et 1984[6]. La majorité des entreprises qui apparaissent dans ce tableau ont vu le jour pour les raisons que nous venons d'évoquer.

Les entreprises publiques québécoises

La Commission des liqueurs, devenue en 1971 la Société des Alcools du Québec, est la première entreprise publique à être constituée au Québec (1921). Jusqu'en 1971, la raison d'être de cette entreprise était de nature morale, à savoir promouvoir la modération et exercer un rôle de surveillance. Avec l'avènement de la société que nous connaissons

5. P. FAUCHER, « L'entreprise publique comme instrument de politique économique », *Service de recherche et de création*, Département de science politique, Université de Montréal, 1981.
6. 1984 est l'année où a débuté la vague de privatisation des entreprises publiques sur la scène fédérale.

TABLEAU 1
Les corporations publiques constituées au niveau fédéral, en activité en 1995

Administration de la voie maritime du Saint-Laurent	Musée national des sciences et de la technologie
Administration de pilotage de l'Atlantique	Office canadien du poisson salé
Administration de pilotage des Grands Lacs Limitée	Office de commercialisation du poisson d'eau douce
Administration de pilotage des Laurentides	Petro-Canada Limitée
Administration de pilotage du Pacifique	Queens Quay West Land Corporation
Banque de développement du Canada (nom modifié : Banque fédérale de développement)	Société canadienne des ports
Banque du Canada	Société canadienne des postes
Centre de recherches pour le développement international	Société canadienne d'hypothèques et de logement
Commission canadienne du blé	Société d'assurance-dépôts du Canada
Commission canadienne du lait	Société de développement de l'industrie cinématographique canadienne
Commission de la Capitale nationale	Société de développement du Cap-Breton
Compagnie des chemins de fer nationaux du Canada	Société du Centre national des Arts
Conseil canadien des normes	Société du crédit agricole
Conseil des Arts du Canada	Société du port d'Halifax
Construction de défense (1951) Limitée	Société du port de Montréal
Corporation commerciale canadienne	Société du port de Prince-Rupert
Corporation de développement des investissements du Canada	Société du port de Québec
Énergie atomique du Canada Limitée	Société du port de Saint John
Marine Atlantique S.C.C.	Société du port de Saint-John's
Monnaie royale canadienne	Société du port de Vancouver
Musée canadien de la nature	Société du Vieux-Port de Montréal Inc.
Musée canadien des civilisations	Société immobilière du Canada Limitée
Musée des beaux-arts du Canada	Société pour l'expansion des exportations
	Société Radio-Canada
	Via Rail Canada Inc.

Source : *Rapport annuel au Parlement 1995*, Les sociétés d'État et autres sociétés dans lesquelles le Canada détient des intérêts.

aujourd'hui, la mission de l'entreprise a été modifiée pour donner préséance à la commercialisation et à la distribution des boissons alcoolisées[7]. En 1943, une seconde entreprise publique verra le jour au Québec : la Raffinerie de sucre du Québec. L'année suivante, Hydro-Québec est

7. M.G. BÉDARD, *Contexte de propriété et culture d'entreprise : le cas de la SAQ*, Montréal, Gaëtan Morin Editeur, 1991.

créée. Cette entreprise est constituée pour assurer la production, la transmission et la distribution d'électricité. Actuellement Hydro-Québec est l'une des plus importantes sociétés d'État à vocation commerciale, au Québec. Elle tire de ses activités de commercialisation des revenus de plusieurs centaines de millions de dollars, dont une partie est versée sous forme de dividendes au gouvernement. En fait, Hydro-Québec, comme du reste Loto-Québec et la Société des alcools du Québec, constitue une source importante de revenus pour le trésor provincial.

Avec les années 1960 marquées par la Révolution tranquille, on verra apparaître une pléiade de nouvelles entreprises publiques : Rexfor, 1961; Société générale de financement, 1961; Sidbec, 1964; Société québécoise d'exploration minière (SOQUEM), 1965; Caisse de dépôt et placement, 1965; Société de développement industriel, 1967; Société des loteries et courses (Loto-Québec), 1969; Radio-Québec, 1969. Ces entreprises sont établies le plus souvent pour 1) suppléer à l'inefficacité du secteur privé dans des domaines d'activité névralgiques, 2) permettre aux gestionnaires québécois de contrôler les leviers économiques, et 3) assurer la promotion de l'identité québécoise.

Dans les années 1970, on assiste à l'arrivée, pour des raisons analogues, d'une nouvelle vague d'entreprises publiques : Société d'énergie de la Baie James (SEBJ), 1971; Société de développement de la Baie James, 1971; Société de développement immobilier, 1971; Société des traversiers Québec-Lévis, 1971; Société de télécommunications de la Baie James, 1973; Société Inter-Port, 1974; Société d'information juridique, 1975; Société québécoise d'initiatives agro-alimentaires (SOQUIA), 1975; Société du Parc industriel et commercial aéroportuaire de Mirabel, 1976; Société nationale de l'amiante, 1978; SODICC, 1978). Les dernières entreprises publiques sont créées au début des années 1980 (Société des transports, 1983; Société des pêches, 1983). Durant la même période, la Société générale de financement et la Caisse de dépôt et placement intensifient leurs participations dans des entreprises mixtes (ex. : Donohue, Pétromont, Domtar).

La présence de l'État dans l'économie, par l'entremise notamment des entreprises publiques, fait en sorte que celui-ci est devenu responsable, au début des années 1980, de plus de 45 % de la production totale de biens et services[8]. À partir du milieu des années 1980, plusieurs entreprises publiques ont été retournées au secteur privé. Néanmoins, le poids de ces entreprises dans l'économie québécoise demeure encore très important.

8. J.P. GAGNÉ, « Se délester d'abord des sociétés d'État », *Les Affaires*, 20 août 1980, p. 6.

UNE FORME PARTICULIÈRE D'ENGAGEMENT DE L'ÉTAT

Les entreprises publiques sont des entités qui se distinguent nettement des autres organismes de l'appareil d'État. Celles-ci se rangent dans une classe à part et forment pour ainsi dire une espèce hybride, en raison de la mission qu'on leur confie et des raisons d'être qui sont à l'origine de leur mise en place.

Une définition des entreprises publiques[9]

L'expression « entreprise publique » peut laisser place à plusieurs interprétations. Au Canada, les entreprises publiques sont assimilées aux corporations de la Couronne; au Québec, ces mêmes entreprises sont souvent définies comme des sociétés d'État ou des compagnies de l'État. Au-delà des termes techniques, il convient de donner une définition qui fasse une certaine unanimité et rejoigne les préoccupations du présent chapitre.

Nous retiendrons par conséquent qu'une entreprise publique correspond en définitive à une entité juridique soustraite à toute forme d'appropriation privée, qui est en outre prise en charge, en totalité ou en partie, par une ou plusieurs instances publiques et qui, finalement, est vouée à des tâches de nature commerciale, industrielle, économique ou quasi économique. De cette définition émergent clairement trois considérations que nous allons du reste nous employer à approfondir, dans les lignes qui suivent : 1) la personnalité juridique, 2) le rapport au domaine public et 3) le mandat à caractère économique. Comme nous le faisions remarquer plus haut, ces aspects auront pour effet d'influer puissamment sur le déroulement des activités administratives des entreprises publiques. La figure 1 illustre les trois pôles de spécificité des entreprises publiques ainsi que les contrôles et influences qui s'exercent sur celles-ci, dans le prolongement des mêmes pôles. Au centre de la figure apparaissent les activités administratives qui peuvent être directement affectées par ces contrôles et influences. Il est à noter que ceux-ci traduisent dans le quotidien le caractère spécifique des organismes concernés. Nous y reviendrons un peu plus loin. Retenons pour le moment que pôles de spécificité et contrôles sont deux réalités indissociables.

---

9. Les entreprises publiques englobent ici tous les organismes autonomes et spécialisés à vocation économique tels que les régies, les sociétés administratives, les commissions, les conseils et les sociétés d'État.

FIGURE 1
Pôles de spécificité et activités administratives des entreprises publiques

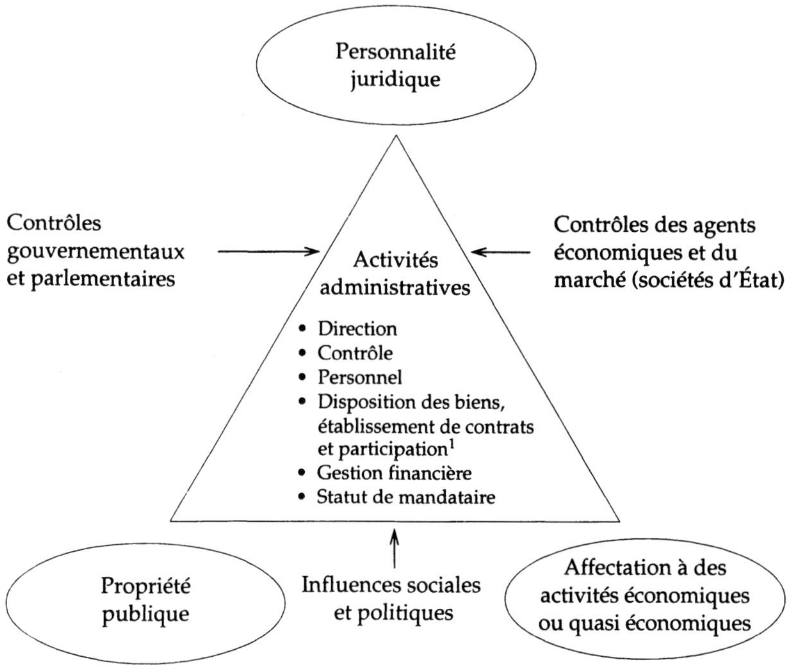

1. Ce statut est formellement spécifié dans la loi organique de certaines entreprises publiques.

LA PERSONNALITÉ JURIDIQUE

Les entreprises publiques ont un mode de fonctionnement qui les distingue à la fois des autres entités évoluant dans le giron de l'État et des firmes œuvrant dans le secteur privé. Ces entreprises se voient attribuer une personnalité juridique en bonne et due forme; l'État leur confie également un patrimoine ou un ensemble de biens dont elles peuvent disposer dans une large mesure. La personnalité juridique est définie par l'entremise d'une loi organique adoptée par le pouvoir législatif et à laquelle se greffent des lettres patentes émises en vertu de la législation sur les sociétés commerciales. Cette législation est en l'occurrence celle qui régit les entreprises relevant du domaine privé. L'autonomie des entreprises publiques repose sur leur personnalité juridique. Cette autonomie, essentielle à leur gestion financière et commerciale, se concrétise dans l'utilisation des règles et des comportements qui régissent les entreprises du secteur privé.

LE RAPPORT AU DOMAINE PUBLIC

Le rapport au domaine public vient du fait que le patrimoine ou les biens d'une entreprise publique sont, directement ou indirectement, aussi bien que partiellement ou entièrement, propriété de l'État. Dans l'éventualité d'une propriété partielle, l'entreprise est désignée comme une entreprise mixte, laquelle fait l'objet d'une section distincte dans ce chapitre. Cela dit, il convient de faire remarquer que bien souvent le patrimoine ou les biens d'une entreprise publique ne diffèrent pas vraiment, en nature, de ceux d'une entreprise privée œuvrant dans un même domaine ou dans un domaine connexe. La Compagnie des chemins de fer nationaux (CN) et le Canadien Pacifique, par exemple, peuvent compter sur des infrastructures semblables. Il en va de même pour la Société des alcools du Québec et les distilleries telles que Seagram ou Melchers. Comme nous l'avons souligné précédemment, au Canada et au Québec, comme dans plusieurs sociétés occidentales, les entreprises publiques n'ont pas pour but de faire concurrence aux entreprises privées. Dans bien des cas, elles ont été instituées pour combler l'incapacité du secteur privé à répondre aux attentes du marché et des consommateurs. C'est le cas notamment d'entreprises comme Hydro-Québec, qui a été mise en place au début des années 1960 afin d'assurer des services en électricité uniformes sur tout le territoire québécois. La plupart des nationalisations qui ont été effectuées par le fédéral aussi bien que par les provinces convergent ultimement vers les mêmes objectifs, à savoir assurer une meilleure utilisation des individus, des ressources et des biens d'une part, et rendre disponibles pour l'ensemble de la population des services ou des biens jugés indispensables, d'autre part.

Les entreprises publiques doivent rendre compte de leurs activités au Parlement, par l'intermédiaire d'un ministre dit de « tutelle » ou de « liaison ».

UN MANDAT À CARACTÈRE ÉCONOMIQUE OU QUASI ÉCONOMIQUE

La mission et les raisons d'être de certaines entreprises publiques telles que les sociétés d'État visent notamment la réalisation de bénéfices par des activités commerciales et industrielles. C'est le cas, par exemple, d'entreprises comme Petro-Canada et la Société des alcools du Québec.

Cela contribue à démarquer profondément ces entreprises des autres organisations relevant de l'État. Les sociétés d'État se définissent comme des corporations responsables de la conduite d'opérations commerciales et industrielles comportant la production, le commerce ou la distribution de biens ou services, et tenues de mener ces mêmes opérations sans crédit budgétaire.

Cela dit, il existe également des entreprises publiques qui se préoccupent d'activités économiques ou quasi économiques. Ainsi, certaines entreprises publiques, comme le Conseil économique du Canada, l'Office de stabilisation des prix agricoles ou le Conseil de recherche en sciences naturelles et de génie, sont chargées de services administratifs de surveillance ou de réglementation à caractère gouvernemental. Alors que d'autres sont responsables de la conduite d'opérations de commerce ou de services à caractère quasi commercial ou d'activités relatives à l'obtention ou à la disposition de biens pour le compte de l'État (sur la scène fédérale : la Commission canadienne du lait, la Monnaie royale canadienne, la Société canadienne des postes, l'Office canadien des provendes, la Société immobilière du Canada, la Société du Vieux-Port de Montréal; au Québec : la Société de développement de la Baie James, la Société de développement industriel).

Le cadre juridique des entreprises publiques

Dans cette section, nous décrivons le cadre juridique des entreprises publiques, lequel peut se subdiviser en cinq grands points : 1) la direction, 2) le personnel, 3) les règles relatives à la disposition des biens, à l'établissement de contrats et aux participations, 4) les règles financières et 5) les règles en qualité de mandataire[10].

LA DIRECTION

Le pouvoir de nomination des dirigeants d'une entreprise publique constitue une prérogative du gouvernement. En ce qui concerne plus spécifiquement le pouvoir des dirigeants, celui-ci découle de la volonté de l'État-actionnaire ou propriétaire et des préoccupations de l'intérêt public qu'incarne celui-ci. La plupart des entreprises publiques comportent 1) un conseil d'administration, 2) un président du conseil et 3) un

10. Les aspects techniques qui sont pris en considération dans cette section s'inspirent des travaux menés en la matière, par Raoul Barbe, *op. cit.*, et par André Gélinas, *Organismes autonomes et centraux*, Québec, Presses de l'Université du Québec, 1975. Ceux-ci font figure de « classiques » en la matière.

président de l'entreprise. Nous allons maintenant examiner chacune de ces instances.

Le conseil d'administration

Les règles applicables aux administrateurs des entreprises publiques relèvent à la fois du domaine public et du domaine privé. Les règles du droit privé sont celles qui régissent le droit corporatif, alors que les règles du droit public apparaissent dans les lois organiques ou constitutives. Le conseil d'administration d'une entreprise publique peut être formé 1) de représentants des intérêts qui interviennent dans le fonctionnement de l'entreprise, 2) de fonctionnaires et d'agents politiques ou 3) de fiduciaires.

En ce qui concerne plus spécifiquement le nombre des administrateurs appelés à siéger aux conseils d'administration, celui-ci varie d'une entreprise à l'autre. Ce nombre est déterminé par la loi organique ou par les lettres patentes. Le nombre d'administrateurs est le plus souvent fonction de l'envergure de l'entreprise et du type de conseil d'administration, selon qu'il s'agit d'un conseil composé uniquement de membres à temps plein, en charge de tâches particulières, ou plutôt d'un conseil composé de personnes qui ne sont à la tête d'aucun service ou département en particulier.

Les administrateurs quels qu'ils soient sont tous nommés par le gouvernement ou le pouvoir exécutif (gouverneur en conseil ou lieutenant-gouverneur en conseil). Ainsi, l'État calque ses mécanismes de nomination sur ceux qui prévalent dans le droit privé. Celui-ci procède aux nominations par l'entremise de l'exécutif, sur recommandation du ministre de tutelle. Les nominations se font par décret, comme nous le verrons dans une des sections ultérieures portant sur les contrôles publics.

Comme dans les firmes privées, les décisions ayant trait aux affaires de l'entreprise sont également prises par le conseil d'administration. Ces pouvoirs sont cependant limités par les assemblées des actionnaires ordinaires, pour ce qui est des modifications de statut (ce pouvoir relève d'ailleurs de l'État).

Les pouvoirs dévolus au conseil d'administration sont sensiblement les mêmes que ceux qui sont impartis aux conseils d'administration des entreprises privées. Ainsi, les membres du conseil d'administration peuvent être responsables d'activités telles que l'engagement du président directeur général et des autres membres de la direction supérieure, l'élaboration des plans de développement ou de réorganisation, les négociations avec les syndicats sur des sujets d'importance, les politiques générales en matière de finance, de prix, de surplus, de déficits de production ou de distribution de produits ou services, la vérification interne, etc. Il peut arriver que le conseil d'administration d'une entreprise publique soit investi de pouvoirs relativement étendus. Ainsi, celui-ci peut être appelé à s'impliquer directement dans l'élaboration et la définition des politiques de l'entreprise. Dans ce cas, la direction joue un rôle d'exécutant dont les actions sont subordonnées au conseil d'administration. Ce conseil, composé le plus souvent de personnes venant de l'externe, fait en quelque sorte office de caution vis-à-vis des dirigeants qu'il est chargé de représenter devant les instances gouvernementales. Cette pratique a pour effet d'éviter les excès qui pourraient survenir de la part de la direction. Il va sans dire que les membres du conseil d'administration peuvent également être des individus qui occupent des charges administratives dans les services visés. Certains membres sont impliqués à temps partiel (les membres externes), d'autres à temps complet (les membres venant de l'interne).

En termes généraux, le mandat des administrateurs oblige ceux-ci à agir dans le sens de l'intérêt général sous peine d'être révoqués s'il est démontré qu'il y a manquement à cette obligation. Le législateur prévoit également que ces mêmes administrateurs doivent agir de manière désintéressée et exercer leurs fonctions de façon qu'elles soient incompatibles avec celles qu'ils sont éventuellement appelés à réaliser en milieu privé. Certaines lois organiques sont très explicites à ce sujet. C'est le cas par exemple de celles de la Société canadienne d'hypothèques et de logement[11], de la Société des alcools du Québec[12], de Rexfor[13] ou de la Caisse de dépôt et placement[14]. Il est également prévu que les activités des administrateurs doivent être incompatibles avec quelconque activité de nature parlementaire ou gouvernementale. Les administrateurs doivent d'autre part présenter certaines qualités pour siéger au conseil d'administration d'une entreprise publique, comme être résidents canadiens ou de la province de rattachement de l'entreprise. Les lois organiques de Rexfor[15] et de la Société générale de financement[16], par exemple, prévoient que les administrateurs doivent résider au Québec pour faire partie du conseil d'administration. La rémunération des administrateurs peut être fixée soit par le gouvernement, soit par le conseil d'administration ou encore par règlement du conseil approuvé par le gouvernement. La durée du

11. SRC 1970, c.C-16, a.9.
12. LQ 1971, c.20, a.13; LRQ, c.S-13.
13. LQ 1973, c.21, a.14.
14. LQ 1975, c.23, a.12; LQ 1977, c.62, a.3.
15. LQ 1973, c.21, a.13; LRQ, c.S-12.
16. LQ 1978, c.66, a.8; LRQ, c.S-17, a.14.

mandat peut varier selon les diverses lois organiques qui régissent les entreprises publiques. En général, ces lois prévoient des mandats qui s'étalent d'un à cinq ans tout au plus.

Le président du conseil d'administration et le président de l'entreprise

Comme dans les corporations privées, la responsabilité de la direction dans les entreprises publiques peut être confiée soit à une seule personne, soit à deux personnes distinctes. Si l'on a affaire à deux niveaux de direction, le président du conseil d'administration a en quelque sorte le statut de *chairman*. Le président et chef des opérations est quant à lui responsable devant le conseil d'administration des activités poursuivies par l'entreprise. En prévoyant deux niveaux de direction, le législateur entend d'une certaine façon faire prévaloir le droit privé auquel sont en partie assujetties les sociétés commerciales en faisant reposer les nominations sur le conseil d'administration. Il y a d'autre part le souci de mettre en avant plan le caractère absolu de l'État à l'égard des entreprises publiques; ce qui explique que le gouvernement puisse également avoir un droit de regard sur les nominations. Encore là, la pratique varie d'une entreprise à l'autre, selon qu'elles sont régies, par exemple au niveau fédéral, par la *Loi des sociétés commerciales canadiennes* ou la *Loi des compagnies*, ou bien par une loi spéciale. Dans le cas de certaines entreprises comme la Banque fédérale de développement[17], le conseil peut élire l'un de ses membres comme président du conseil; par contre, le président et chef des opérations est nommé par le gouverneur en conseil[18]. Dans le cas de Radio-Canada, le président et chef des opérations est nommé par le gouvernement[19], alors que dans le cas du CN, le président du conseil d'administration est nommé par le gouvernement[20]. En ce qui concerne des entreprises comme Hydro-Québec[21], la Société des alcools du Québec[22] et la Société québécoise d'initiatives agro-alimentaires[23], le gouvernement nomme à la fois le président du conseil et le président et chef des opérations. Cela dit, le président du conseil et le président et chef des opérations peuvent aussi être désignés par le conseil d'administration, avec approbation du gouvernement, ou encore par ce même gouvernement après consultation du conseil.

---

17. SC 1974, c.14, a.10.
18. SC 1974, c.14, a.12.
19. SC 1967-68, c.25, a.34; SRC 1970, c.B-11, a.34.
20. SRC 1970, c.C-10, a.6 (6).
21. LQ 1978, c.41; LRQ, c.41; LRQ, c.H-5, a.5 et 8.
22. LQ, c.5-13, a.7 et 12.
23. LQ 1975, c.42, a.8 et 12, LRQ, c.S-21.

LE PERSONNEL DES ENTREPRISES PUBLIQUES

Les entreprises publiques peuvent compter sur un nombre fort important d'employés. Généralement, ceux-ci sont assujettis au *Code canadien du travail* ou au droit privé du travail (au niveau provincial), plutôt qu'à la *Loi sur l'emploi dans la fonction publique*[24]. Néanmoins, les règles de fonctionnement en ce qui concerne le personnel sont empreintes de certaines particularités qui sont propres au domaine public. Ainsi, les entreprises fédérales exerçant des activités commerciales, industrielles ou financières sont soumises au *Code canadien du travail* en ce qui concerne plus spécifiquement la durée du travail, les salaires, les vacances et les jours fériés; ce qui n'est pas le cas pour les entreprises qui sont chargées d'activités à caractère administratif. D'autres dispositions sont également propres au secteur public, comme les exigences en matière de bilinguisme, de recrutement du personnel féminin, l'emploi des anciens combattants, le règlement des conflits de travail, la rémunération, les avantages sociaux et l'engagement dans des activités politiques (ex. : la Compagnie des chemins de fer nationaux et Radio-Canada).

En ce qui concerne le droit de grève, les entreprises publiques sont assujetties au droit privé du travail. En conséquence, les employés syndiqués qui travaillent dans ces entreprises ont, en principe, le droit de grève, comme c'est le cas dans les entreprises privées. Toutefois, il peut arriver que le ministre de tutelle de qui relève une entreprise publique intervienne dans le règlement des conflits, alors que dans le milieu privé, les dossiers litigieux relèvent ordinairement du ministre du Travail. Par ailleurs, une loi québécoise votée en 1979 prévoit, dans le cas précisément d'Hydro-Québec, le maintien des services d'électricité et un droit de regard sur les conditions de travail des employés de la société d'État[24].

En ce qui concerne la rémunération, les entreprises publiques fédérales ne sont pas soumises à la législation relative à la fonction publique. Il semble que les autorités gouvernementales aient voulu ainsi permettre aux organismes visés d'avoir plus de souplesse, en particulier lorsqu'ils entrent en compétition avec des entreprises du secteur privé. Les entreprises publiques canadiennes accordent le plus souvent la parité avec les firmes privées. Par contre, au Québec, l'État est beaucoup plus interventionniste; des politiques salariales sont imposées aux employés des entreprises publiques. En ce qui concerne enfin les avantages sociaux, les employés des entreprises publiques fédérales sont exclus du plan de

---

24. LRQ 1979, c.62.

sécurité de la fonction publique. C'est le cas notamment des régimes de pension et d'indemnisation.

LES RÈGLES FINANCIÈRES

Comme dans les cas précédents, les règles financières qui s'appliquent aux entreprises publiques sont généralement celles qui relèvent du droit commun ou du droit privé. Les particularités qui peuvent parfois exister viennent principalement de leur assujettissement au principe de l'intérêt général, qui est le propre de la plupart des organismes publics. Nous examinerons donc dans cette section les particularités ayant trait 1) au régime financier et 2) aux investissements et immobilisations.

Le régime financier

Pour ce qui est du régime financier, nous décrirons : 1) l'équilibre financier, 2) la fixation des prix, les subventions et les indemnisations, et 3) la fiscalité.

L'équilibre financier • Les entreprises publiques ont, comme nous l'avons déjà mentionné, une personnalité propre. Il importe de mentionner qu'elles jouissent également de l'autonomie financière. Elles doivent donc rechercher l'équilibre financier. Certaines entreprises doivent de plus faire des profits (ex. : l'Administration de la voie maritime du Saint-Laurent, la Société canadienne des postes, la Société générale de financement). Cette recherche de profit se fonde en quelque sorte sur l'approche nord-américaine qui vise l'ensemble des entreprises à but lucratif, à savoir que l'économie doit être axée, dans des conditions normales, sur l'expansion. Les bénéfices réalisés par une entreprise publique peuvent être appliqués, comme dans le secteur privé, à diverses fins : à la réserve, à des dividendes versés à l'État ou à l'autofinancement.

La fixation des prix, les subventions et les indemnisations • Comme c'est le cas pour le secteur privé, les entreprises publiques sont appelées à déterminer le prix des biens ou services rendus de façon à couvrir les dépenses, et à financer les investissements et les immobilisations. Dans le cas des entreprises publiques à vocation commerciale et industrielle, celles-ci fixent leurs prix en fonction du marché (voir section suivante : les contrôles du marché). Lorsqu'il s'agit de services publics, l'État peut, dans certains cas, exercer un rôle de régulateur ou de protecteur des intérêts des usagers, par l'intermédiaire d'un organisme de régulation (ex. : la Commission canadienne des transports, dans le cas du CN, de VIA Rail et de l'Administration de la voie maritime du Saint-Laurent).

Sur un autre plan, l'État peut imposer aux entreprises publiques des obligations ou des directives, par l'intermédiaire d'instructions ou d'autres mécanismes. Ces directives peuvent avoir pour effet d'accroître les dépenses (l'obligation de desservir le territoire de façon uniforme). En contrepartie, l'État est appelé à verser des subventions ou des indemnisations. Celles-ci sont d'ordre public et établies ordinairement sur la base d'évaluations comptables, afin d'éviter les bénéfices non justifiés. Des subventions peuvent être accordées lorsque surviennent des déficits d'exploitation. Celles-ci peuvent prendre également la forme d'exemptions fiscales (ex. : prêts sans intérêt) ou de montants compensatoires, dans le cas, par exemple, où les autorités gouvernementales refusent, pour diverses raisons, d'accorder les tarifs fixés par une entreprise. La *Loi canadienne des chemins de fer*, par exemple, prévoit que de telles compensations doivent être versées au CN. Notons que ces diverses subventions sont souvent décriées par les adversaires de la présence de l'État dans les marchés.

La fiscalité • En tant que mandataires du gouvernement, les entreprises publiques jouissent de l'immunité fiscale qui s'applique à l'ensemble de l'appareil d'État. Elles ne sont donc pas obligées, par exemple, de payer des taxes à une municipalité. Par contre, les corporations dites de propriétaires sont assujetties au paiement de l'impôt sur le revenu au niveau fédéral. Plusieurs entreprises publiques fédérales doivent payer des taxes et droits provinciaux. Cela dit, certaines entreprises ne sont pas tenues de payer des impôts. C'est le cas, par exemple, de la Banque fédérale de développement. Il n'y a donc pas vraiment de règles générales en la matière.

À titre de mandataires, et conformément à la *Loi fédérale de l'impôt sur le revenu*, les entreprises publiques québécoises, comme du reste les entreprises publiques relevant des autres provinces, ne paient pas d'impôt sur le revenu de l'État central. Les entreprises publiques au Québec ne paient pas non plus d'impôts sur le revenu au niveau provincial. Cependant, Hydro-Québec, entre autres, est tenue de payer une taxe sur le capital, et l'ensemble des entreprises sont assujetties aux taxes à la consommation. Celles-ci peuvent être également assujetties à d'autres types de taxes, comme la taxe à l'exportation imposée par le gouvernement fédéral sur les ventes d'électricité. Enfin, à moins qu'une disposition en cette matière ne soit prévue dans leur loi organique (ex. : Hydro-Québec) ou dans d'autres lois (ex. : *Loi sur la fiscalité municipale* s'appliquant, entre autres, à Hydro-Québec), les entreprises publiques québécoises sont exemptées de taxes aux niveaux municipal et scolaire. En compensation, elles peuvent cependant procéder à des versements auprès de l'une ou l'autre de ces instances.

Les investissements et les immobilisations

L'État peut être amené à se servir des entreprises publiques, par l'entremise de leurs investissements et de leurs immobilisations, comme leviers économiques. Nous avons déjà abordé cet aspect un peu plus haut dans ce chapitre. La loi de Petro-Canada, par exemple, comporte un article stipulant l'obligation pour cette entreprise de participer au développement économique dans la sphère d'activité qui lui est propre[25]. Au Québec, des entreprises comme la Caisse de dépôt et placement et Hydro-Québec ont participé, chacune à sa façon, à l'essor économique de la province : la première en s'associant à des entreprises des secteurs clés de l'économie, et la seconde, par l'entremise d'investissements massifs dans l'économie et la création de réserves importantes en électricité.

LES RÈGLES EN QUALITÉ DE MANDATAIRE

Parmi les entreprises publiques, certaines ont un statut de mandataire de Sa Majesté, de la Couronne ou du gouvernement. Dans certains cas, ce statut est expressément précisé dans la loi constitutive. Il convient de mentionner ici que plusieurs entreprises publiques ne sont pas considérées comme mandataires, soit parce que leur loi constitutive ne l'indique pas vraiment, soit parce que le législateur ne l'a tout simplement pas prévu. Il importe également de faire remarquer que le législateur ne donne aucune explication quant à la distinction entre les entreprises publiques non mandataires. Radio-Canada, l'Administration de la voie maritime du Saint-Laurent, Hydro-Québec, la Société de développement industriel, la Caisse de dépôt et placement, Radio-Québec et la Société des alcools du Québec, entre autres, sont déclarées mandataires par le législateur.

Le statut de « mandataire » fait en sorte que les entreprises ne sont pas assujetties, comme sociétés commerçantes, au droit privé qui régit les autres entreprises publiques. En effet, comme l'État ou la Couronne, elles ne sont pas liées par la loi. Tout en étant des entités commerciales, elles ont droit aux privilèges et aux immunités qui relèvent du droit public. De cette particularité découlent plusieurs conséquences qu'il serait impossible de décrire dans un cadre aussi restreint que celui-ci. D'autant plus que celles-ci font chacune intervenir des aspects hautement techniques. Le lecteur désireux d'approfondir la question est donc invité à consulter des ouvrages plus spécifiques en la matière. Contentons-nous de mentionner seulement que le statut de mandataire peut avoir des répercussions sur des aspects aussi divers que les tribunaux qui sont habilités à juger les causes de nature délictueuse ou contractuelle

---

25. SC 1974-75, c.61, a.3.

impliquant les entreprises visées, les recours et les injonctions visant ces mêmes entreprises, les responsabilités en matière pénale, les obligations à l'égard des créanciers, le recouvrement des créances, l'utilisation de brevets et de droits d'auteurs, etc.

LES CONTRÔLES S'EXERÇANT SUR LES ENTREPRISES PUBLIQUES

Concrètement, la direction d'une entreprise publique n'est pas, comme dans l'entreprise privée, seulement imputable à une assemblée annuelle d'actionnaires ni, de façon plus immédiate, à l'actionnaire majoritaire. Elle est tributaire du gouvernement, du Parlement et, dans une moindre mesure, d'agents sociaux et politiques. Ainsi, comme propriété publique, les entreprises publiques sont soumises, d'une part, à des contrôles gouvernementaux et administratifs (contrôles *a priori* : Conseil des ministres, ministre des Finances, Conseil du trésor, ministre de tutelle) et, d'autre part, à des contrôles parlementaires (contrôles *a posteriori* : Assemblée nationale, députation, opposition officielle). Ces deux types de contrôle agissent en fait de façon directe et prépondérante sur le fonctionnement des entreprises publiques.

Par ailleurs, comme entités évoluant dans un cadre plus large, et en raison de leur mission d'intérêt général, les entreprises publiques subissent l'influence de pressions sociales et politiques : l'opinion publique, les groupes d'intérêt, les partis politiques, les médias, etc. Contrôles formels (gouvernementaux, administratifs et parlementaires) et contrôles informels ou influences (les pressions sociales, économiques et politiques) s'unissent pour former ce que l'on désigne ici comme le contrôle de la propriété.

Les organismes auxquels nous ferons principalement allusion dans cette section sont les sociétés d'État.

Les contrôles gouvernementaux et administratifs

Les aspects que nous traiterons plus bas recoupent, dans plusieurs cas, des points dont nous avons déjà fait mention dans la partie précédente. Cela dit, il importe de préciser que nous les reprendrons ici sous l'angle des pressions ou des contraintes qui s'exercent sur les entreprises d'État, en marge de l'appropriation publique, plutôt que sous un angle juridique ou administratif (c'est-à-dire dans une perspective statique).

Dans le contexte québécois, les modalités de contrôle des entreprises publiques ont largement emprunté aux modèles classiques anglo-saxons, axés plus spécifiquement sur le contrôle des administrations générales, pour finalement se rapprocher davantage du modèle français, préconisant un accroissement des contrôles à tous les niveaux. Alors que dans le cas des entreprises publiques canadiennes, les contrôles gouvernementaux et administratifs sont généralement prévus dans la *Loi sur l'administration financière* et la *Loi sur les sociétés commerciales canadiennes*, pour les entreprises établies par lettres patentes, et par les diverses lois organiques ou constitutives, les contrôles qui s'exercent sur les entreprises publiques québécoises relèvent des diverses lois constitutives et de la pratique générale, puisqu'il n'existe pas de loi qui recouvre l'ensemble des entreprises publiques.

Comme nous le laissions entendre plus haut, les contrôles gouvernementaux et administratifs sont, et de loin, ceux qui affectent le plus le fonctionnement des entreprises publiques. Pour mieux en juger, nous les décrirons en les regroupant en fonction de leurs objets principaux : 1) l'administration générale, 2) l'administration interne et 3) l'administration technique et financière.

LES CONTRÔLES SUR L'ADMINISTRATION GÉNÉRALE

Par contrôle sur l'administration générale, on entend généralement les dispositions de la loi qui permettent au gouvernement, par l'entremise du gouverneur en conseil (ou du lieutenant-gouverneur en conseil) ou du Conseil des ministres, de désigner un ministre de tutelle, de créer et d'abolir une entreprise publique, de fixer des objectifs généraux dans la loi, de nommer ou de révoquer les membres du conseil d'administration et, selon le cas, de la direction supérieure, de combler les vacances, de fixer les modalités de traitement et de retraite, de déterminer le régime de propriété, le régime financier, le pouvoir d'emprunt, la destination des surplus, le régime du personnel, c'est-à-dire son appartenance ou non à la fonction publique, de recevoir annuellement le budget de fonctionnement et d'approuver le plan de développement. Nous avons déjà fait état de plusieurs dispositions dans une section précédente.

Dans le cas des entreprises publiques, le Conseil des ministres (le gouverneur en conseil, le lieutenant-gouverneur en conseil, l'exécutif), représentant en quelque sorte du gouvernement, est investi des droits et prérogatives des actionnaires. Pour chacune des entreprises publiques québécoises, le Conseil des ministres désigne un ministre de liaison ou de tutelle par l'entremise de qui une entreprise publique rend compte à l'Assemblée nationale ou au Parlement. Ce ministre agit également comme intermédiaire entre l'entreprise publique et le gouvernement, le ministre des Finances et le Conseil du trésor.

La Caisse de dépôt est régie par une loi [...], elle ne peut aller à l'encontre des orientations économiques du gouvernement, [...].

La Caisse de dépôt relève de l'Assemblée nationale par l'entremise du ministre des finances. Elle va donc s'assurer de prendre note du discours du budget, des orientations annoncées par le ministère de l'Énergie, de l'Industrie et du Commerce pour ne citer que ceux-là. Par exemple, quand le ministère des Finances annonce qu'il veut aider les petites et moyennes entreprises, il est évident que la Caisse de dépôt devra être à l'écoute de ces dernières [...] (une entrevue avec Jean Campeau, Président et directeur général, Caisse de dépôt et placement du Québec, dans *L'homme d'affaires québécois des années 80*, Michel G. Bédard, Léo-Paul Lauzon et Gilbert Tarrab, Montréal : Éditions HMH, 1983, p. 364, 365).

Les administrateurs des entreprises publiques sont nommés par le pouvoir exécutif. Ils exercent un mandat plutôt politique que civil. Ce mandat ne les oblige qu'à agir dans le sens de l'intérêt général, sous peine de révocation. Parmi les membres des conseils d'administration des entreprises publiques, on retrouve des fonctionnaires, des hommes politiques et également des représentants du milieu des affaires.

Le gouvernement peut aussi nommer le président du conseil d'administration. C'est le cas par exemple d'Hydro-Québec[26] et de la Société des alcools du Québec[27]. Il peut également laisser au conseil d'administration le soin de nommer un président du conseil, sous réserve de son approbation (ex. : Petro-Canada[28]). Le chef de la direction d'une entreprise publique peut être désigné tantôt par le gouvernement (ex. : la Société québécoise d'exploration minière[29], Hydro-Québec[30]), tantôt par le Conseil d'administration sous réserve d'approbation du gouvernement représenté par le gouverneur en conseil (ex. : Petro-Canada[31]).

Concernant leur pouvoir d'emprunt, les entreprises publiques québécoises se voient le plus souvent assujetties à la règle du droit public. Elles peuvent être appelées à emprunter de l'État, donc avec un contrôle gouvernemental très serré. S'il arrive qu'elles doivent emprunter sur les marchés privés, elles sont obligées de s'en remettre à l'autorisation gouvernementale.

26. LQ 1978, c.41, a.4.
27. LQ 1971, c.20, a.7; LRQ, c.S-13, a.7.
28. SC 1974, c.14.
29. LQ 1965, c.36, a.8; LRQ, c.S-19, a.15.
30. LQ 1978, c.41, a.8.
31. SC 1974-75, c.61, a.10.

Quant au régime du personnel, les employés des entreprises publiques sont généralement assujettis, comme nous le mentionnions dans une section précédente, au droit privé du travail. Cependant, le gouvernement aura parfois tendance à s'immiscer, en particulier s'il juge que les intérêts des citoyens risquent d'être lésés (ex. : tarification des services d'électricité). La loi organique des entreprises publiques peut cependant laisser le conseil d'administration nommer les vice-présidents, le secrétaire et le secrétaire-trésorier ainsi que tous les autres fonctionnaires et employés requis pour les opérations courantes, fixer les traitements et les rémunérations, définir les fonctions (ex. : Hydro-Québec[32]). Une telle disposition aura pour effet de rattacher ces entreprises au droit privé. D'autre part, au cours des dernières années, on a supprimé le cadre de la fonction publique dans le cas des entreprises publiques. Néanmoins, la loi demeure confuse à ce chapitre. Les dispositions peuvent varier d'une entreprise à l'autre.

En ce qui concerne le versement des dividendes ou des surplus, les entreprises publiques peuvent être assujetties au droit privé, c'est-à-dire que leurs profits peuvent être distribués aux actionnaires, sous forme de dividendes, mais bien souvent, l'État aura tendance à ordonner lui-même leur versement (ex. : la Société québécoise d'initiatives agro-alimentaires[33], la Société québécoise d'exploration minière[34]).

Le gouvernement détient aussi un pouvoir de directive. Pour communiquer aux entreprises publiques les objectifs qu'il veut leur voir adopter, il procède le plus souvent ainsi : le Parlement ou l'Assemblée nationale énonce certains objectifs généraux dans la loi organique des entreprises concernées, ou informe celles-ci des orientations de sa politique. Les objectifs émanant du Parlement ou de l'Assemblée nationale sont fixés lors de l'étude de la loi; par contre, le gouvernement modifie souvent les siens suivant l'évolution de la situation. Ce pouvoir de directive est, par exemple, présent dans la loi constitutive de la Société générale de financement[35] et dans celle de la Société canadienne des ports[36].

Au Québec, le législateur a introduit dans les lois organiques une autre forme de contrôle : le plan de développement. Préparé par la direction, ce plan doit être soumis à l'approbation gouvernementale. L'entreprise y énonce ses objectifs et ses stratégies à moyen et long terme, explique la manière dont elle entend atteindre les objectifs généraux et appliquer les dépenses prévues, le mode d'exécution de ses engagements

---

32. Loi d'Hydro-Québec, LRQ, c.H-5, a.10.
33. LQ 1975, c.42, a.15; LRQ c.S-21.
34. LRQ, c.S-22, a.18.
35. LRQ, c.S-17, a.15; LQ 1978, c.66, a.8.
36. SC 1980-81-82, c.121, a.12.

et les fonds requis pour atteindre ces objectifs. Ce plan, mis à jour annuellement, comporte des données sur le rendement des années antérieures et des mesures correctrices s'il y a lieu. La plupart des entreprise publiques sont assujetties à ce plan de développement.

Enfin, le gouvernement approuve les budgets de fonctionnement. Les modalités peuvent varier d'une entreprise à l'autre.

Nous venons donc de citer les principaux modes de contrôle exercés par le Conseil des ministres. Au Québec, la loi organique des entreprises publiques confère également des droits de regard au ministre de liaison ou de tutelle. On a vu plus tôt que le gouvernement pouvait donner des directives aux entreprises publiques. Le ministre de liaison peut également être investi de ce pouvoir. Ses directives doivent cependant être approuvées par le Conseil des ministres, avant de lier une entreprise. Le ministre de liaison reçoit également le rapport annuel de la société d'État dont il a la charge. Le président du Conseil du trésor est appelé à jouer un rôle plus grand encore, puisque les rapports annuels de toutes les entreprises publiques lui sont acheminés. Par ailleurs, le ministre de liaison peut aussi exiger, dans le cas de certaines entreprises publiques, des renseignements et des rapports spéciaux. Par exemple, la Société des alcools du Québec doit fournir au ministre tout renseignement qu'il requiert sur ses activités[37]. Dans le cas de certaines autres entreprises publiques, le ministre a aussi un mot à dire quant à la forme des états financiers et des budgets (ex. : la Société des alcools du Québec).

Le ministre des Finances et le président du Conseil du trésor exercent aussi des contrôles sur les entreprises publiques. Dans le cas de certaines entreprises publiques, le Conseil du trésor approuve le budget de fonctionnement ou encore le budget d'investissement. Le ministre des Finances peut être appelé à consentir des sommes d'argent et à fixer les modalités des prêts. La Société générale de financement, par exemple, est assujettie à cette règle.

LES CONTRÔLES SUR L'ADMINISTRATION TECHNIQUE ET FINANCIÈRE

Les contrôles sur l'administration technique et financière comportent deux volets : les activités de production et les activités financières. Les activités de production englobent les conditions de prestation d'un service (ex. : la distribution d'électricité outre-frontières, dans le cas

37. LQ 1952, C-116, a.85; 1966-67, C.74, a.16; SRC 1970, C.F-10.

HYDRO-QUÉBEC:
CONTRÔLES SUR L'ADMINISTRATION TECHNIQUE ET FINANCIÈRE

- tarification de l'électricité
- financement des grands travaux
- plans d'équipement ou de développement
- choix des dirigeants
- politique salariale
- protection de l'environnement
- disposition des surplus financiers de l'entreprise
- choix des fournisseurs
- politique d'emprunts
- fiscalité
- exportations d'électricité
- développement technologique
- création d'emplois
- diversification des sources d'énergie

(Observation de R. Parenteau, Conseil économique du Canada, document n° 312)

d'Hydro-Québec), les procédés de fabrication (ex.: la détermination des conditions de conservation et de manutention des boissons alcoolisées, dans le cas de la Société des alcools du Québec) et les modalités entourant les transactions (ex.: les modalités en approvisionnement de matières premières).

Par activités financières, on entend les formes de contrôle régissant la fixation des tarifs, des prix, des taux, des prêts (dans le cas des sociétés financières), des emprunts, les modalités des transactions financières, l'affectation des surplus, l'attribution d'avances, l'approbation du budget annuel, la participation de l'État dans le capital-actions de l'entreprise, l'application des dispositions de la *Loi de l'impôt sur les compagnies* et le vote de crédits par le Parlement ou l'Assemblée nationale. Bien entendu, ces contrôles varient selon les particularités de chacune des entreprises publiques et la nature de leurs activités.

LES CONTRÔLES SUR L'ADMINISTRATION INTERNE

Considérons maintenant les contrôles sur l'administration interne. Comme nous le mentionnions un peu plus tôt, la coupure entre contrôles sur les administrations technique et financière et contrôles sur l'administration interne est parfois ténue, voire difficilement perceptible. Ainsi, les règlements administratifs concernant le fonctionnement de l'entreprise ou encore les modalités d'engagement d'une société procèdent tantôt de la législation déléguée, tantôt de la régie interne. Par ailleurs, il peut arriver que le gouverneur en Conseil (ou le lieutenant-gouverneur en Conseil) ou le ministre de tutelle se voient investis du pouvoir d'approbation des règlements de régie interne. Dans la *Loi de la Caisse de dépôt et placement du Québec*, par exemple, on retrouve une disposition semblable[38].

Par contrôle sur l'administration interne, on entend ici les pouvoirs d'approbation conférés au gouvernement concernant les règlements de régie interne d'une entreprise publique, les conditions de travail des employés, l'aliénation des biens immeubles, de même que les transactions relatives aux services de soutien (l'approvisionnement, l'entretien des immeubles, l'informatisation, etc.).

Le gouvernement peut exercer également un contrôle sur les employés des entreprises publiques en diverses matières, telles que l'activité des employés, le recrutement et, enfin, certains avantages sociaux.

Les contrôles parlementaires

En plus des contrôles gouvernementaux et administratifs, il y a ceux qui sont exercés par le pouvoir législatif ou, si l'on veut, par le Parlement ou l'Assemblée nationale. Ces contrôles ont cependant une influence plus réduite sur le fonctionnement des entreprises publiques que les précédents.

Cela est dû au fait que la limitation des dépenses et des revenus qu'implique l'inscription au livre des crédits ne peut s'appliquer aux entreprises publiques. D'ailleurs, les entreprises publiques sont généralement financées par des prêts, des avances ou des placements, c'est-à-dire l'extra-budgétaire. Le contrôle financier s'exerce normalement sur le bilan à l'occasion du dépôt du rapport annuel, généralement lors d'une commission parlementaire, où la direction peut être invitée à témoigner.

Néanmoins, les parlementaires jouissent de moyens d'action plus étendus au niveau législatif. De fait, les entreprises publiques sont le plus souvent instituées en vertu d'une loi du Parlement ou de l'Assemblée. Lors de la discussion des projets de loi, les membres du Parlement ou de l'Assemblée nationale ont un droit de regard sur le principe de la création, ainsi que sur les structures et les pouvoirs d'une entreprise publique.

38. LQ 1965, c.23, a.13; 1968, c.9, a.90; c.23, a.8; LRQ c.C-2, a.13.

Les parlementaires peuvent également modifier des lois. Par exemple, lorsqu'il s'agit d'augmenter le capital-actions, d'accroître le nombre d'administrateurs ou encore de procéder à la réforme en profondeur d'une loi.

Les contrôles parlementaires sont principalement ceux qui permettent aux partis d'opposition de faire entendre leurs voix, à côté de celles du parti au pouvoir formant le gouvernement.

Les contrôles exercés par le Parlement ou l'Assemblée nationale sur les entreprises publiques reposent presque entièrement sur l'information : les documents qu'elle reçoit ou qu'elle peut demander, les questions qu'elle peut poser, la documentation qu'elle peut compléter par des enquêtes confiées à un groupe de parlementaires ou à des groupes spécialisés. L'une des principales sources d'information est certainement le rapport annuel transmis à l'Assemblée nationale ou au Parlement par les entreprises publiques. Quoiqu'il n'existe par de dispositions générales concernant le dépôt par les entreprises publiques de leur rapport annuel, bien souvent la loi organique de ces dernières le prévoit d'une façon ou d'une autre.

Les questions parlementaires posées au Parlement ou à l'Assemblée nationale sont une autre source d'information utilisée par les parlementaires pour exercer un certain contrôle sur les entreprises publiques : questions orales posées par l'un ou l'autre des députés au ministre de liaison ou bien questions écrites, inscrites au feuilleton, s'il n'y a pas urgence.

Le dépôt de documents devant le Parlement ou l'Assemblée nationale par le gouvernement ou une entreprise publique constitue également une source d'information importante : programmes d'équipement, d'emprunts ou de financement, contrats, correspondance entre le gouvernement et une entreprise publique, etc., ou encore question écrite provenant d'un député et transformée en dépôt de document.

Enfin, l'information peut provenir des enquêtes menées sur les entreprises publiques par les commissions parlementaires ou commissions parlementaires sectorielles. Ainsi, au Québec, des commissions parlementaires se sont tenues en 1965 (Commission des régies à caractère industriel et commercial) et en 1978 (Contrôle parlementaire des sociétés d'État). Par ailleurs, certaines entreprises publiques ont fait l'objet de commissions parlementaires spécifiques à leur champ de compétence (Hydro-Québec, la Société québécoise d'exploration minière, la Société québécoise d'initiatives pétrolières et la Société générale de financement).

Enfin, les parlementaires peuvent s'en remettre aux commissions non parlementaires telles que les commissions instituées en vertu de la *Loi sur les commissions d'enquête*. Au Québec, par exemple, il y a eu en 1970 la Commission Thinel sur le commerce des alcools.

Les influences sociales et politiques

En raison de leur appropriation publique, les entreprises d'État se présentent ultimement comme les propriétés des citoyens ou des contribuables. Par ailleurs, comme nous l'avons déjà évoqué plus tôt, les raisons d'être de ces mêmes entreprises s'expliquent par des considérations de nature sociale ou, tout au moins, socio-économique, allant dans le sens de l'intérêt général. Toujours en raison de leur rapport à la chose publique, mais dans un autre ordre d'idées cette fois, ces mêmes entreprises sont appelées à devenir un lieu commun où interviennent les intérêts politiques. Pour ces raisons, des influences sociales et politiques jouent dans l'environnement des entreprises publiques, ce qui les différencie de leurs vis-à-vis du secteur privé. Ces influences se marient en quelque sorte aux contrôles précédents pour former un amalgame avec lequel les entreprises publiques doivent composer.

Les citoyens peuvent influencer les politiques par divers moyens. À titre d'individus membres d'une société organisée politiquement, ils contribuent au système politique du fait de leur statut de citoyen, en vertu duquel ils paient des impôts et obéissent à des lois et à des règles. Certains citoyens vont participer plus activement en prônant leurs valeurs. Ils vont, par exemple, adhérer à des partis politiques et ainsi soutenir ou contester le gouvernement en place et les normes édictées[39].

Des groupes de pression peuvent aussi intervenir. Ces groupes existent d'abord pour la promotion et la défense des intérêts de leurs membres. Ils agissent soit comme acteurs sociaux (ex. : les organismes contestataires des services, des tarifs, des pratiques, dans le cas d'Hydro-Québec ou bien de la Société des Alcools du Québec; la remise en cause des pratiques de la Société d'énergie de la Baie James par les autochtones), soit comme acteurs politiques (ex. : le lobbying auprès des ministres, la présentation de mémoires à la commission d'enquête, la participation aux mécanismes consultatifs, etc.). Les partis politiques sont quant à eux des

39. L. Borgeat *et al.*, *L'administration québécoise : organisation et fonctionnement*, Sainte-Foy, Les Presses de l'Université du Québec, 1982.

acteurs politiques par nature. Ils ont pour objectif de promouvoir une vision de l'État et de son rôle ainsi qu'un programme d'action à contenu administratif, et de sensibiliser leurs membres à leurs valeurs. Lorsqu'ils sont au pouvoir, ils contrôlent pour ainsi dire le gouvernement élu sous leur bannière. Les partis ont donc une vocation à l'égard de tout ce qui touche les questions d'intérêt public, y compris les entreprises publiques.

Les contrôles comme facteurs de spécificité dans le cas particulier des sociétés à vocation commerciale

L'examen du contexte dans lequel baignent les entreprises publiques ou des contrôles auxquels celles-ci sont assujetties suggère un ensemble de facteurs environnementaux à la fois variés et disparates. Ceux-ci contribuent à accentuer le caractère spécifique et original de ces entreprises. En effet, si les entreprises publiques sont soumises, comme tous les autres organismes publics, à l'appropriation publique, elles présentent cependant dans plusieurs cas la particularité de subir, concomitamment et avec une égale acuité, l'influence d'un autre pôle de contingence, à savoir le marché[40]. C'est le cas notamment des sociétés d'État. Les deux pôles de contingence — la propriété et le marché — exercent chacun à sa façon une influence déterminante sur l'organisation interne des entreprises publiques. Celle-ci est présentée à la figure 2, qui tient compte de trois composantes interreliées : la socio-structure, la culture organisationnelle et les acteurs clés (administrateurs et dirigeants).

Comme nous le mentionnions plus haut, ce qui fait par conséquent la particularité des sociétés d'État, c'est donc non seulement leur appropriation publique et leur personnalisation juridique, mais également leur affectation à des activités commerciales, industrielles, financières ou économiques, d'où le rapport avec les conditions du marché auxquelles sont astreints les organismes visés[41] (tableau 2).

40. Il est à noter qu'en raison des limites d'espace, nous n'avons pu développer les contrôles associés au marché. Le lecteur intéressé à approfondir la question est invité à consulter des ouvrages spécialisés en la matière.

41. M.G. BÉDARD, *op.cit.*

FIGURE 2

Les contrôles s'exerçant sur l'organisation des entreprises publiques à vocation commerciale et industrielle

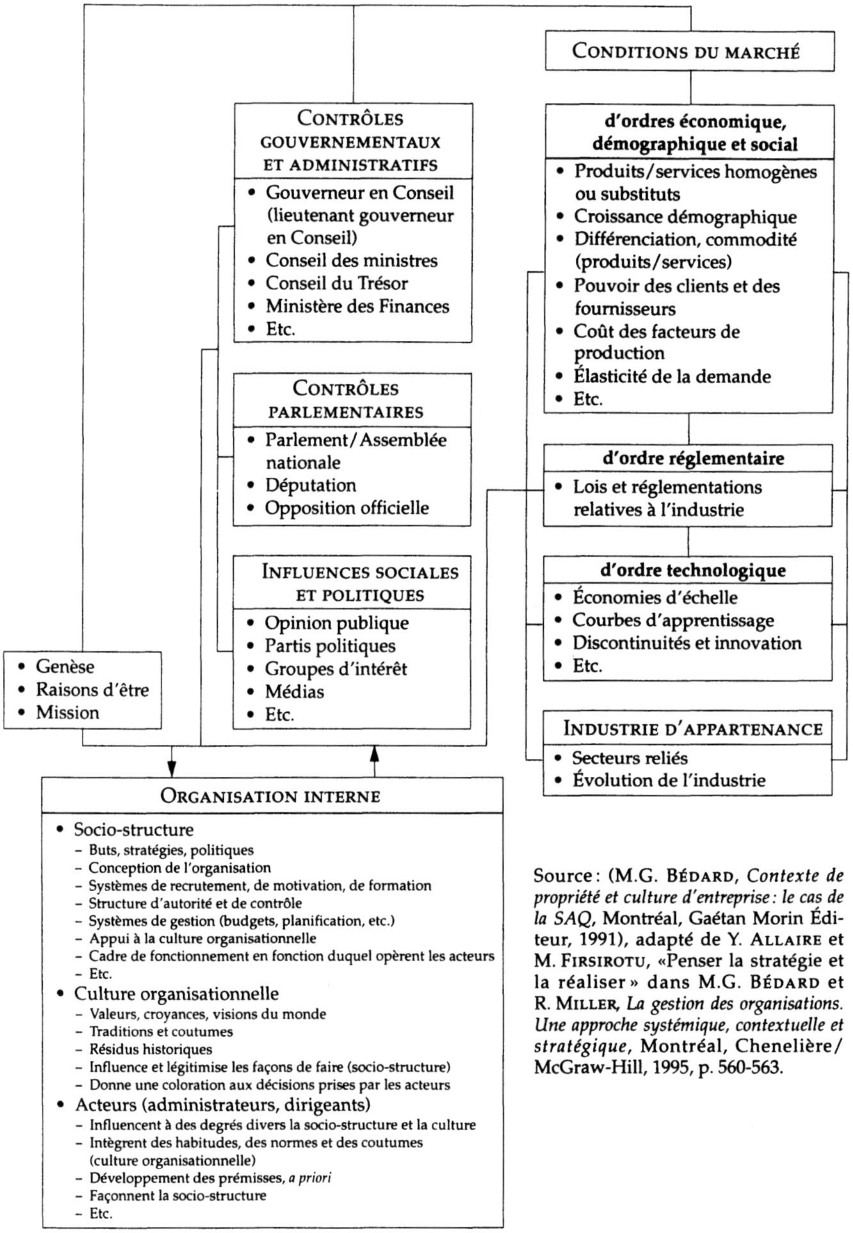

Source : (M.G. BÉDARD, *Contexte de propriété et culture d'entreprise : le cas de la SAQ*, Montréal, Gaëtan Morin Éditeur, 1991), adapté de Y. ALLAIRE et M. FIRSIROTU, «Penser la stratégie et la réaliser» dans M.G. BÉDARD et R. MILLER, *La gestion des organisations. Une approche systémique, contextuelle et stratégique*, Montréal, Chenelière/McGraw-Hill, 1995, p. 560-563.

TABLEAU 2
Contexte spécifique des entreprises publiques à vocation commerciale et industrielle

En raison de leur vocation commerciale, industrielle ou financière	En raison de leur situation particulière
• Préférences et actions des : - concurrents - fournisseurs - clients - etc. • Évolution de l'industrie d'appartenance • Cadre réglementaire de l'industrie • Cadre juridique et réglementaire de l'État • Attente des membres de la société à l'égard de l'ensemble des entreprises commerciales	• Appropriation publique - gouvernement - Parlement / Assemblée nationale - contribuables - partis politiques • Personnalité juridique • Mandataire

UNE FORME D'ENTREPRISE À MI-CHEMIN ENTRE LE PUBLIC ET LE PRIVÉ : LES ENTREPRISES MIXTES

Les entreprises mixtes se définissent comme des entités dont le capital relève en partie du domaine privé et en partie du domaine public. La participation de l'État peut être dans ce cas soit majoritaire, soit minoritaire. Selon les actions qu'il détient, l'État peut être appelé à s'impliquer dans la nomination des administrateurs et la répartition des bénéfices; il peut également invoquer dans certains cas des droits spéciaux tels que la nomination du président du conseil d'administration et du président-directeur général.

La formule des entreprises mixtes a comme avantage d'offrir une certaine souplesse. Ainsi, l'État peut se prévaloir de celle-ci pour stimuler certains secteurs économiques jugés prioritaires, sans nécessairement se substituer aux intérêts privés. Il peut également, par l'entremise de cette formule, s'assurer l'apport de capitaux privés pour développer une entreprise.

Des entreprises publiques, qu'elles soient du ressort du fédéral ou du provincial, peuvent aussi acheter des actions d'entreprises privées. C'est le cas par exemple de la Société générale de financement, de la

Caisse de dépôt et placement, du CN et de Petro-Canada. Lorsque les participations d'une entreprise publique atteignent au moins 50 %, l'entreprise mixte est désignée comme une *filiale*; dans les cas où les participations sont en deçà de 50 %, on parle d'*entreprises affiliées*.

Le recours à des participations s'explique par diverses raisons. Évidemment, les raisons que nous évoquons ici sont loin d'être exhaustives. Nous nous bornons uniquement à celles qui reviennent le plus souvent. Nous avons déjà fait état de l'intervention dans des secteurs névralgiques. Cette intervention peut avoir pour objet de restructurer, de rationaliser ou de revitaliser un secteur industriel. On peut également faire appel à la formule de participation pour s'assurer qu'une entreprise demeure implantée sur le territoire ou encore pour accroître la présence de gestionnaires locaux dans le conseil d'administration ou la haute direction[42].

À titre d'exemple, ces deux dernières raisons expliquent en grande partie la prise de participation de la Société générale de financement dans la compagnie Domtar. D'autres arguments qui peuvent être invoqués sont la diversification et la présence dans des secteurs reliés. Par exemple, le CN, en acquérant au début de années 1980 des actions dans Les Entreprises Bussières, propriétaires de Bellechasse Transport, Rimouski Transport et Speedway Express, avait comme objectif d'élargir son réseau de camionnage en territoire québécois.

Il n'existe pas de loi-cadre établissant les modalités de prises de participation ou la création de filiales par une entreprise publique. Au niveau fédéral, dans le cas où une entreprise est établie en vertu de la *Loi sur les sociétés commerciales canadiennes*, on doit se référer à celle-ci. Dans les autres cas, on doit s'en remettre aux lois constitutives. Les lois constitutives du CN[43] et de la Société canadienne des postes[44], entre autres, stipulent que ces entreprises peuvent, avec l'approbation du gouverneur en Conseil, acquérir des actions dans une autre entreprise. Petro-Canada peut quant à elle acquérir et détenir des actions sans avoir à obtenir l'autorisation du gouvernement[45].

Au Québec, les entreprises publiques régies par la *Loi des compagnies* peuvent prendre des participations sans l'approbation du gouvernement,

---

42. M.G. Bédard et M.N. Tereraho, « Privatisation et distinctions entre entreprises publique, mixte et privée. Vers une approche organisationnelle », *Document de travail* n° 10-95, Centre de recherche en gestion, Département des sciences administratives, UQAM, 1995.
43. SC 1955, c.29, a.31; SRC 1970, c.C-10, a.31.
44. SC 1980-81, c.54, a.21.
45. SC 1974-75, c.61, a.7.

sauf si elles doivent demander des crédits pour acquérir ces mêmes participations. Dans le cas des entreprises publiques établies par une loi du Parlement, on peut prévoir l'assentiment du gouvernement. C'est le cas par exemple d'Hydro-Québec[46]. C'est d'ailleurs en vertu de cette disposition que cette entreprise a acquis au début des années 1960 les réseaux privés d'électricité. La Société des alcools du Québec ne peut également acquérir des participations sans l'autorisation des autorités gouvernementales. La Société québécoise d'initiatives agro-alimentaires ne peut acquérir des participations que dans des secteurs qui relèvent de sa compétence. Mais, comme pour les entreprises mentionnées plus haut, elle doit obtenir au préalable l'autorisation du gouvernement. Enfin, la Caisse de dépôt et placement peut s'engager dans des participations minoritaires dans diverses entreprises sans l'autorisation gouvernementale. Comme on peut le constater, les paramètres des prises de participation varient d'une entreprise publique à l'autre.

En ce qui concerne le régime juridique des filiales (c'est-à-dire les entreprises détenues à au moins 50 % par des entreprises publiques, elles-mêmes propriétés exclusives de l'État), la loi n'étant pas explicite à ce sujet, on doit s'en remettre au droit privé des sociétés.

LA REMISE EN QUESTION DES ENTREPRISES PUBLIQUES

Au début des années 1980, est apparu dans l'Occident un phénomène qui a eu pour effet de modifier substantiellement, voire radicalement, le paysage des entreprises publiques : on fait allusion ici au phénomène de la privatisation. Nous croyons opportun de traiter maintenant cette question, étant donné l'impact qu'a eu le mouvement de privatisation sur le fonctionnement de l'appareil public, et en particulier sur les organismes auxquels nous nous intéressons.

Cette section est divisée en deux parties. Nous procéderons d'abord à un bref rappel historique du mouvement de privatisation auquel se joindront dès le milieu des années 1980 les gouvernements canadien et québécois. Nous ferons ensuite état des arguments qui ont pesé dans la décision de privatiser des entreprises publiques. Il convient de préciser que nous n'avons pas pour objectif de faire valoir le bien-fondé de la privatisation, mais bien de présenter les arguments qui sont mis de l'avant par les partisans de cette approche.

---

46. SRQ 1964, c.86, a.40; LRQ, c.H-5.

Un bref historique du phénomène de la privatisation

Privatiser n'est pas en soi un phénomène nouveau. Avant même que ne soit enclenché le mouvement que nous connaissons aujourd'hui, plusieurs pays avaient déjà vendu des entreprises publiques au secteur privé. À la fin des années 1960, on en retrouve des exemples un peu partout en Europe. Aux États-Unis, dès 1955, le *Bureau of Budget* décourage les agences fédérales de produire elles-mêmes des biens et des services que le secteur privé peut réaliser. En 1972, la *Rand Corporation* étudie en détail comment s'organiser pour faire produire des biens et des services publics par l'entreprise privée. À cette époque, ces activités de privatisation sont généralement réalisées de façon routinière et pragmatique, et le concept de privatisation est, pour ainsi dire, inexistant[47].

Toutefois, en Angleterre, à la fin des années 1970, le phénomène prend une tournure et une ampleur tout à fait différentes. En effet, le Parti conservateur, avec la Première ministre Margaret Thatcher en tête, inspiré par les tenants du néolibéralisme économique, fait de la privatisation un de ses principaux thèmes politiques. Il prend le pouvoir en 1979 et met sur pied un vaste programme de privatisation des entreprises du secteur public[48]. À partir de cette date, la notion de privatisation se charge d'une signification politique, économique et idéologique sans précédent. Elle devient un des faits historiques les plus importants des années 1980 et se répand au fil des ans dans presque tous les pays du monde. Dix ans plus tard, le secteur public du Royaume-Uni, qui représentait 10 % du produit national brut, 8 % de l'emploi et 17 % du capital national, est réduit à moins du cinquième de sa taille originale. Il s'agit du plus important programme de privatisation jamais mis en œuvre dans le monde.

Même si le phénomène de la privatisation est présent dans la plupart des pays industrialisés, il a pris des proportions différentes d'un endroit à l'autre. Ainsi en Suède, en Espagne et en Hollande, les programmes de privatisation ont été relativement modestes, tandis qu'au Japon et en Nouvelle-Zélande, le mouvement a été très important. Dans les pays en voie de développement d'Amérique du Sud et d'Asie, la forte propension à utiliser des entreprises d'État comme véhicules économiques a dû être abandonnée en faveur d'une expansion soutenue du

---

47. A. Forget et M.G. Bédard, « Vers un cadre conceptuel *stakeholder* de la privatisation », *Document de recherche*, n° 11-96, Centre de recherche en gestion, Département des sciences administratives, UQAM, 1996.
48. V. Wright, « Chacun privatise à sa manière », dans *Les privatisations en Europe. Programmes et problèmes*, V. Wright, (dir.), Poitiers, Actes du Sud, Hubert Nyssen Editeur, 1993.

secteur privé. Les déficits trop élevés de ces États, l'ampleur de leur dette étrangère et leur dépendance envers des agences internationales comme la Banque Mondiale et le Fonds monétaire international sont les principales causes de la mise sur pied de programmes de privatisation. En Afrique, la plupart des pays n'ont pas eu le choix. Forcés par les agences extérieures qui avaient perdu confiance, les pays africains ont dû appliquer des programmes de privatisation à une partie importante de leur secteur public[49].

Au Canada, la privatisation se fait à une échelle beaucoup moins dramatique que dans la plupart des autres pays. Afin de ne pas soulever de vagues de protestation dans la population, le gouvernement progressiste-conservateur élu en 1984 adopte en effet une stratégie discrète et graduelle qui vise à réduire le rôle du gouvernement[50]. En 1991, le gouvernement canadien avait privatisé 18 compagnies de la Couronne ou leurs filiales pour une valeur d'un peu plus de trois milliards de dollars (ex. : Canadair, Air Canada, Téléglobe Canada). Cette somme représente environ 16 % de l'actif des entreprises d'État appartenant au secteur public canadien[51]. On parle encore de se départir des actifs de certaines autres entreprises telle que Petro-Canada et le Canadien National. En 1985, le Québec s'engage à son tour dans la voie de la privatisation. Le nouveau gouvernement libéral met sur pied trois comités : le comité Fortier sur la privatisation des sociétés d'État, le comité Scowen sur la déréglementation et le comité Gobeil sur la réduction de l'appareil gouvernemental. On nomme un ministre délégué à la Privatisation et, dans l'espace de quelques années, le gouvernement vend une vingtaine de sociétés (Québécair, Raffinerie de Sucre du Québec, Marine Industries, etc.) pour près d'un milliard de dollars, soit le sixième de la valeur totale des entreprises publiques à vocation économique, commerciale ou industrielle.

Les arguments en faveur de la privatisation

Au fil des ans, les tenants de la privatisation dans les différents pays ont proposé un certain nombre d'arguments qui étayent deux constatations

49. R. Ramamurti, « Why are developing countries privatizing ? », *Journal of International Business Studies*, vol. 23, n° 2, 1992, p. 225-249.
50. J.K. Laux, « La privatisation des sociétés d'État au Canada », *Interventions économiques*, n° 18, automne 1987, p. 151-172.
51. G. Bouchard, « La privatisation des sociétés d'État fédérales au Canada », dans *La réforme administrative dans les pays francophones* », G. Bouchard, (dir.), Moncton, Édition d'Acadie, 1991, p. 163-170.

de base : l'irréversibilité du mouvement de privatisation et l'inefficacité des entreprises de l'État[52].

L'IRRÉVERSIBILITÉ DU MOUVEMENT DE PRIVATISATION

La privatisation, affirment ceux qui sont en sa faveur, fait partie intégrante d'une tendance universelle à la libéralisation de l'activité économique des mains de l'État. En pratique, ce réquisitoire comprend deux volets. Le premier volet cherche à démontrer que les déficits des différents gouvernements à travers le monde forcent ceux-ci à accorder moins d'importance à leur mission sociale. Peu de pays peuvent désormais se payer le luxe d'un secteur étatique ayant pour habitude de se faire renflouer à même les fonds publics. Selon les tenants de la privatisation, plus le secteur public sera important, plus il contribuera au déficit financier de l'État. La privatisation permet de diminuer les dépenses étatiques allouées au soutien financier du secteur public. Le produit de la vente d'entreprises publiques au secteur privé constitue en l'occurrence une source de revenus appréciable permettant d'éponger les déficits.

Le second volet concerne le développement du libre marché dans le monde. L'internationalisation des marchés de produits et de capitaux est devenue, selon les partisans de la privatisation, une nécessité dans un contexte de mondialisation croissante des rapports économiques. Nombre d'industries sont de plus en plus complexes et se sont trouvées dans l'obligation de recourir à la coopération internationale pour résoudre leurs problèmes d'ajustement. Dans certaines industries, les économies d'échelle se font maintenant au niveau mondial. Voilà pourquoi les rachats, les fusions et les prises de participation sont de plus en plus courants au niveau international. Or, pour que ces échéances aient lieu le plus efficacement possible, il faut établir des rapports de réciprocité. Pour les protagonistes de la privatisation, on ne peut plus tolérer les activités « prédatrices » des grandes entreprises publiques étrangères qui acquièrent des titres privés, sans courir le risque d'être acquis à son tour.

L'INEFFICACITÉ DES ENTREPRISES PUBLIQUES

D'autres arguments visent l'efficacité économique. Les firmes privatisées sont, aux dires des tenants de la privatisation, plus efficaces que les entreprises publiques. Selon eux, le gouvernement n'est pas un bon gestionnaire des ressources économiques. Ses motifs ne peuvent pas être la

52. S. Brooks, « Évaluation des arguments émis en faveur de la privatisation », dans *Politique et management public*, vol. 7, nº 1, 1989, p. 35-55.

maximisation des profits qui est à l'origine de l'efficacité économique[53]. Dans cette perspective, le secteur public est perçu par les défenseurs de la privatisation comme l'« usurpateur » du rôle du marché dans l'allocation des ressources. Plusieurs raisons font que l'entreprise publique est moins efficace que l'entreprise privée. Premièrement, il n'y a pas, pour l'entreprise publique, de marché boursier pour l'échange des droits de propriété. Cette carence rend problématique l'appréciation externe de la performance économique de l'entreprise et affaiblit la capacité des actionnaires à exercer un contrôle pour plus de rentabilité et de productivité. Deuxièmement, il n'y a pas non plus de menace de prise de contrôle extérieur ou de banqueroute forçant les gestionnaires à améliorer leur performance. L'État est là pour éponger les déficits. Troisièmement, les gestionnaires de l'entreprise publique, privés d'incitatifs financiers comme les hauts salaires, les bonis ou l'octroi d'actions de la compagnie, s'arrogent des compensations non financières qui prennent l'allure d'un véritable gaspillage. Bien plus, quand ils sont motivés par le profit et par le besoin d'une plus grande efficacité, ces mêmes gestionnaires sont souvent incités par le gouvernement à poursuivre des visées macroéconomiques ou des objectifs de redistribution de la richesse. Quatrièmement, les possibilités d'intervention politique dans la gestion et la direction des entreprises publiques sont toujours présentes. Beaucoup de groupes d'intérêt cherchent à obtenir des faveurs, et les politiciens risquent d'accepter leurs revendications en contraignant l'entreprise publique à en tenir compte au détriment de son efficacité générale. Cinquièmement, les mécanismes de contrôle des entreprises publiques institués par le gouvernement sont généralement lourds, difficiles et complexes quand on les compare à ceux de l'entreprise privée. De plus, les entreprises publiques n'ont pas la flexibilité de se désengager, de se diversifier, d'acquérir, de vendre, de fermer, de se réorganiser, comme c'est le cas pour l'entreprise privée[54].

CONCLUSION

Comme nous avons pu l'observer dans les sections précédentes, la mission, les raisons d'être ainsi que les contrôles et les considérations juridiques et administratives auxquels elles sont assujetties confèrent aux entreprises publiques une certaine spécificité par rapport aux autres organismes publics. Nous avons également été à même de constater que ces

53. J.M. Van Brabant, *Privatizing Eastern Europe : The Role of the Markets and Ownership in the Transition*, Boston, Kluwer Academic Publishers, 1992.

54. J. Vickers et V. Wright, *The Politics of Privatisation in Western Europe*, Londres, Frank Cass, 1989.

FIGURE 3
Les différentes influences qui peuvent s'exercer sur les entreprises publiques et les rôles clés dans le prolongement de la mission et des raisons d'être

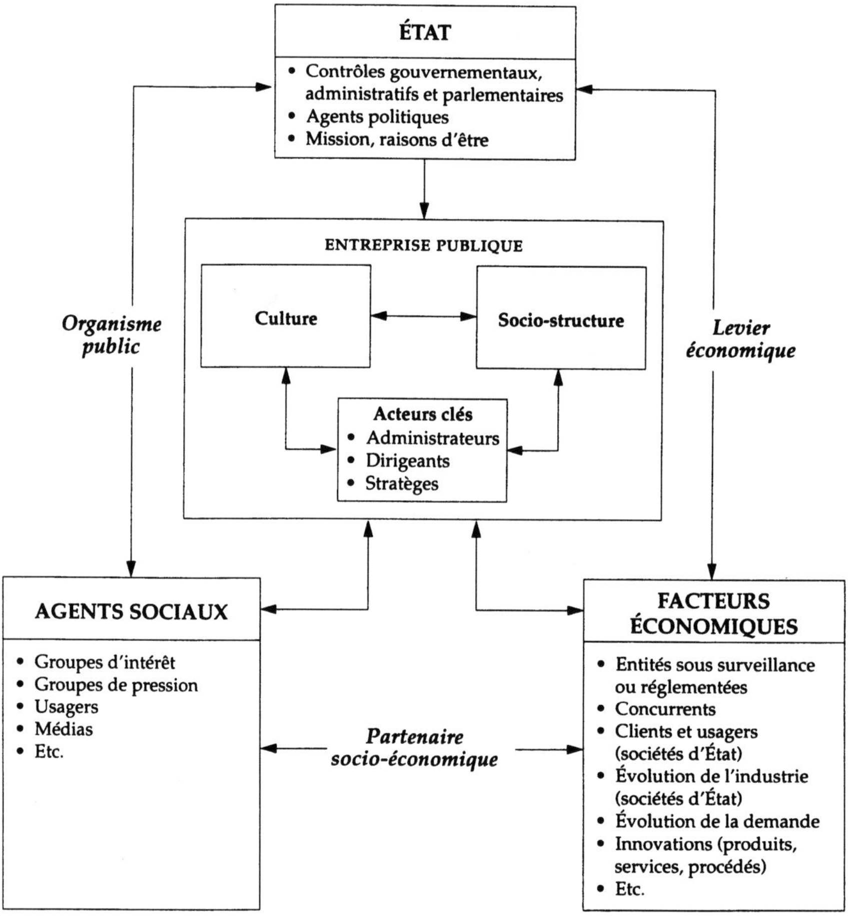

Adaptation de M.G. Bédard, *Contexte de propriété et culture d'entreprise : le cas de la SAQ*, Montréal : Gaëtan Morin Éditeur, 1991.

éléments ont aussi pour effet d'influer sur le déroulement de diverses activités à l'interne, tels que les buts et les objectifs, les actifs humains et physiques et les infrastructures.

Les entreprises publiques sont placées dans une situation pour le moins originale, voire paradoxale, qui les oblige à transiger avec des patrons qui sont également des gouvernants, des clients qui peuvent être aussi des contribuables et des employés qui sont en même temps des fonctionnaires[55].

Cette approche de l'organisation mettant en relief les composantes clés, combinée aux caractéristiques spécifiques, peut se révéler fort utile pour comprendre et interpréter le fonctionnement réel des entreprises publiques. On comprendra plus facilement que le système culturel des sociétés d'État, par exemple, soit fortement imprégné de valeurs liées à l'appropriation publique malgré le fait qu'elles évoluent, comme leurs vis-à-vis du secteur privé, dans des marchés. On peut dès lors mesurer la difficulté que peuvent éprouver en diverses occasions les administrateurs ou les dirigeants à réconcilier impératifs économiques et visées de l'État actionnaire et des autres agents gravitant autour de celui-ci.

La figure 3 montre les diverses influences qui peuvent s'exercer sur les entreprises publiques (l'État, les agents sociaux et les facteurs économiques) et les différents rôles que celles-ci sont appelées à jouer (organisme public, levier économique et partenaire socio-économique) vu leurs missions et leurs raisons d'être.

55. J.P. Anastassapoulos, *op.cit.*

CHAPITRE 3

La haute direction

PAR JACQUES BOURGAULT

LA DIRECTION MINISTÉRIELLE 91
Les pouvoirs et les fonctions 91
Les types de ministres 92
La journée du ministre comme chef du ministère 92
Les contraintes 93
La délégation 94
Les contrôles exercés sur le ministre 94
Les contrôles exercés par le ministre 95

LES CABINETS MINISTÉRIELS 95

LA DIRECTION NON MINISTÉRIELLE 97

LA DIRECTION PAR LES HAUTS FONCTIONNAIRES 99
Qui sont-ils ? 99
La carrière et la gestion de la haute fonction publique ... 104
La politisation et les relations politiques 107
Les relations politiques avec les ministres : les modèles institutionnels 108
Les transitions politiques 112
Le rôle des hauts fonctionnaires 113
Le rendement et l'imputabilité 115

RÉFÉRENCES 119

La gouverne partage le pouvoir au sein de la haute direction entre deux catégories de personnes : les politiques et les hauts fonctionnaires; les ministres et les membres des cabinets de ministres constituent la première catégorie tandis que les sous-ministres, associés et adjoints, composent la seconde. Dans le cas des « organismes » (sociétés d'État, conseils, quasi-ministères et tribunaux administratifs), une catégorie hybride apparaît, celle de grands commis ayant le statut de « chefs » d'organisme et agissant sous la direction plus ou moins « intense » du conseil d'administration (sauf pour les tribunaux administratifs), lequel constitue en principe la plus haute autorité de l'organisme.

LA DIRECTION MINISTÉRIELLE

Aux fonctions, pouvoirs et obligations du ministre en tant que membre du Conseil des ministres, s'ajoutent ceux qui lui échouent en tant que « chef » d'un ou de plusieurs ministères, responsable auprès du Conseil des ministres d'un dossier thématique ou de l'application d'une loi particulière et responsable auprès du Parlement d'un « organisme », rôle qui peut s'étendre du simple messager à celui de « super président ».

Les pouvoirs et les fonctions

Comme « chef de ministère », le ministre doit « diriger le ministère » au sens où il en est l'autorité ultime; il est « responsable » de la mission spécifique que la loi impartit au ministère; à ce titre il est « chargé » de résultats particuliers pour lesquels il doit « poser des actes » (élaborer et proposer au gouvernement des politiques, prendre des décisions particulières) et doté de

« pouvoirs » spécifiques; il doit faire un rapport annuel à la chambre des députés. Le ministre peut déléguer une large partie de ses fonctions au sous-ministre ou à un autre fonctionnaire. Un ministre peut, au surplus, se voir chargé de l'application de trois à cinquante lois publiques connexes à la mission de son ministère : par exemple, le ministre de l'Éducation est aussi responsable de la *Loi sur l'aide financière aux étudiants* sans qu'il y ait un ministère spécifique pour administrer cette seule loi.

Ces remarques valent pour le premier ministre du Québec sur le ministère du Conseil exécutif, pour le ministre de l'Administration sur le secrétariat du Conseil du Trésor ainsi que pour les ministres d'État ou délégués chargés d'un quelconque secrétariat affecté au ministère du Conseil exécutif ou à un autre ministère (Affaires intergouvernementales canadiennes, Jeunesse, Condition féminine, Affaires autochtones, etc.).

Les types de ministres

Concrètement, comme l'écrivait l'ex-ministre et ex-haut fonctionnaire Claude Morin, le ministre peut être le « moteur » du ministère ou se contenter de n'en être que le « chef officiel » (Riverin, 1984); on trouve trois grands types de ministres : chez certains, devenir ministre constitue le rêve enfin réalisé d'une longue carrière politique maintenant arrivée à son faîte; les accessoires de la fonction constituent la récompense convoitée et les relations publiques composent l'essentiel de la tâche alors que les fonctionnaires se chargent du développement et de la gestion des politiques et opérations. D'autres ministres, au contraire, utilisent leur poste pour réaliser une mission sectorielle qui les mobilisait depuis longtemps. Comme le disait l'un d'eux : « Je n'ai pas eu peur de mettre les mains dans le moteur ! » Entre ces deux extrêmes se situent la majorité des ministres. Au parti depuis quinze à vingt ans, ils ont fait cinq à sept ans comme députés avant de connaître une série d'affectations ministérielles de deux à quatre ans, dans lesquelles ils s'efforcent d'opérer la jonction entre le Conseil des ministres et l'appareil administratif du ministère : il faut importer au ministère les priorités politiques du Conseil et exporter au Conseil les préoccupations et sentiments d'urgence du ministère; cette médiation constitue pour la plupart l'occasion de laisser une marque personnelle par la priorisation des politiques et le style de gestion retenu.

La journée du ministre comme chef du ministère

La journée type (celle qui n'arrive jamais) d'un ministre débuterait vers 6h45 avec la lecture des journaux, suivie vers 7h30 d'un petit déjeuner de travail avec un fonctionnaire, un collègue ou un représentant d'un groupe de pression client du ministère; à 8h45 une rencontre avec le secrétaire permet de procéder à des signatures et d'expédier des affaires à la fois urgentes et importantes. Suit une rencontre avec le chef de Cabinet pour une revue de presse plus systématique et un examen du plan d'action (priorités, difficultés de la veille, celles qu'on anticipe aujourd'hui, agenda) de la journée et de la semaine. Vers 9h00 une rencontre avec le sous-ministre ou le Conseil de direction du ministère meuble le lundi matin (à moins que le ministre ne se trouve dans sa circonscription) tandis que le mardi matin peut être consacré à une réunion interministérielle, le mercredi matin à une « sortie officielle » autour de la capitale, le jeudi à une sortie en région et le vendredi à des rencontres sur des dossiers particuliers avec des fonctionnaires ou des groupes. Les lunchs sont consacrés à des rencontres avec les groupes, les journalistes ou à la préparation de la période de questions.

En période de session, les séances consomment une bonne partie des après-midi du ministre, même si celui-ci n'assiste pas à toutes les séances, ni ne demeure en Chambre pendant toute une séance. Hors session, les rencontres avec les groupes, comités *ad hoc*, interministériels ou officiels (Conseil des ministres le mercredi) et réunions de dossier meublent son temps. Le vendredi, il rencontrera le sous-ministre. Les fins d'après-midi servent à recevoir des délégations, à retourner les appels, à signer les lettres et documents, à faire le point avec le chef du cabinet et la secrétaire, à identifier les priorités des jours à venir et à viser des dossiers que l'actualité a portés au premier plan. Les soirées sont mobilisées par la session en Chambre ou par des cérémonies, dîners, conférences et autres types d'apparitions publiques.

Dans cet ordre du jour, il faut placer diverses activités *ad hoc* (accueil de délégations de l'étranger) ou imprévues (gestion de crises); cette organisation du temps éclate lors d'une mission à l'étranger et peut mettre longtemps (selon l'ampleur du portefeuille et la discipline du ministre) à se rétablir.

Les contraintes

Dans notre système de gouvernement responsable (modèle de Westminster), les ministres doivent être ou s'engager à devenir des parlementaires (à Ottawa on peut être ministre-sénateur); une coutume veut qu'un ministre qui n'a pas réussi à se faire élire député démissionne de son poste. Cette coutume est lourde de conséquence; d'une part, elle réduit le choix des ministres : sur 70 députés de parti gouvernemental à Québec ou environ 200 à Ottawa, on choisit de 20 à 40 personnes pour devenir ministres, alors qu'aux États-Unis leurs homologues (des secrétaires) sont choisis dans « l'ensemble de la population ». D'autre part, la fonction de parlementaire oblige le ministre à consacrer une partie de son temps aux sessions de la Chambre, aux réunions des caucus des députés auxquels il participe, aux affaires de la circonscription qu'il représente (bureau de circonscription, participation à la vie sociale, réception de visites et délégations) ainsi qu'à celles du parti dont il est devenu un rouage important (président du Congrès, de la campagne de financement, etc.). Le choix des ministres se fait parmi peu de personnes et les ministres ne sont pas nécessairement des spécialistes de leur domaine, contrairement à la plupart des hauts fonctionnaires; le temps du ministre ne va donc pas qu'à la direction du ministère puisqu'il siège en Chambre, représente les électeurs et évolue au sein du parti.

La délégation

Puisque le ministre a peu de temps pour voir aux affaires du ministère qui devient plus vaste avec les fusions récentes, il délègue l'essentiel de la gestion du ministère ainsi que bon nombre de ses interventions de ministre chargé de l'application de certaines lois à son sous-ministre, lequel a le pouvoir de subdéléguer en cascade dans le ministère la plupart de ces pouvoirs.

C'est d'abord par cette délégation que les hauts fonctionnaires acquièrent l'essentiel de leurs pouvoirs : cette délégation prend une plus grande ampleur encore lorsqu'un ministre ne connaît pas le domaine dont il est responsable ou lorsqu'il s'en désintéresse.

Les contrôles exercés sur le ministre

Les contrôles exercés sur le ministre sont politiques, administratifs ou judiciaires. Les contrôles *politiques* viennent de la responsabilité ministérielle (à titre individuel, il est responsable de son ministère devant le Parlement et, comme membre d'une collectivité, de l'ensemble des affaires du gouvernement), de la solidarité ministérielle (il doit soumettre les questions importantes du ministère au Conseil des ministres puisque ses confrères en seront tenus collectivement responsables) et des contrôles qu'exercent sur le ministre certains fonctionnaires du Parlement (le vérificateur général, le protecteur des citoyens et, au fédéral, le président de la Commission de la fonction publique).

Les contrôles *administratifs* sur le ministre viennent des fonctions des autres ministères et agences du pouvoir exécutif; c'est le cas de l'organisme qui supporte le premier ministre (à Ottawa, le Bureau du Conseil privé, à Québec, le ministère du Conseil exécutif), du contrôle financier (Conseil du Trésor), de contrôles sectoriels (Justice, Affaires étrangères, Communications, achats et fournitures, etc.). Les projets du ministère, devenus les projets du ministre, doivent être conformes au programme gouvernemental, à ses processus et aux règles qui l'encadrent.

Les contrôles *judiciaires* viennent de l'ensemble de l'appareil judiciaire (Cour supérieure, Cour d'appel et Cour suprême) et des organismes quasi judiciaires à caractère adjudicatif (Commission du statut de réfugié, Commission d'accès à l'information). Un circuit « fédéral » de contrôle de l'application du droit administratif fédéral a été constitué avec la Cour fédérale (incluant sa division d'appel) et la Cour suprême.

Les contrôles exercés par le ministre

À vrai dire, le ministre exerce tous les contrôles sur son ministère et n'en exerce aucun : tout dépend de sa préparation professionnelle, de son tempérament, de ses habitudes de travail et de son intérêt pour les affaires du ministère. En principe, la loi lui donne tous les pouvoirs mais, en fait, il ne peut contrôler des dizaines de milliers d'employés, répartis sur un continent, prenant quotidiennement des centaines de milliers de décisions et dans des domaines quelquefois très complexes (Morin, 1984).

Par son autorité hiérarchique, le ministre contrôle le sous-ministre qui, en tant que sous-chef du ministère, dirige celui-ci. Il le rencontre en général au moins une fois par semaine au sein d'un comité de direction ainsi qu'à quelques autres occasions en tête à tête ou en groupe restreint sur des questions spécifiques ou pour préparer des réunions auxquelles le ministre assiste ou des projets que le ministre présente à des groupes ou au public en général.

Second axe de contrôle du ministre, son cabinet de conseillers politiques lui permet d'investiguer plus à fond certains dossiers, de questionner des rapports provenant du ministère et de fournir une contre-expertise sur des avis des hauts fonctionnaires. S'ensuit une délicate gestion du « ménage à trois » (ministre–sous-ministre–chef de cabinet) sur laquelle nous reviendrons plus loin (Bourgault et Dion, 1990b) .

LES CABINETS MINISTÉRIELS

Dans le but d'aider le ministre dans ses tâches de membre du Conseil des ministres, de chef de ministère et de responsable d'organismes ou de dossiers auprès de ses collègues ministres et des députés, des cabinets ministériels sont constitués.

Il s'agit de gérer de manière optimale l'ordre du jour du ministre, de préparer les rencontres qu'il doit avoir, les discours qu'il prononce, les voyages qu'il effectue, de faire préparer des réponses à son courrier ainsi qu'aux questions des députés et surtout de le conseiller quant aux politiques qu'il doit mener à la direction du ministère (Plasse, 1994, 1992, 1981).

Les ministres ne s'impliquent pas tous de la même manière dans la direction des ministères : certains ont la main plus lourde que d'autres qui croient avoir couronné leur carrière le jour de leur assermentation; en conséquence, tous ne souhaitent pas jouir d'un cabinet aussi nombreux, à l'effectif aussi expérimenté et activiste. Baccigalupo (1973) a observé quatre types de cabinet.

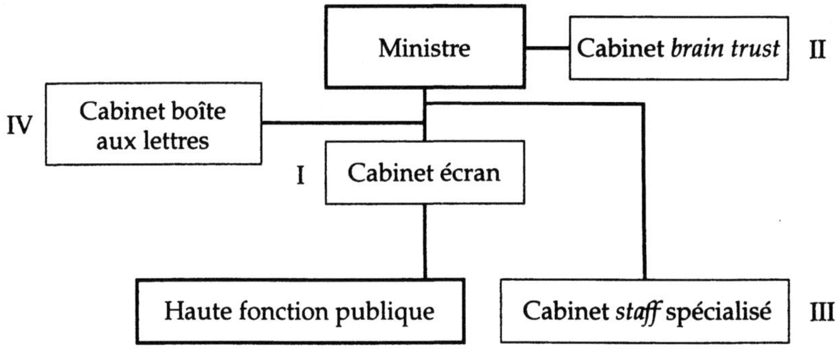

I Le cabinet *écran* protège le ministre contre la bureaucratie; il prolonge et remplace le ministre auprès du ministère dans un contexte souvent teinté de rivalités et d'affrontements entre les mondes politique et administratif.

II Le cabinet *brain trust* sert de réservoir d'idées et de caisse de résonance au ministre qui compte sur lui pour l'essentiel du développement des politiques; contrairement à l'écran, le *brain-trust* ne s'implique pas dans la gestion du ministère.

III Le cabinet de *conseil spécialisé* centre son activité surtout autour de la vie politique; c'est le modèle le plus pratiqué au Québec et au Canada; toutes les questions administratives peuvent l'intéresser mais uniquement suivant leur angle politique.

IV Le cabinet *boîte aux lettres* était bien connu au fédéral jusqu'à l'arrivée des Conservateurs; puisque le ministre a une confiance presque aveugle en ses hauts fonctionnaires, le cabinet boîte aux lettres s'assure que des réponses appropriées soient préparées pour le courrier du ministre; il aide le ministre dans ses activités de parlementaire et ses activités extérieures au domaine du ministère.

Un cabinet, selon l'ampleur du mandat qu'on lui confie, compte de quatre à 40 personnes; ceux du premier ministre ou d'un ministre à plusieurs portefeuilles peuvent être encore plus nombreux; dirigés par un chef de cabinet aidé d'un adjoint, ils comptent une douzaine d'attachés politiques dont certains s'intéressent à l'ordre du jour, d'autres aux politiques sectorielles, aux relations avec les agences centrales, aux parlementaires, etc. Les temps forts hebdomadaires sont sans conteste la préparation de la semaine ministérielle et la réunion préparatoire du Conseil des ministres; dans certains cabinets, il y a aussi le vendredi après-midi où l'on dépouille les valises de dossiers destinés au Conseil des ministres et on se les répartit pour lecture de week-end !

Les chefs de cabinet (sauf durant la période péquiste de 1976-1980 et la période conservatrice de 1984-1987), selon les travaux de Micheline Plasse, comptent dix à quinze ans d'expérience, soit plus que les membres « ordinaires ». Ils jouissent d'une maîtrise dans la moitié des cas, mais c'est surtout par leur caractère qu'ils se démarquent : débrouillards, fonceurs, ils ont un très bon jugement et sont capables de maintenir de bonnes relations avec des personnes qui n'ont pas les mêmes intérêts.

LA DIRECTION NON MINISTÉRIELLE

L'action gouvernementale se trouve de plus en plus faite par des organismes qui ne sont pas des ministères et se répartissent en quatre catégories : les sociétés d'État (S.E.), les conseils consultatifs, les quasi-ministères (Q-M) et les organismes quasi judiciaires (O.Q.J.) à vocation adjudicative ou attributive. Le législateur a ainsi voulu que certaines fonctions soient exécutées *at arms length*, c'est-à-dire en gardant une certaine distance du Conseil des ministres et de la vie politique partisane : pour les sociétés d'État, on veut que les opérations quasi commerciales jouissent de plus d'autonomie qu'en ont les ministères et pour les quasi-ministères, que les opérations soient privilégiées pour leur mérite propre et non pas par convenance aux politiques gouvernementales ou opportunisme politique; dans le cas des conseils consultatifs, on souhaite recevoir des avis indépendants d'un organisme qui ne se trouve pas sous l'autorité du ministre; enfin, pour les organismes quasi judiciaires, on a voulu concilier deux principes, celui de la *suprématie du droit* qui exige que l'organisme décideur soit autant que possible indépendant et impartial et celui de *l'accès à la justice* qui procure au citoyen ordinaire une procédure plus rapide, plus simple et moins coûteuse que celle des tribunaux supérieurs.

Chacun de ces organismes est dirigé par un palier supérieur d'autorité; selon ce que la loi prévoit dans chacun des cas, il peut s'agir d'un juge ou d'un président (les O.Q.J.), d'un conseil ou d'un conseil d'administration (les S.E. et Q-M). Dans tous les cas cependant, on trouvera deux constantes : d'une part, un ministre agira comme *relais* avec le Parlement parce que dans notre système britannique il doit avoir un ministre qui répond pour tous les deniers publics qui sont dépensés; d'autre part, la loi désignera un chef de la direction (le plus souvent appelé « président ») pour œuvrer sous la gouverne générale du conseil d'administration, lequel constitue la véritable instance « politique » de l'organisme.

Ainsi donc, dans la théorie traditionnelle, le ministre n'est qu'un relais entre l'organisme qu'il ne dirige pas et le Parlement qui lui transmet les questions. Aujourd'hui, les choses ont bien changé : d'une part, les commissions parlementaires (comités permanents à Ottawa) ont pris l'habitude de convoquer ou de recevoir la plupart de ces organismes à tour de rôle et de procéder directement à la reddition de comptes; d'autre part, la société d'aujourd'hui est de plus en plus complexe et les politiques apparaissent toujours plus interdépendantes, ce qui fait que le gouvernement et le ministre donnent de plus en plus de mandats précis aux sociétés d'État, dont la direction et le conseil d'administration sont presque toujours formés de « personnes de confiance »; progressivement, le corps politique reprend le contrôle de la programmation politique de ces organismes, mis à part le cas des O.Q.J. à caractère adjudicatif qui arbitrent des litiges en disant le droit.

Dans ce contexte, les « présidents », et quelquefois « les vice-présidents » (à temps complet) de même que les membres à temps complet des conseils de direction de ces organismes sont considérés par le gouvernement comme des hauts fonctionnaires dont il importe de gérer l'entrée et la sortie de leurs fonctions, et de suivre la carrière de la même manière qu'on le fait pour les sous-ministres.

La loi constitutive de chacun de ces quelque 200 organismes (en 1996) pour chaque palier gouvernemental prévoit la durée en fonction des dirigeants (mandats indéterminés ou variant de un à dix ans, le plus souvent cinq ans). Le Québec, par une réforme des tribunaux administratifs, veut baliser la gestion de ces affectations pour la rendre plus transparente, plus crédible et plus efficace : la discrétion gouvernementale serait réduite afin de diminuer la politisation des nominations et d'empêcher tout chantage lors du renouvellement des mandats.

Hormis cette exception, le dossier professionnel de chacun des dirigeants est géré au secrétariat des emplois supérieurs du Bureau du Conseil privé à Ottawa (ministère du Conseil exécutif à Québec); à Ottawa, on a même regroupé tous ces postes dans une même classification, les GIX, dont les échelons correspondent au degré de difficulté de la fonction, lequel commande à son tour un niveau spécifique de salaire (de 85 000 $ à 250 000 $ environ). La loi prévoit leur mécanisme de nomination et en confie le plus souvent le mandat au Conseil des ministres sur proposition du premier ministre ou du ministre.

LA DIRECTION PAR LES HAUTS FONCTIONNAIRES

Qui sont-ils ?

L'appellation officielle de « haut fonctionnaire » n'existe pas, bien que l'on ait traditionnellement appelé « hauts fonctionnaires » les sous-ministres, sous-ministres associés et adjoints de même que les ambassadeurs et délégués généraux ainsi que les dirigeants d'organisme, lesquels le plus souvent ne sont même pas « fonctionnaires » au sens de la loi ! Toutes ces désignations présentent deux caractéristiques communes : ces postes ont une certaine autonomie décisionnelle au haut de la pyramide hiérarchique de l'organisation et sont dotés de manière discrétionnaire par le Conseil des ministres (quelquefois par le ministre). Dans ce chapitre, nous ne parlerons que des sous-ministres, associés et adjoints.

DANS L'ORGANIGRAMME

Le sous-ministre est appelé « sous-chef » du ministère (à Québec) ou « administrateur général » (à Ottawa) tout juste après le ministre et agit sous son autorité.

Le sous-ministre associé ou adjoint a dans l'organigramme une position de « conseil et support » (*staff and auxilliary*) s'il supervise un service ou une direction d'état-major (planification), ou une position de support (gestion) ou une position « opérationnelle » s'il dirige une unité d'exécution (fonctionnelle ou régionale); dans tous les cas, on le retrouve sous la direction du ministre tandis que le sous-ministre adjoint relève le plus souvent du sous-ministre associé, ou délégué comme on les appelle à Ottawa.

Deux tendances contradictoires convergent aujourd'hui : d'une part, on regroupe les ministères (de 40 à 20 entre 1990 et 1993), ce qui accroît le nombre des associés en réduisant celui des sous-ministres en titre.

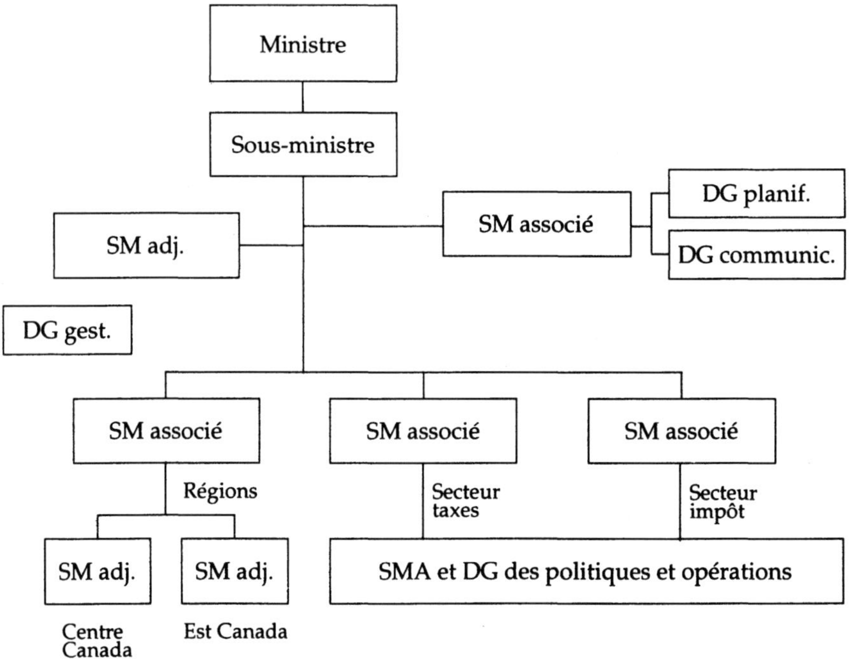

D'autre part, on tend à diminuer le nombre de paliers hiérarchiques, ce qui réduit le nombre de postes de sous-ministres associés, adjoints et de directeurs généraux : à terme, on s'attend que le croisement de ces tendances provoque une croissance des « associés » et une décroissance des adjoints et des directeurs généraux.

Voilà qu'une autre tendance se manifeste : alors qu'on réserverait aux ministères la conception des politiques, des organismes seraient créés (de services « autonomes » à Québec et « spéciaux » à Ottawa) pour exécuter celles-ci en gérant des programmes; à la faveur de la création des postes de « chefs d'organisme », on observerait la diminution de ceux de sous-ministres associés et adjoints ainsi que des directeurs généraux.

LES APPELLATIONS

Il peut se trouver que la désignation d'un organisme ministériel rende difficile la reconnaissance d'un sous-ministre : par exemple, le secrétaire général du Bureau du Conseil privé (Ottawa) et celui du ministère du Conseil exécutif (Québec) sont les plus importants sous-ministres du gouvernement bien que l'appellation sous-ministre n'apparaisse pas dans leur titre de fonction.

Au Conseil du Trésor, le sous-ministre a l'appellation de secrétaire. À Ottawa, le principal du Centre canadien de gestion est un sous-ministre comme l'était à Québec jusqu'en juin 1996 le président de l'ex-Office des ressources humaines. Des ministères aux appellations « très fonctionnelles » comme celui du solliciteur général, ont eu pour sous-ministre un « sous »-solliciteur général; il en a été de même au Secrétariat d'État et dans plusieurs autres cas. Il est même des cas où deux sous-ministres cohabitent : à Ottawa, c'est le cas aux Affaires extérieures où un sous-ministre s'occupait particulièrement des politiques commerciales, et à la Défense où un militaire dirige nécessairement le bras armé de l'État tandis qu'un autre sous-ministre (éventuellement un civil) dirige l'aspect politique et de gestion du ministère.

LES CATÉGORIES ET LES CORPS D'EMPLOI

Si l'expression « hauts fonctionnaires » ne constitue qu'une désignation du langage commun aux contours imprécis, comment nomme-t-on les sous-ministres dans les classements de l'administration ?

Au fédéral, les sous-ministres font l'objet d'une catégorie équivalant à un corps d'emploi particulier, les DM pour *deputy-ministers*; cette catégorie comporte trois classes attribuées à la fois selon l'ancienneté du titulaire parmi les sous-ministres, l'importance et la difficulté du poste d'affectation. Les sous-ministres associés, sauf exception, et les sous-ministres adjoints font partie de la même catégorie d'emploi que les cadres supérieurs, la catégorie EX (pour *executive*) dont ils occupent le plus élevé des cinq niveaux.

Au Québec, le législateur a créé par la loi en 1983 un « corps » d'emploi particulier pour les sous-ministres, associés et adjoints, celui des « administrateurs d'État », manifestant ainsi son attachement à la tradition française (contraction des corps de conseiller d'État et d'administrateur civil); contrairement à la situation française, ce « corps » constitue plus une catégorie de classement qu'une réalité organisationnelle ayant une vie particulière, des intérêts formellement reconnus et une organisation matérielle.

Toutes les personnes nommées sous-ministres associés ou adjoints deviennent automatiquement membres de ce corps, sauf si elles ont été embauchées sur une base contractuelle et qu'elles n'en étaient pas déjà membres. Ce corps comporte deux catégories dont la première est réservée aux sous-ministres. Chaque catégorie comporte ensuite des classes salariales. Si l'introduction dans ce corps d'emploi confère la permanence dans la fonction publique, le Conseil des ministres peut cependant « attribuer un nouveau classement » à un administrateur d'État, euphémisme qui ouvre la possibilité de réduire le classement de celui ou celle qui n'est plus sous-ministre, associé ou adjoint.

LES RÈGLES ET PROCESSUS DE SÉLECTION ET DE NOMINATION

La loi fédérale prévoit que les sous-ministres sont nommés par le Conseil des ministres et celle du Québec codifie la tradition fédérale en ajoutant « sur proposition du premier ministre ». En conséquence, nul ne peut imposer son sous-ministre, ni le premier ministre ni un ministre donné. Par contre, ce processus confère un droit de veto au premier ministre qui doit absolument être le proposeur des nominations de sous-ministres. Au Québec, les mêmes règles valent aussi pour les sous-ministres associés et adjoints, tandis qu'au fédéral ces deux titres de fonction relèvent en principe (sauf six cas d'associés prévus dans les lois constitutives des ministères : Justice, par exemple) des nominations effectuées par la Commission de la Fonction publique. Dans la législation fédérale, deux exceptions confirment cependant cette règle : premièrement, dans le cas des « associés » dont la nomination ne relève pas légalement du Conseil des ministres, celui-ci requiert de la Commission qu'elle l'exempte du processus prévu dans la *Loi sur l'emploi dans la Fonction publique*, l'habilitant ainsi à nommer discrétionnairement tous les sous-ministres associés; deuxièmement, les nominations d'associés et d'adjoints suivent la recommandation d'un comité de sous-ministres (comité de la haute fonction publique/ C.O.S.O.) qui s'intéresse aux « étoiles montantes » de la fonction publique.

Malgré le caractère « discrétionnaire » des nominations du Conseil des ministres, peu de sous-ministres proviennent de l'extérieur de la fonction publique (moins de 7 % au fédéral et 20 % à Québec) et la politisation des nominations de sous-ministres est rarissime au fédéral alors qu'elle plafonne à 20 % à Québec; il faut garder à l'esprit que « politisation » n'implique pas nécessairement l'incompétence du titulaire (Bourgault et Dion, 1991b).

Si le Conseil des ministres nomme le sous-chef et le premier ministre le propose, qui donc le choisit ? Le processus de sélection implique rarement le ministre à moins qu'il ne soit très « senior » ou très coté auprès du premier ministre ou enfin très influent dans le parti; même dans ces cas, son implication n'est pas automatique et ne serait pas à son avantage : en cas de conflit avec son sous-chef, ce ministre se ferait répondre de vivre avec son choix.

En fait, c'est le Secrétariat aux emplois supérieurs du Bureau du Conseil privé à Ottawa (ou du ministère du Conseil exécutif à Québec) qui dresse la liste des postes qui deviendront disponibles, cherche à obtenir des suggestions de candidatures, ajoute les siennes et supporte un processus de sélection qui aboutit à une recommandation que le greffier et secrétaire général présente au premier ministre; celui-ci peut alors consulter à ce sujet ses conseillers politiques ainsi que des ministres avant de faire sienne la recommandation. Pour couper court aux rumeurs, les dernières étapes du processus se déroulent en quelques jours sinon quelques heures seulement.

LES RÈGLES, LE PROCESSUS ET LES CONDITIONS DE DÉPART

À moins d'être engagés à contrat, les administrateurs d'État au Québec sont devenus membres de la fonction publique, donc permanents dès leur nomination. Cette permanence n'affecte que leur lien d'emploi puisque leur titre, leur classement et leur affectation ne leur sont aucunement garantis.

Au fédéral la loi ne confère aucune permanence aux sous-ministres, contrairement à ce que l'on trouve au Québec, seule province canadienne à le faire. Cependant des principes jurisprudentiels d'application de la *Common Law* confèrent en principe la sécurité du lien d'emploi aux sous-ministres.

Les départs viennent de la volonté du titulaire (raisons de santé, retraite ou meilleurs horizons) ou sont provoqués par les dirigeants politiques (conflits avec le ministre, perte de confiance chez les pairs ou changements de dirigeants politiques). L'art du départ réussi consiste à pressentir à temps qu'il est préférable de quitter et de négocier une prime de départ et de relocalisation, avant que les rumeurs de la capitale n'entament la réputation et l'autorité au travail et ne nuisent aux occasions intéressantes de relocalisation. Dans ce contexte, les deux parties s'entendent en général facilement sur la cessation du lien d'emploi ou sur une nomination à un autre poste de nomination discrétionnaire qui convienne aux talents de l'intéressé et souvent au temps qu'il lui reste à travailler avant d'être admis à la retraite (Bourgault et Dion, 1989).

Un ministre qui ne s'entend pas avec son sous-ministre peut se plaindre directement au premier ministre; les moins importants s'adressent au chef de Cabinet du premier ministre; à Ottawa, ils attendront de six à dix-huit mois le départ du sous-ministre qui compte sur de solides appuis; d'ailleurs, ce départ donnera le signal d'une gigantesque partie de chaise musicale impliquant plusieurs sous-ministres.

En revanche, à Québec le processus apparaît beaucoup plus expéditif : on procédera en quelques heures, quitte à nommer un intérimaire, et le ministre s'impliquera plus dans le processus de renvoi; l'annonce est quelquefois faite par le ministre en personne, mais le plus souvent après convocation au bureau du secrétaire général du gouvernement ou du secrétaire aux emplois supérieurs (selon l'importance du sous-ministre dans la fonction publique). Certains sous-ministres québécois auraient déjà même appris leur congédiement par la lecture matinale du quotidien local !

De nos jours, le processus d'évaluation du rendement des sous-ministres fournit à tous les acteurs du processus des indications utiles sur la performance des sous-chefs et, partant, des chances de maintien en poste (Bourgault et Dion, 1993).

La carrière et la gestion de la haute fonction publique

LA GESTION DE LA CARRIÈRE

Comme c'est le Conseil des ministres qui renomme les hauts fonctionnaires et que c'est le premier ministre qui les recommande, on retrouve au sein de l'organisme administratif que dirige le premier ministre (Bureau du Conseil privé à Ottawa et ministère du Conseil exécutif à Québec) un secrétariat dirigé par un sous-ministre associé chargé des emplois supérieurs.

Le rôle du secrétariat consiste d'abord à tenir à jour deux inventaires : celui des postes à pourvoir de manière discrétionnaire (les sous-ministres, les dirigeants à temps complet et partiel des organismes) et celui des titulaires (avec l'échéance de leurs mandats dans le cas des dirigeants d'organisme). De plus, le secrétariat supporte le processus d'établissement des politiques de gestion des emplois supérieurs (contrats, rémunération, cessation de fonction, préretraites, congés, etc.) ainsi que la mise en œuvre de ces politiques dans le cas de chacun des titulaires (négociations). Il fournit aux responsables du processus de sélection des employés supérieurs tous les outils nécessaires à la formulation d'une recommandation au Conseil des ministres. Enfin, c'est ce même secrétariat qui assure la logistique du processus d'évaluation de la performance des sous-ministres.

LE PROFIL DES GRANDS COMMIS DE L'ÉTAT

Le profil des grands commis fut établi par une étude sur les hauts fonctionnaires du Québec (Bourgault, 1986) et une autre parue en 1991 sur les sous-ministres fédéraux (Bourgault et Dion, 1991a). Au Canada et au

Québec, les hauts fonctionnaires proviennent des milieux aisés dans une proportion respective de 10 % et 33 %, ce qui est beaucoup moins qu'en Europe continentale (environ 80 %) et en Angleterre (44 %). La forte promotion sociale d'une génération à l'autre et la faible tradition élitaire au Canada expliquent ce phénomène. Après la prévalence du droit et du génie, c'est en sciences humaines et administratives et en économie que les sous-ministres ont reçu l'essentiel de leur formation; de moins en moins les ministères sont dirigés exclusivement par des techniciens du secteur : seuls les ministères de la Justice (Ottawa et Québec) laissent le monopole aux avocats. Les généralistes polyvalents ont remplacé les spécialistes du passé qui avaient passé toute leur carrière dans un seul ministère. Depuis les années 1980, le niveau de diplomation est élevé : la majorité des grands commis détiennent au moins une maîtrise et ont réalisé des études dans plus d'un domaine de formation : le tiers d'entre eux ont fait des études doctorales ou complété deux maîtrises.

Dans les deux cas, 56 % des sous-ministres ont réalisé plus des trois quarts de leur carrière dans la fonction publique fédérale. À Ottawa, 4 % des grands commis ont eu une carrière surtout axée sur le privé; à Québec, cette proportion s'élève à 7 %. On devient sous-ministre presque toujours à partir d'un poste d'adjoint auquel on a le plus souvent accédé à partir d'un poste de cadre supérieur dans la capitale. Si 29 % des grands commis québécois ont transité par un organisme central important (ministère du Conseil Exécutif / Bureau du Conseil privé et Conseil du Trésor), leurs homologues fédéraux y ont été recrutés directement dans une même proportion ! Seuls quelques-uns accèdent aux plus hauts niveaux directement de l'extérieur; à part les rares arrivages du privé qui sont souvent des connaissances personnelles des dirigeants politiques, il y a ceux qui proviennent des « réseaux » : de la direction générale d'un hôpital, d'un collège ou d'une ville, ils accèdent à la Santé et Services sociaux (Santé et Bien-Être), à l'Éducation ou aux Affaires municipales, et du poste de sous-ministre ou adjoint dans une province, ils sont nommés à des postes analogues à Ottawa.

La durée du poste de sous-ministre a beaucoup changé : au XIXe siècle, on n'occupait qu'un seul poste de sous-ministre mais on y restait en moyenne treize ans, tandis qu'en 1988 l'ex-greffier du Conseil privé Gordon Osbaldeston (1992) se faisait le porte-parole de ses ex-confrères pour déplorer le fait que les sous-ministres ne soient demeurés en poste en moyenne que 2,8 années depuis le début des années 1980. Les sous-ministres fédéraux d'aujourd'hui s'attendent à demeurer environ 1,8 an dans une même affectation et l'on observe une durée presque identique à Québec. Les remaniements en série, qui surviennent dans les mois qui suivent les changements de gouvernement, abaissent la

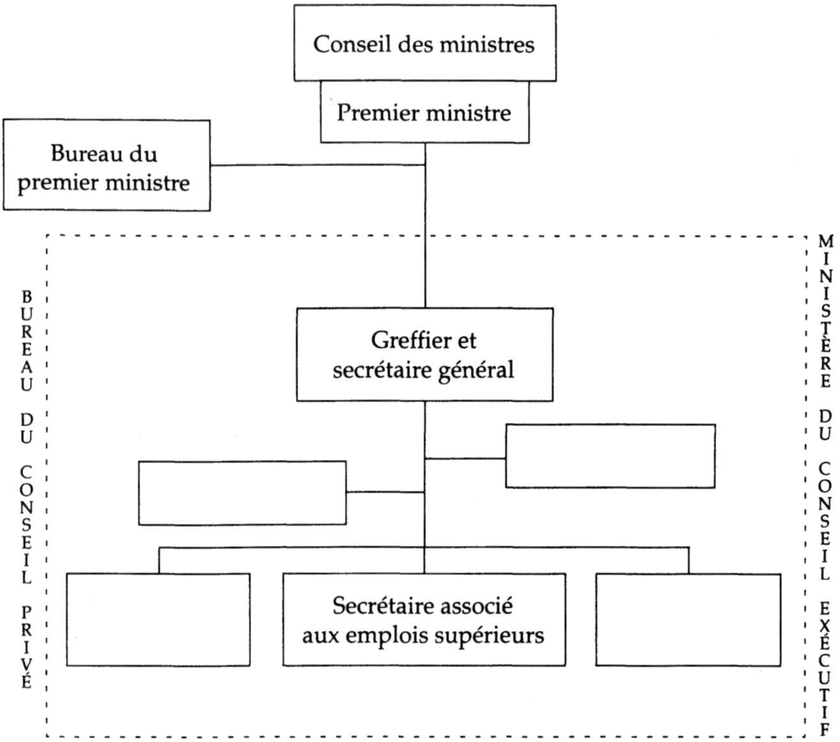

moyenne de durée en fonction. Aujourd'hui une personne nommée sous-ministre peut s'attendre, si tout va bien, à occuper de trois à cinq affectations pendant les six à dix années qu'elle passera à ce niveau.

Ce qu'il adviendra des sous-ministres une fois qu'ils n'occuperont plus cette fonction dépend de l'âge qu'ils auront alors : ou bien ils auront la possibilité d'entreprendre une authentique « seconde carrière », ou bien ils se tourneront vers des interventions ponctuelles de consultation. Cela dépend aussi des ministères qu'ils auront dirigés pendant leur carrière, dont certains (Finances, Industrie, Justice) facilitent le passage au privé. Leur avenir sera en outre influencé par le climat dans lequel leur départ se sera effectué : celui qui a bien servi et qui accepte bien ou prépare adéquatement sa mise en rade pourra se voir confier une affectation exotique dans une ambassade ou une délégation ou encore un poste mieux rémunéré et plus à l'écart des pressions politiques dans une société d'État. Enfin, plusieurs juristes des ministères troquent le bureau contre le Banc de la magistrature.

La politisation et les relations politiques

C'est de manière discrétionnaire que le gouvernement crée ou abolit ces postes, attribue les dossiers aux titulaires et nomme ou déplace les individus. Dans le système politique de Westminster, on semblait considérer que les serviteurs importants de la Reine devaient servir « durant son bon plaisir » (c'est-à-dire tant qu'elle ou ses mandataires étaient satisfaits). La démocratie trouve un instrument fondamental dans l'application de ce principe : le gouvernement responsable devant la Chambre compte sur des personnes de confiance qu'il peut nommer ou déplacer pour s'assurer que sa programmation politique s'imprime dans les actions des ministères.

UN POSTE POLITIQUE

Une institution politique, le Conseil des ministres, nomme les titulaires et le fait sur proposition d'un politique, le premier ministre : le but poursuivi et le mécanisme utilisé en font un poste « politique ». Le rôle attendu du titulaire de ce poste, comme relais entre le ministère et le monde des politiciens, en fait aussi un poste politique.

Dans le modèle de Whitehall, on peut cependant détenir un poste « politique » sans être soi-même un partisan ou un membre d'un parti. Le sous-ministre est membre de la fonction publique et, à ce titre, serviteur de l'État; il s'acquitte de son devoir en servant loyalement, professionnellement et de manière non partisane le gouvernement du jour; cela l'oblige à distinguer l'intérêt de l'État (confusément appelé quelquefois intérêt général ou intérêt public) de ceux du gouvernement, du premier ministre, du ministre et du parti, lesquels intérêts ne coïncident pas toujours !

LA POLITISATION PARTISANE ET FONCTIONNELLE

Si par son poste, sa position dans l'organigramme et son rôle, le sous-ministre paraît « politisé », sa politisation se révèle plus fonctionnelle que partisane. On qualifierait de *partisan* un sous-ministre qui ne ferait ses interventions et ne prendrait ses décisions qu'en fonction des intérêts d'un parti politique, de ses militants et du maintien au pouvoir de ce parti. On considérerait aussi comme partisan un sous-ministre à qui l'on reprocherait de manquer de réserve et d'impartialité en s'associant trop publiquement à une politique du parti au pouvoir qui soit particulièrement controversée. On le verrait tenter d'obtenir la nomination de partisans dans les postes du ministère, de faire décerner les contrats aux amis du parti, de prêter une oreille plus attentive aux groupes qui gravitent autour du parti, et d'organiser l'échéancier du ministère en fonction surtout de l'ordre du jour « politicien » du ministre.

Par contre, la politisation «*fonctionnelle*» est inévitable pour tout sous-ministre qui conseille son ministre, l'aidant ainsi à mieux performer comme ministre; ce faisant, il l'aide indirectement à faire bien paraître son gouvernement et son parti. Cette politisation est irrésistible et fait exactement partie du rôle du sous-ministre, qui met son ministre en garde contre les coûts ou les effets nocifs d'une politique, lui présente des projets, le prévient des demandes et objectifs d'un groupe de pression, fait vérifier les aspects structurel et factuel d'un discours du ministre lors d'un congrès de « clients » du ministère, ou tout simplement qui contribue par son ministère à répondre aux questions posées par la Chambre au ministre.

L'analyse des curriculum vitae des sous-ministres en titre montre que ces dernières années environ 20 % des sous-ministres québécois pouvaient être associés au parti politique au pouvoir (Bourgault et Dion, 1991b). Alors que durant la Révolution tranquille cette proportion était d'environ 10 %, elle semble en croissance depuis 1972. Si, à cet égard, le Québec semble être une des provinces les moins politisées du Canada (Simpson, 1988), c'est au palier fédéral que l'affiliation partisane des grands commis est la plus faible avec moins de 3 % (Bourgault, 1972).

Gardons-nous des généralisations faciles : un titulaire au passé politique chargé peut très bien gérer dans l'intérêt général, comme il est possible que la virginité politique officielle des uns cache des amitiés ou des complicités qui ne s'afficheront publiquement que lors de l'annonce d'une candidature !

Les relations politiques avec les ministres : les modèles institutionnels

Les sous-ministres doivent-ils servir de manière docile et distante leurs ministres ou plutôt faire équipe avec eux ? Dans un cas, l'autonomie de l'État face aux partis se paie en efficacité, tandis que dans le second cas la complicité des deux dirigeants risque d'être perçue comme la politisation d'une administration qui livre l'État, pieds et poings liés, à un parti et à ses supporters, abandonnant à son sort l'autre « presque moitié » de la société civile. La réalité est heureusement plus riche et complexe et l'on a connu dans le monde moderne quatre grands systèmes de collaboration entre hauts fonctionnaires et ministres.

Le modèle Whitehall • Du nom du siège de l'exécutif britannique, ce modèle que nous connaissons au Canada et au Québec mise sur une fonction publique professionnelle (de carrière), compétente (recrutée, promue et payée au mérite), neutre (non partisane), loyale (qui offre des conseils désintéressés aux ministres) et anonyme (le ministre est le porte-étendard de l'administration). Les hauts fonctionnaires sont recrutés de manière discrétionnaire mais sont peu politisés et viennent surtout de la carrière. Le ministre est responsable de l'administration face à la Chambre, il répond aux questions des députés et journalistes et ne blâme pas les fonctionnaires en public même lorsqu'il s'excuse ou s'engage à corriger certaines pratiques. Dans ce modèle, ministres et hauts fonctionnaires sont des complices aux rôles très distincts (Bourgault et Dion, 1990a; Campbell et Wilson, 1995).

Le modèle de White House • Le Président américain, comme chef de l'exécutif, choisit non seulement ses ministres (secrétaires) mais aussi la plupart de ses hauts fonctionnaires, lesquels, s'ils sont *political appointees*, n'ont aucune sécurité d'emploi et, s'ils viennent du Senior Executive Service (25 % des postes des cinq plus hauts niveaux hiérarchiques), n'ont de sécurité que celle du lien d'emploi. C'est une administration politisée que les Pères de la Confédération ont voulue ainsi pour favoriser la démocratie et la participation du plus grand nombre aux décisions publiques. Bon nombre de ces nominations font l'objet d'audiences de comités parlementaires ou de tractations informelles avec ceux-ci; les congressistes sont d'autant plus écoutés qu'ils ont le pouvoir de passer des lois de leur propre initiative et de convoquer les hauts fonctionnaires pour les questionner sur leur gestion ou une affaire relevant de leur juridiction. Dans ce modèle, ministres et hauts fonctionnaires politisés ont des rôles aussi similaires que leur affiliation politique (Heclo, 1977; Ingraham, 1995; Aberbach *et al.*, 1981).

Le modèle français • Les grands corps français constituent des unités organisationnelles autonomes des ministères auxquels ils prêtent certains de leurs membres. On accède aux plus grands corps en choisissant une des rares places disponibles selon son rang à l'examen de sortie des grandes écoles (Normale supérieure, École nationale d'administration, etc.), auxquelles il n'est possible d'accéder que sur concours d'entrée. Les ministères sont dirigés par des ministres aidés d'un très large cabinet constitué de plusieurs hauts fonctionnaires de haut rang ayant choisi de s'engager politiquement. Les directeurs d'administration centrale, qui constituent le palier suivant, sont nommés de manière discrétionnaire, manifestent rarement un engagement politique et proviennent de l'intérieur de la fonction publique. Deux types de hauts fonctionnaires habitent ce système : les conseillers techniques recrutés pour leur savoir de pointe et les conseillers politiques qui connaissent l'appareil administratif et ont la confiance de leur patron; les plus engagés deviendront directeurs de cabinet, ministres et même Président de la République (Bodiguel et Quermmonne, 1983; Bodiguel et Rouban, 1991).

Le modèle des États socialistes • Selon la théorie marxiste, l'État socialiste doit conférer un rôle hégémonique au parti des travailleurs, jusqu'à l'avènement de l'État communiste. Il s'ensuit que les instances administratives sont délibérément sujettes à la politisation : les directives du parti et de ses officiers importent autant sinon plus que celles de l'autorité hiérarchique; l'appartenance au parti et l'activisme partisan favorisent le développement de la carrière. Dans ce modèle les rapports ministres–hauts fonctionnaires sont ceux de la ligne hiérarchique sauf lorsque le réseau politique du grand commis devient plus influent que celui du ministre (Lukic, 1975, 967).

LES RELATIONS POLITIQUES AVEC LES MINISTRES : LES MODÈLES FONCTIONNELS

Au-delà des différences institutionnelles, certaines tâches de développement des politiques et de gestion des programmes s'accomplissent sous toutes les latitudes. Aberbach, Putnam et Rockman (1981) ont étudié plusieurs systèmes européens de hautes fonctions publiques qu'ils ont comparés au modèle américain. Ils ont ainsi dégagé quatre « images » des formes de collaboration entre ministres et hauts fonctionnaires.

Il y a tout d'abord celle de la *parfaite séparation des rôles* dans laquelle le ministre conçoit seul les politiques et décide, tandis que le haut fonctionnaire ne fait qu'exécuter servilement. Fondée sur un ancien idéal théorique des choses, cette image purement wébérienne ne semble trouver aucune application aujourd'hui.

Deuxième image, celle du *savoir versus la politique* qui fait que le haut fonctionnaire apporte les faits, les données et le savoir spécialisé, alors que le ministre apporte la légitimité et le bon sens populaire, les place dans un contexte politique pour prendre des décisions : c'est toujours le ministre qui décide mais il est à la remorque de la haute fonction publique. Le système britannique traditionnel (donc canadien et québécois) correspond à cette image.

Puis il y a l'image où le *ministre apporte les idées*, l'imagination, l'énergie (insistance, sens de l'urgence), alors que dans un *rôle purement réactif, le haut fonctionnaire* apporterait la mise en perspective à long terme, l'équilibre et le réalisme. La décision appartient toujours au ministre. Le modèle français tient plus de cette image que Colin Campbell (1988) a voulu raffiner pour y ajouter trois sous-images (le fonctionnaire défenseur de la machine bureaucratique, celui qui s'identifie aux clients du ministère et le modèle de décision consensuelle) pour mieux rendre compte des systèmes japonais, allemand, soviétique et canadien (depuis la période Trudeau).

La dernière image, celle de la *confusion des rôles*, renvoie plutôt au cas américain où hauts fonctionnaires et ministres proviennent du même milieu et contribuent de la même manière à la prise de décision officiellement marquée du sceau ministériel : les idées viennent de l'un ou de l'autre, tous deux s'impliquent dans la vie politique et s'adressent aux Chambres et aux médias.

LA PRATIQUE DES RELATIONS AVEC LES MINISTRES ET LE CABINET

Après avoir été informé du nom de son sous-ministre et avoir choisi son chef de Cabinet, un ministre fédéral doit d'abord et avant tout déterminer si son bureau sera situé sur la Colline parlementaire ou dans le ministère : dans le premier cas, il s'agit d'un ministre qui ne s'impliquera pas trop à fond dans les dossiers ministériels et certains sous-ministres ont ouvertement invité leur ministre à jouir du calme de la Colline ! Dans l'autre cas, le ministre sera à même de voir, vivre et sentir la vie du ministère et de s'impliquer dans la préparation des lois, des règlements et des budgets et dans la solution des situations politiquement explosives. Comme c'est le ministre qui décide de sa propre implication dans les dossiers et que les fonctionnaires doivent s'ajuster à cette décision, la localisation du bureau ministériel importe beaucoup. Aux deux extrêmes du continuum, on trouve, d'une part, des cas où l'ex-chef de Cabinet se vante d'avoir fait fonctionner le ministère à la place du ministre et, d'autre part, des cas de ministres qui se targuent d'avoir passé toutes les soirées de plusieurs mois à préparer une législation importante avec leurs assistants politiques et administratifs.

La fréquence et le type des relations ministre–sous-ministre varient selon le ministère (opérationnel ou à vocation horizontale qui demande moins de réunions *ad hoc*), l'ordre du jour (les crises et les périodes de législations importantes exigent des contacts plus fréquents) et la personnalité des individus. Le mode relationnel le plus fréquent implique une réunion d'état-major par semaine (le lundi pendant deux à quatre heures) où ministre, chef de Cabinet et sous-ministre, associés et adjoints (quelques autres fonctionnaires parfois) se réunissent pour adopter une approche commune pour la semaine qui vient. S'y ajouteront quelques réunions spécifiques sur des dossiers particuliers et des tête-à-tête *ad hoc* pour régler des questions courantes ou encore celles qui auront été soulevées lors de la période des questions en Chambre.

Les cabinets de ministre soulèvent quelquefois l'ire des hauts fonctionnaires. Chacun a son rôle : pour le Cabinet, conseiller, aider et protéger le ministre, pour le sous-ministre, concevoir et appliquer les politiques et programmes. Les interfaces entre ces rôles préparent quelquefois des ondes de choc : pour « protéger » le ministre, les attachés politiques enquêtent dans le ministère sur les dossiers courants et pour faire avancer les dossiers prioritaires ou ceux sur lesquels ils pressentent une résistance bureaucratique, ils téléphonent dans les bureaux pour « mettre de la pression », enfin, pour ces cas particuliers, ils s'enquièrent du développement des dossiers. Tout cela rend très nerveux les grands commis soucieux de conserver le « contrôle de la boîte », de demeurer un lien informationnel important et de ne pas être dépeints par les employés et journalistes comme trop tolérants face à la « politisation du ministère ». Ils s'en plaignent souvent au ministre, et sur un ton qui frise la « crise de nerfs », nous disent des ministres. En général, ces derniers se contentent de promettre d'éviter les abus, mais laissent leur cabinet faire ce travail d'inspection qui leur assure la confortable position d'arbitres entre les mondes du Cabinet et de l'administration, sans compter qu'une telle pratique tient leur ministère sur le qui-vive.

Les transitions politiques

Une « transition politique » survient lorsqu'une élection générale permet de former une nouvelle majorité politique à la chambre basse et qu'un gouvernement d'une formation politique différente accède au pouvoir. Ce serait aussi le cas si la Chambre retirait sa confiance à un gouvernement et qu'un nouveau premier ministre se trouvait appelé à former un nouveau gouvernement. Peuvent être aussi considérées comme transitions politiques les situations où un premier ministre, sans qu'il y ait eu d'élection générale ayant défait son parti, se retire de la vie politique et qu'un collègue du même parti politique forme un nouveau gouvernement.

Les « transitions politiques » présentent trois caractéristiques majeures qui influencent les hauts fonctionnaires : ces nouveaux gouvernements amènent un nouvel ordre du jour et de nouvelles priorités, ils travaillent dans des structures et des « processus » différents; enfin, ces gouvernements souhaiteront nommer « leurs » personnes à la direction des ministères (ministres et chefs de cabinet) (Bourgault et Dion, 1990b).

On a vu le rôle fondamental que jouent les sous-ministres pour relayer gouvernement et ministère, l'importance de la relation de complicité entre ministre et sous-ministre ainsi que l'implication du personnel politique dans la nomination des sous-chefs. Dans ce contexte, la « transition politique » implique une période d'instabilité et d'adaptation mutuelle dans le meilleur des cas; autrement, elle entraîne méfiance et conflits et peut durer jusqu'à deux ans avant que les changements permettent d'établir un modus vivendi acceptable. Dans un milieu où le personnel politique joue un rôle plus directif, comme dans l'administration provinciale, les transitions apparaissent plus « politisées », plus courtes et plus drastiques. L'administration fédérale, avec son ampleur et sa culture, demeure plus difficile à maîtriser pour un gouvernement dont la plupart des membres sont étrangers à la vie politico-administrative d'Ottawa.

La transition politique provoque une période de flottements sinon de conflits dont l'enjeu est le contrôle de l'ordre du jour politique et des modes de décision : le gouvernement veut imprimer ses politiques dans l'action, l'administration craint la précipitation, le changement drastique et les erreurs dues à l'improvisation; le gouvernement veut implanter sa structure de comités et ses modes de décision alors que l'administration a ses habitudes et surtout son propre réseau d'appuis dans le processus existant; le gouvernement veut nommer « ses » gens et déplacer ceux dont il se méfie, alors que l'administration se présente comme une structure habitée de personnes compétentes, loyales et professionnelles qui s'épaulent mutuellement. Paraphrasant Mintzberg, nous avons illustré quelques stratégies de pouvoir couramment utilisées par les gouvernements pour « prendre le contrôle » des lieux : « le placement des personnes clés aux postes stratégiques, la réduction des rôles des hauts fonctionnaires, la diminution des sources de pouvoir des hauts fonctionnaires, la modification des structures de décision, le filtrage et la sélection de l'information, la gestion des récompenses, la coercition par la menace et la crainte ».

On agit ainsi sur les sources du pouvoir de l'autre (contrôle de l'argent, de l'expertise technique, du savoir, des prérogatives formelles et de l'accès aux alliances) pour s'assurer sa collaboration optimale (Bourgault et Nugent, 1995, 22).

Le rôle des hauts fonctionnaires

Comme le législateur reste vague à ce sujet (pouvoir de signer et d'exercer l'autorité du ministre et, au Québec, gestionnaire des ressources humaines), il faut s'en tenir à l'expérience vécue par les grands commis et les ministres pour décrire les composantes de ce rôle. Les hauts fonctionnaires ont décrit lors d'entrevues ou dans des articles leurs attentes et celles des ministres, que l'on peut regrouper en cinq grandes familles de rôles (Bourgault et Dion, 1990c).

LE RÔLE D'ADMINISTRATEUR

Le rôle d'administrateur, de plus en plus mineur, consiste à appliquer ou à faire appliquer au ministère les politiques administratives qui originent des autres ministères et organismes centraux (personnel, achats, politique de bilinguisme, etc.). Par délégation, ce rôle est souvent attribué aux adjoints et directeurs généraux.

LE RÔLE DE GESTIONNAIRE

Compte tenu des contraintes données (légales, de convention de travail, budgétaires, politiques), le gestionnaire doit optimiser le rendement des ressources qu'on lui confie (budget, personnel, pouvoirs légaux) pour atteindre les objectifs qu'on lui a imposés (production, qualité, format, etc.). Le sous-ministre décide de l'affectation du personnel et des dossiers, de la constitution des équipes, des choix tactiques d'intervention. Il doit motiver les employés, tout en se révélant un organisateur et un observateur critique des systèmes de gestion existants.

On souhaite que le sous-ministre puisse acquérir rapidement (six mois) après sa nomination *l'expertise technique* qu'il ne posséderait pas déjà puisqu'il provient de plus en plus d'un autre secteur de l'administration. Le ministre attend aussi du sous-ministre qu'il soit *capable de prendre des décisions* malgré la complexité des situations et qu'il *réagisse calmement* en situations de crise et de fortes pressions. Capable de *travailler soixante heures* par semaine, sans pour autant devenir erratique, le sous-ministre doit aussi demeurer loyal envers son ministre même s'il est souvent appelé à prendre ses distances face aux positions de ce dernier. Le ministre attend cependant de son sous-chef qu'il n'hésite pas à lui faire voir les aspects problématiques de ses projets avant que les dossiers quittent sa table de travail (Bourgault, 1996a).

LE RÔLE DE CONCEPTEUR DE POLITIQUES

Le sous-ministre doit faire preuve de *créativité et d'innovation* dans le développement des initiatives politiques suggérées par le ministre : c'est lui qui prend le relais du ministre pour faire développer les politiques par le ministère avant que le ministre en devienne le porte-bannière dans la société.

Dans le processus continu d'évaluation des politiques et programmes déjà existants, le ministre attend de son sous-chef qu'il ne soit pas complaisant avec ses subordonnés qui prêchent la routine; le sous-ministre idéal afficherait *vigilance, rigueur et sens critique* en cette matière.

LE RÔLE DE MANAGER DE LA CORPORATION GOUVERNEMENTALE

Un sous-ministre fédéral participe en moyenne à douze tables interministérielles qui s'attaquent à des problématiques dépassant les frontières ministérielles. De plus en plus on le décrit comme un « membre de la communauté des sous-ministres » plutôt que comme le sous-chef d'un ministère en particulier. Plus de 50 % de son temps est consacré à « l'horizontalité » tellement les interfaces entre ministères sont importantes. Le sous-ministre est progressivement devenu un des membres de la corporation qui administre les affaires de l'État.

LE RÔLE DE RADAR POLITIQUE

Le sous-ministre a toujours considéré qu'une partie de son rôle consistait à « protéger son ministre ». « Tant que j'ai été sous-ministre de X, celui-ci n'a jamais eu de problèmes », disait fièrement un sous-ministre. En effet, les ministres sont souvent peu préparés sur le plan technique pour leurs affectations; pis encore, on les permute très souvent; dans tous les cas, leur temps est rare puisqu'ils agissent aussi comme parlementaires, officiers du parti et représentants d'électeurs. Pour ces motifs, le sous-ministre se sent responsable de son ministre dont certaines décisions, s'il n'a pas été conseillé, pourraient mettre en danger des pans entiers d'une politique que lui, sous-ministre, a mis de longues années à implanter.

On attend donc du sous-ministre qu'il anticipe les conflits et en prévienne le ministre, qu'il fournisse analyses et conseils à celui-ci quant à ses interventions devant les médias, les groupes de pression, les délégations qu'il reçoit, etc., enfin trouve des solutions techniques aux problèmes que font continuellement surgir les rapports de force dans la société.

Tant à Ottawa qu'à Québec, c'est dans une proportion de 80 % que les ministres se disent satisfaits de leurs grands commis; on ne semble pas moins satisfait de ceux que l'on a conservés en poste que de ceux que l'on a nommés lors de l'arrivée au pouvoir (Bourgault, 1996b).

Le rendement et l'imputabilité

Le principe fondamental de la responsabilité ministérielle compte de nombreuses limites : la discipline de parti bâillonne plus de la moitié des parlementaires; les ministres ne démissionnent que pour des fautes qu'ils ont personnellement commises et ils couvrent les fonctionnaires en présentant des excuses et des promesses de réforme.

Les parlements en sont donc venus à la conclusion qu'il leur fallait un mécanisme supplémentaire pour pouvoir juger de la gestion concrète des affaires collectives; puisque le ministre se trouve limité dans ses réponses par son rôle politique et qu'il ne peut avoir une connaissance parfaite de tous les aspects des affaires du ministère, on questionnera donc le sous-ministre (Lemieux, 1995).

L'IMPUTABILITÉ PARLEMENTAIRE

Depuis 1988, les comités parlementaires fédéraux peuvent convoquer les sous-ministres pour les questionner sur toute question relative à la gestion du ministère. Il s'agit d'un grand défi d'équilibrisme pour le sous-ministre : il témoigne sous son serment d'office et s'engage à répondre honnêtement aux questions posées, mais il lui faut aussi éviter de commenter l'opportunité politique des décisions prises tout en respectant son engagement à la discrétion quant à ses conversations avec le ministre, au caractère secret de certains documents, à la confidentialité des documents du Conseil des ministres et des conversations tenues sous cette condition. Voilà bien des ingrédients de frustration pour les parlementaires dont certains ont accusé les hauts fonctionnaires de retenir l'information pour se protéger ou « sauver » leur ministre. À l'inverse, comme dans l'affaire Al-Mashat (Sutherland, 1991), le processus fut l'occasion pour les hauts fonctionnaires et ministres de se renvoyer le blâme. Cette imputabilité parlementaire des hauts fonctionnaires fait craindre à plusieurs qu'elle ne diminue encore plus l'autorité du ministre et sa propre imputabilité parlementaire (Gélinas, 1984; Gow, 1995).

Ce processus d'audition plus que d'enquête est pratiqué à Québec depuis 1994 et permet la diffusion de plus nombreuses informations aux parlementaires. D'ailleurs l'administration a même entrepris de donner un format de base à cette transmission d'information : depuis 1994, le Conseil du Trésor fédéral a requis des ministères qu'ils déposent au début de l'année au Parlement un document annonçant leurs engagements de production et d'utilisation des ressources. Au Québec, les nouveaux organismes de services autonomes rendront aussi publics de tels plans à partir desquels on évaluera leur performance.

L'IMPUTABILITÉ ADMINISTRATIVE

Nommé par le Conseil des ministres, proposé par le premier ministre à la suggestion du greffier et secrétaire général, le sous-ministre travaille sous l'autorité du ministre même lorsqu'il applique aux ministères les directives de ses collègues des agences centrales. Certains prétendent qu'il est assujetti à tellement de personnes qu'il devient ainsi très autonome dans la mesure où s'annihilent mutuellement ces assujettissements multiples et quelquefois contradictoires.

Dans les faits, le sous-ministre fédéral croit devoir son affectation à ses collègues du Secrétariat aux emplois supérieurs du Bureau du Conseil Privé. À Québec, ce phénomène se trouve tempéré par l'influence plus grande que jouent les ministres dans les nominations et par la proportion plus forte d'arrivages extérieurs aux postes de sous-ministres. Ce sentiment de redevabilité marque la reddition de comptes puisque c'est au fédéral que l'évaluation du rendement des sous-ministres est la mieux développée et qu'elle est réalisée par les pairs avant de recevoir la caution du premier ministre.

Le processus fédéral apparaît fort complet : un comité visiteur, au nom du Comité de la haute Fonction publique (CHFP), rencontre annuellement le ministre et discute de la performance du sous-chef; il rencontre ensuite les dirigeants des agences centrales pour déterminer comment un sous-chef contribue à l'atteinte des objectifs communs. Ce comité dépose le dossier auprès du CHFP formé d'une douzaine de pairs, lesquels évaluent tous les sous-ministres et recommandent au greffier qu'une cote particulière soit attribuée à chaque dossier. Le greffier rend au premier ministre sa recommandation assortie d'implications salariales, et ce dernier avalise presque toujours la recommandation des pairs.

Ce processus favorise une attitude coopérative chez les sous-ministres qui ne peuvent plus se contenter de gérer leur petit empire ministériel sans se soucier des pairs, des agences et des objectifs macro-gouvernementaux.

UN POUVOIR TECHNOCRATIQUE ?

La technocratie implique la prédominance absolue des considérations et arguments techniques dans la prise de décision. Les sous-ministres ne sont-ils que des techniciens ? Le pouvoir des sous-ministres est-il absolu ?

À la première question, on répondra en général par la négative parce que le pouvoir technocratique du sous-ministre se fonde sur trois critères : la détention de connaissances techniques, l'exclusivité de cette compétence et le positionnement de l'acteur proche du décideur ultime. S'il ne fait pas de doute que le sous-ministre est au cœur du système de décision, il faut considérer que la décision politico-administrative se fait de plus en plus complexe, interdisciplinaire, interministérielle et que le rôle relatif d'un sous-ministre en particulier est de nos jours réduit par comparaison à ce qu'il était il y a trente ans. Certes le sous-ministre détient certaines connaissances techniques, mais de plus en plus la mobilité horizontale l'éloigne de son domaine de formation et de ses expériences professionnelles sectorielles. L'accroissement rapide des connaissances techniques empêche quiconque de demeurer longtemps « le spécialiste » d'un domaine technique. Le sous-ministre demeure cependant « spécialiste » en décisions gouvernementales et administratives ainsi qu'en processus politico-administratifs; il s'agit peut-être là d'un des champs de l'exercice de la technocratie. L'exclusivité d'un champ de connaissance est depuis longtemps disparue de nos sociétés : il est fini le temps où un médecin devait absolument diriger le ministère de la Santé et un ingénieur forestier, celui des Forêts. L'engagement de nombre de professionnels de haut niveau dans les ministères constitue une expertise technique que les sous-ministres ne peuvent concurrencer dans tous les nouveaux domaines de spécialisation. De plus, le développement de la diffusion des savoirs dans la société et la croissance du niveau de scolarité font qu'un ministère ne peut même plus prétendre à l'exclusivité, ni à la supériorité absolue de ses connaissances techniques dans un domaine en particulier.

À la seconde question, l'ex-ministre et ex-haut fonctionnaire Claude Morin (Riverin, 1984) répondait, comme la plupart des ministres le font, que les hauts fonctionnaires n'occupent en général que la place que les ministres leur laissent occuper; un haut fonctionnaire trop influent ne le serait qu'avec le consentement sinon la complicité passive d'un ministre arrivé au faîte de sa carrière et peu motivé par les affaires du ministère. Concourent aussi à cette réponse le statut précaire des sous-ministres que l'on peut muter ou rétrograder sans trop de formalités, le pouvoir décisionnel final du ministre en presque toutes matières ainsi que la participation du ministre aux tables décisionnelles les plus importantes dont le Conseil des ministres. Il s'est cependant trouvé des personnages politiques pour décrier le pouvoir de caste des hauts fonctionnaires qui s'autorecrutent, s'auto-évaluent et s'autocontrôlent, qui se réunissent en divers forums plusieurs fois par semaine et qui jouissent d'informations, de réseaux d'influence et de loyauté que leur envient les ministres (Segal, 1996).

Il semble donc exister des éléments techniques qui fondent le pouvoir des sous-ministres, mais ce pouvoir ne peut être exercé sur une longue période sans le consentement d'un ministre impliqué dans les affaires du ministère. Les ministres prennent formellement, à titre individuel ou collectif, toutes les décisions importantes relatives à l'ordre du jour politique du gouvernement, et les hauts fonctionnaires ne constituent qu'une des catégories de conseillers consultés. Enfin, s'il est vrai que les fonctionnaires jouent un rôle primordial dans l'organisation des affaires courantes, il faut noter qu'ils furent justement engagés pour cela et pour en dégager l'esprit du ministre !

RÉFÉRENCES

ABERBACH, Joel D., Robert A. PUTNAM et Bert A. ROCKMAN (1981). *Bureaucrats and Politicians in Western Democraties*, Cambridge, MA, Harvard University Press.

BACCIGALUPO, Alain (1973). « Les cabinets ministériels dans l'administration québécoise », *La Revue administrative*, vol. 20, p. 317-328.

BODIGUEL, Jean-Luc et Jean-Louis QUERMMONNE (1983). *La haute fonction publique sous la Ve République*, Paris, PUF.

BODIGUEL, Jean-Luc et Luc ROUBAN (1991). *Le fonctionnaire détrôné ? : L'État au risque de la modernisation*, Paris : Presses de la Fondation nationale des sciences politiques.

BOURGAULT, Jacques (1996a). *La gestion du temps au sommet des ministères : le point de vue des sous-ministres canadiens*, Ottawa, Centre canadien de gestion.

BOURGAULT, Jacques (1996b). « La satisfaction des ministres des gouvernements Mulroney face à leurs sous-ministres : 1984-1993 », à paraître.

BOURGAULT, Jacques (1986). *Les administrateurs d'État des ministères du gouvernement du Québec, 1867-1985*, Thèse de doctorat d'État soutenue à Paris en mai 1986 à la Fondation nationale des sciences politiques.

BOURGAULT, Jacques (1972). *Les sous-ministres au Québec 1945-1970*, Thèse de maîtrise, Département de science politique, Université de Montréal.

BOURGAULT, Jacques et Stéphane DION (1993). *Comment évaluer un haut fonctionnaire ? La réponse des sous-ministres fédéraux*, Rapport présenté au Bureau du Conseil privé et au Centre canadien de gestion. Ottawa, Centre canadien de gestion.

BOURGAULT, Jacques et Stéphane DION (1991a). *L'évolution du profil des sous-ministres fédéraux, 1867-1988*, Ottawa, Centre canadien de gestion.

BOURGAULT, Jacques et Stéphane DION (1991b). « Haute fonction publique et changement de gouvernement au Québec : le cas des sous-ministres en titre (1976-1989) », *Politique*, 19, hiver 1991, p. 81-106.

BOURGAULT, Jacques et Stéphane DION (1990a). « Les hauts fonctionnaires canadiens et l'alternance politique : le modèle de Whitehall vu d'Ottawa », *Revue internationale des sciences administratives*, Bruxelles, vol. 56, n° 1, printemps 1990, p. 173-196.

BOURGAULT, Jacques et Stéphane DION (1990b). « Managing Conflicts in a Context of Government Change : Lessons from the Federal Government of Canada, 1984-1988 », *International Journal for Conflict Management*, vol. 1, n° 4, octobre 1990, p. 375-396.

BOURGAULT, Jacques et Stéphane DION (1990c). « La satisfaction des ministres envers leurs hauts fonctionnaires : le cas du gouvernement du Québec 1976-1985 », *Administration publique du Canada*, vol. 33, n° 3, p. 414-437.

BOURGAULT, Jacques et Stéphane DION (1989). « Brian Mulroney a-t-il politisé les sous-ministres ? », *Administration publique du Canada*, vol. 32, n° 2, p. 63-84.

BOURGAULT, Jacques et Patrick NUGENT (1995). « Les transitions de gouvernement et la théorie des conflits : le cas de la transition de 1984 au gouvernement du Canada », *Revue canadienne des sciences administratives*, vol. 12, n° 1, mars 1995, p. 15-26.

CAMPBELL, Colin (1988). « Review Article : The Political Roles of Senior Government Officials in Advanced Democracies », *British Journal of Political Science*, 18, p. 243-272.

CAMPBELL, Colin et G.K. WILSON (1995). *The End of Whitehall : Death of a Paradigm*, Blackwell.

GÉLINAS, André (1984). « La commission parlementaire : mécanisme d'imputabilité à l'égard des sous-ministres et des dirigeants d'organisme », *Administration publique du Canada*, vol. 27, n° 3, p. 172-198.

GOW, James Iain (1995). « Propos dissidents sur l'imputabilité parlementaire des hauts fonctionnaires québécois ». *Administration publique du Canada*, vol. 38, n° 1, p. 145-149.

HECLO, Hugh (1977). *A Government of Strangers*, Washington, Brookings.

INGRAHAM, P., J. THOMPSON et E. EISENBERG (1995). « Political Management Strategies and Political Carer Relationships : Where Are We Now in the Federal Government », *Public Administration Review*, vol. 55, n° 3, May/June 1995, p. 263-372.

LEMIEUX, Jean-Guy (1995). « Propos favorables à l'imputabilité parlementaire des hauts fonctionnaires québécois », *Administration publique du Canada*, vol. 38, n° 1, p. 139-145.

LUKIC, Radomir (1975). « Rotation among Top Government Officials in Yugoslavia », dans Dogan, *The Mandarins of Western Europe*, New York, Sage Publications.

MORIN, Claude (1984). « La décision politique », *Le management des affaires publiques*, Alphonse Riverin (dir.), Gaëtan Morin éditeur, p. 305-325.

OSBALDESTON, Gordon F. (1992). *Organizing to Govern*, Toronto, McGraw Hill Ryerson.

PLASSE, Micheline (1994). *Les chefs de cabinet des ministres du gouvernement fédéral en 1990 : profils, recrutement, fonctions et relations avec la haute fonction publique*, Ottawa, Centre canadien de gestion.

PLASSE, Micheline (1992). « Les chefs de cabinets ministériels du gouvernement fédéral canadien : rôle et relation avec la haute fonction publique », *Administration publique du Canada*, vol. 35, n° 3.

PLASSE, Micheline (1981). « Les chefs de cabinets ministériels au Québec : la transition du gouvernement libéral au gouvernement péquiste (1976-1977) », *Revue canadienne de science politique*, 19481, vol. 14, p. 309-335.

SEGAL, Hugh (1997). *No Surrender : Reflections of a Happy Warrior in the Tory Croisade*, Scarborough, Ontario, Harper Collins.

SIMPSON, Jeffrey (1988). *Spoils of Power : the Politics of Patronage*. Toronto, Collins.

SUTHERLAND, S.L. (1991). « The Al-Mashat Affair : Administrative Accountability in Parliamentary Institutions », *Canadian Public Administration*, vol. 34, n° 4, p. 573-603.

CHAPITRE 4

Les finances publiques

Pierre P. Tremblay

LA DÉFINITION DES FINANCES PUBLIQUES 126

LES MOTS CLÉS DES FINANCES PUBLIQUES 128

L'ARCHITECTURE DES FINANCES PUBLIQUES 130

L'IMPORTANCE ÉCONOMIQUE DES FINANCES PUBLIQUES . 132
- L'influence déterminante du modèle de l'État 133
- Les principes fondamentaux de l'administration des finances publiques 137
- L'autorisation parlementaire 137
- L'initiative de l'exécutif 139
- L'obligation de rendre compte 139
- Les grandes règles 139
- Le fonds unique 140
- L'annualité du budget 141
- L'unité du budget des dépenses 141

LES ACTEURS ET LEURS RESPONSABILITÉS 142
- Le public 142
- Le législateur 144
- Le gouvernement 146

LES CALENDRIERS DES FINANCES PUBLIQUES 148
- Le calendrier législatif 151

CONCLUSION 151

BIBLIOGRAPHIE 152

Le revenu de BCE (Bell Canada Enterprises), la plus grosse entreprise à propriété presque exclusivement canadienne, est de 24,6 milliards de dollars; celui du gouvernement du Canada pour l'année 1997-1998 est de 137,8 milliards de dollars. La première rend des comptes à plusieurs milliers d'actionnaires qui ont librement investi leur argent; le second est imputable devant 27 millions de citoyens dont les ressources pécuniaires ont été prélevées par une contrainte légale. Les investisseurs de BCE espèrent une hausse de la valeur de l'action de l'entreprise, laquelle se traduira par des dividendes plus élevés. Les contribuables canadiens souhaitent l'amélioration de leurs conditions de vie et des garanties individuelles et collectives, c'est-à-dire la santé, la sécurité, la liberté, l'enrichissement, etc. La réalisation des attentes des actionnaires passe uniquement par un budget d'opérations qui dégage un surplus important; le développement du niveau et de la qualité de vie des citoyens exige, à l'occasion, la production d'un déficit budgétaire et l'accumulation d'une dette collective. Par contre, les administrateurs des finances de l'État et les administrateurs des entreprises privées vont partager les mêmes connaissances, les mêmes méthodes et les mêmes techniques de gestion. La majorité d'entre eux sont issus des mêmes grandes écoles. En somme, l'univers des finances privées et celui des finances publiques sont fondamentalements différents, voire opposés[1].

1. Il existe plusieurs autres éléments de distinction entre les finances publiques et les finances privées; lire à ce sujet : André BERNARD, *Politique et gestion des finances publiques, Québec et Canada*, Sainte-Foy, Presses de l'Université du Québec, 1992, p. 1 à 11; Roland PARENTEAU, dir., *Management public, comprendre et gérer les institutions de l'État*, Sainte-Foy, Presses de l'Université du Québec, 1992, p. 3 à 73 et p. 553 à 596; Viriato-Manuel SANTO et Éric VERIER, *Le management public*, Paris, Presses universitaires de France, collection Que sais-je ?, 1993, p. 3 à 15.

C'est des caractéristiques de l'administration des finances publiques qu'il sera question dans ce chapitre. Nous parlerons tout d'abord de la définition de cet objet puis de sa taille économique, de l'identité et des responsabilités des principaux acteurs, des grands principes, des règles liées à l'utilisation des deniers publics et, enfin, du cycle et du processus budgétaire dont l'ampleur et le calendrier augmentent les particularités de l'administration des deniers publics.

LA DÉFINITION DES FINANCES PUBLIQUES

Le phénomène de finances publiques est apparu avec l'État. Le concept de finances publiques est venu plus tard dans l'histoire de l'humanité et le concept moderne demeure assez récent. André Neurisse raconte[2] que, trois mille ans avant Jésus-Christ, l'ancien royaume d'Égypte avait deux institutions fiscales, chacune ayant une mission spécifique. La première, située dans le nord du pays et nommée la Maison Blanche, veillait à recueillir les fonds nécessaires pour subvenir aux besoins du souverain. La seconde, localisée dans le sud du pays et appelée la Maison rouge, devait, pour sa part, prélever les deniers pour le culte. Dans la mesure où l'on associe le mot « public » au mot « État », l'ancien royaume d'Égypte est probablement un des premiers modèles de finances publiques. Ce premier modèle est rudimentaire et ne fait pas une distinction bien nette entre le bien privé et le bien public; les deux notions semblent se confondre au profit d'une seule personne. La Grèce, autre grande civilisation de l'Antiquité et reconnue comme le berceau de la démocratie, ne fera pas véritablement progresser le concept de finances publiques[3]. Il faudra pour cela attendre la venue de l'Empire romain. Rome apportera l'élément fondamental qui manquait au concept, à savoir : la notion de puissance publique. Comme le disent si bien Lucien Mehl et Pierre Beltrame[4], cet élément fait du gouvernement la seule autorité ayant le pouvoir de prélever par la contrainte des ressources privées et de les utiliser au nom des intérêts de l'État. La notion de puissance publique va temporairement être oubliée sous les dynasties mérovingienne et carolingienne marquées par l'affaiblissement de la royauté pour resurgir

2. Voir André NEURISSE, *Histoire de l'impôt*, Paris, Presses universitaires de France, 1978, ainsi que Henry LAUFENBERGER, *Histoire de l'impôt*, Paris, Presses universitaires de France, 1959.
3. Voir François VANNIER, *Finances publiques et richesses privées dans le discours athénien aux Ve et IVe siècles*, 1988, p. 188.
4. Lucien MEHL et Pierre BELTRAME, *Science et technique fiscale*, Paris, Presses universitaires de France, 1984.

quelques siècles plus tard avec la renaissance du pouvoir royal. Le concept de finances publiques continuera d'évoluer jusqu'au début du XXe siècle alors que les deniers publics en viendront à être rattachés à la notion de l'intérêt collectif.

Les finances publiques sont depuis lors le principal outil de promotion et de développement de l'intérêt collectif ou, comme le disent Paul Marie Gaudemet et Joël Molinier : « [...] un des moyens d'action des collectivités publiques[5] ». Ce moyen, ils le décrivent comme l'ensemble des opérations à caractère pécuniaire effectuées par les organismes publics. Ces opérations sont, par exemple, les divers modes de constitution de revenus (impôts, taxes, droits, redevances, ventes, emprunts, etc.) ou encore les différentes manières de dépenser (achats de biens et de services, rémunérations des employés, subventions, crédits d'impôts, etc.).

Cette définition des finances publiques a le mérite d'être simple et concise. Par contre, son amplitude comporte deux inconvénients importants. Premièrement, elle nous mène directement au cœur de la querelle sur le contenu de la comptabilité nationale et sur la définition du secteur public[6]. Deuxièmement, elle ne correspond pas au processus budgétaire et aux budgets des gouvernements et des administrations auxquels nous recourrons pour illustrer nos propos. Il est donc préférable de nous rabattre sur une définition plus restrictive, comme celle de Robert Cros pour qui : « Celles-ci [les finances publiques] constituent le secteur public *non marchand* de l'économie, dans la mesure où la quasi-totalité de ce qu'elles produisent n'est pas vendue (ou achetée) sur le marché. Il s'ensuit que nous excluons de notre champ d'analyse l'ensemble des entreprises publiques, à l'exemple des entreprises nationalisées ou des sociétés d'économie mixte [...][7]. » Comme la plupart des crédits budgétaires préparés par les gouvernements et votés par les assemblées législatives ne tiennent compte que des opérations non marchandes des administrations publiques, l'expression « finances publiques » ne désignera ici que les activités financières des gouvernements et des administrations qui sont soumises à l'autorisation parlementaire.

---

5. Paul Marie GAUDEMET et Joël MOLINIER, *Finances publiques*, tome 1, Paris, Montchrestien, 1992, page 17.
6. Voir à ce sujet Gérard BÉLANGER, *Croissance du secteur public et fédéralisme : perspective économique*, Montréal, Agence d'ARC, 1988, p. 215 à 250.
7. Robert CROS, *Finances publiques, institutions et mécanismes économiques*, Paris, Éditions Cujas, 1994, page 23.

LES MOTS CLÉS DES FINANCES PUBLIQUES

Le lecteur qui s'intéresse à la question des finances publiques doit maîtriser un certain nombre de termes qui font partie du vocabulaire de l'administration publique. Les mots qui nous viennent le plus facilement à l'esprit sont, entre autres, le budget, le discours du budget, le revenu, la dépense, l'impôt, le déficit, la dette ou encore le crédit. Quelques-uns d'entre eux ont plus d'un sens et peuvent porter à confusion. Il est nécessaire de les préciser et de les situer dans le contexte particulier de l'administration publique.

Avant de constituer des revenus et d'effectuer des dépenses, les gouvernements et les administrations doivent concevoir un plan d'ensemble des finances publiques. C'est le **budget**. Quels seront les sources et le niveau de revenu nécessaires à l'ensemble des activités du gouvernement ou de l'administration ? Quelles seront les dépenses et selon quel ordre de priorités seront-elles effectuées ? Quel sera le rapport entre les revenus et les dépenses ?

Le budget général contient des **opérations budgétaires** et des **opérations non budgétaires**. Les premières décrivent les divers programmes qui affectent directement les individus en tant que contribuables ou en tant que bénéficiaires des dépenses de l'État. Les secondes décrivent les activités des gouvernements et des administrations dans les domaines de l'investissement, de l'emprunt, etc. **Les programmes** sont des ensembles de ressources et d'activités coordonnées afin d'atteindre des objectifs spécifiques. Ces programmes appartiennent à de grandes **missions** qui caractérisent l'ensemble des interventions de l'État.

Vue d'ensemble des activités financières de l'État

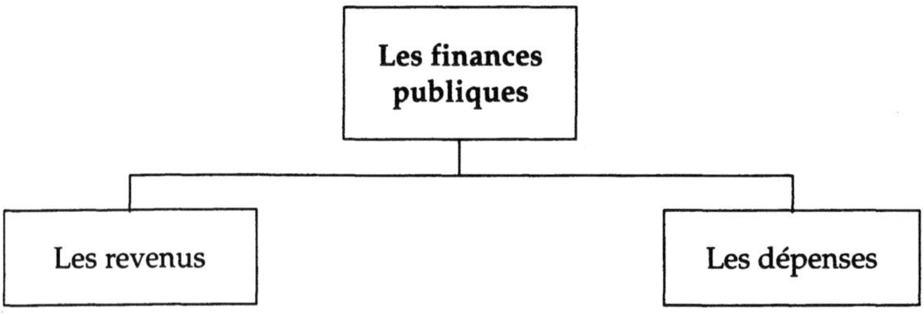

L'assemblée des élus étant souveraine, les gouvernements et les administrations doivent obtenir l'autorisation légale de percevoir des revenus et d'effectuer des dépenses. À cette fin, ils présenteront un énoncé de politique générale, le **discours du budget**, ainsi qu'une description exhaustive de toutes les ressources pécuniaires nécessaires pour couvrir les dépenses envisagées, le **budget des dépenses**, qu'on appelle aussi le livre des crédits en raison du fait que le législateur ne distribue pas de l'argent en espèces sonnantes, mais garantit aux gouvernements et aux administrations la disponibilité légale de fonds publics. Le législateur agit en cela comme une institution bancaire qui ouvre une marge de crédit à un de ses clients. La banque ne met pas une somme d'argent dans le compte du client. Elle ne fait que l'assurer que l'argent sera disponible le cas échéant.

L'autorisation du législateur est obtenue à différents moments dans une année budgétaire et porte sur des soumissions différentes de la part de l'exécutif. L'assemblée autorise d'abord le **budget principal**, essentiellement le livre des crédits. Le budget principal contient des **crédits annuels** et des **crédits statutaires**. Les premiers font l'objet d'un vote annuel tandis que les seconds sont uniquement soumis pour fins d'information, étant autorisés par des lois statutaires du pays, de la province, etc. Auparavant, afin de respecter les grands principes qui gouvernent les finances publiques et pour éviter que l'argent ne soit gelé dans le fonds consolidé, le législateur aura voté un **budget provisoire** qui couvre environ 30 % du budget principal. Plus tard, en cours d'exercice budgétaire, il se peut que les gouvernements demandent un **budget supplémentaire** parce que les programmes de dépenses auront coûté plus cher que prévu. Cette demande sera répétée au besoin.

Les revenus et les dépenses des administrations publiques donneront lieu, une fois l'exercice terminé, à un **surplus** si les dépenses prévues ont été inférieures aux revenus ou, dans le cas contraire, à un **déficit**. Il est plus rare de nos jours qu'il y ait un **équilibre**, à moins que la loi n'y oblige les administrations. C'est le cas notamment des administrations municipales au Québec dont les dépenses courantes d'opérations ne peuvent pas être déficitaires. La loi leur permet toutefois de constituer une dette pour des dépenses d'immobilisation et d'investissement.

Les administrations financent habituellement leurs déficits par des emprunts auprès des contribuables en leur vendant des obligations d'épargne ou auprès des marchés financiers en leur offrant le même produit ou encore en empruntant des sommes d'argent. Ces pratiques contribuent à créer une **dette** dont le paiement des intérêts est un programme particulier que l'on désigne comme le **service de la dette**.

L'ARCHITECTURE DES FINANCES PUBLIQUES

Comme on peut le déduire de ce qui précède, les finances publiques se répartissent en deux grands ensembles : les revenus et les dépenses.

Les revenus sont majoritairement constitués de manière autonome en prélevant des impots, des taxes, des droits, des redevances ou encore en empruntant des sommes d'argent sur les marchés financiers et, finalement, en vendant à des consommateurs des produits et des services. Ces revenus autonomes se subdivisent en revenus dits budgétaires et en revenus dits non budgétaires. Les gouvernements et les administrations reçoivent, par ailleurs, des sommes d'argent en provenance d'autres gouvernements ou d'entreprises et d'organismes qui leur appartiennent : ce sont les revenus de transfert. Ces revenus de transfert acquièrent une importance particulière dans un système fédéral où il y a un partage des compétences entre plus d'un palier de gouvernement et où les divers gouvernements ne peuvent pas compter sur des richesses économiques équivalentes; c'est le cas du Canada.

Dans leur ensemble, les dépenses publiques sont, pour leur part, regroupées en grandes missions[8]. Depuis l'exercice budgétaire 1996-1997, le gouvernement du Québec répartit les crédits de dépense entre les missions suivantes : la santé et les services sociaux, le soutien aux personnes et aux familles, l'éducation et la culture, l'économie et l'environnement, la gouverne et la justice et, en dernier lieu, le paiement de la dette. La nomenclature des missions peut varier grandement d'un gouvernement à l'autre.

Pour l'une ou l'autre des missions qu'il s'est assignées, l'État dépense directement en accomplissant lui-même, à l'aide de ses propres ressources humaines et matérielles, des tâches de tous ordres allant de la sécurité des personnes jusqu'à l'entretien des rues et des trottoirs. Ce sont là les dépenses directes ou finales parce qu'elles sont exécutées complètement par l'autorité qui a perçu les ressources. Par ailleurs, les administrations publiques agissent parfois comme des courtiers en mettant à la disposition des citoyens, des entreprises ou encore d'une autre administration des sommes d'argent afin que ceux-ci les utilisent pour des fins spécifiques ou pour les soutenir d'une manière générale : ce sont les dépenses indirectes ou de transfert. Il arrive aussi que, pour encourager

8. Le mot « mission » n'est pas employé par tous. Au Canada, le gouvernement fédéral utilise le mot « secteur », alors que le gouvernement du Québec distribue ses crédits budgétaires par grandes missions.

Les revenus

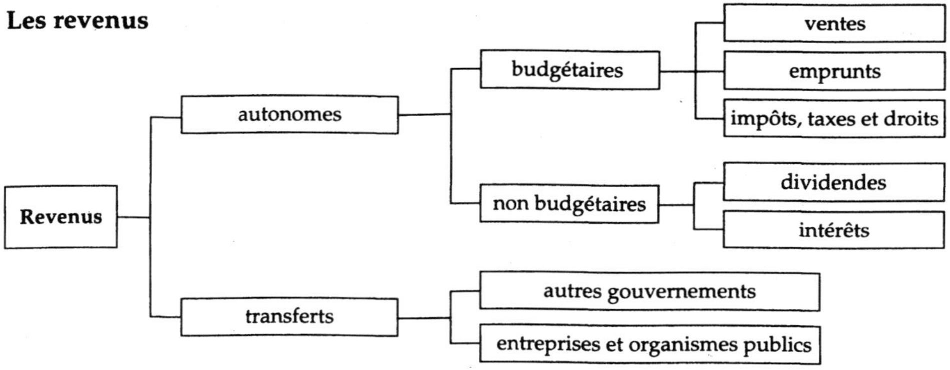

Les dépenses

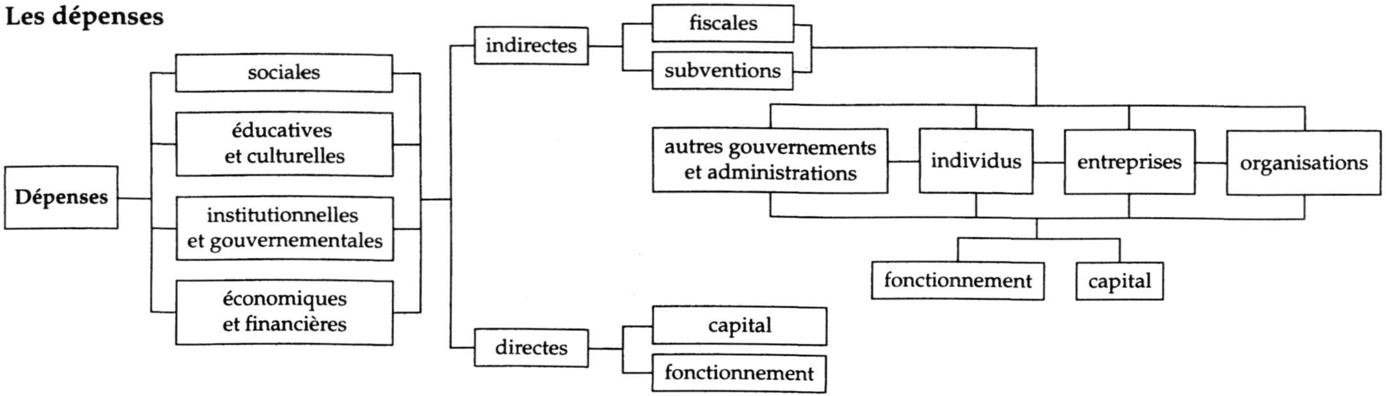

une activité ou encore reconnaitre une contribution économique, sociale, culturelle, voire politique, les administrations publiques se privent expressément de revenus auxquels elles ont droit en autorisant les contribuables, autant les individus que les entreprises, à conserver une partie de ce qu'ils devraient payer comme impôt : ce sont les dépenses fiscales. Enfin, qu'elles soient directes ou indirectes, les dépenses sont effectuées soit pour assumer en tout ou en partie les coûts de fonctionnement des organismes ou des individus, soit pour investir dans des immeubles ou des équipements nécessaires au fonctionnement.

L'IMPORTANCE ÉCONOMIQUE DES FINANCES PUBLIQUES

Aujourd'hui, les budgets des gouvernements et des administrations mettent en jeu des sommes considérables. Dans certains pays, ces sommes représentent actuellement plus de la moitié de la valeur estimée de la production annuelle de la richesse[9]. De manière générale, cependant, les pays industrialisés, notamment ceux qui forment le G-7[10], consacrent en moyenne 40 % de leur produit intérieur brut (PIB) aux dépenses publiques[11]. L'Italie est l'endroit où la part des dépenses publiques dans l'ensemble de l'économie serait la plus grande, franchissant la barre des 50 %[12]. À l'opposé, le Japon maintiendrait une économie publique plus modeste qui atteindrait selon les calculs tout juste le tiers de la valeur de la production intérieure brute annuelle.

Au Canada, selon les évaluations en dollars américains constants effectuées par l'Oganisation de coopération et de développement économique (OCDE), les dépenses finales du gouvernement fédéral seraient passées de 23,1 milliards de dollars à 79,5 milliards au cours de la période 1960-1990. La montée la plus spectaculaire, selon le tableau 1, aurait été observée au Japon, alors que les dépenses du gouvernement japonais se sont multipliées par 3,6.

9. La valeur de la production annuelle est définie comme le produit intérieur brut ou le produit national brut. On retrouve une excellente définition de ces termes dans l'ouvrage de Rupert COOK et de Joan MOUNT, *Données statistiques canadiennes, comment interpréter*, Sainte-Foy, Presses de l'Université du Québec, 1993, p. 93 à 120 et p. 199 à 205.

10. Le G-7 est constitué des pays suivants : les États-Unis, l'Allemagne, le Japon, la France, la Grande-Bretagne, l'Italie et le Canada.

11. Chiffres tirés de Statistique Canada, *Comptes nationaux des revenus et dépenses*, catalogue 13-001.

12. Voir à ce propos OCDE, *Perspectives économiques*, décembre 1988.

TABLEAU 1
Évolution de la consommation finale des administrations publiques, 1960-1990, en dollars américains de 1985

	1960	1970	1980	1990
Canada	23,15	43,83	62,76	79,55
États-Unis	373,05	563,37	617,44	821,91
Japon	39,41	69,84	111,86	142,75
Belgique	5,29	9,02	13,42	13,79
France	43,14	64,54	89,76	112,80
Allemagne	54,07	83,39	117,41	132,65
Italie	30,24	44,60	60,79	77,60
Suède	10,71	18,65	25,48	29,81
Suisse	5,13	8,99	11,02	14,65
Royaume-Uni	58,18	71,59	91,13	101,90
Total OCDE	693,51	1 059,09	1 327,96	1 698,20
Total CEE	218,50	315,49	438,42	523,40

Source : OCDE, *Comptes nationaux*, vol. 1, *Principaux agrégats, 1960-1990*, Paris, 1992, p. 122-123, tableau 9.

En fait, tous les pays industrialisés ont connu à partir des années 1960 une croissance majeure de leurs dépenses publiques. Des pays comme l'Italie, la Belgique et la Suède ont consacré en moyenne, durant la période 1980-1985, entre 54,2 % et 64,5 % de leur PIB aux dépenses du secteur public. Pour les pays de la Communauté économique européenne, la valeur moyenne par rapport au PIB a été, pour cette même période, de 50 %.

L'influence déterminante du modèle de l'État

On peut, de manière tout à fait pertinente, se demander d'où vient cette importance de l'économie publique. La réponse la plus simple et la plus juste est que la taille actuelle des finances de l'État provient d'un ensemble de facteurs qui ont contribué à modifier le rôle et les fonctions des gouvernements et des administrations. La révolution industrielle, le développement de la science et de la technologie, les guerres, les crises économiques, les nouvelles idéologies, pour n'en nommer que quelques-uns, ont peu à peu transformé le modèle premier de l'État-gendarme en un modèle d'État-providence[13].

Comme l'a dit Richard Musgrave[14] dans son essai théorique sur les finances publiques, le premier modèle reconnaissait aux administrations publiques une seule grande fonction. On confiait alors aux gouvernements les tâches traditionnelles inhérentes à la puissance publique : l'administration générale, la justice, la police ainsi que la défense du territoire. C'était alors une administration publique restreinte et modeste dont le poids économique n'excédait généralement pas 15 % de la valeur de la production nationale. À cette époque, notent Alain Euzéby et Marie-Luise Herschtel : « [...] la vie économique est dominée par l'idée de supériorité de l'initiative privée[15] ». La Première Guerre mondiale et surtout la crise économique qui éclate le 21 octobre 1929 vont ébranler cette croyance et achever de convaincre les gouvernements des pays industrialisés de la nécessité pour les pouvoirs publics d'intervenir de manière soutenue pour assurer le développement et le maintien d'une stabilité économique sans laquelle la croissance de l'ensemble de la société apparaît compromise, voire impossible. Une seconde fonction s'est ainsi greffée à l'État qui adopte du coup un modèle interventionniste. Mais, pour Euzéby et Herschtel, cela demeure encore plus un interventionnisme de fait qu'un interventionnisme de doctrine[16]. Il a pour mission de suppléer aux déficiences du marché lorsque les incidences sociales sont trop prononcées.

Ce nouveau type d'État exige de l'économie des ressources accrues qui représentent environ le quart de la valeur de la production annuelle. Malgré cela, l'État n'en est pas encore, pour autant, un acteur économique déterminant.

Il a fallu attendre que la théorie marxiste amène les administrations publiques à faire de la distribution de la richesse la troisième et dernière fonction des États modernes. Cet ajout ouvrira, surtout après les bouleversements politiques, économiques et sociaux suscités par la Seconde Guerre mondiale, la voie à l'implantation de l'État-providence dont la valeur économique de l'ensemble des missions équivaut, répétons-le, à plus de la moitié de la valeur annuelle du PIB.

---

13. Voir à ce propos GAUDEMET et MOLINIER, *op. cit.*, p. 94 à 98 ainsi que l'ouvrage de Luc WEBER, *l'État acteur économique*, Paris, Économica, 1988.
14. Richard A. MUSGRAVE et Peggy B. MUSGRAVE, *Public Finance in Theory and Practice*, New York, McGraw-Hill, 1984, ainsi que Gilles BAUCHE, *Budget de crise ou crise du budget*, Paris, Hatier, 1993, p. 21.
15. Alain EUZÉBY et Marie-Luise HERSCHEL, *Finances publiques : une approche économique*, Paris, 1990, p. 13.
16. *Ibid.*, p. 17.

> L'économiste keynésien Musgrave, dans sa théorie des finances publiques (1959), a ainsi établi dans les années 1950 une typologie des fonctions du budget, qui recoupe les inspirations classiques, keynésienne et même marxiste. La fonction d'allocation des ressources est privilégiée par les classiques : le budget de l'État sert à distribuer les biens et les services indivisibles dont la propriété est collective et pour lesquels aucun prix ne peut être déterminé (défense, police, justice, etc.).
>
> La fonction de stabilisation de la conjoncture repose sur la théorie keynésienne : l'effet multiplicateur des dépenses permet d'utiliser le budget pour régler finement (*fine tuning*) l'activité économique.
>
> La fonction de redistribution des revenus est privilégiée par les marxistes : certaines dépenses budgétaires permettent d'accorder des revenus supplémentaires aux ménages les plus démunis par des dépenses sociales ou des réductions d'impôts.
>
> Source : Gilles Bauche, *Budget de crise ou crise du budget*, Paris, Hatier, 1993.

Cette nouvelle réalité lie désormais la santé des finances publiques à la vigueur de l'économie. On ne peut plus désormais parler de la supériorité de l'initiative privée sur l'initiative des administrations publiques pour contenir la progression des finances publiques parce que, dans l'économie d'ensemble d'une société ou d'un pays, ce débat n'a plus aucun sens. Comme le disait Philippe Delmas[17], ce n'est pas tant la place de l'État qui est contestée que son rôle.

Pour bien voir ce passage de l'État-gendarme à l'État-providence, prenons un exemple concret pour lequel des statistiques permettent d'examiner une très grande période de temps : celui de la France. Dans un ouvrage encore récent, Robert Cros[18] a dressé un tableau des dépenses budgétaires par grandes catégories pour la période s'étendant de 1822 à 1989. On voit nettement dans ce tableau que la fonction traditionnelle (incarnée dans les catégories administration générale, dette et défense), prédominante de 1822 à 1938, accaparait encore, en 1938, 68 % des dépenses totales. Après la Seconde Guerre mondiale et jusque tard dans les années 1960, la fonction économique a pris de plus en plus de place, au point de devenir la catégorie de dépenses la plus importante, devançant même la défense nationale. Dans la mesure où l'industrie de la défense est une activité économique de premier plan, on peut supposer,

17. Philippe Delmas, *Le maître des horloges, Modernité de l'action publique*, Paris, Éditions Odile Jacob, 1991, p. 18.
18. Voir à ce propos Robert Cros, *Finances publiques, institutions et mécanismes économiques*, *op. cit.*, p. 124.

TABLEAU 2
France 1822-1989, évolution des dépenses budgétaires par grandes catégories

	Adminis-tration générale	Dette publique	Défense nationale	Action économique	Action sociale	Éducation et recherche	Total
1822	**35**	**26**	**31**	6	1	1	100
1872	21	**40**	**26**	9	2	2	100
1880	16	**31**	**30**	18	1	4	100
1900	17	**26**	**38**	11	1	7	100
1912	14	19	**40**	14	4	9	100
1920	12	**23**	**42**	15	4	4	100
1926	13	**42**	**20**	7	12	6	100
1932	11	19	**27**	13	20	10	100
1938	9	18	**41**	10	12	10	100
1947	16	5	**32**	**30**	8	9	100
1950	13	4	21	**46**	8	8	100
1953	13	5	**36**	29	9	8	100
1956	11	6	28	**32**	13	10	100
1959	13	7	27	**27**	13	13	100
1962	15	4	24	**26**	15	16	100
1968	13	5	20	**26**	16	20	100
1973	15	3	18	21	18	**25**	100
1975	15	3	18	20	19	**25**	100
1978	15	4	17	20	19	**25**	100
1981	16	6	17	17	20	**24**	100
1984	16	7	16	17	21	**23**	100
1989	17	9	16	14	20	**24**	100

Source : Robert Cros, *Finances publiques, institutions et mécanismes économiques*, Paris, Éditions Cujas, 1994, p. 124.

de façon très conservatrice, que plus du tiers du budget des dépenses du gouvernement français était consacré à l'État acteur économique[19]. Enfin Cros démontre à l'aide des chiffres qu'il a colligés qu'avec le début des années 1970, la part des dépenses consacrée à l'action sociale, à l'éducation et à la recherche a pris le dessus, n'étant jamais moindre que 44 % de l'ensemble des dépenses.

19. Cette expression est empruntée au livre de Luc Weber, *L'État acteur économique, op. cit.*

L'exemple de la France vaut pour tous les principaux pays industrialisés, même si le rythme de transformation de l'État a été différent pour chacun d'eux. La taille actuelle de l'économie publique rend, par ailleurs, plus impératif encore le besoin d'une administration financière fondée sur le respect de grands principes et de grandes règles.

Les principes fondamentaux de l'administration des finances publiques

Au Canada comme dans la plupart des sociétés modernes et démocratiques, les gouvernements administrent les deniers publics en fonction d'un ensemble de principes fondamentaux. Fidèle à ses origines britanniques, la tradition canadienne fait du consentement parlementaire une obligation formelle pour tout prélèvement et toute dépense de ressources pécuniaires. En contrepartie, toujours selon notre héritage britannique, notre Constitution accorde à l'exécutif un pouvoir exclusif d'initiative en matière financière. Ces deux principes qui reconnaissent des pouvoirs distincts au législateur et au gouvernement sont liés entre eux par un troisième principe qui contraint l'exécutif à rendre compte de ses décisions par un recours systématique aux contrôles et à la vérification. Ces grands principes de répartition et d'équilibre des pouvoirs financiers entre le Parlement et le gouvernement se réalisent par l'application de règles formelles.

Ainsi, dès 1868, la législature du Québec vote une loi qui consacre des institutions et des procédures (par exemple, le fonds consolidé du revenu) déjà en vigueur à l'époque de l'Union du Haut-Canada et du Bas-Canada. Un peu plus tard, en 1878, on adopte une autre loi limitant à une année budgétaire la période de validité des crédits de dépense. On ajoutera par la suite des règles comme l'unité du budget ou encore l'interdiction de transférer les crédits.

Outre l'équilibre des pouvoirs, cet ensemble de principes et de règles de la gestion financière de l'État vise à garantir un usage légitime et honnête des deniers publics.

L'autorisation parlementaire

En démocratie, l'autorisation parlementaire est le premier et le plus important des grands principes. Il remonte très loin dans le temps; en fait, il est né à l'époque des grandes croisades et au temps de Richard Cœur de Lion. Il faut se rappeler qu'à cette époque, la notion de puissance publique était pratiquement disparue. Les rois devaient, à l'instar de tout autre seigneur, vivre du produit de leurs seuls domaines. Le roi Richard parti combattre en Terre sainte, son frère Jean exerça le pouvoir. Pour assurer son pouvoir, le roi Jean crut bon d'imposer les barons anglais lourdement et de manière si injuste que ceux-ci se révoltèrent[20]. Vainqueurs, ils obligèrent le monarque à signer le concordat que nous connaissons comme *La Magna Carta* (la *Grande Charte*). De ce texte, on a surtout retenu le principe du consentement à l'impôt : « No taxation without representation. » Ce principe de la souveraineté du Parlement veut que seuls les représentants élus par les citoyens aient le pouvoir d'autoriser le gouvernement à acquérir des revenus et à les dépenser. Cette autorisation se manifeste par le vote des lois budgétaires. L'absence d'une telle autorisation empêche l'exécutif d'agir sur le plan financier. De plus, le refus d'une autorisation constitue un vote de non-confiance à l'égard du gouvernement, ce qui, selon les traditions propres aux pays, peut l'amener à démissionner[21].

Système de principes et de règles des finances publiques

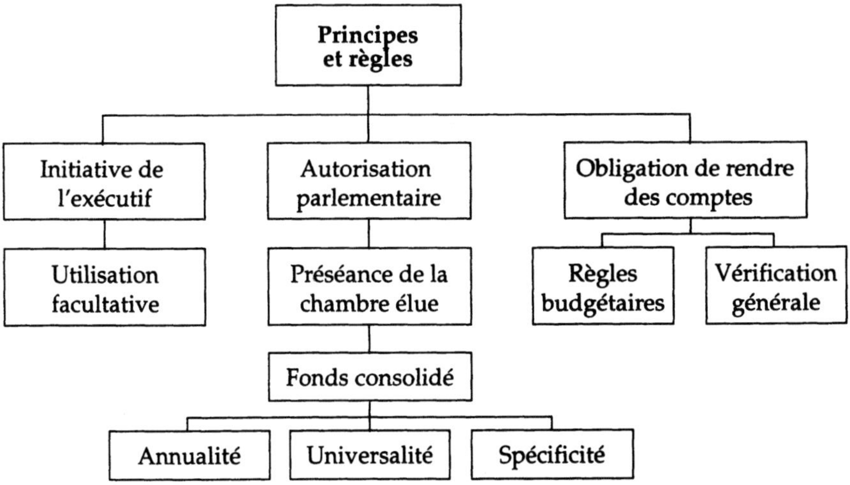

20. L'époque de Richard Cœur de lion a été décrite à plusieurs reprises dans les récits des aventures de Robin des bois. Ce héros, selon la légende, volait les riches pour donner aux pauvres. Cette figure, réelle ou mythique peu importe, constitue en quelque sorte l'antithèse de Jean sans Terre.
21. C'est le cas notamment au Canada où le gouvernement conservateur de Joe Clark a été renversé en 1979 par un vote des députés à la Chambre des communes. Cette tradition n'existe pas aux États-Unis.

L'initiative de l'exécutif

Le second grand principe de l'administration des finances publiques est l'initiative exclusive de l'exécutif en matière d'élaboration et de présentation de projets de loi budgétaires. En clair, cela signifie que seul un membre du conseil des ministres peut soumettre à l'assemblée législative un projet de loi autorisant l'obtention d'un revenu ou la production d'une dépense. Ce principe constitue la contrepartie de la souveraineté du Parlement et donne tout son sens à l'imputabilité du gouvernement devant les élus.

Cette reconnaissance d'un pouvoir exclusif d'initiative permet au gouvernement d'administrer les deniers publics de manière à réaliser les priorités qui découlent du mandat reçu. On voit mal d'ailleurs comment sans un tel pouvoir un gouvernement pourrait être imputable de l'exécution de programmes dont il n'aurait pas déterminé lui-même les ressources nécessaires et parfois essentielles.

L'obligation de rendre compte

Le troisième principe est l'obligation faite au gouvernement ou à une administration de rendre compte de la gestion des finances publiques. On entend par cela que le gouvernement doit mettre en place des systèmes de contrôle et de vérification qui vont permettre aux élus de constater si oui ou non l'administration des deniers publics a été faite selon la loi et en toute légitimité. C'est en vertu de ce principe qu'on a créé la fonction de vérificateur général.

Il est important de souligner le fait que les trois grands principes forment un tout qui, d'une part, équilibre le partage des pouvoirs entre le législatif et l'exécutif et, d'autre part, favorise le fonctionnement démocratique de l'État[22].

Les grandes règles

Par définition un principe est d'ordre moral et il ne peut se concrétiser par lui-même. Pour ce faire, on doit se doter de règles de fonctionnement. Ainsi, la seule possibilité qu'ont les élus de contrôler et de vérifier la gestion des deniers publics est de soumettre cette gestion à des règles qui

22. Le lecteur intéressé par l'histoire des principes de l'administration des finances publiques pourra en retrouver un bon exposé dans l'ouvrage d'André BERNARD, *Politique et gestion des finances publiques…*, *op. cit.*, p. 159 à 202.

déterminent la constitution de fonds, l'allocation des ressources pécuniaires et la période de validité de cette allocation. Les principales règles que nous retrouvons presque partout sont : le fonds unique et consolidé du revenu, l'annualité des crédits de dépense, l'unité du budget, l'emploi spécifique des crédits et l'utilisation facultative.

Le fonds unique

La première règle est celle du fonds consolidé du revenu. Dans une brochure publiée il y a quelques années par le Secrétariat du Conseil du trésor du gouvernement du Québec, on peut lire les phrases suivantes qui définissent bien ce qu'est le fonds consolidé.

> Dans l'ensemble du secteur public, le concept de fonds consolidé du revenu détermine l'entité comptable gouvernementale, c'est-à-dire l'ensemble des ministères et organismes qui constituent l'administration centrale entourant le Gouvernement de façon immédiate [...]. Le concept de fonds consolidé du revenu permet d'isoler les opérations gouvernementales dans l'ensemble des opérations publiques, qui recouvre également les activités des réseaux scolaires, sociaux et municipaux, ainsi que les activités des sociétés publiques, qui sont souvent largement tributaires de transferts gouvernementaux[23].

Selon cet extrait, la règle du fonds unique s'applique bien à la définition que nous avons retenue pour les finances publiques. La raison d'une telle règle est facile à comprendre. En bloquant la prolifération des caisses, elle facilite le contrôle et la vérification, et force l'exécutif à soumettre un budget qui englobe la totalité des opérations gouvernementales proprement dites dont les ministres sont directements responsables devant les parlementaires.

Par ailleurs, comme toute règle, la règle du fonds unique autorise certaines dérogations pour des motifs particuliers. Lorsque, par exemple, le gouvernement ou l'administration souhaite fixer la finalité de certains revenus, il demande (et obtient) l'autorisation de constituer un fonds particulier. Ainsi, des taxes spécifiques seront prélevées à même les revenus des contribuables pour constituer un fonds de retraite pour les personnes âgées (par ex. : le régime de retraite du Québec, le fonds de pension du Canada). Il existe notamment de ces fonds particuliers pour les travailleurs malades ou accidentés, pour l'assurance automobile ou encore pour la retraite des employés de l'État. À moins d'une disposition

23. Gouvernement du Québec, *La gestion des finances gouvernementales, description générale*, 2e édition, revue et augmentée, Québec, Secrétariat du Conseil du Trésor (direction de la gestion financière), mars 1986, p. 3.

expresse de la loi, ces fonds ne doivent servir qu'à couvrir le coût des services rendus par l'organisme mandaté à cette fin.

L'annualité du budget

La seconde règle importante, qui, fait à noter, s'applique spécifiquement aux dépenses, est l'annualité du budget[24]. En vertu de cette règle, l'autorisation parlementaire pour l'utilisation des crédits de dépense est accordée pour une période maximale de douze mois. Au Canada et au Québec, les gouvernements ont établi par convention l'année budgétaire du 1er avril de chaque année au 31 mars de l'année suivante. Comme dans le cas précédent, cette règle comporte des exceptions. Par exemple, les dépenses effectuées en vertu de lois statutaires, comme la *Loi sur la sécurité du revenu* au Québec, bénéficient d'une autorisation permanente. Ces exceptions sont nécessaires en raison soit du caractère imprévisible du besoin à satisfaire, soit des droits fondamentaux des individus. Elles peuvent aussi être justifiées par le besoin d'une plus grande transparence des fonds publics et par le besoin de soustraire le citoyen aux aléas de la vie politique. Ainsi, une personne qui n'a plus aucune source de revenu doit pouvoir compter sur l'aide de l'État sans être dépendante d'un vote de l'assemblée législative.

L'unité du budget des dépenses

Les dépenses statutaires des gouvernements posent aux élus un problème de contrôle *a priori* sur les dépenses publiques et contredisent en apparence la troisième règle, celle de l'unité du budget des dépenses[25]. En vertu de cette règle, les parlementaires doivent voter la totalité des crédits de dépense. Pour contrebalancer l'effet des dépenses statutaires, le ministre responsable de la présentation des crédits va soumettre au Parlement la totalité des prévisions de dépenses : les crédits à voter et les crédits déjà votés. Par exemple, les crédits budgétaires du gouvernement du Québec, pour l'année 1996-1997, étaient de 41 557 702,2 $. De ce montant, la somme des crédits permanents étaient de 12 583 510,8 $; le total des crédits à voter était donc de 28 974 191,4 $, soit 69,7 % de l'ensemble des dépenses[26]. Par

24. Seuls les emprunts effectués par les gouvernements et les administrations reçoivent une autorisation législative dont la période de validité est limitée.
25. On dit que les dépenses statutaires et toutes les autres dépenses incompressibles sont un des facteurs qui contribuent à limiter la souveraineté des parlementaires. Voir à ce propos André BERNARD, *Politique et gestion des finances publiques…*, *op. cit.*, p. 310 à 338 et, en particulier, la page 320.

l'inclusion des crédits permanents dans le livre des crédits, on parvient à donner aux élus une vue d'ensemble des dépenses. Ce qui, dans une certaine mesure, confirme la règle de l'unité budgétaire.

D'autres règles s'ajoutent à ces trois premières. Elles viennent aider à donner vie au principe de la souveraineté du Parlement ou renforcer le pouvoir de discrétion de l'exécutif. La règle de l'utilisation spécifique des crédits autorisés empêche le gouvernement et les administrations de transférer les crédits d'un poste budgétaire à l'autre de manière arbitraire. Par contre, l'exécutif n'est pas forcé d'utiliser un crédit s'il ne le juge pas à propos, d'où la règle de l'emploi facultatif.

LES ACTEURS ET LEURS RESPONSABILITÉS

Des principes généraux de l'administration des finances publiques, il se dégage des responsabilités que doivent se partager les institutions et les acteurs qui y sont impliqués d'une manière ou d'une autre. Pour décrire et comprendre le rapport entre les acteurs et les principes, nous allons utiliser deux documents officiels, l'un publié par le gouvernement d'Ottawa et l'autre par celui de Québec[27].

Ces documents gouvernementaux définissent trois grands acteurs et quatre responsabilités. Les grands acteurs sont le public, le législateur et le gouvernement; les responsabilités sont la consultation, l'autorisation, la gestion et l'évaluation des finances publiques. Regardons comment les acteurs se distribuent les responsabilités.

Le public

Le public désigne plusieurs ensembles de personnes : le citoyen en tant qu'individu ou en tant que groupes particuliers, les groupes de pression, les entreprises ou encore les médias. Cet acteur a des intérêts qui sont, à l'occasion, convergents mais, le plus souvent, opposés[28]. Le public, en

---

26. Gouvernement du Québec, *Crédits pour l'année financière se terminant au 31 mars 1997*, Conseil du Trésor, p. B-5.
27. Le système de gestion budgétaire du gouvernement fédéral du Canada a été décrit dans plusieurs documents. On le retrouve en particulier dans *le Budget des dépenses 1995-1996, Partie 1, Plan de dépenses du gouvernement*, Ottawa, ministère des Approvisionnements et Services Canada, 1995, page 71.
28. Voir à ce propos Pierre P. Tremblay, *La politique fiscale : à la recherche du compromis*, Sainte-Foy, Presses de l'Université du Québec, 1995, surtout les pages 21 à 29.

FIGURE 2
Rôles dans le système de gestion des dépenses

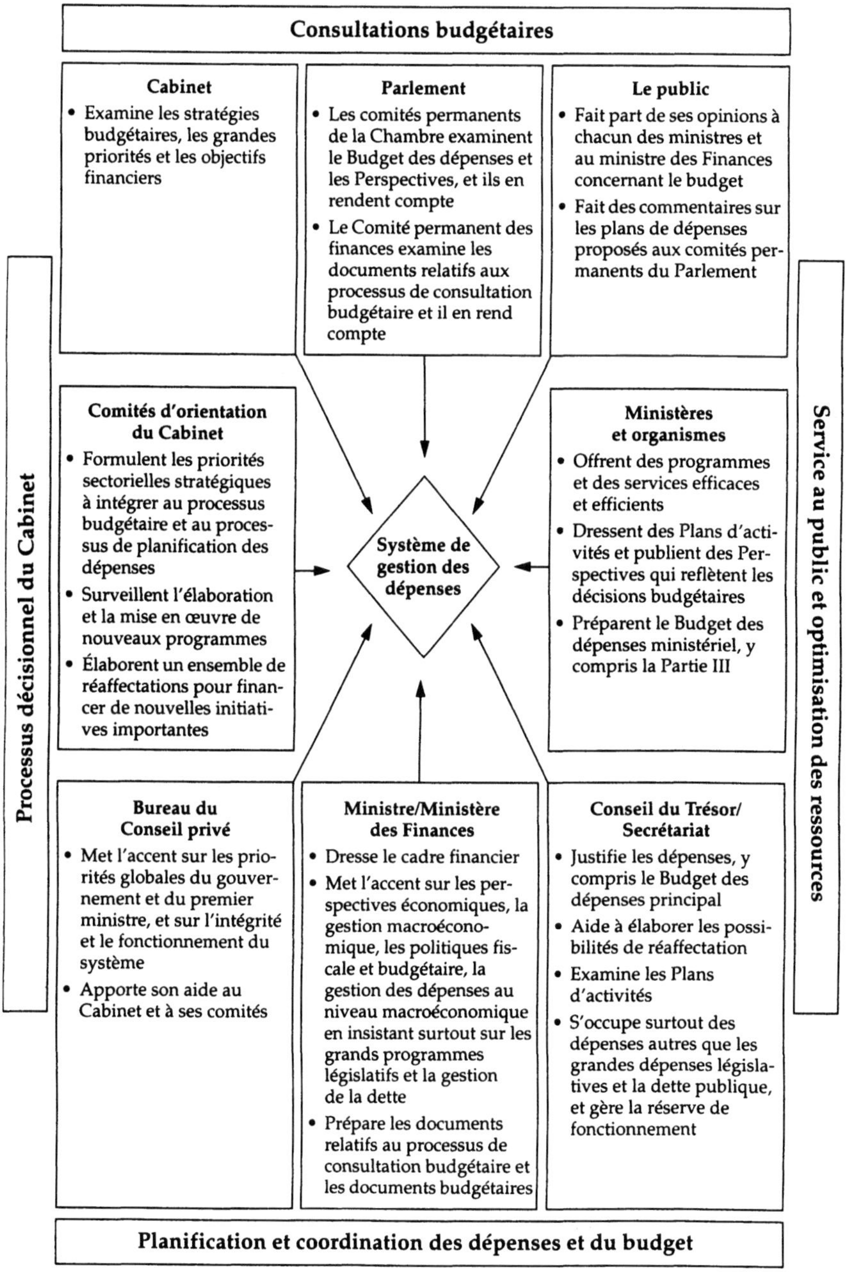

tant qu'acteur, joue un rôle de premier plan et porte en définitive une lourde responsabilité : la formulation de la demande de production et de prestation de biens et services publics ainsi que l'évaluation du rendement des gouvernements et des administrations.

Selon le système de gestion du gouvernement du Canada, le public exprime ses vues sur le budget et est appelé à formuler des commentaires sur les plans de dépenses proposés aux comités parlementaires chargés de ces questions. Le public dispose de plusieurs moyens pour transmettre ses opinions. Il peut le faire par des contacts directs avec les députés et les ministres, par la participation à des colloques, à des conférences ou à des forums, par l'entremise de déclarations ou d'avis formulés par des organismes internationaux ou par des groupes financiers. En fait, les moyens à la disposition de cet acteur sont presque illimités dans la mesure où il s'en sert avec discernement et dans le respect des principes et des règles.

De nombreux citoyens sont convaincus que leurs opinions comptent peu dans les décisions des gouvernements[29]. C'est une fausse perception parce que les gouvernements sont très conscients que leurs succès électoraux dépendent de façon absolue du sentiment et de l'humeur du public[30]. On trouve une preuve de la préoccupation des gouvernements à l'égard de la réception publique de leurs politiques budgétaires dans l'habitude qu'ils ont développée de lancer des « ballons » au cours de la période de préparation du discours du budget. Il est donc de la responsabilité du public de donner son point de vue et d'exprimer ses attentes.

Le législateur

La tâche première du législateur en matière de finances publiques est de voter les lois permettant que des revenus soient encaissés et que des dépenses soient effectuées en les prélevant sur le fonds consolidé du revenu. Le législateur a aussi pour fonction de faire le suivi des opérations budgétaires et de les évaluer par l'entremise des rapports du vérificateur général et par la réception des comptes publics.[31] La description du système en vigueur à Ottawa ajoute une autre information. On y apprend que le Parlement (le législateur) confie le mandat de

29. Voir à ce propos l'ouvrage de Pierre P. TREMBLAY et Guy LACHAPELLE, *Le contribuable, héros ou malfaiteur,* Sainte-Foy, Presses de l'Université du Québec, 1996.
30. Cette thèse est très bien étayée par W. Irwin GILLESPIE dans son ouvrage *Tax, Borrow and Spend, Financial Federal Spending in Canada 1867-1990,* Ottawa, Carleton University Press, 1991, p. 14 à 47.
31. Gouvernement du Québec, *La gestion des finances…, op. cit.,* p. 5.

surveillance, d'analyse et de recommandation en matière budgétaire aux comités permanents de la Chambre et, en ce qui concerne particulièrement le processus de consultation, au comité permanent des finances. On aura compris que ces tâches, qui reqüièrent beaucoup de temps et d'énergie en raison de l'ampleur du budget, ne peuvent être accomplies par la Chambre des communes réunie en assemblée plénière[32].

La fonction de législateur n'est pas toujours confié aux seuls parlementaires élus par les citoyens. Il arrive, comme c'est le cas au Canada[33], que le Parlement soit constitué de deux Chambres d'assemblée : une chambre élue (la Chambre des communes) et une chambre non élue (le Sénat). Les documents officiels ne sont pas très explicite quant aux pouvoirs réels des deux assemblées. Les procédures d'octroi des crédits de dépense en vigueur à Ottawa, par exemple, prévoit que le projet de loi du budget des dépenses (présenté à la Chambre des communes) soit soumis au Sénat pour examen et approbation[34].

En principe, l'examen par le Sénat n'est pas soumis à un calendrier rigide et le Sénat n'est pas tenu d'adopter le projet de loi. Par contre, on peut très bien imaginer la situation de crise dans laquelle serait plongé le gouvernement du Canda advenant que la Chambre haute rejette le projet de loi. Une telle éventualité soulève cependant la question de la légitimité du pouvoir accordé à des personnes non élues. En pratique, le Sénat canadien, « dans un esprit de coopération[35] », adopte toujours et rapidement le projet de loi des crédits de dépense. Il peut en être autrement des projets de loi portant sur la fiscalité (les revenus); ces derniers n'ont pas la même incidence directe sur les opérations quotidiennes de l'administration gouvernementale.

Le législateur a, par ailleurs, une autre responsabilité : celle de vérifier la gestion des finances publiques et de recevoir les comptes publics. La responsabilité de vérification des opérations est confiée au vérificateur

---

32. Le lecteur qui désire avoir plus d'informations sur cette étape du processus budgétaire trouvera avantage à lire les ouvrages de Douglas G. HARTLE, *The Revenue Budget Process of the Government of Canada : Description, Appraisal and Proposals*, Toronto, Canadian Tax Foundation, n° 67, 1982, ainsi que *The Expenditure Budget Process of the Government of Canada : A Public Choice Rent Seeking Perspective*, Toronto, Canadian Tax Foundation, n° 81, 1988.
33. Au Québec, le gouvernement de l'Union nationale dirigé par Jean-Jacques Bertrand a fait adopter le 12 décembre 1968 le projet de loi 90 qui abolissait le conseil législatif, sorte de sénat provincial.
34. Voir Gouvernement du Canada, *Le Budget des dépenses 1994-1995, Partie 1, Plan de dépenses du gouvernement*, Ottawa, ministère des Approvisionnements et Services Canada, 1994, p. 71.
35. *Ibid.*, p. 70.

général[36] dont le mandat est d'examiner la légalité et l'efficacité des opérations du gouvernement. Plus précisément, au chapitre des finances, il doit produire et déposer auprès du législateur des rapports sur l'état des transactions effectuées par le gouvernement ainsi que sur les états financiers annuels[37]. Enfin, le législateur reçoit et examine les comptes publics puis remet son rapport. Ce document présente un tableau global de la situation financière du gouvernement pendant la durée d'un exercice (année) budgétaire. Il expose de façon détaillée l'utilisation des autorisations de dépense accordées par le législateur[38]. Les comptes publics sont en quelque sorte un complément naturel du rapport du vérificateur général.

Le gouvernement

Le gouvernement est le troisième grand acteur en matière de finances publiques et l'acteur principal, en vertu du pouvoir exclusif d'initiative qui lui est attribué. Les responsabilités du gouvernement sont des responsabilités de gestion : planifier, élaborer, décider, contrôler et exécuter. Ces responsabilités sont tout d'abord confiées au chef du gouvernement, qui va les partager avec les personnes auxquelles il confie des portefeuilles ministériels. Deux raisons majeures militent en faveur d'une distribution des responsabilités. Premièrement, la taille des ressources pécuniaires et l'incidence économique et sociale de leur utilisation rendent la tâche trop lourde pour un seul individu. Deuxièmement, pour préserver la collégialité de la prise de décision au sein du cabinet, il est souhaitable que le contrôle des finances publiques ne soit pas du ressort d'un seul ministre. Cela dit, les principaux intervenants que l'on retrouve dans la plupart des configurations d'un cabinet sont : le Conseil

36. Le vérificateur général n'a pas toujours été un employé du législateur. Au Québec, avant l'adoption en 1971 du projet de loi 55 visant à réformer la gestion financière du gouvernement, la fonction du vérificateur général était confiée au contrôleur des finances qui était à l'emploi du ministère des Finances. Ce projet de loi est devenu la *Loi sur l'administration financière* (L.R.Q., c. A-6, avril 1971). Cette situation faisait du gouvernement un juge et partie dans sa propre cause, ce qui contredisait l'esprit du partage des compétences entre le législatif et l'exécutif en matière d'administration budgétaire. Voir à ce sujet Raymond Garneau, « La réforme de l'administration financière au Québec », dans *Administration publique du Canada*, été 1971, volume 14, numéro 2, pages 256 à 270.

37. Le rôle et les pouvoirs du vérificateur général ont grandement évolué depuis deux décennies. Voir à ce sujet André Bernard, *Politique et gestion des finances publiques…*, *op. cit.*

38. Gouvernement du Canada, *Le Budget des dépenses 1994-1995…*, *op. cit.*, p. 71 et 72. Au Canada, les comptes publics sont, en général, soumis par le président du Conseil du Trésor.

des ministres lui-même, le ministre des Finances et le président du Conseil du Trésor.

Le Conseil des ministres exerce des pouvoirs de contrôle et de décision de portée générale en définissant les grandes stratégies budgétaires, les grandes priorités et les grands objectifs. Il nomme le président et les membres du Conseil du trésor, crée les comités et les groupes de travail ministériels, adopte des règlements en vertu des lois de l'administration financière et autorise directement les très grandes dépenses[39].

Le ministre des Finances est chargé de préparer et de superviser l'application d'un ensemble de politiques dont l'incidence éconmique et financière est capitale pour la santé budgétaire du gouvernement. Les principales politiques sont : la politique économique, la politique budgétaire (dépenses) et la politique fiscale. Ces politiques sont exprimées annuellement dans le discours du budget. La principale responsabilité du ministre des Finances est, en somme, de planifier le développement et l'évolution des finances publiques[40].

Le Conseil du Trésor, appuyé par son secrétariat, a la responsabilité d'encadrer et de contrôler l'utilisation que font les ministères et les organismes des ressources financières qui leur sont confiées. Son intervention est tout d'abord normative[41]. Il agit par le biais de règlements ou de directives adoptés par le Cabinet en vertu des lois sur l'administration financière. Le Conseil du Trésor est, en quelque sorte, le gestionnaire central du budget de l'État.

Ensemble, le Conseil des ministres[42], le ministre des Finances et le président du Conseil du Trésor forment le cœur du pouvoir décisionnel en matière financière[43].

39. En vertu du système de délégation du pouvoir de signature, les divers paliers de l'administration voient leur autorité limitée à un montant déterminé. De plus, les très grandes dépenses renferment, la majeure partie du temps, des enjeux politiques que les gouvernements n'entendent pas laisser aux mains des administrateurs et des fonctionnaires.
40. À l'heure actuelle, le gouvernement du Québec dirigé par Lucien Bouchard accorde une importance particulière au rôle joué par le ministre des Finances. Le portefeuille de l'économie et des finances octroyé à Bernard Landry comprend aussi le revenu, l'industrie, le commerce ainsi que la science et la technologie.
41. Voir à ce sujet Gouvernement du Québec, *La gestion des finances gouvernementales*, *op. cit.*, p. 5.
42. En réalité, le Conseil des ministres se restreint aux quelques ministres les plus influents. Lire à ce sujet André BERNARD, *Politique et gestion des finances publiques…*, *op. cit.*
43. Le lecteur intéressé à toute la mécanique administrative des finances publiques aura avantage à lire les documents officiels produits par Ottawa et Québec.

LES CALENDRIERS DES FINANCES PUBLIQUES

Comme on vient de le voir, le gouvernement s'occupe d'un ensemble d'activités de gestion des finances publiques. Ces activités de nature différente ne se déroulent pas toutes simultanément et ne portent pas sur des périodes de temps identiques. Certaines activités ont une portée annuelle et se déroulent suivant le processus régulier d'octroi des crédits, tandis que d'autres ont une portée pluriannuelle et suivent de ce fait un processus pluriannuel de planification des politiques et des dépenses. Le tout forme un cycle de trois à cinq ans selon le processus en vigueur.

Encore une fois, plusieurs raisons justifient cette pratique. Il y a d'abord et avant tout le fait que les finances publiques, en raison de leur taille, sont extrêmement dépendantes du cycle économique qui s'étend sur plusieurs années et qui comprend des phases de croissance, de stagnation et de récession. Il faut ajouter à cela que la majorité des dépenses publiques sont devenues des dépenses incompressibles, c'est-à-dire des dépenses que les gouvernements et les administrations sont obligés d'effectuer en vertu des lois statutaires (les lois sur les pensions de vieillesse, par exemple), des accords signées avec d'autres administrations, des conventions de travail des employés du secteur public ou encore de la dette accumulée. Tout cela nécessite une planification et une prise de décision qui embrassent une période de temps plus grande que douze mois. Les activités annuelles, pour leur part, sont requises, comme nous le savons maintenant, par la règle de l'annualité du budget. Pour mieux comprendre l'articulation de ces deux types d'activités, nous allons jeter un coup d'œil sur les deux calendriers utilisés par le gouvernement du Canada : le cycle de planification des dépenses et le processus d'octroi des crédits parlementaires.

Comme la figure du cycle de planification des dépenses l'indique, le calendrier de planification du gouvernement du Canada débute au mois de juin par l'examen des priorités du gouvernement et par l'analyse de l'état du plan financier. Il se termine en mars avec la retouche finale effectuée par les ministères aux plans opérationnels de l'exercice qui débute officiellement le 1er avril. Selon ce que nous pouvons observer, le calendrier de planification est d'une période de dix mois. La raison en est simple : le processus de planification des dépenses précède la rédaction finale du budget des dépenses, lequel comprend l'ensemble des crédits à être votés. Ce document est toujours déposé avant le 1er mars, lorsque la Chambre est en session parlementaire[44].

44. *Cf.* Gouvernement du Canada, *Le Budget des dépenses 1994-1995…*, *op. cit.*, p. 67 et 68.

Aperçu du processus d'octroi des crédits parlementaires

	Mars	Avril	Mai	Juin	Oct.	Nov.	Déc.	Janv.	Fév.
Parlement (CC et Sénat)	Examen par les comités permanents du BDS et des projets de loi de crédits provisoires du BDP	Examen du BDP par les comités permanents et rapport d'ici le 31 mai		Débat sur l'octroi des crédits du BDP d'ici le 30 juin Examen du BDP et du projet de loi de crédits complets relatif au BDP	Dépôt des Comptes publics pour l'exercice précédent Renvoi au Comité des comptes publics	Dépôt du premier BDS ordinaire Examen en comité du BDS	Examen du projet de loi de crédits pour le premier BDS ordinaire d'ici le 10 décembre		Dépôt du discours du budget et du BDP
Gouverneur général	Sanction royale des projets de loi de crédits Signature du mandat pour débloquer l'argent			Sanction royale du projet de loi de crédits Signature du mandat pour débloquer l'argent			Sanction royale du projet de loi de crédits Signature du mandat pour débloquer l'argent		
Président du Conseil du Trésor	Dépôt du BDS et renvoi aux comités Dépôts du BDS et des projets de loi de crédits provisoires			Dépôt du projet de loi crédits complets relatif au BDP		Dépôt du premier BDS ordinaire et renvoi aux comités	Dépôts du projet de loi de crédits provisoires relatif au BDS		Dépôt du BDP et renvoi aux comités
Secrétariat du CT	Confirmation aux ministères de l'approbation des crédits		Préparation de projet de loi de crédits relatif au BDP	Confirmation aux ministères de l'approbation des crédits		Préparation du premier BDS ordinaire et du projet de loi de crédits provisoires	Confirmation aux ministères de l'approbation des crédits	Préparation du BDP	Préparation du BDS et des projets de loi de crédits provisoires

Budget des dépenses principal (BDP), Budget des dépenses supplémentaires (BDS)

Aperçu du cycle de planification des dépenses

	Juin	Juil.	Août	Sept.	Oct.	Nov.	Déc.	Janv.	Fév.	Mars
Cabinet	Examen des priorités du gouvernement et de l'état du plan financier					Confirmation de la stratégie budgétaire			Mise au point finale du Budget	
Conseil du Trésor (Président du CT)	Élaboration de la Stratégie de dotation en ressources en vue de l'examen des POP pour la prochaine année				Approbation des postes à inclure au premier BDS ordinaire de l'année en cours		Approbation de la répartition ministérielle des ressources et des postes à inclure au BDP		Approbation des postes du dernier BDS pour l'année en cours	
Secrétariat du CT		Examen des facteurs de dépenses	Prestation des instructions techniques pour les POP		Examen des POP		Présentation des résultats de l'examen au CT	Préparation des Parties I et II du Budget		Préparation du BDS final et des projets de loi de crédits provisoires
Ministère des Finances (Ministre des Finances)		Processus de consultation budgétaire			Préparation des prévisions économiques et de celles des recettes et des stratégies financières	Consultation continue		Préparation du Budget	Présentation des documents budgétaires et du discours du budget	
Ministères	Examen des plans stratégiques et opérationnels		Préparation des POP		Présentation des POP au CT			Préparation de la Partie III		Retouche finale aux plans opérationnels du nouvel exercice selon le BDP

Budget des dépenses principal (BDP), Budget des dépenses supplémentaires (BDS), Plan opérationnel pluriannuel (POP), Conseil du Trésor (CT)

Le calendrier législatif

Le processus d'octroi des crédits doit donc débuter avec le premier jour de mars. Il s'ouvre sur l'examen par les deux chambres du Parlement des projets de lois autorisant le budget supplémentaire et le budget provisoire. Cette démarche est rendue nécessaire d'abord par le fait que le gouvernement doit obtenir les crédits supplémentaires pour couvrir toutes les dépenses effectuées au cours de l'exercice qui se termine. Elle est aussi indispensable pour que des crédits de dépense soient disponibles dès le 1er avril, le budget des dépenses principales n'ayant pas encore été adopté. Le budget provisoire vient ainsi combler le vide juridique qui, sinon, interdirait au gouvernement d'émettre des chèques[45]. La coutume du budget provisoire est sans risque puisqu'elle touche environ le quart du budget total à venir; le montant des dépenses incompressibles, nous l'avons déjà noté, couvre largement le budget provisoire. À la même époque, l'activité parlementaire connaît une période particulièrement fébrile avec la lecture et le débat sur le discours du budget prononcé par le ministre des Finances. C'est au printemps que le Parlement est appelé à étudier et à voter le projet de loi des crédits du budget des dépenses principal. Plus tard dans l'année, en automne et en hiver, les élus auront à se pencher sur les projets de loi concernant le ou les budgets de dépenses supplémentaires.

CONCLUSION

Le bref regard que nous venons de poser sur le phénomène des finances publiques ne suffit pas à exposer toute la mécanique de l'administration financière de l'État. Ce n'était d'ailleurs pas là le but de ce chapitre. Par contre, ce petit aperçu débouche sur deux constats. Premièrement, nous aurons vu qu'avec le temps, les finances publiques modernes sont devenues un des éléments essentiels de la vie en collectivité. Les diverses missions qu'elles desservent recouvrent la presque totalité des faits et gestes d'une société. Deuxièmement, l'évolution du rôle de l'État, et par conséquent, celui des finances publiques, ont fait augmenter le nombre d'intervenants au point où les deniers publics sont devenus une responsabilité véritablement collective. Aujourd'hui contrairement à hier, le processus de décision en matière budgétaire n'est plus l'apanage exclusif des autorités

45. Une telle situation survient assez fréquemment aux États-Unis où le refus du Congrès d'entériner le budget présenté par le président paralyse pour un certain temps toutes les activités budgétaires du gouvernement américain. On image facilement la tension que cela provoque dans l'ensemble de la population.

politiques et administratives. Ces dernières doivent désormais composer avec une pluralité d'organisations qui parlent au nom de différents groupes de citoyens. Ces deux constats prouvent de façon éloquente que les finances publiques ne peuvent être administrées de la même manière que les finances personnelles et les finances des entreprises.

BIBLIOGRAPHIE

BAUCHE, Gilles (1993). *Budget de crise ou crise du budget*, Paris, Hatier, coll. « Optiques Économie », 79 pages.

BÉLANGER, Gérard (1988). *Croissance du secteur public et fédéralisme; perspective économique*, Montréal, Agence d'ARC, 361 pages.

BERNARD, André (1992). *Politique et gestion des finances publiques, Québec et Canada*, Sainte-Foy, Presses de l'Université du Québec, 470 pages.

COOK, Rupert et Joan MOUNT (1993). *Données statistiques canadiennes, comment interpréter*, Sainte-Foy, Presses de l'Université du Québec, 205 pages.

CROS, Robert (1994). *Finances publiques; institutions et mécanismes économiques*, Paris, Éditions Cujas, 267 pages.

DELMAS, Philippe (1991). *Le maître des horloges, Modernité de l'action publique*, Paris, Éditions Odile Jacob, 352 pages.

DOERN, G. Bruce, Allan M. MASLOVE et Michael J. PRINCE (1991). *Public Budgeting in Canada : Politics, Economics and Management*, Ottawa, Carleton University Press, 238 pages.

EUZÉBY, Alain et Marie-Luise HERSCHEL (1990). *Finances publiques : une approche économique*, Paris, Dunod, 251 pages.

GARNEAU, Raymond (1971). « La réforme de l'administration financière au Québec », dans *Administration publique du Canada*, volume 14, numéro 2, pages 256 à 270.

GAUDEMET, Paul Marie et Joël MOLINIER (1992). *Finances publiques*, 2 tomes, Paris, Montchrestien, 565 pages et 460 pages.

GILLISPIE, W. Irwin (1991). *Tax, Borrow and Spend, Financial Federal Spending in Canada 1867-1990*, Ottawa, Carleton University Press, 347 pages.

Gouvernement du Canada (1994). *Le Budget des dépenses 1994-1995, Partie 1, Plan de dépenses du gouvernement*, Ottawa, ministère des Approvisionnements et Services Canada.

Gouvernement du Canada (1995). *Le Budget des dépenses 1995-1996, Partie 1, Plan de dépenses du gouvernement*, Ottawa, ministère des Approvisionnements et Services Canada.

Gouvernement du Québec (1986). *La gestion des finances gouvernementales, description générale*, 2e édition, revue et augmentée, Québec, Secrétariat du Conseil du Trésor (direction de la gestion financière), mars.

Gouvernement du Québec, *Crédits pour l'année financière se terminant au 31 mars 1997*, Conseil du Trésor.

HARTLE, Douglas G. (1992). *The Revenue Budget Process of the Government of Canada : Description, Appraisal and Proposals*, Toronto, Canadian Tax Foundation, n° 67.

HARTLE, Douglas G. (1988). *The Expenditure Budget Process of the Government of Canada : A Public Choice Rent Seeking Perspective*, Toronto, Canadian Tax Foundation, n° 81, 316 pages.

HORRY, Isabella et Michael WALKER (1994). *Government Spending Facts Two*, Vancouver, The Fraser Institute, 386 pages.

LAUFENBERGER, Henry (1959). *Histoire de l'impôt*, Paris, Presses universitaires de France, 127 pages.

MEHL, Lucien et Pierre BELTRAME (1984). *Science et technique fiscale*, Paris, Presses universitaires de France, 786 pages.

MUSGRAVE, Richard A. et Peggy B. MUSGRAVE (1984). *Public Finance in Theory and Practice*, New York, McGraw-Hill, 395 pages.

NEURISSE, André (1978). *Histoire de l'impôt*, Paris, Presses universitaires de France, 127 pages.

PARENTEAU, Roland (dir.) (1992). *Management public, comprendre et gérer les institutions de l'État*, Sainte-Foy, Presses de l'Université du Québec, 640 pages.

SANTO, Viriato-Manuel et Éric VERIER (1993). *Le management public*, Paris, Presses universitaires de France, collection « Que sais-je ? », 127 pages.

Statistique Canada, *Comptes nationaux des revenus et dépenses*, catalogue 13-001.

TREMBLAY, Pierre P. (1995). *La politique fiscale : à la recherche du compromis*, Sainte-Foy, Presses de l'Université du Québec, 85 pages.

TREMBLAY, Pierre P. et Guy LACHAPELLE (1996). *Le contribuable, héros ou malfaiteur*, Sainte-Foy, Presses de l'Université du Québec, 126 pages.

VANNIER, François (1988). *Finances publiques et richesses privées dans le discours athénien aux Ve et IVe siècles*, Paris, Les Belles-lettres, 265 pages.

WEBER, Luc (1988). *L'État, acteur économique*, Paris, Économica, 303 pages.

CHAPITRE 5

Les ressources humaines

CAROLLE SIMARD

LE CADRE NOTIONNEL ET HISTORIQUE 158
Le cadre notionnel 158
Les fonctionnaires : des origines à nos jours 159

LE CADRE JURIDIQUE ET INSTITUTIONNEL 161
Le régime du mérite 162
L'évolution législative et institutionnelle 164

L'ENVIRONNEMENT SOCIAL 172
Le syndicalisme dans la fonction publique 172
L'accès à l'égalité 174
L'avenir de la fonction publique 178

CONCLUSION 179

LECTURES COMPLÉMENTAIRES 180

De toutes parts on tire sur les services publics et leurs employés : au nom de la décroissance, sous prétexte que le secteur privé ferait mieux et à moindre coût et parce que les contribuables n'ont plus les moyens de se payer une fonction publique et parapublique dont ils envient le statut. On remet en cause la taille du secteur public, son organisation et son mode de fonctionnement, parce que les règles et les procédures qui y prévalent sont, dit-on, devenues obsolètes. Bref, tous et chacun croient le temps venu des changements radicaux.

Dans un tel contexte, on comprend que les employés du secteur public et parapublic s'inquiètent pour leur avenir. Les annonces gouvernementales n'en finissent pas de rappeler l'imminence des nouvelles compressions à venir, achevant de saper le moral de ceux qui restent, chacun craignant l'abolition de son poste ou encore sa mise en disponibilité. Mais il n'en a pas toujours été ainsi; en réalité, dans un passé encore récent, la fonction publique a connu un véritable âge d'or. Il faut dire que le contexte s'y prêtait : les coffres des gouvernements débordaient et la construction de l'État-providence était à l'ordre du jour.

Dans ce chapitre sur les ressources humaines dans le secteur public, nous verrons comment l'État gère de telles ressources et en quoi il se démarque des autres employeurs. Nous verrons également que, en dépit de l'existence de critères particuliers et d'institutions propres, la gestion des ressources humaines dans le secteur public tient compte des caractéristiques sociales et politiques du milieu ambiant. Ces questions seront abordées successivement, une fois précisées les notions à l'étude.

LE CADRE NOTIONNEL ET HISTORIQUE

Le cadre notionnel

Le secteur public englobe un ensemble d'activités et de personnes dont la caractéristique principale est d'échapper aux lois du marché : le jeu de l'offre et de la demande y étant rarissime, la plupart des services publics sont en situation de monopole; le secteur public appartient au domaine de l'État et représente sa partie visible; le secteur public obéit à des contraintes spécifiques et son mode de fonctionnement relève d'une kyrielle de règles consacrées. Compte tenu de ces caractéristiques, et en dépit de ressemblances multiples avec le secteur privé, il est donc impossible de mettre le secteur public sur le même pied que l'entreprise privée.

La gestion des ressources humaines fait partie de cet univers, marqué par un encadrement exceptionnel. Il s'agit d'une fonction de premier plan à laquelle les gouvernements consacrent annuellement un effectif humain et financier considérable. On n'y laisse rien au hasard : toutes les décisions souscrivent à une panoplie de règles et de procédures censées garantir aux employés que l'embauche et la promotion obéiront à des critères de compétence, et aux citoyens que les services seront offerts de manière impartiale et désintéressée.

Au Québec, les personnes œuvrant dans le secteur public sont au nombre d'environ 400 000 et travaillent dans des établissements aussi variés que les hôpitaux, les écoles et les universités, les ministères et les entreprises publiques. Les sommes versées à titre de rémunérations globales sont colossales; selon Gow[1], elles représentent près de 50 % des dépenses gouvernementales, tant pour les traitements versés que pour les autres dépenses afférentes (caisses de retraite, congés de toutes sortes, etc.); quant aux conditions de travail, elles étaient, jusqu'à tout récemment encore, supérieures à celles du secteur privé dans son ensemble.

Ce chapitre sur la gestion des ressources humaines dans le secteur public se limite à l'étude d'une catégorie spécifique d'employés : les fonctionnaires. Ces derniers appartiennent au secteur public proprement dit, tandis que les employés travaillant dans les réseaux de l'éducation, de la santé et des services sociaux font partie du secteur parapublic. Notre choix de nous restreindre à l'étude des fonctionnaires s'appuie sur le fait que ces derniers constituent un exemple représentatif de la façon dont sont gérées les ressources humaines dans le secteur public, entendu au

1. James I. Gow *et al.*, *Introduction à l'Administration publique. Une approche politique*, Boucherville, Gaëtan Morin éditeur, 1992.

sens large; en outre, ils sont au cœur d'enjeux qui concernent l'ensemble des employés des secteurs public et parapublic. Ajoutons de plus que les employés dans les réseaux bénéficient de conditions de travail s'apparentant à celles des fonctionnaires.

Dans ce qui suit, le terme « ressources humaines », par opposition aux ressources matérielles ou encore financières, renvoie à l'ensemble de la main-d'œuvre chargée d'actions cohérentes au sein d'une organisation, en vue d'atteindre les résultats escomptés. La gestion des ressources humaines, quant à elle, englobe « l'ensemble des activités d'acquisition, de développement et de conservation des ressources humaines, visant à fournir aux organisations de travail une main-d'œuvre productive, stable et satisfaisante[2] ».

Les fonctionnaires : des origines à nos jours[3]

L'ÉVOLUTION DU RÔLE ET DU STATUT

Le statut social des fonctionnaires renvoie à la nature et aux fondements de l'institution étatique, organe rationnel chargé de s'élever au-dessus des intérêts particuliers. Dans un passé lointain, ce statut est fort prisé et très valorisé. Dans l'Antiquité, les fonctionnaires font partie de l'élite dirigeante; ils sont riches et influents. Ainsi, dans la Cité grecque, on les désigne soit par élection, soit par tirage au sort; à Rome, l'attribution des charges publiques est souvent héréditaire. L'apparition de l'État féodal va de pair avec l'administration des charges publiques par les seigneurs, responsables du maintien de l'ordre public. Par contre, dans l'État despotique (la Chine ancienne, entre autres), les fonctionnaires exercent une emprise idéologique; ce sont des lettrés qui ont la charge de former les élites. En Chine impériale notamment, qui prend fin au début du XXe siècle, l'Empereur assiste personnellement à la tenue des concours organisés en vue de choisir ses conseillers. Les mandarins, ou encore les hauts fonctionnaires, sont les plus instruits de tous, formés selon la doctrine philosophique et religieuse du philosophe Confucius.

Mais la montée de l'importance des fonctionnaires et l'élargissement de leur rôle vont de pair avec la constitution de l'appareil d'État moderne dont les principes essentiels sont définis au cours des XIVe et

---

2. Définition tirée de BÉLANGER *et al.*, *Gestion stratégique des ressources humaines*, Montréal, Gaëtan Morin éditeur, 1988, p. 32.
3. Pour de plus amples détails sur cette section, voir notamment : Jacques CHEVALLIER et Danièle LOSCHAK, *Science administrative*, Paris, L.G.D.J., 1978, tome 1, p. 209-219 et tome 2, p. 11-40.

XVe siècles; sur le plan structurel, on assiste à l'émergence d'un appareil d'État distinct, unifié et centralisé, source du pouvoir exercé alors par le monarque. Parallèlement, une administration prend forme; petit à petit, les seigneurs sont dépossédés de leurs tâches administratives au profit de la bourgeoisie montante; cette dernière, disposant de ressources importantes, monopolise les postes de fonctionnaires attribués selon « le principe de la vénalité des offices[4] », c'est-à-dire transmis à prix d'argent.

L'achèvement de l'État moderne n'est plus qu'une question de temps. Au XIXe siècle, l'expansion du mode de production capitaliste exige, selon l'économiste et sociologue allemand Max Weber (1864-1920), la mise en place d'une administration rationnelle et compétente. Le recrutement des fonctionnaires s'étend alors à d'autres milieux, la classe bourgeoise perdant son monopole sur les fonctions administratives. Ce n'est plus qu'une question de temps pour que la fonction publique devienne un réservoir de personnes qualifiées, témoignant d'une bonne instruction et faisant carrière.

LES FONCTIONNAIRES : DES EMPLOYÉS DIFFÉRENTS DE CEUX DE L'ENTREPRISE PRIVÉE

Dans la plupart des pays, les employés civils à l'emploi des ministères ou de certains organismes publics sont appelés des fonctionnaires. Ils sont généralement assujettis à un cadre juridique particulier et sont rémunérés directement par les fonds votés par les législatures. Pour le public, le terme de fonctionnaire désigne souvent tout employé qui, de près ou de loin, a une relation quelconque avec le gouvernement. En fait, le terme s'applique uniquement aux agents des administrations publiques qui travaillent dans des services d'État.

À maints égards, pourtant, les fonctionnaires et les employés des entreprises privées remplissent des tâches ou exercent des activités de gestion qui se ressemblent. En outre, tout ce qui concerne l'administration de l'effectif présente de nombreuses similitudes, notamment : 1) la classification des emplois; 2) la planification de l'effectif; 3) la dotation des emplois tels que le recrutement, la mutation, la réaffectation, la promotion et la nomination; 4) la formation et le perfectionnement; 5) les relations de travail, entre autres les négociations collectives et la gestion des griefs[5].

4. CHEVALLIER et LOSCHAK, *Science administrative*, *op. cit.*
5. James I. GOW *et al.*, *Introduction à l'Administration publique. Une approche politique*, *op. cit.*, p. 130.

Si les fonctionnaires ne sont pas des employés comme les autres, c'est parce qu'ils forment une catégorie spécifique ayant la charge d'incarner l'État et de le représenter. Donc, le fonctionnaire bénéficie d'un statut qui comporte des exigences particulières, notamment parce qu'il agit au nom de l'État et par voie d'autorité déléguée.

S'il en est ainsi dans la plupart des pays démocratiques, c'est à la fois pour préserver la suprématie de l'intérêt général sur les intérêts des individus et des groupes, et pour s'assurer du traitement égal de tous. La conduite des fonctionnaires obéit à certains principes, dont la loyauté, l'honnêteté, la neutralité (au sens d'être non partisan) et l'équité. Certes, ces exigences ne sont pas propres au milieu de la fonction publique, à l'ensemble des agents du secteur public. Pourtant, dans le milieu des fonctionnaires, ces principes ont été consacrés, de manière à protéger le secteur public des influences politiques, des compromissions, des privilèges et des faveurs.

Dans le secteur public, le personnel a une certaine conception de l'État qui repose sur de nombreuses garanties, tant législatives et réglementaires que fondées sur des conventions collectives[6]. C'est au nom d'une fonction publique désintéressée et au service exclusif de l'État, et parce que l'intérêt général exigeait que le secteur public soit protégé des influences politiques et financières, que le milieu des fonctionnaires est différent de celui des affaires; on comprend alors que le déroulement des carrières ne se compare pas, non plus que les conditions de travail. Bref, les fonctionnaires vivent dans un milieu organisationnel spécifique. En témoignent notamment le statut et les institutions particulières en matière de gestion des ressources humaines.

LE CADRE JURIDIQUE ET INSTITUTIONNEL

Dans le secteur public, la gestion des ressources humaines relève d'une rationalité juridique propre, à la différence des entreprises privées ou encore des réseaux de la santé, des services sociaux et de l'éducation, où prévaut le *Code du travail*. De plus, les fonctionnaires dépendent directement des autorités politiques[7], ce qui n'est pas le cas des infirmières ni des enseignants qui appartiennent aux secteurs de la santé et de l'éducation, formellement autonomes, mais en pratique assujettis au contrôle du

---

6. Louis Borgeat traite ces questions dans *La sécurité d'emploi dans le secteur public*, Sainte-Foy, Presses de l'Université du Québec, 1996.
7. Le ministre est le chef du ministère et, à ce titre, ne peut être tenu responsable que des personnes qu'il contrôle directement.

Conseil du Trésor et au ministre de tutelle pour l'approbation de leur budget. Étant donné ces particularités, on dit que les réseaux appartiennent au secteur parapublic, tandis que les fonctionnaires font partie du secteur public. Le statut des personnes travaillant dans les réseaux est garanti par les conventions collectives, et celui des fonctionnaires est régi par un cadre juridique spécifique.

Avant de passer en revue les aspects législatifs qui caractérisent le statut des fonctionnaires, il sera question du régime du mérite en vertu duquel s'effectuent la sélection et la promotion des fonctionnaires.

Le régime du mérite

SON ORIGINE ET SES CARACTÉRISTIQUES PRINCIPALES

Au siècle dernier, on assiste, en Amérique du Nord notamment, à des changements dans les méthodes de recrutement et de sélection des fonctionnaires. C'est entre autres parce que l'incompétence de nombreux fonctionnaires, nommés sur la base de critères partisans, compliquait la tâche des gouvernements qui avaient grand besoin de compétences techniques. La réforme de la fonction publique prend forme d'abord aux États-Unis, au moment de l'entrée en vigueur du *Pendleton Act* (1883) qui vise à dépolitiser la fonction publique; progressivement, les fonctionnaires sont recrutés au moyen de concours et acquièrent ainsi une autonomie professionnelle qui les protège des changements de gouvernement et des conflits partisans.

Un nouveau système est implanté en vue de recruter les bonnes personnes au bon endroit. Ce système, appelé régime du mérite, organise « la sélection, sans discrimination ni favoritisme, des candidats les plus compétents à un concours, d'après leurs connaissances, leur expérience et leurs capacités comparées[8] ». Un tel système apparaît au moment où la rationalisation du secteur public s'impose, à une période où, pour se développer, les entreprises doivent pouvoir compter sur des administrations cohérentes et prévisibles. En effet, la modernisation de l'économie impose des contraintes de temps et d'espace incompatibles avec des administrations désorganisées et plus ou moins logiques.

Le régime du mérite (*merit system*), c'est le contraire du régime des dépouilles (*spoils-system*); ce dernier fut mis en place au siècle dernier sous l'administration du président Andrew Jackson (1829-1837). En vertu

8. *Rapport du comité spécial sur la gestion du personnel et le principe du mérite*, Ottawa, Approvisionnements et Services Canada, 1979, p. 89.

du régime des dépouilles[9], les titulaires des charges publiques sont des personnes dont la fidélité politique ne fait aucun doute. Ses origines lointaines remontent au président Washington qui estimait que les fonctionnaires devaient répondre de ces qualités : antécédents familiaux, niveau d'éducation, honneur et estime, et fidélité politique. Mais de telles exigences résultèrent en une quasi-mainmise des aristocrates sur le service public; désireux de rompre avec l'image d'une fonction publique réservée aux personnes bien nées, et soucieux d'en élargir l'accès, Jackson a mis de l'avant l'idée selon laquelle le recrutement des fonctionnaires devait reposer sur ces valeurs : la représentativité et l'égalité. En réalité, à partir des années 1830, la plupart des postes ont été attribués aux partisans du parti vainqueur, héritant des « dépouilles de ses ennemis » politiques.

Certes, la politisation de la fonction publique américaine a permis à des personnes dont l'origine sociale était faible d'être recrutées. En revanche, elle a politisé l'organisation administrative, la rendant imprévisible et moins performante.

En 1883, donc, le *Pendleton Act* a amorcé la dépolitisation de la fonction publique américaine et mis l'accent sur les valeurs démocratiques et l'égalité des chances. L'application du principe du mérite a contribué à un changement des règles du jeu dans le processus de sélection des candidats. Dorénavant, les titulaires des postes publics devront posséder les qualités requises (scolarité, compétences, expérience) pour s'acquitter des tâches qui leur seront confiées.

SON APPLICATION ET SES LIMITES

Bien que le principe voulant que les fonctionnaires soient recrutés sur la base de leurs compétences plutôt qu'en vertu de leurs convictions partisanes ne soit pas appliqué partout[10], il constitue un des fondements du système de gestion des ressources humaines dans les secteurs publics canadien et québécois. Au gouvernement fédéral et dans les administrations provinciales, il existe un ensemble de lois, de règlements, de directives, de politiques et de méthodes par lesquels l'embauche et la promotion des personnes à l'emploi des gouvernements sont organisées.

---

9. La source de cette expression revient au sénateur William L. Marcy de New York en 1832. Il prétendait ceci : « Les politiciens des États-Unis ne voient aucun mal à la règle voulant que les dépouilles (*spoils*) des ennemis appartiennent aux vainqueurs. » Voir Leonard D. White, *The Jacksonians*, 1954, p. 320. Note citée par Carolle Simard, *L'Administration contre les femmes*, Montréal, Boréal Express, 1983, p. 141.
10. En Allemagne, en Grande-Bretagne et en France notamment, on recrute les fonctionnaires à la suite de concours et sur la base de leurs compétences.

Des critères tels que l'éducation, l'expérience, le potentiel des postulants permettent d'évaluer le mérite des candidats et de mesurer leurs capacités comparées; les résultats d'une batterie d'épreuves, tenues lors de concours, sont classés par ordre d'importance, et les postes sont offerts aux personnes obtenant les meilleurs scores. Un tel processus est censé limiter, du moins en théorie, les choix arbitraires des gestionnaires et des décideurs.

Au nombre des effets du recours généralisé au système du mérite, on note la professionnalisation du secteur public et l'accroissement de son efficacité. En mettant l'accent sur la compétence des personnes embauchées et promues, un tel système a permis de baliser les choix effectués : les décisions arbitraires des décideurs ou celles fondées sur des *a priori* partisans ont été pratiquement éliminées. Pourtant, il y a eu des effets pervers, et certains résultats escomptés ne se sont pas produits. Ainsi, aux États-Unis, l'accès aux postes publics des personnes qui n'étaient pas des hommes blancs protestants a connu des ratés; au Canada, dans un passé encore proche, les citoyens mâles anglo-protestants étaient nettement favorisés par rapport aux autres groupes, tandis qu'au Québec, les candidats masculins d'origine canadienne-française et de religion catholique avaient une longueur d'avance. Plus loin, nous verrons comment les gouvernements, à la suite des pressions exercées par les groupes et les syndicats, ont essayé de corriger le tir.

Mais on retient que le régime du mérite s'est implanté à la suite de modifications législatives et de réaménagements institutionnels, ce qui a transformé radicalement l'organisation et la gestion des ressources humaines dans le secteur public. La section suivante présente les caractéristiques principales de tous ces changements.

L'évolution législative et institutionnelle

LE CADRE JURIDIQUE

Dans les démocraties libérales, le principe de la constitutionnalité des lois a pour effet de subordonner tous les actes législatifs à la loi des lois, en l'occurrence la *Constitution*. Dans un tel contexte, toutes les décisions prises par les autorités parlementaires et administratives ont l'obligation de respecter le cadre constitutionnel en vigueur, et le domaine des ressources humaines ne fait pas exception à cette règle générale. Selon les pays, les règles et les procédures encadrant la gestion des employés du secteur public varient; pourtant, il existe plusieurs points de convergence des systèmes existants et, dans les pages qui suivent, l'exemple du Canada et celui du Québec serviront d'éléments d'illustration.

Au Canada

Au niveau fédéral, 1908 est l'année où l'on met en place un nouveau cadre juridique et institutionnel grâce à la *Loi modifiée* de 1908 et à la création de la première Commission du service civil (CSC). Le mandat confié à la CSC consiste en l'organisation des concours de sélection pour les candidats au service intérieur (le personnel ministériel concentré à Ottawa); en outre, elle a la responsabilité de sélectionner les candidats sur la base de leurs qualités et de les désigner pour l'avancement. Entre 1908 et 1917, la CSC a connu de nombreux problèmes de fonctionnement, dus notamment aux difficultés liées à l'implantation de mesures censées éliminer le favoritisme lors de l'attribution des postes publics. Il n'en demeure pas moins que la population canadienne a, au cours de cette période, pris conscience de l'importance de recruter des fonctionnaires sur la base de leurs compétences et de leurs qualités comparées.

En 1918, le gouvernement d'union, dirigé par Robert Borden, a fait voter une loi sur le service civil afin de généraliser le principe du recrutement par concours à l'ensemble de l'administration : l'éradication du favoritisme constituait alors une des préoccupations principales du législateur. Le mandat de transformer l'ensemble de la fonction publique et d'y classifier le personnel a été confié à la CSC. Au cours des années qui suivirent, la gestion des ressources humaines dans le secteur public fédéral s'est modernisée, sous l'influence de l'école de l'organisation scientifique du travail, dont le chef de file était Frederick W. Taylor.

En 1961, la nouvelle loi a élargi le droit d'appel des fonctionnaires à l'endroit des décisions de la CSC et relativement aux décisions de mutation, de rétrogradation, de suspension et de renvoi. Auparavant, la loi n'autorisait que les appels découlant de l'insuffisance de l'avancement ou du refus de consentir aux augmentations salariales à venir. En 1967, une nouvelle législation a introduit d'autres modifications. L'appellation de la loi a été francisée : désormais, on parlera de fonction publique (plutôt que de service civil) et de *Loi sur l'emploi dans la fonction publique* (plutôt que de *Loi sur le service civil*). De plus, la loi de 1967 a conféré à la Commission de la fonction publique (CFP) de nouvelles responsabilités dans le domaine de la dotation et a renforcé son indépendance par rapport au pouvoir politique. Finalement, en 1992, le législateur canadien a fait adopter la *Loi sur la réforme de la fonction publique*; en plus de réaffirmer le principe du mérite, cette dernière a modifié divers aspects de la gestion des ressources, entre autres en favorisant la mise en place de procédures d'embauche et de mutation simplifiées. La loi de 1992 a été présentée au Parlement dans la foulée du rapport intitulé *Fonction publique 2000* (Gouvernement du Canada, 1990), lequel a insisté sur l'importance de développer une fonction publique plus efficace, mieux adaptée aux besoins d'un environnement changeant et davantage préoccupée des besoins de la clientèle.

Au Québec

Au niveau québécois, les législations se sont succédé à partir du milieu du siècle dernier; 1868, 1876 et 1943 sont des années au cours desquelles l'Assemblée législative adopte des lois censées mettre un terme au favoritisme dans l'attribution des postes publics. Mais leur abrogation ou leur mise en veilleuse ont retardé la mise en place d'une fonction publique neutre et basée sur le principe du mérite. En 1965, la *Loi de la fonction publique* a assujetti les fonctionnaires du Québec à un nouveau cadre législatif, faisant du système du mérite le pivot autour duquel se sont greffées toutes les fonctions liées à la gestion des ressources humaines : le recrutement, la mutation, la réaffectation, la promotion et la nomination. Depuis lors, la loi a été modifiée de manière substantielle, notamment en 1978 et en 1983. La dernière réforme, celle de 1983, a transformé les structures en place et précisé les droits et devoirs des fonctionnaires.

Au Québec, on constate que le processus de modernisation de la fonction publique s'est mis en branle plus tardivement. Mais aujourd'hui, la gestion des ressources humaines obéit à des principes semblables à ceux en vigueur au niveau fédéral, malgré quelques différences sur le plan de la structure organisationnelle et de la tenue des concours. Ainsi, la loi de 1983 a autorisé le classement par niveaux des candidats à un concours, plutôt que leur rangement strict, selon l'ordre de réussite à un concours, pratiqué au niveau fédéral. Au Québec, donc, depuis 1983, le principe du mérite n'est plus mentionné dans la loi; le législateur l'a remplacé par le principe du recrutement et de la promotion par concours. On retient que, depuis de nombreuses années maintenant, il existe, tant au niveau canadien qu'au niveau québécois, un système de gestion des ressources humaines et de classification des emplois rationnel, moderne et efficace.

LE CADRE INSTITUTIONNEL

Aux deux ordres de gouvernement, des structures ont la responsabilité d'appliquer les lois et d'exécuter l'ensemble des mandats législatifs et administratifs, eu égard à la gestion des ressources humaines. Il existe plusieurs organismes, et le législateur a confié à chacun un mandat spécifique; ce faisant, on a cherché à protéger la neutralité du système tout en favorisant son efficacité.

Au Canada

Les organismes chargés de la gestion des ressources humaines dans le secteur public fédéral sont notamment : 1) le Conseil du Trésor; 2) la Commission de la fonction publique; 3) les ministères. La *Loi sur l'emploi dans la fonction publique* et la *Loi sur la réforme de la fonction publique* définissent les responsabilités de chacun.

Le Conseil du Trésor • Il a la responsabilité de négocier les conventions collectives et représente l'État-employeur. C'est à ce titre qu'il détermine les modalités d'emploi et notamment les conditions relatives à la rémunération. En outre, depuis l'adoption de la *Loi sur la réforme de la fonction publique* (1992), le Conseil du Trésor détient de nouveaux pouvoirs en matière de mutation des fonctionnaires.

La Commission de la fonction publique • Son rôle est double : premièrement, la Commission a le mandat de surveiller l'application du principe du mérite dans les procédures de recrutement, de promotion et de nomination. En outre, elle a le pouvoir d'établir des normes de sélection et d'évaluation, compte tenu des besoins de la fonction publique et des tâches à exécuter. La législation autorise également la CFP à revoir les qualifications établies par les autorités ministérielles et à évaluer leur pertinence à la lumière des caractéristiques des postes à combler. Deuxièmement, la Commission est habilitée à mener des enquêtes et à effectuer des vérifications dans tous les domaines relevant de sa compétence : nominations, renvois, rétrogradations entre autres. Son pouvoir d'enquête est très vaste : elle peut recommander la mise en œuvre de mesures correctives, sommer des témoins à comparaître et exiger des dépositions sous serment. Soulignons que la loi de 1992 a accru le rôle et les pouvoirs de la CFP; cet organisme est dirigé par trois commissaires désignés par le gouverneur en conseil pour une période de dix ans.

Les ministères • Les structures ministérielles sont devenues des instances extrêmement importantes depuis l'entrée en vigueur de la *Loi sur la réforme de la fonction publique*. En effet, la nouvelle loi a accordé un large pourvoir discrétionnaire aux gestionnaires en leur permettant d'affecter des ressources humaines sans passer nécessairement par toutes les procédures de dotation et de mutation. Pour une fonction publique qui effectue annuellement pas moins de 100 000 nominations[11], un tel assouplissement répond à un besoin accru d'efficience et d'efficacité. Enfin, rappelons que, au nom de la CFP et en conformité avec les valeurs de justice,

11. D'après le *Rapport annuel de la CFP*, 1995.

d'équité et de transparence, les gestionnaires des ministères ont toujours la responsabilité d'effectuer la quasi-totalité des nominations.

Au Québec

Au niveau du Québec également, il existe plus d'un organisme chargé de la gestion des ressources humaines. Dans ses grandes lignes, le système québécois est calqué sur celui du fédéral; il se compose de quatre structures principales : 1) le Conseil du Trésor; 2) la Commission de la fonction publique; 3) l'Office des ressources humaines; 4) les ministères.

Le Conseil du Trésor • Cet organisme est central dans la mesure où il a la responsabilité, au nom du gouvernement, « d'établir des politiques générales de gestion des ressources humaines de la fonction publique et d'en évaluer la réalisation » (*Loi sur la fonction publique,* L.R.Q., chapitre F-3.1.1, article 77). À ce titre, le Conseil du Trésor a le pouvoir d'établir les modes de dotation, les modalités d'intégration des fonctionnaires, la rémunération et les conditions de travail; il est également chargé des négociations avec les associations accréditées de fonctionnaires : il signe les conventions collectives et en surveille les applications. Finalement, le Conseil détermine l'effectif attribué à chaque ministère ou organisme, et vérifie l'application de ses politiques et de ses programmes.

La Commission de la fonction publique • Le rôle de la Commission est d'entendre les appels des fonctionnaires qui demandent un nouvel examen des décisions prises en vertu de la loi et qui ont trait surtout à l'embauche et à la promotion. Cet organisme, donc, a le pouvoir d'effectuer toutes les enquêtes jugées appropriées et de recommander les correctifs qui s'imposent. Les membres de la Commission (entre trois et cinq personnes) sont nommés par l'Assemblée nationale, à la suite d'une résolution approuvée par au moins les deux tiers de ses membres. Leur mandat, renouvelable, est d'une durée d'au plus cinq ans.

L'Office des ressources humaines • Intégré au Secrétariat du Conseil du Trésor, l'Office a la responsabilité de conseiller le gouvernement dans ces domaines : la gestion des ressources humaines, le perfectionnement, la formation et le placement de fonctionnaires mis en disponibilité. De plus, l'Office a pour fonction d'organiser la tenue des concours de recrutement et de promotion et d'en surveiller le déroulement. Le président et les vice-présidents (trois au maximun) sont nommés par le gouvernement; leur mandat, renouvelable, est d'une durée de cinq ans.

Les ministères • En vertu de la *Loi sur la fonction publique,* les sous-ministres et les dirigeants d'organisme sont responsables de la gestion des ressources humaines au sein des structures dont ils assument la direction. Il s'agit d'une délégation d'autorité qui s'exerce notamment dans ces domaines : la planification, l'organisation, la direction, le développement et l'évaluation des ressources humaines.

LA CLASSIFICATION ET L'EFFECTIF

La classification

Dans le secteur public, la gestion des ressources humaines est un domaine d'activité qui englobe les postes de travail et les responsabilités en découlant. À Ottawa et à Québec, il existe un système de classification des emplois complexe et structuré. Le principe de base est le suivant : les emplois sont regroupés au sein de catégories professionnelles, elles-mêmes divisées en groupes professionnels (au Canada) et en corps d'emploi (au Québec), eux-mêmes sous-divisés en niveaux et en grades.

Tout nouvel employé dans le secteur public est classé selon le système en vigueur : en plus de préciser les tâches à effectuer et le niveau de responsabilité, la catégorie, le groupe et le niveau de l'emploi déterminent les échelles de traitement.

Au niveau fédéral, il existe six catégories professionnelles ainsi dénommées : direction, scientifique et professionnelle, administrative et service extérieur, technique, soutien administratif et exploitation. Chacune englobe un nombre variable de groupes professionnels (il y en a 74 au total).

Au Québec, les catégories d'emploi sont au nombre de onze : haute direction, cadres supérieurs, cadres intermédiaires, professionnels, enseignants, techniciens, personnel de bureau, ouvriers, agents de la paix, non classifiés et étudiants. À l'instar du fédéral, ces grandes catégories sont divisées en un nombre variable de corps d'emploi. Ainsi, les professionnels regroupent neuf corps d'emploi différents tels que l'agent du vérificateur général, l'actuaire, l'architecte et le conseiller en gestion des ressources humaines.

L'effectif

Dans les tableaux qui suivent, on voit l'évolution de l'effectif au sein des fonctions publiques canadienne et québécoise. Au niveau fédéral, on observe une dimunition de l'effectif de 1985 à 1990. À partir de 1991, il y a une hausse des employés jusqu'en 1992; l'année suivante, l'effectif est de nouveau à la baisse, de sorte qu'en 1994, le nombre total d'employés est inférieur de plus de 12 000 par rapport à ce qu'il était en 1985.

TABLEAU 1

Nombre total d'employés dans la fonction publique fédérale

1994	231 400	1989	238 415
1993	240 462	1988	236 987
1992	242 958	1987	238 380
1991	240 903	1986	242 394
1990	239 708	1985	244 089

Conseil du Trésor du Canada, *Statistiques sur l'emploi dans la fonction publique fédérale 1993*, Ottawa, Secrétariat du Conseil du Trésor, 1994.

TABLEAU 2

Répartition de l'effectif de la fonction publique fédérale par catégories professionnelles, 1993-1994

	Mars 1994			Mars 1993		
	H	F	T	H	F	T
Direction	3 170	708 (18,3 %)	3 878	3 424	731 (17,6 %)	4 155
Scientifique et professionnelle	18 223	7 522 (29,2 %)	25 745	18 178	7 373 (28,9 %)	25 551
Administrative et service extérieur	38 671	35 646 (48,0 %)	74 317	39 028	34 774 (47,1 %)	73 802
Technique	21 550	4 938 (18,6 %)	26 488	21 995	4 928 (18,3 %)	26 923
Secteur administratif	11 173	56 498 (83,5 %)	67 671	12 477	61 387 (83,1 %)	73 864
Exploitation	28 624	4 668 (14,0 %)	33 292	30 919	5 240 (14,5 %)	36 159
TOTAL	121 411	109 980 (47,5 %)	231 391	126 021	114 433 (47,6 %)	240 454

Conseil du Trésor du Canada, *Statistiques sur l'emploi dans la fonction publique fédérale 1993*, Ottawa, Secrétariat du Conseil du Trésor, 1994.

Dans la fonction publique du Québec, il y a eu augmentation de l'effectif régulier entre 1985 et 1995. Quant à l'effectif occasionnel, il a augmenté lui aussi, mais de manière moins importante.

TABLEAU 3

Évolution de l'ensemble de l'effectif régulier et occasionnel par catégories d'emploi, mars 1985, mars 1990 et mars 1995, gouvernement du Québec

Effectif régulier						
Catégorie d'emploi	1985		1990		1995	
	N	%	N	%	N	%
Haute direction	217	0,4	262	0,5	253	0,5
Cadres supérieurs	2 560	4,7	2 408	4,6	2 173	3,9
Cadres intermédiaires	2 518	4,7	2 581	4,9	2 261	4,1
Professionnels	11 697	21,7	13 281	25,1	15 576	28,1
Enseignants	440	0,8	432	0,8	408	0,7
Techniciens	9 992	18,5	11 267	21,3	13 116	23,7
Personnel de bureau	19 316	35,8	16 757	31,7	16 548	29,9
Ouvriers	4 798	8,9	3 495	6,6	2 664	4,8
Agents de la paix	2 389	4,4	2 352	4,5	2 350	4,2
TOTAL	53 927	100	52 835	100	55 349	100

Effectif occasionnel						
Catégorie d'emploi	1985		1990		1995	
	N	%	N	%	N	%
Haute direction	5	—	15	0,1	8	0,1
Cadres supérieurs	—	—	1	—	8	0,1
Cadres intermédiaires	27	0,2	22	0,2	23	0,2
Professionnels	1 597	4,3	1 935	14,9	1 015	8,9
Enseignants	372	3,3	549	4,2	635	5,6
Techniciens	2 179	19,6	2 590	19,9	2 303	20,3
Personnel de bureau	5 365	48,2	6 055	46,6	5 228	46,1
Ouvriers	911	8,2	1 002	7,7	932	8,2
Agents de la paix	224	2,0	415	3,2	722	6,4
Non classifiés	322	2,9	302	2,3	300	2,6
Étudiants	127	1,1	112	0,9	169	1,5
TOTAL	11 129	100	12 998	100	11 343	100

Office des ressources humaines, *Portrait statistique des effectifs régulier et occasionnel de la fonction publique du Québec*, Québec, 1995.

L'ENVIRONNEMENT SOCIAL

Les fonctionnaires ne vivent pas dans un monde clos, totalement étranger au reste de la société. Pourtant, le statut spécial qui leur a été octroyé et les spécificités relatives au système d'emploi organisant leur carrière confèrent à ces employés une place à part. Malgré tout, le milieu des fonctionnaires n'est ni complètement autonome ni détaché du reste de la société; c'est pourquoi les grandes caractéristiques de la structure sociale d'un pays y sont, la plupart du temps, reproduites plus ou moins fidèlement. En outre, dans les démocraties libérales notamment, on observe que les fonctionnaires se mobilisent autour d'enjeux particuliers et mènent des combats à propos de problèmes qui, certes, les concernent particulièrement, mais que d'autres groupes de travailleurs reprennent souvent à leur compte, par la suite. Voilà pourquoi on dit que les gains faits par les fonctionnaires exercent des effets d'entraînement.

Au Canada et au Québec, les fonctionnaires et leur famille représentent une force politique non négligeable. De ce fait, les gouvernements peuvent difficilement ignorer leurs demandes. La gestion des ressources humaines, donc, n'est jamais exempte d'enjeux sociaux ou politiques. Depuis l'avènement d'un secteur public administré selon les méthodes et les techniques de gestion moderne, le statut des fonctionnaires a été radicalement transformé, notamment à la suite de l'obtention du droit à la syndicalisation. Il s'agit d'un problème qui fait maintenant partie des composantes du secteur public, en plus d'avoir constitué, au moment de son entrée en vigueur, un enjeu social et politique majeur.

Le syndicalisme dans la fonction publique

Dans un passé encore récent, il était interdit aux fonctionnaires d'être membres d'un syndicat. L'entrée en vigueur de nouvelles législations, tant au Canada qu'au Québec, a changé les règles du jeu en matière de relations de travail.

Au Canada

C'est en 1967 que les fonctionnaires fédéraux ont acquis le droit de se syndiquer. Cette année-là, la *Loi sur les relations de travail dans la fonction publique* a instauré un régime de négociations collectives pour tous les fonctionnaires, à l'exception des employés des sociétés d'État telles que la Société Radio-Canada, le CRTC et la Société des postes. En vertu de la législation de 1967, les employés du gouvernement fédéral ont pu bénéficier de la mise sur pied de mécanismes appropriés au règlement des différends et des griefs.

Au fédéral, le champ de la négociation collective est limité aux questions salariales, aux horaires de travail et aux vacances. En outre, lorsque les parties n'arrivent pas à s'entendre, les fonctionnaires ont le choix des options : la conciliation, qui peut mener à la grève, ou l'arbitrage obligatoire.

En vertu de la *Loi sur les relations de travail*, il n'y a pas de négociation centrale dans la fonction publique fédérale : à chaque groupe professionnel (74 au total) correspond une unité de négociation; notons également que les fonctionnaires sont regroupés dans différents syndicats, notamment l'Institut professionnel de la fonction publique du Canada, l'Association canadienne du contrôle du trafic aérien, le Syndicat canadien de la fonction publique, le Syndicat des postiers du Canada. L'Alliance de la fonction publique du Canada, regroupant près de 50 % de tous les fonctionnaires assujettis à la *Loi sur l'emploi dans la fonction publique*, est toutefois le syndicat le plus important. L'Alliance est affiliée au Congrès du travail du Canada depuis 1967.

Au Québec

C'est en 1965 que les employés du gouvernement ont acquis de nouveaux droits tels que la reconnaissance syndicale pour les associations de fonctionnaires, le droit à la négociation et celui de faire grève pour la majorité des fonctionnaires. À l'image du fédéral, les employés assujettis à la *Loi de la fonction publique du Québec* sont regroupés dans divers syndicats. Les deux plus importants, sur le plan du nombre, sont le Syndicat de la fonction publique du Québec[12] (environ 40 000 membres) et le Syndicat des professionnelles et professionnels du gouvernement du Québec (environ 12 000 membres); ni l'un ni l'autre ne sont affiliés à une centrale syndicale.

Au Québec, plus particulièrement, la syndicalisation du secteur public a changé la donne en matière de relations de travail : le recours à l'arbitraire dans la détermination des conditions de travail et de rémunération est désormais révolu. Il en est résulté une plus grande impartialité dans la gestion des ressources humaines et, grâce à l'obtention de la sécurité d'emploi, les employés ont acquis un important sentiment de confiance. L'ajustement des salaires et des bénéfices sociaux a contribué à rehausser le statut social de la plupart des fonctionnaires; en outre, la

---

12. En vertu de la loi, ce syndicat représente deux groupes : l'unité « fonctionnaires » proprement dite et l'unité « ouvriers ».

réduction des écarts salariaux entre les catégories et les corps d'emploi a introduit plus d'équité dans le système de gestion, notamment en améliorant les conditions salariales des employés les moins bien rémunérés (surtout des femmes).

Aujourd'hui, ceux qui n'ont pas d'emploi ou qui occupent des postes à statut précaire n'hésitent pas à qualifier les fonctionnaires d'employés privilégiés. L'avenir nous dira si les syndicats seront en mesure de protéger les acquis, souvent obtenus à la suite de conflits plus ou moins longs.

L'accès à l'égalité

On a dit précédemment que le choix d'un système de gestion des ressources humaines relève autant de facteurs techniques que de motifs sociaux et politiques. En démocratie, les emplois du secteur public sont accessibles à tous les groupes, le critère de compétence étant l'élément par lequel on discrimine les candidats. Au fil des ans, on a pourtant constaté que le régime du mérite, basé sur la tenue de concours, a favorisé certains groupes au détriment d'autres.

Depuis le milieu des années 1970, la société canadienne est devenue extrêmement sensible à tout ce qui, de près ou de loin, ressemble à de l'inéquité dans l'attribution des emplois. Depuis l'adoption de la *Loi constitutionnelle* de 1982, la demande d'égalité est encore plus forte puisque la charte autorise la mise en place de mesures destinées à améliorer la situation d'individus ou de groupes victimes de discrimination[13]. Au Canada, on reconnaît que l'application du principe du mérite a connu des ratés; c'est pourquoi, à partir du milieu des années 1980, les autorités administratives ont mis en place des mesures d'accès à l'égalité et développé des programmes en ce sens.

Le problème que décrit Julien Bauer est complexe :

> Des études permettent de constater que certains emplois sont inaccessibles aux minorités. Les causes en sont multiples : racisme, *old boy network*; c'est-à-dire que ceux qui assurent l'embauche et la promotion privilégient les candidats qui leur ressemblent : même origine, même religion, même langue, ayant des liens de camaraderie remontant aux études dans les mêmes écoles et les mêmes universités; manque d'intérêt de certaines minorités pour certains types d'emploi... Une cause fréquente de discrimination, voulue ou non, est la présence de critères d'embauche partiellement ou pas du tout liés à l'emploi. Si,

13. Notamment l'article 15, paragraphes 1 et 2.

> par exemple, dans la police, les exigences physiques — poids et taille — sont déterminées en fonction des hommes blancs, la conséquence en est l'élimination de candidats potentiels qui ne répondent pas à ces normes de poids et de taille, qu'il s'agisse de femmes ou de certaines minorités qui ont des poids et des tailles moyens inférieurs à ceux des hommes blancs. Si l'on n'y prend garde, la situation risque fort de se perpétuer, et certains groupes pourraient continuer à être exclus de ces emplois[14].

Dans le secteur public, donc, on s'est rendu compte que le principe du mérite ne permettait pas d'atteindre certains objectifs de représentativité et que les femmes et les personnes issues de groupes cibles ne parvenaient pas à être embauchées et promues de façon proportionnelle à leur présence au sein de la population active.

Pour remédier au problème dans la fonction publique fédérale, on a mis en place des programmes d'équité en matière d'emploi destinés aux femmes dans les groupes professionnels non traditionnels, aux autochtones, aux personnes handicapées et aux membres d'une minorité visible. L'objectif visé est de rétablir l'équilibre entre la représentation des membres d'un groupe cible dans certains emplois et leur disponibilité par rapport au marché du travail. Le Conseil du Trésor et la Commission de la fonction publique ont le pouvoir, en vertu de la *Loi sur l'emploi dans la fonction publique*, de développer de tels programmes.

Au Québec, on parle de programmes d'accès à l'égalité (PAE) comprenant trois types de mesures : 1) des mesures de redressement temporaires par lesquelles un avantage préférentiel est accordé aux membres des groupes cibles désignés (par exemple, réserver des postes à combler aux membres qualifiés des groupes cibles); 2) des mesures de soutien pour régler certains problèmes d'emploi auxquels font face les membres des groupes cibles (par exemple, instituer un système d'horaire variable); 3) des mesures d'égalité des chances visant à éliminer les règles et les pratiques pouvant avoir un effet discriminatoire (par exemple, diversifier, le plus possible, les sources de recrutement).

À l'instar du fédéral, la *Loi sur la fonction publique* autorise la mise de l'avant de mesures destinées à rendre la fonction publique plus représentative de la population. Les programmes d'accès à l'égalité permettent d'intervenir, tant dans l'accès à l'emploi et la promotion que dans le maintien en emploi et la rémunération.

---

14. Julien BAUER (1994). *Les minorités au Québec*, Montréal, Boréal, coll. Boréal Express n° 10, p. 45-46.

Mais, en dépit de près de quinze ans d'efforts soutenus, et étant donné le contexte économique difficile dans lequel se débattent le Canada et le Québec, on constate beaucoup de scepticisme relativement à la portée effective de ces programmes : les groupes désignés se déclarent peu satisfaits des résultats. Les personnes handicapées, les membres des minorités visibles et des communautés culturelles et les autochtones n'ont pas fait de grands progrès; les données publiées par les autorités gouvernementales en témoignent.

TABLEAU 4
L'équité en emploi dans la fonction publique fédérale

	Ensemble des employés	Femmes	Autochtones	Personnes handicapées	Membres d'une minorité visible
Décembre 1988	211 993	91 017 (42,9 %)	3 665 (1,7 %)	5 759 (2,7 %)	6 068 (2,9 %)
Décembre 1989	214 494	93 671 (43,7 %)	3 898 (1,8 %)	5 939 (2,8 %)	6 610 (3,1 %)
Décembre 1990	218 328	97 048 (44,5 %)	4 202 (1,9 %)	6 811 (3,1 %)	7 583 (3,5 %)
Décembre 1991	217 818	98 582 (45,3 %)	4 298 (2,0 %)	6 460 (3,0 %)	7 810 (3,6 %)
Mars 1993	221 114	102 015 (46,1 %)	4 441 (2,0 %)	6 755 (3,1 %)	8 462 (3,8 %)
Mars 1994	224 640	105 621 (47,0 %)	4 492 (2,0 %)	6 623 (2,9 %)	8 566 (3,8 %)

Profil, historique de la représentation des groupes désignés dans la fonction publique, Ottawa, Approvisionnements et services. *Rapports annuels 1993 et 1994.*

Disponibilité au sein de la population active	
Femmes	47,3 %
Autochtones	2,6 %
Personnes handicapées	4,8 %
Minorités visibles	9,0 %

Recensement de 1991.

TABLEAU 5

Représentation des groupes cibles autres que les femmes dans l'effectif régulier, mars 1987 et mars 1995 (1992 et 1995 pour les personnes handicapées) au gouvernement du Québec

Groupe cible	1987		1995	
	Nombre	Pourcentage	Nombre	Pourcentage
Personnes handicapées	818	1,5	806	1,5
Membres des communautés culturelles	1 852	3,5	2 223	4,0
Autochtones	253	0,5	242	0,4
Anglophones	395	0,8	431	0,8

Office des ressources humaines, *op. cit.*

Quant aux femmes, elles ont marqué des points sur le plan de l'embauche et de la promotion.

TABLEAU 6

Représentation des femmes dans chacune des catégories d'emploi des effectifs régulier et occasionnel, mars 1985 et mars 1995, gouvernement du Québec

Catégorie d'emploi	Effectif régulier				Effectif occasionnel			
	1985		1995		1986		1995	
	Nombre	Pourcentage	Nombre	Pourcentage	Nombre	Pourcentage	Nombre	Pourcentage
Haute direction	21	9,7	36	14,2	1	20,0	1	12,5
Cadres supérieurs	139	5,4	313	14,4	—	—	1	12,5
Cadres intermédiaires	357	14,2	384	17,0	11	40,7	12	52,2
Professionnels	2 088	17,9	4 657	29,9	722	45,2	511	50,3
Enseignants	132	30,0	155	38,0	188	50,5	357	56,2
Techniciens	2 974	29,8	5 861	44,7	1 194	54,8	1 368	59,4
Personnel de bureau	14 102	73,0	13 345	78,8	4 447	82,9	4 437	84,9
Ouvriers	47	1,0	54	2,0	64	7,0	132	14,2
Agents de la paix	110	4,6	289	12,3	44	19,6	289	40,0
Non classifiés	—	—	—	—	179	55,6	188	62,7
Étudiants	—	—	—	—	31	24,4	105	62,1

Office des ressources humaines. Pour le fédéral, voir le tableau précédent : *L'équité en emploi dans la fonction publique fédérale.*

En revanche, la longue bataille pour l'équité salariale est loin d'être gagnée : si le principe en vertu duquel un travail équivalent commande un salaire égal est généralement admis, il reste à trouver les sommes requises à la revalorisation des emplois à prédominance féminine. Les gestionnaires des ressources humaines dans le secteur public font actuellement face à des réductions budgétaires importantes et beaucoup se demandent où ils trouveront l'argent nécessaire au paiement du manque à gagner, les sommes en cause étant faramineuses[15].

L'avenir de la fonction publique

Depuis plus de dix ans maintenant, tant à Québec qu'à Ottawa, les gouvernements successifs ont cherché à réduire la taille de la fonction publique. Pour ce faire, ils ont eu recours à diverses techniques propres à la gestion du personnel : mises à la retraite anticipées, redéploiements de l'effectif, réaménagements administratifs et amendements législatifs. Dans le secteur public fédéral notamment, la *Loi sur l'emploi dans la fonction publique modifiée* et la *Loi sur la réforme de la fonction publique* ont permis d'introduire plus de souplesse dans le système de gestion du personnel en donnant plus de pouvoir aux gestionnaires en matière de mutations. De plus, entre mars 1993 et mars 1994, 55 des 80 ministères et organismes ont vu leur effectif diminuer, notamment au ministère de la Défense nationale (–2 010), au ministère des Approvisionnements et Services (–1 940) et au ministère de l'Emploi et de l'Immigration (–1 460). En 1995 et en 1996, les diminutions de l'effectif se sont poursuivies : l'objectif visé est de se délester d'au moins 40 000 nouveaux postes.

Il est loin le temps où les syndicats négociaient le nombre de postes à créer ou encore des augmentations salariales annuelles. Aujourd'hui, des fonctionnaires font grève pour obtenir de meilleures conditions de départ ou de mise à la retraite : tel est le nouveau modèle qui se dégage de la grève récente des fonctionnaires ontariens. Au Québec, afin d'éliminer le déficit dans moins de quatre ans, le gouvernement s'apprête à rouvrir les conventions collectives de milliers de fonctionnaires, après leur avoir consenti des augmentations salariales de 1 %. Toutes ces nouvelles réalités bouleversent la gestion des ressources humaines et posent de nouveaux défis aux gestionnaires. Comment, en effet, maintenir le « moral des troupes » quand ces dernières ont peur de perdre leur emploi ? Comment, encore, implanter de nouvelles techniques de gestion dans un envi-

15. Selon l'Alliance de la fonction publique du Canada, le gouvernement fédéral doit un millard et demi de dollars à plus de 80 000 fonctionnaires, des femmes en majorité, somme que conteste l'employeur.

ronnement où sévit « le syndrome du survivant », ceux qui restent se sentant coupables à l'égard de ceux qui ont perdu leur poste ?

En dépit de ces mauvaises nouvelles, la gestion des ressources humaines dans le secteur public est condamnée à innover. On parle de plus en plus de planification stratégique des ressources humaines, dans le but d'« harmoniser au moment opportun la main-d'œuvre actuelle avec les besoins futurs de l'organisation[16] ». Mais, dans bien des cas, l'harmonisation ne va pas de soi, notamment parce que les ressources humaines sont appelées à évoluer dans un environnement de plus en plus compétitif internationalement et où le développement des nouvelles technologies exige une mise à jour constante.

À cet égard, les expériences tentées en matière d'approche de la qualité totale ou de l'amélioration continue ont été parfois décevantes. Pourtant, les principes à la base sont fort nobles, l'usager étant au cœur des changements envisagés : pour la fonction publique, cela signifie qu'elle doit cesser d'être centrée sur elle-même pour se tourner vers l'extérieur, et avoir à cœur la satisfaction du client-usager. Cela ne va pas de soi, disions-nous, puisque, depuis presque toujours, la gestion des ressources humaines est une activité où le respect des règles prime sur tout, où les moyens sont plus importants que les résultats et où, finalement, les procédures tatillonnes et souvent inutiles demeurent la règle plutôt que l'exception.

Voilà pourquoi le projet de réforme du gouvernement fédéral, Fonction publique 2000, est si important; il représente un défi de taille : d'une part, moderniser la fonction publique et sa gestion afin de faire face aux exigences de demain, d'autre part accroître l'efficacité d'un secteur en décroissance.

CONCLUSION

Ni la robotisation ni l'informatique n'auront raison des fonctionnaires. Tant s'en faut : ils constituent la cheville ouvrière du secteur public; ils incarnent la continuité de l'État et du gouvernement; ils sont au cœur des processus d'élaboration, de mise en œuvre, de contrôle et d'évaluation des politiques publiques. Certes, gérer les ressources humaines dans le secteur public relève de contraintes pouvant sembler démesurées, en regard des résultats observables. Un tel système, fait de normes et de

16. Hélène Gascon, « Étude sur le profil du cadre supérieur dans la fonction publique du Québec », *La Revue de l'administration publique du Canada*, vol. 38, n° 1, 1995, p. 7.

règles, semble parfois tourner à vide, dans la mesure où l'organisation a eu tendance, dans un passé encore récent, à privilégier l'action au détriment des résultats, à insister sur le faire plutôt que sur l'atteinte des objectifs fixés. En revanche, les transformations des derniers temps (l'allégement des procédures, la plus grande autonomie des gestionnaires, l'accent mis sur le service à la clientèle, la multiplication des expériences pilotes) ont permis d'insuffler un dynamisme nouveau au domaine de la gestion des ressources humaines. Ce n'est un secret pour personne : les prochaines années ne seront pas de tout repos; pourtant, l'avenir des ressources humaines d'une société passe nécessairement par des mises à jour constantes et des remises en question permanentes. À ce jour, le secteur public canadien et québécois a montré qu'il était à la hauteur de la situation. N'en doutons pas : la tendance va se maintenir.

LECTURES COMPLÉMENTAIRES

Approvisionnement et Services Canada (1979). *Rapport du Comité spécial sur la gestion du personnel et le principe du mérite*, Hull, Centre d'édition du gouvernement du Canada, 291 p.

BÉLANGER, Laurent *et al.* (1988). *Gestion stratégique des ressources humaines*, Boucherville (Québec), Gaëtan Morin éditeur, 662 p.

BESSEYRE DES HORTS, Charles-Henri (1988). *Vers une gestion stratégique des ressources humaines*, Paris, Éd. d'Organisation, 222 p.

BORGEAT, Louis (1996). *La sécurité d'emploi dans le secteur public*, Sainte-Foy (Québec), Presses de l'Université du Québec, 135 p.

GOW, James Iain *et al.* (1993). *Introduction à l'administration publique. Une approche politique*, Boucherville (Québec), Gaëtan Morin éditeur, p. 124-159.

GUÉRIN, Gilles et Thierry WILS (1992). *La gestion des ressources humaines : du modèle traditionnel au modèle renouvelé*, Montréal, Presses de l'Université de Montréal, 276 p.

SIMARD, Carolle et Luc BERNIER (1992). *L'Administration publique*, coll. Boréal Express, n° 5, Montréal, Boréal, p. 45-63.

CHAPITRE 6

Les statistiques : source d'information

JEAN-PIERRE BEAUD ET JEAN-GUY PRÉVOST

LE CADRE JURIDIQUE 186

LE CONTEXTE INSTITUTIONNEL 188
- Le système statistique canadien 188
- Le programme national de statistique 194
- L'environnement épistémique 199

LA DYNAMIQUE POLITIQUE 202

CONCLUSION 205

APPENDICE I : Chronologie 207

APPENDICE II : Pistes bibliographiques 208

Au début du mois de mars 1996, Statistique Canada annonça que l'on dénombrait « plus de 600 000 travailleurs en réserve du marché du travail au Canada, dont 135 000 au Québec et 400 000 en Ontario[1] », en d'autres mots plus d'un demi-million de demandeurs d'emploi découragés, qui n'étaient plus à la recherche active d'un travail. Plusieurs personnes ont appris du même coup que ces demandeurs découragés, précisément parce qu'ils n'étaient plus à la recherche active d'un emploi, n'étaient pas inclus dans le calcul du taux de chômage officiel, rendu public au début de chaque mois. La définition officielle du chômage utilisée par Statistique Canada vise en effet à mesurer le lien d'un individu au marché du travail et exige donc que, pour être considéré comme chômeur, cet individu, hormis le cas où il n'aurait été mis à pied que temporairement, recherche activement un emploi.

Cette façon de faire n'a pas manqué de soulever des interrogations : la définition officielle a-t-elle pour fonction d'occulter la situation réelle de l'emploi au pays et d'éviter ainsi des désagréments au gouvernement en place ? À combien s'élèverait le « vrai » taux de chômage si l'on y incluait ces demandeurs d'emploi découragés ? Ne devrait-on pas écarter la définition officielle du chômage en faveur d'une autre « plus objective » ? Ces questions témoignent de l'importance en même temps que de la complexité du travail statistique dans une démocratie moderne. Objet de débat public, et dans bien des cas condition nécessaire à ce débat public, les statistiques officielles ne sont en effet « ni un reflet naturel de la

1. *La Presse*, 1er mars 1996.

réalité, ni une construction totalement logique[2] ». Elles sont au contraire ce qu'on pourrait appeler une construction *hybride*. Certes, le travail des statisticiens d'État participe pleinement de l'effort d'objectivation du monde dont l'expression la plus simple apparaît avec l'uniformisation des systèmes de poids et mesures, de l'idée que le réel, physique comme social, est susceptible de mesure, que sa connaissance adéquate et *a fortiori* notre capacité d'agir sur lui supposent justement sa mesure. Mais ce travail se déploie dans un environnement constitué, d'une part, par une série de contraintes juridiques, institutionnelles et techniques et, d'autre part, par les demandes, pressions et représentations provenant soit du gouvernement, soit de « publics » divers, ce que Desrosières appelle, pour en souligner avec beaucoup de justesse le caractère multidimensionnel, un « espace politico-cognitif[3] ».

Il importe en effet de prendre toute la mesure de la fonction politique, et non seulement technique, que remplissent les nombres dans les démocraties modernes. S'il est vrai que l'on peut faire remonter aux années 1830-1840 la transformation fondamentale qu'a subie la rhétorique politique du fait de ce qu'on a appelé la révolution des chiffres[4], il est vrai aussi que les données statistiques jouent depuis 1945 et surtout depuis 1960 un rôle encore plus déterminant qu'auparavant dans l'argumentation publique : on ne voit guère comment on pourrait parler de chômage en l'absence d'une mesure de celui-ci, d'inéquités salariales sans disposer de nombres autorisant la comparaison ou encore d'assimilation sans connaître la répartition linguistique de la population. L'idée qu'il n'est plus de discours politique sans chiffres est certes devenue un lieu commun; elle traduit cependant une réalité, celle de la croissance presque exponentielle de la demande d'informations quantifiées, et de la formidable explosion, grâce à l'informatique et aux techniques de sondage, des enquêtes statistiques. Les données produites par l'appareil statistique, et plus encore les concepts et objets qu'il contribue à créer, auxquels il donne une stabilité, une « réalité » objective, sont de plus en plus des déterminants majeurs de débats politiques, d'options, de positions, de revendications. Les statistiques sont autant des outils de connaissance que des instruments pour l'action. Cette double dimension est d'ailleurs inséparable de l'histoire même de la statistique, science au même titre que la mathématique, la physique ou l'astronomie, méthode pour la gestion du

2. Alain Desrosières et Alain Thévenot, « Les mots et les chiffres : les nomenclatures socioprofessionnelles », *Économie et statistique*, n° 110, 1979, p. 49.
3. Alain Desrosières, *La politique des grands nombres. Histoire de la raison statistique*, Paris, La Découverte, 1993.
4. Theodore M. Porter, *The Rise of Statistical Thinking*, Princeton, Princeton University Press, 1988.

monde social tout comme la science politique, la sociologie ou même l'économie. Par son travail d'objectivation, par la « fabrication de choses qui tiennent[5] », la statistique (et, pour ce qui nous concerne ici, l'appareil de collecte qui en traduit concrètement certaines des découvertes) fournit une base relativement stable pour la discussion comme pour la prise de décision politiques.

L'objet de ce chapitre est d'explorer cette double dimension, politique et cognitive, de l'activité statistique des gouvernements. Nous examinerons donc successivement :

- le *cadre juridique* régissant la production et la diffusion des renseignements statistiques : au Canada, celui-ci est déterminé par l'*Acte de l'Amérique du Nord britannique*, par la *Loi sur la statistique* de 1971 et par une série d'autres lois requérant de l'appareil statistique la production de données sur des questions précises;
- le *contexte institutionnel* dans lequel s'effectue le travail statistique, c'est-à-dire : 1) le système statistique canadien, avec sa double division du travail, d'une part entre le gouvernement fédéral et les provinces, d'autre part entre les divers ministères et agences du gouvernement fédéral et l'organisme statistique central, Statistique Canada; 2) le programme national de statistique qui structure la réalisation de l'ensemble des tâches d'enquête, d'analyse et de publication confiées à ce dernier; et 3) l'environnement « épistémique » constitué par les exigences d'harmonisation qu'impose la coopération avec les agences statistiques étrangères et internationales, les normes issues de la science statistique comme des disciplines connexes et enfin les contraintes liées aux traditions et routines développées au fil des ans;
- la *dynamique politique* qui résulte du caractère public des statistiques officielles dans les démocraties modernes : ces statistiques constituent certes un outil de gestion, voire de contrôle, des populations; mais il importe de voir qu'elles sont aussi un lieu de luttes et de négociations à travers lequel divers groupes ou leurs porte-parole cherchent à objectiver une représentation d'eux-mêmes, à délimiter un territoire ou une population pouvant servir d'ancrage « objectif » à leur existence et à leurs revendications.

Cet examen nous obligera à poser la question, si souvent soulevée, de l'objectivité des statistiques officielles : la prise en considération des normes juridiques, institutionnelles et techniques, des opérations de

5. Desrosières, *op. cit.*, p. 18.

définition, de standardisation et de codage sur lesquelles s'appuie l'activité statistique conduit à voir dans celle-ci un travail complexe de *production* de l'objectivité en l'absence duquel le gouvernement de nos sociétés n'est plus pensable.

LE CADRE JURIDIQUE

L'article 51 de l'*Acte de l'Amérique du Nord britannique* de 1867 confie au gouvernement fédéral la responsabilité de tenir un recensement décennal et de recueillir des données statistiques. L'objet premier du recensement au Canada est de déterminer la représentation de chacune des provinces à la Chambre des communes. Il faudra attendre 1879 pour que soit adoptée une loi sur les statistiques, plaçant celles-ci sous l'autorité du ministère de l'Agriculture. Celui-ci prendra en charge le recensement, mais, en pratique, la plupart des ministères développeront des activités statistiques au sein de leurs tâches administratives, sans toutefois qu'aucune véritable coordination ne s'instaure. Il en résultera duplication, gaspillage et mauvaise qualité du produit final, selon le diagnostic sévère de la Departmental Commission on the Official Statistics of Canada de 1912. C'est en 1918 que le Parlement adoptera la *Loi sur la statistique,* créant du même coup un appareil statistique central, le Bureau fédéral de la statistique (BFS)[6]. Sa mission sera de recueillir, d'analyser et de publier des statistiques sur l'ensemble des aspects de la société et de l'économie canadiennes : pour mener à bien cette tâche, il rapatriera les activités statistiques de plusieurs ministères et entreprendra de coordonner celles dont l'exécution lui échappe. La *Loi sur la statistique* sera mise à jour en 1971, à la suite des travaux de la Commission Glassco : le BFS deviendra Statistique Canada et l'obligation d'un recensement quinquennal sera introduite. Une série d'autres lois fédérales, par exemple la *Loi sur les langues officielles,* la *Loi sur les déclarations des corporations et des syndicats ouvriers,* la *Loi sur l'assurance-chômage,* imposent elles aussi à Statistique Canada des tâches précises. Les données produites par cet organisme sont également utilisées pour la révision des limites des circonscriptions électorales, l'établissement des paiements de péréquation et de transfert, l'indexation de l'impôt sur le revenu, etc. Enfin, la plupart des provinces canadiennes se sont également dotées de lois encadrant l'activité statistique de leurs gouvernements : la plus ancienne, celle du Québec, remonte à 1912 et la création du *Bureau de la Statistique du Québec,* à l'année suivante.

6. En anglais, Dominion Bureau of Statistics (DBS).

Compte tenu des fonctions expressément politiques des statistiques officielles, il n'est pas étonnant que celles-ci aient régulièrement fait l'objet de controverses. Ainsi, les quatre recensements réalisés de 1871 à 1901 seront très sévèrement critiqués à la Chambre des communes, quel que soit le parti au pouvoir : on leur reprochera de sous-estimer la population du Québec au profit de celle de l'Ontario, de camoufler l'émigration d'une partie de la main-d'œuvre vers les États-Unis, de ne dénombrer correctement ni le nombre d'immigrants ni le nombre d'habitants de langue française, de surestimer le degré d'industrialisation du pays, etc. Beaucoup plus près de nous, on se souviendra qu'à l'automne 1994, Statistique Canada, après avoir évalué les phénomènes de sous-dénombrement et de surdénombrement survenus lors du recensement de 1991, avait revu la répartition de la population selon les provinces, ce qui avait eu pour effet de faire passer le Québec, pour la première fois de son histoire, sous la barre symbolique des 25 % et de faire baisser du même coup d'environ 900 millions de dollars le montant des paiements de transferts à être versés par le gouvernement fédéral d'ici l'an 2000. Cela n'avait évidemment pas eu l'heur de plaire au gouvernement du Québec, lequel avait d'abord cherché à contester les calculs de Statistique Canada, puis, devant l'échec de cette tentative, confié au Bureau de la statistique du Québec le mandat de mettre sur pied son propre fichier démographique[7].

Il convient de mentionner par ailleurs que le citoyen est tenu par la loi de répondre aux questions posées lors du recensement ou d'autres enquêtes menées par les organismes statistiques officiels, le défaut de collaborer entraînant des poursuites. En fait, sauf pour le recensement, Statistique Canada s'abstient de poursuivre les récalcitrants de peur de provoquer une résistance qui, dans beaucoup de pays, nuit au travail des organismes statistiques. En revanche, la loi garantit ce que l'on appelle le « secret statistique » : les répondants, individus ou entreprises, sont assurés que les renseignements recueillis ne pourront avoir d'autre utilisation que statistique et que leurs réponses demeureront confidentielles[8]. Tout viol du secret statistique est lui aussi passible de poursuites.

---

7. *La Presse*, 24 décembre 1994.
8. Cette exigence de confidentialité limite la diffusion de données concernant de trop petites sous-populations, puisque l'identification des répondants deviendrait alors possible (c'est parfois le cas dans des enquêtes sur l'industrie, certains secteurs ne comptant qu'un petit nombre d'entreprises).

LE CONTEXTE INSTITUTIONNEL

Le système statistique canadien

On appellera système statistique canadien l'ensemble des organismes gouvernementaux dont l'autorité s'exerce sur l'ensemble ou une partie du territoire canadien et dont le mandat comporte la collecte, l'analyse ou la publication de renseignements statistiques. Statistique Canada constitue, et de loin, le rouage principal de ce système et c'est au travail de cet organisme que sera consacré l'essentiel du chapitre. Mais une description adéquate du système nous obligera à évoquer également les autres agences et ministères fédéraux chargés de mandats statistiques ainsi que les bureaux provinciaux de statistique.

STATISTIQUE CANADA

Au Canada, la mise sur pied d'un appareil statistique central remonte à 1918, date de la création du BFS. Bien entendu, on faisait des statistiques avant cela : le Canada s'enorgueillit en effet d'avoir procédé au premier recensement nominatif des temps modernes. En 1665-1666, l'intendant Jean Talon a non seulement dénombré les habitants de la colonie (de tels décomptes avaient été effectués à plusieurs reprises par les missionnaires depuis 1605), mais il leur a également demandé leur nom, leur âge, leur profession, leur état matrimonial ainsi que le lien les unissant au chef de la famille au sein de laquelle ils vivaient. D'après ce premier véritable recensement, la Nouvelle-France aurait alors compté 3 215 « habitans » (excluant les militaires), soit 2 034 hommes et 1 181 femmes. Dans les deux siècles qui suivirent, plus précisément entre 1666 et 1871, il fut réalisé dans ce qui deviendra le territoire canadien quelque quatre-vingts recensements. Ces enquêtes étaient de natures et d'envergures très diverses : certaines s'apparentaient fort à de simples décomptes (c'est le cas, par exemple, du « recensement » de l'Acadie de 1731), alors que d'autres étaient sans conteste ce que l'on appelle aujourd'hui des recensements (c'est le cas, déjà, de celui du Bas-Canada en 1831, qui comprenait plus de quatre-vingts questions, mais surtout de ceux de 1851 et de 1861 dont l'envergure est sans commune mesure avec celle des recensements précédents et dont les rapports comportent des centaines de pages de tableaux). S'il est un dénominateur commun à presque toutes ces enquêtes, outre l'idée de comptage de la population, c'est la recherche de la répartition de cette population selon le sexe. L'état matrimonial et l'âge étaient également des variables fréquemment prises en considération. Comme en font foi les lettres du roi ou de Colbert aux intendants ou, plus tard, les rapports de recensement, ces

Sa Majesté veut aussi que vous fassiez rendre compte soigneusement du nombre de mariages qui se font par chacun an de garçons et de filles nés au pays, et même du nombre des enfants qui naîtront par chacun [...].

Lettre de Colbert à Frontenac, 13 juin 1673

Sa Majesté veut aussi que peu de temps après son arrivée, il fasse travailler à un rôle exact de tous les habitants divisés par habitations, dans lequel il distingue ceux qui sont en état de porter les armes des vieillards et des enfants, fera mention des femmes et des filles de tous âges et s'appliquera à donner une connaissance entière et véritable à Sa Majesté de l'État de sa colonie.

Lettre de Colbert au Sieur de la Barre, 10 mai 1682

Ayant esté obligé de faire faire un travail pour le recensement des peuples de ce pays, j'ay trouvé que nous avions en tout 2,248 hommes capables de porter les armes [...].

Lettre du sieur de la Barre au ministre Seignelay, 4 novembre 1683

recensements visaient d'abord à mesurer la croissance de la population (et notamment le nombre de soldats potentiels).

Dans les années précédant la Confédération, le recensement et la collecte de données statistiques sont confiés au Bureau d'enregistrement et de statistique, mais, en pratique, celui-ci ne se réunit jamais. À partir de 1867, ces activités seront réorganisées, notamment sous l'impulsion vigoureuse de Joseph-Charles Taché, sous-ministre de l'Agriculture et auteur d'un mémoire très critique sur l'état des statistiques au Canada. Toutefois, comme nous l'avons mentionné dans la section précédente, la multiplication des activités statistiques, même si elle était sous l'autorité théorique du ministère de l'Agriculture, s'est faite de façon passablement anarchique : par exemple, le Bureau des statistiques du travail voit le jour en 1890 et le ministère du Travail, qui naît en 1902, s'impose rapidement comme un important producteur de statistiques (il publie à partir de 1913 un indice du coût de la vie, ancêtre de l'actuel indice des prix à la consommation). Au tournant du siècle, les divers fonctionnaires affectés à la production de statistiques ne s'intéressent plus seulement à la croissance de la population : la division du travail, le développement de l'industrie, la production sous toutes ses formes, la circulation des marchandises, les grèves et lock-out, les accidents de travail, toute une série de sujets que l'on peut commodément désigner comme économiques font désormais l'objet d'une part grandissante de leur attention. Malgré la mise sur pied, en 1905, d'un bureau permanent chargé du recensement et des statistiques (jusque-là, l'appareil statistique cessait pour ainsi dire d'exister entre les recensements), l'état des statistiques officielles génère passablement d'insatisfaction : en 1912, une commission chargée d'étudier le problème déplorera en termes sévères la dispersion du système statistique canadien, qu'elle rendra responsable du gaspillage de ressources et de la piètre qualité du produit final, et recommandera la mise sur pied d'un appareil central chargé de coordonner les activités statistiques. Le secrétaire de cette commission, Robert Hamilton Coats, sera nommé statisticien du Dominion en 1915. Il aura pour tâche de préparer la *Loi sur la statistique* de 1918 et de dresser les plans du Bureau fédéral de la statistique (BFS).

Même si le nom a changé en 1971, Statistique Canada demeure pour l'essentiel conforme au modèle conçu par son fondateur. Administrateur compétent, visionnaire entreprenant et centralisateur impénitent, Coats a dirigé le BFS de 1918 à 1942 et en a fait un organisme respecté à travers le monde. Au cours des trois décennies suivantes, l'apparition des techniques d'échantillonnage, la mise sur pied des systèmes de comptabilité nationale et l'introduction de l'informatique ont toutefois fortement transformé le travail statistique et contribué à façonner le visage actuel de Statistique Canada.

En 1993-1994, année marquant son 75e anniversaire, Statistique Canada employait 4 418 personnes-années et son budget s'élevait alors à 271 millions de dollars[9]. Sur le plan de l'effectif, l'organisme avait toutefois connu son sommet en 1975 avec 5 700 personnes-années; depuis la fin des années 1970, le gouvernement fédéral lui a imposé de sévères restrictions budgétaires qui ont entraîné non seulement une réduction du personnel, mais aussi une rationalisation des méthodes de travail et l'abandon d'un certain nombre de publications. Deux enquêtes, l'une menée par Sir Claus Moser, ex-directeur du Central Statistical Office de Grande-Bretagne, l'autre par la firme Price Waterhouse Associates, formuleront diverses recommandations touchant à la gestion de l'organisme. Ces mesures d'austérité ont forcé Statistique Canada à faire plus et mieux avec moins, un défi qu'il a, malgré des difficultés passagères, su relever avec brio, puisque le magazine *The Economist* lui a, pendant deux années consécutives (1991 et 1992), décerné le titre de meilleur organisme statistique au monde. La mission première qui lui est fixée par la *Loi sur la statistique* consiste, comme on l'a dit plus haut, à recueillir, à analyser et à publier des statistiques sur l'ensemble des aspects de la société et de l'éco-

9. Pour les années de recensement, Statistique Canada bénéficie évidemment d'un personnel plus nombreux, parmi lesquels beaucoup d'étudiants, et est autorisé à engager des dépenses plus élevées. Ainsi, en 1996-1997, le nombre de personnes-années grimpera à 5 006 et le budget à 479 millions de dollars, dont 423 proviennent du gouvernement et 56 d'activités d'autofinancement de Statistique Canada.

nomie canadiennes. Ces renseignements servent bien sûr au gouvernement et à l'administration publique pour l'élaboration et l'évaluation des politiques publiques, mais aussi aux entreprises, aux syndicats, aux chercheurs universitaires et aux médias. Statistique Canada a également pour mission de coordonner l'ensemble des activités statistiques de l'État (ce qui a pour but d'éviter le double emploi) et d'échanger des informations avec d'autres organismes, provinciaux et internationaux.

À la tête de Statistique Canada se trouve le statisticien en chef du Canada, qui a rang de sous-ministre: depuis 1985, ce poste est occupé par Ivan P. Fellegi. Depuis 1986, le Conseil national de la statistique de 40 membres, actuellement présidé par le professeur Thomas B. Symons, se réunit deux fois par année et a pour mandat de faire des recommandations au statisticien en chef. Statistique Canada compte également 15 comités consultatifs correspondant à divers champs d'intervention (l'agriculture, l'éducation, les comptes nationaux, etc.) et dirigés par des personnes n'appartenant pas à l'organisme; le Comité consultatif national de la statistique culturelle, par exemple, a déjà été présidé par le professeur Florian Sauvageau de l'Université Laval. Enfin, le Conseil consultatif fédéral-provincial de la politique statistique regroupant les responsables de chaque bureau statistique provincial se réunit chaque année sous la présidence du statisticien en chef du Canada.

Pour réaliser sa mission première de collecte, d'analyse et de publication de données statistiques, l'organisme est divisé en six secteurs, dont chacun est dirigé par un statisticien en chef adjoint. Trois de ces secteurs produisent des données: ce sont le Secteur des études analytiques et des comptes nationaux, celui de la statistique du commerce et des entreprises et celui de la statistique sociale, des institutions et du travail. Les trois autres secteurs sont celui de l'informatique et de la méthodologie, celui des communications et des opérations et celui des services de gestion. Nous examinerons un peu plus bas le programme statistique canadien, mais si l'on analyse le travail de Statistique Canada à partir de l'information qu'il diffuse auprès de ses publics, il faut mentionner, outre les rapports de recensement, de très nombreuses publications annuelles (notamment l'*Annuaire du Canada* dont la première édition remonte à 1886), semestrielles et trimestrielles, l'hebdomadaire *Infomat* et *Le Quotidien,* qui paraît chaque jour ouvrable (les deux derniers existent depuis 1932). Statistique Canada est aussi responsable de la base de données CANSIM (Système canadien d'information socio-économique). L'organisme estime que chaque année, il vend 1,2 million de publications, répond à 1,3 million de demandes de données adressées à CANSIM et à environ 400 000 demandes de renseignements téléphoniques.

LES AUTRES MINISTÈRES ET AGENCES FÉDÉRAUX

Tous les ministères fédéraux et certaines agences, par exemple la Banque du Canada ou la Société canadienne d'hypothèque et de logement, sont également des producteurs de statistiques. Depuis sa création, le ministère du Travail fédéral a joué sur ce terrain un rôle de premier plan, recueillant des statistiques sur les grèves et lock-out (dans ce cas depuis sa création en 1902), les salaires, les conditions de travail (d'ailleurs, le premier statisticien du ministère fut le jeune R.H. Coats — qui, on l'a dit, devait devenir le premier statisticien du Dominion en 1915). Actuellement, Immigration et Emploi Canada coopère étroitement avec Statistique Canada dans plusieurs domaines, notamment pour la mise au point de la *Classification nationale des professions*, utilisée entre autres pour l'établissement des programmes d'équité en matière d'emploi et pour la planification des besoins de main-d'œuvre. Plusieurs ministères et agences ont des tâches importantes d'enquête statistique correspondant à leurs champs de compétence : ainsi en va-t-il par exemple d'Agriculture Canada, de Pêches et Océans ou encore de la Banque du Canada. D'autres publient des statistiques dans leurs activités administratives : c'est le cas notamment du ministère des Approvisionnements et Services (pour les Comptes publics du Canada), de Revenu Canada (pour les statistiques fiscales) ou du ministère des Affaires indiennes et du Nord (pour les statistiques sur la population autochtone). Comme il a été dit plus haut, Statistique Canada exerce une fonction de coordination des activités de cueillette de données auprès des individus et des entreprises auxquelles se livrent ces ministères et agences.

LES BUREAUX PROVINCIAUX

Toutes les provinces canadiennes ainsi que les deux territoires disposent également de bureaux statistiques juridiquement indépendants de Statistique Canada. Cela tient à ce que les provinces ont parfois besoin de renseignements statistiques qui ne cadrent pas nécessairement avec le mandat « national » de Statistique Canada, et à ce qu'elles ont besoin, elles aussi, d'un organisme capable de coordonner les activités statistiques de leurs propres ministères et agences. Le plus important est le Bureau de la statistique du Québec, créé en 1912 : il compte quelque 200 employés et publie notamment *Le Québec statistique*. Les autres sont très modestes : seuls ceux de l'Ontario, de la Colombie-Britannique et de l'Alberta comptent plus d'une quinzaine d'employés. Dans huit provinces, il existe une loi encadrant les activités statistiques. Aucun de ces bureaux provinciaux n'est bien sûr en mesure de rivaliser avec Statistique Canada, aussi

VERS UNE PRIVATISATION DES SERVICES STATISTIQUES ?

La remise en cause générale de l'ampleur des activités de l'État n'a pas épargné la production des statistiques. Aux États-Unis, l'administration Reagan s'est employée, dès le début des années 1980, à limiter l'activité des organismes statistiques gouvernementaux, d'autant plus qu'existait une industrie privée de l'information statistique en pleine expansion. On n'a qu'à penser aux nombreuses firmes de marketing et de sondages (George Gallup est actif depuis les années 1930 aux États-Unis et Gallup Canada existe depuis 1945). Une entreprise comme Data Resources, Inc., spécialisée en données économétriques, possédait déjà en 1983 pas moins de 15 millions de séries chronologiques. Son président, Joseph Kasputys, s'est fait l'avocat d'un système statistique où les agences gouvernementales alimenteraient les firmes d'information privées en données brutes et où celles-ci se chargeraient de leur dissémination vers le public. De telles vues soulèvent bien sûr d'importantes questions quant à l'accès des citoyens aux données statistiques. (Voir Paul STARR et Ross CORSON, « Who Will Have the Numbers ? The Rise of the Statistical Services Industry and the Politics of Public Data », in William ALONSO et Paul STARR, dir., *The Politics of Numbers*, New York, Russell Sage Foundation, 1987, p. 415-447.)

Au Canada, où le marché de l'information statistique est nécessairement plus étroit, Statistique Canada a dû également réduire ses activités (notamment par l'abandon d'un certain nombre de programmes et d'enquêtes). Toutefois, il s'est du même coup imposé, par une stratégie de commercialisation agressive, comme fournisseur direct non seulement de données brutes mais aussi de produits finis, notamment ce que Statistique Canada appelle des données « personnalisées », c'est-à-dire des données présentées en fonction des besoins du client. La réduction, au cours des dernières années, des coûts liés à la dissémination informatique de ces données a contribué à maintenir l'accès du public canadien à celles-ci. Depuis 1996, notamment, Statistique Canada a lancé l'Initiative de démocratisation des données (IDD) qui permet aux bibliothèques des institutions d'enseignement de télécharger pour un coût fixe (12 000 $ par année) une quantité illimitée de données numériques.

coordonnent-ils leur action avec ce dernier au moyen du Conseil consultatif fédéral-provincial de la politique statistique[10].

On présente souvent le système canadien comme un modèle accompli de centralisation. Il n'y a nul doute que la centralisation constituait pour le fondateur du BFS un idéal à atteindre et qu'en comparaison des

10. On trouvera dans l'ouvrage de Gilles GUÉRIN *Des séries chronologiques au système statistique canadien* (Chicoutimi, Gaëtan Morin éditeur, 1983, p. 285-286 et 288-289) des tableaux détaillés, malheureusement un peu anciens — tous les bureaux ont subi des pertes sévères depuis —, sur les activités statistiques des ministères fédéraux et les caractéristiques des bureaux provinciaux.

systèmes statistiques américain ou britannique, le canadien est indéniablement fort centralisé. Certains auteurs estiment d'ailleurs qu'ayant à négocier avec un seul maître plutôt qu'avec une pléiade de ministres, un système statistique centralisé bénéficiera d'une plus forte indépendance vis-à-vis du pouvoir politique et pourra plus aisément résister aux coupures budgétaires[11]. Mais, comme on l'a vu, la structure fédérale du pays et la propension « naturelle » des ministères à sécréter des activités statistiques ont toujours empêché le BFS puis Statistique Canada de détenir un monopole sur celles-ci. Toutefois, les moyens mis à la disposition de Statistique Canada, l'expertise technique et la réputation enviable qu'il a développées en trois quarts de siècle font de lui le partenaire le plus important, et de loin, du système statistique canadien ainsi que l'autorité suprême en matière statistique au pays.

Le programme national de statistique

Si l'on s'intéresse à l'activité statistique des gouvernements, il convient de faire la distinction entre, d'une part, les activités statistiques auxquelles se livrent les ministères et agences dans leurs fonctions administratives (et qui peuvent être comparées, *mutatis mutandis*, à celles auxquelles s'adonnent de grandes entreprises du secteur privé) et, d'autre part, les activités d'investigation spécifiquement confiées à l'appareil statistique central et pour lesquelles, vu les moyens et les pouvoirs légaux dont il dispose, il n'a pas de concurrent.

Parmi les données produites par Statistique Canada, on peut distinguer quatre grandes classes : les statistiques touchant à l'activité économique internationale et nationale (les importations et les exportations, le produit intérieur brut, le recensement de l'agriculture, le compte des voyages internationaux, etc.), les statistiques socio-économiques (la répartition du revenu au pays, les dépenses des familles, les prix à la consommation, l'emploi et le chômage, etc.), le recensement et les statistiques sociales (dans lesquelles on inclut les estimations démographiques et l'enquête sociale générale), enfin la statistique des institutions (ce sont les statistiques touchant à la santé, à l'enseignement, à la culture, à la justice et aux finances du secteur public). Il serait impossible d'exposer ici de façon détaillée l'ensemble de ce programme statistique; aussi nous contenterons-nous de décrire dans leurs grandes lignes les deux enquêtes dont on entend le plus souvent parler : le recensement et l'enquête sur la population active (EPA).

---

11. Voir Joseph P. DUNCAN et Andrew C. GROSS, *Statistics for the 21st Century*, Chicago, Irwin, 1995, p. 66, qui, sur ce sujet, jugent la situation canadienne plus enviable que celle des systèmes statistiques américain et britannique.

Structure des activités de Statistique Canada

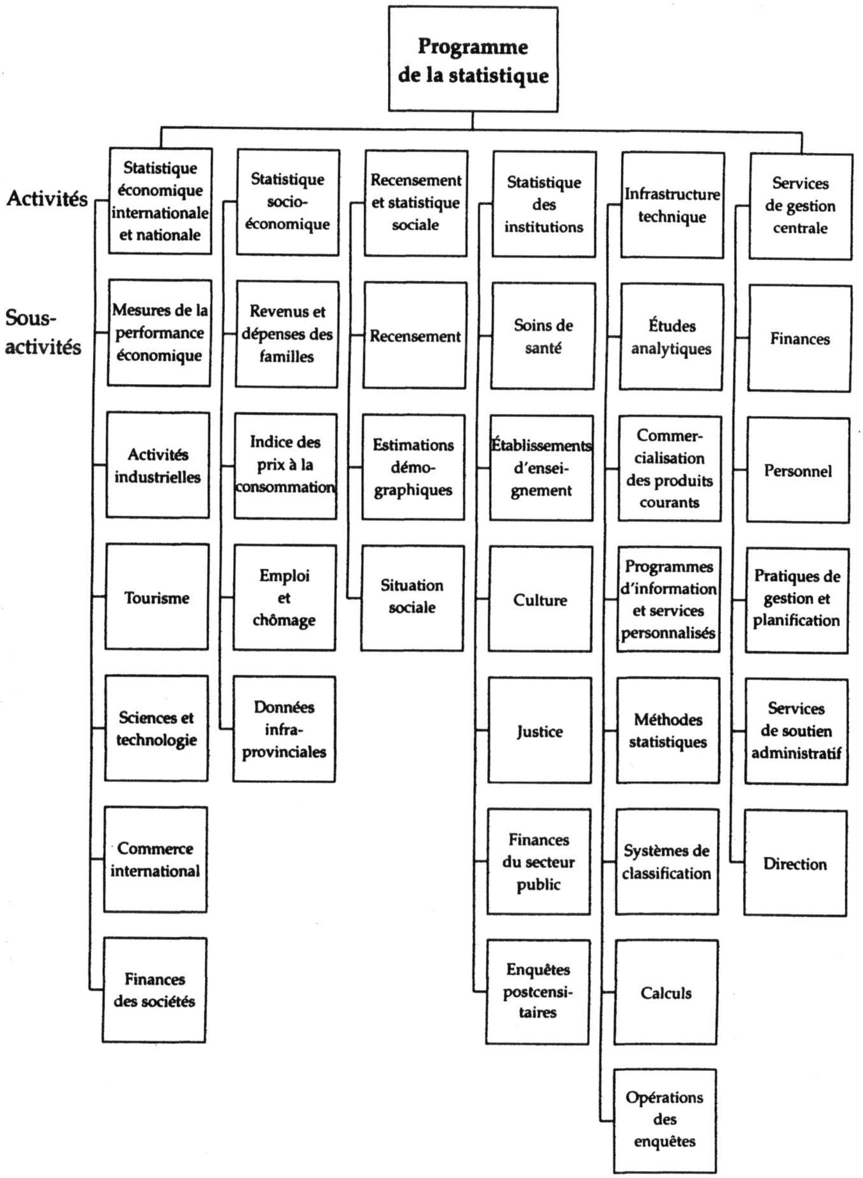

Source : Canada, *Statistique Canada, Budget des dépenses 1995-1996, Partie III, Plan de dépenses*, Ottawa, ministère des Approvisionnements et Ressources, 1995, p. 16.

LE RECENSEMENT

Le recensement est la plus vaste enquête menée au Canada, puisqu'il vise à rejoindre l'ensemble de la population. D'abord décennal (celui de 1991 était le quinzième à être tenu depuis 1851), il est devenu quinquennal en 1956, en raison de la croissance rapide de la population; il y a maintenant un recensement à toutes les années se terminant par 1 ou par 6.

La réalisation d'un recensement est une entreprise considérable qui s'étend sur plusieurs années, depuis la détermination du contenu des questions jusqu'à la diffusion des résultats. Dans un premier temps, l'organisme statistique consulte les principaux utilisateurs : gouvernements, organisations patronales et syndicales, groupes religieux, groupes ethno-culturels, universitaires, etc. En vue du recensement de 1996, plus de 1 000 organisations ont participé à ce processus et 166 mémoires ont été soumis à Statistique Canada. Cette consultation a conduit à l'élaboration du questionnaire et à l'introduction d'un certain nombre de modifications par rapport au recensement précédent. Le nouveau questionnaire a par la suite fait l'objet d'un test en 1993 : l'objectif de ce test était d'évaluer la capacité des Canadiens à répondre aux questions formulées. La version finale des questions du recensement dut ensuite être approuvée par le Cabinet.

L'étape suivante consiste à produire les divers questionnaires qui seront utilisés le jour du recensement. Le plus communément rempli, le 2A, est le questionnaire abrégé : il est distribué à 80 % des ménages et comporte neuf questions ayant trait notamment au nom, à la date de naissance, au sexe, à l'état matrimonial, à la langue maternelle et au logement. Le 2B, ou questionnaire long, est distribué à 20 % des ménages, ce qui constitue un énorme échantillon : il comporte les questions du 2A plus 44 autres, ayant trait par exemple à la connaissance des langues officielles, au lieu de naissance, à l'origine ethnique, à la religion, à la mobilité, à la scolarité, au travail, au revenu, etc. Il existe d'autres questionnaires visant des populations restreintes aux caractéristiques particulières : le 2C vise les Canadiens en poste à l'étranger (militaires, fonctionnaires), le 2D est destiné aux personnes vivant dans des régions éloignées ou dans des réserves indiennes, le 3 aux personnes résidant dans des logements collectifs (hôtels, maisons de chambre, etc.). On a également expérimenté en 1991 un questionnaire conçu pour les sans-abri, que l'on a cherché à joindre dans les soupes populaires (3B).

Une fois ces étapes préparatoires complétées, on passe à la collecte des données, qui a lieu ordinairement en juin (en 1996, le recensement s'est toutefois déroulé le 14 mai). En 1991 comme en 1996, 98 % des ménages ont été recensés par la technique de l'autodénombrement, c'est-à-dire qu'un des membres du ménage devait remplir le questionnaire et le retourner par la poste. Le reste des ménages a reçu la visite d'un intervieweur. Cette collecte de données a bien sûr été précédée d'une campagne d'information et de publicité visant à assurer la participation la plus large possible. La réalisation du recensement de 1996 a nécessité l'embauche de 2 500 commissaires au recensement, eux-mêmes chargés de superviser le travail de 38 000 recenseurs. En 1996, une méthode de contrôle centralisée permettant d'éliminer le recours à ces recenseurs a été expérimentée pour un échantillon de circonscriptions (10) et, si les résultats sont probants, elle sera généralisée lors du recensement de 2001.

Les données recueillies font ensuite l'objet d'une assimilation en quatre étapes. Elles sont d'abord dépouillées au bureau régional. On y vérifie notamment la lisibilité des réponses et on code déjà un certain nombre d'entre elles. On passe ensuite à la saisie des données : en 1991, cette opération a mobilisé 1 500 personnes et demandé environ cinq mois de travail; elle a été faite dans des centres régionaux de Revenu Canada. Suivent le codage numérique automatisé, puis le dépouillement au bureau central qui donne lieu à toute une série de contrôles et de vérifications. Les étapes d'assimilation sont suivies d'une phase de contrôle et d'imputation visant à déceler et à corriger toutes sortes d'erreurs, que celles-ci soient le fait des répondants ou des codeurs. Il est alors possible d'évaluer la qualité des données et de procéder à la diffusion des résultats.

Par leur quasi-exhaustivité (il y a à chaque recensement à la fois sous-dénombrement — des personnes ne sont pas rejointes — et surdénombrement — certaines sont comptées deux fois), par les ressources qu'ils mobilisent et par les contrôles méthodologiques auxquels ils sont soumis, les recensements constituent des sources d'information incomparables. Mais par-delà les renseignements qu'ils fournissent au gouvernement et à d'autres utilisateurs, les recensements ont également, au Canada comme ailleurs, aujourd'hui comme hier, une fonction symbolique, en ce qu'ils offrent à la population habitant un territoire une image d'elle-même. Comme l'a écrit le statisticien William Kruskal, les recensements créent « un sentiment de cohésion sociale et une sorte de communion profane : la machine du recensement nous saisit en tant qu'individus dotés d'une poignée de caractéristiques et nous renvoie par la suite un cliché de tout le groupe tel qu'il était le jour de la cérémonie[12] ».

12. William KRUSKAL, cité par Nathan KEYFITZ dans « The Social and Political Contexts of Population Forecasting », in William ALONSO and Paul STARR (dir.), *The Politics of Numbers*, New York, Russell Sage Foundation, 1987, p. 238.

L'ENQUÊTE SUR LA POPULATION ACTIVE (EPA)

L'enquête sur la population active (EPA) constitue, après le recensement, l'une des principales investigations périodiques menées par Statistique Canada. C'est elle qui permet notamment d'établir le taux de chômage. Créée en 1945, l'EPA, d'abord trimestrielle, est devenue mensuelle depuis 1952. Il s'agit d'une enquête dont l'échantillon est considérable (il est composé de 58 800 ménages) et construit à l'aide de plusieurs procédés, ce qui permet d'obtenir une marge d'erreur très faible[13].

L'EPA comporte deux questionnaires. Le premier, appelé dossier du ménage, comporte une quinzaine de questions. On y demande notamment les caractéristiques du logement ainsi que le nom des membres du ménage, leur âge, leur sexe, leur niveau d'instruction, etc. Le second questionnaire comporte 42 questions ayant trait à l'emploi. Selon les réponses fournies à certaines questions, le répondant est orienté vers d'autres questions. Ainsi, la question 10 demande si la personne « a travaillé à un emploi ou à une entreprise la semaine dernière » : si la réponse est positive, on passe à la question 11 demandant si la personne avait plus d'un emploi ou d'une entreprise la semaine précédente; si la réponse est négative, on passe à la question 30 demandant si, la semaine précédente, bien qu'elle n'ait pas travaillé, la personne avait un emploi ou une entreprise. Par cette logique arborescente, l'enquête cherche à préciser le rapport des individus au marché du travail et à établir le nombre de personnes qui peuvent être considérées comme chômeuses.

Statistique Canada en arrive ainsi à cerner une population de chômeurs qu'il définit comme suit : il s'agit soit de personnes mises à pied temporairement ou devant commencer à travailler dans les quatre prochaines semaines et se déclarant prêtes à travailler, soit de personnes sans attachement à un emploi, mais se disant prêtes à travailler et activement à la recherche d'un emploi. Les formes de recherche active d'un emploi acceptées par le questionnaire de l'EPA sont diverses : la plus simple consiste à consulter les annonces. On notera que cette définition du chômage ne tient compte ni des personnes travaillant à temps partiel mais souhaitant travailler à temps plein, ni de celles qui, actuellement sans lien avec

13. Toute enquête statistique est sujette à l'erreur. Il faut distinguer les erreurs d'observation (qui peuvent être des erreurs dues à l'incompréhension des répondants, à leur refus ou à leur incapacité de répondre, ou encore des erreurs commises au moment du codage, de la saisie, etc.) des erreurs d'échantillonnage (qui ont trait à la représentativité de la base de sondage ou à la différence entre l'estimation obtenue pour un échantillon et la valeur réelle dans la population). Paradoxalement, les enquêtes faites à partir d'échantillons représentatifs peuvent donner des résultats plus justes que les enquêtes exhaustives parce qu'il est plus facile d'y limiter les erreurs d'observation.

un emploi, souhaiteraient travailler, mais, pour une raison ou une autre, ont renoncé à chercher un emploi. Toutefois, l'EPA est en mesure de dénombrer ces catégories de personnes et calcule des taux de chômage les incluant, lesquels sont moins publicisés que le taux répondant à la définition officielle[14].

L'environnement épistémique

Par-delà le cadre légal auquel il doit se conformer, les desiderata de ses utilisateurs, gouvernementaux ou autres, et les moyens nécessairement limités dont il dispose, l'organisme statistique doit également tenir compte de contraintes « épistémiques », c'est-à-dire qui ont trait à la disponibilité et à la légitimité des outils et concepts au moyen desquels il produit des données. En effet, les programmes qu'il se fixe, les concepts qu'il utilise, les règles qu'il établit, les méthodes qu'il adopte doivent répondre aux normes qu'imposent les diverses disciplines auxquelles il fait appel, à commencer par la science statistique elle-même, aux exigences d'harmonisation posées par l'existence d'agences statistiques étrangères et internationales, et à celles qui résultent des choix passés et des impératifs de continuité des séries chronologiques.

STATISTIQUES, STATISTIQUE ET SCIENCE ÉCONOMIQUE

On ne peut pas penser *les* statistiques (au sens d'un ensemble de signes chargés d'information, du résultat d'une mesure ou d'un décompte) indépendamment de *la* statistique (au sens d'une science, d'un langage et d'un ensemble de techniques). Même si pendant longtemps les techniques et les routines mises en œuvre par les organismes de collecte de données sont demeurées relativement simples, le développement des techniques d'échantillonnage au cours du premier tiers de ce siècle a profondément transformé le travail des statisticiens d'État. L'ère des « gentlemen-statisticiens » est révolue et, sur le plan de l'effectif, c'est à partir de cette période que le BFS commence à recruter du personnel hautement qualifié en formation mathématique. En 1943, le BFS, imitant en cela le Bureau of the Census américain, se dote d'une section centrale de recherche et de développement. L'introduction subséquente de l'informatique n'a fait bien sûr qu'accentuer la professionnalisation et la spécialisation du personnel.

14. Sur l'EPA et la mesure du chômage, voir le mémoire de maîtrise en science politique de Martin Comeau, *Analyse politique de l'élaboration et de la mesure du taux de chômage au Canada*, Université du Québec à Montréal, 1996.

Parmi les sciences sociales, la démographie et l'économie sont celles dont les liens avec le travail des organismes statistiques se sont révélés les plus étroits. Pendant tout le XIXe siècle, démographes et statisticiens d'État partagent pour l'essentiel la même histoire, leur objet d'étude, la population, étant le même. Au tournant du siècle, et de façon beaucoup plus marquée depuis 1945, le regard des statisticiens se porte largement sur la production et les échanges. Cet intérêt coïncide avec le développement de l'économie comme discipline universitaire; de plus en plus de statisticiens seront des diplômés en économie et, parallèlement, la formation des économistes inclura de plus en plus le maniement des outils et techniques statistiques. La mise sur pied des systèmes de comptabilité nationale d'abord aux États-Unis, puis en Grande-Bretagne, au Canada et dans les autres pays occidentaux ne fera que consacrer la position prééminente de la science économique et des économistes dans les appareils statistiques[15]. L'influence non seulement des préoccupations mais aussi des théories des économistes sur le travail statistique apparaît clairement si l'on prend encore une fois l'exemple de la mesure du chômage. Pour l'économie politique classique, cette mesure n'avait aucun intérêt, l'ajustement entre l'offre et la demande de travail étant assuré par la flexibilité des salaires. Il faudra attendre l'avènement de la macroéconomie keynésienne pour que la possibilité d'un excédent de l'offre de travail globale puisse être théorisée et apparaisse comme un problème requérant une intervention de l'État et, par conséquent, un traitement statistique.

LES AGENCES STATISTIQUES ÉTRANGÈRES ET INTERNATIONALES

Depuis la création du BFS, le système statistique canadien entretient des rapports soutenus avec l'environnement statistique international. Au cours de l'entre-deux-guerres, le Canada était particulièrement actif au sein du système statistique impérial britannique et, pour des raisons historiques évidentes, les rapports bilatéraux avec la Grande-Bretagne avaient beaucoup d'importance. Toutefois, vu les transformations du commerce extérieur canadien, les États-Unis sont rapidement devenus le premier partenaire statistique du Canada. Depuis 1945, les liens avec l'ONU et ses principales agences (l'UNESCO, l'OMS, la FAO) sont très étroits et, chaque année, le Canada doit fournir à l'organisation internationale des renseignements sur sa comptabilité nationale, ses industries,

15. Sur ce sujet, et plus généralement sur la place du travail des économistes dans l'activité des gouvernements, on consultera « Economists in Government », numéro spécial de la revue *History of Political Economy*, vol. 13, n° 1, 1981.

sa population, etc. Les normes devant présider à la présentation de ces données sont souvent définies par des groupes d'experts internationaux (au sein desquels les Canadiens jouent un rôle actif), ce qui a pour effet d'harmoniser, voire d'uniformiser, la production statistique des partenaires et de créer cette « grammaire universelle » qu'appelaient les statisticiens au tournant du siècle[16]. Pour reprendre l'exemple du chômage, les concepts et définitions mis en œuvre dans l'EPA répondent aux exigences formulées par le Bureau international du travail (BIT) et l'Organisation pour la coopération et le développement économiques (OCDE) et présentent des similitudes avec ceux qu'on trouve dans le *Labour Force Survey* de Grande-Bretagne et diverses enquêtes américaines.

LE POIDS DE L'HISTOIRE

Si l'existence des agences statistiques internationales et les impératifs de coopération avec les partenaires étrangers exercent effectivement une pression favorable à l'uniformisation, il n'en demeure pas moins que chaque pays a ses particularités, que celles-ci contribuent à orienter les préoccupations de chaque système statistique tout autant que la manière dont il répond à celles-ci et que les choix faits à une époque continuent à peser pendant longtemps.

Ainsi, le Canada, pays d'immigration, a toujours manifesté un intérêt très vif pour l'origine ethnique de ses ressortissants. Pendant l'entre-deux-guerres, l'étude de ces origines, alors désignées comme « raciales », répondait à des inquiétudes manifestes quant à la capacité d'assimilation des immigrants. Depuis la seconde moitié du siècle, et de façon plus nette depuis l'élaboration des politiques de multiculturalisme, cet intérêt s'est porté sur la persistance des caractéristiques particulières des divers groupes ethniques, la diversité ayant désormais une valeur positive. Toutefois, malgré de nombreux changements de définition, la conception sous-tendant cette variable est pour l'essentiel demeurée la même : peu importe le nombre de générations qui se sont écoulées depuis l'établissement de sa famille au pays, un individu doit préciser le groupe ethnique auquel appartenaient ses ancêtres[17]. Sur ce plan, la façon de faire canadienne a toujours différé nettement de celle des États-Unis, autre pays d'immigration : chez nos voisins du sud, pour des raisons évidentes,

16. À ce propos, voir Joseph Koren, *The History of Statistics*, New York, Benjamin Franklin Reprints, 1971 (1918).
17. Précisons que Statistique Canada accepte maintenant les réponses multiples (plus d'une origine pour le même individu) ainsi que l'origine « canadienne », bien que celle-ci n'apparaisse pas dans les choix offerts au répondant.

c'est bien plus la couleur de la peau qui est vue comme une caractéristique stable[18].

La statistique des occupations offre un autre exemple de ce genre de continuité. L'appareil statistique canadien n'a jamais manifesté d'intérêt pour une nomenclature des groupes sociaux comparable à celles qu'on retrouve en Grande-Bretagne ou, sur un modèle tout à fait différent, en France. Malgré toutes les modifications qui ont été apportées aux classifications occupationnelles depuis la création du BFS, l'occupation a toujours été envisagée comme une variable économique plutôt que sociale, ce qui répondait tant aux préoccupations initiales de l'organisme statistique qu'à la structure sociale du pays[19].

L'exemple du chômage, encore une fois, illustre plus simplement le prix qu'attache un appareil statistique à la continuité, sans laquelle la comparaison dans le temps devient impossible : malgré les bouleversements importants que connaît le marché du travail canadien (la hausse du chômage structurel, l'accroissement du nombre de travailleurs « découragés » et, récemment, la baisse du taux d'activité), Statistique Canada estime peu sage de redéfinir le taux officiel de chômage, même si l'adéquation de celui-ci à la réalité qu'il cherche à cerner est peut-être moins satisfaisante qu'auparavant.

LA DYNAMIQUE POLITIQUE

Nous avons dit plus haut que les données produites par l'appareil statistique, les concepts et objets (le taux de chômage, l'origine ethnique, etc.) qu'il façonne, jouent un rôle de plus en plus déterminant dans les débats politiques. En fait, bon nombre des problèmes qui occupent aujourd'hui le devant de la scène politique ne peuvent être compris qu'une fois situés dans l'espace politico-cognitif structuré par les pratiques statistiques. Le processus qui nous intéresse ici en est un de *durcissement statistique*, par lequel, à la suite d'un ensemble d'interventions (l'émergence de porte-parole, les plaidoyers pour la défense d'un groupe, les enquêtes journalistiques ou savantes, etc.) et d'investissements de forme (le travail de définition, de découpage, de construction de classes d'équivalence, la standardisation de concepts et de questions, l'administration répétée

18. Sur ce sujet, voir J.-P. Beaud et J.-G. Prévost, « Immigration, Eugenics and Statistics : Measuring Racial Origins in Canada (1921-1945) », à paraître en 1997 dans *Canadian Ethnic Studies*.
19. Sur ce sujet, voir J.-P. Beaud et J.-G. Prévost, « La classification canadienne des occupations pendant l'entre-deux-guerres : réflexion sur un cas d'indépendance statistique », *Revue canadienne de science politique*, vol. 25, n° 3, septembre 1992, p. 489-512.

d'enquêtes, etc.), des phénomènes marqués par le flou, l'équivoque et la multiplicité des jugements (qu'est-ce qu'être « en chômage » ? Qu'est-ce qu'un « francophone » ? Qu'est-ce qu'un « sans-abri » ? Comment mesurer la « pauvreté » ?) se voient conférer un degré d'univocité autorisant leur délimitation et leur dénombrement. Pour parler le plus simplement, l'activité statistique consiste à mettre ensemble des choses et des êtres, à les ranger dans des classes en fonction de conventions d'origines diverses. Par exemple, l'indice des prix à la consommation (IPC) synthétise, par le biais d'une moyenne arithmétique pondérée, les prix d'une série de produits et services (l'alimentation, le logement, l'habillement, le transport, etc.) composant un « panier »; la détermination des éléments composant celui-ci a évidemment une importance décisive et fait l'objet d'une révision périodique[20]. Sur un tout autre terrain, la définition opérationnelle de concepts aussi ambigus que ceux de langue maternelle et de langue d'usage implique des choix. Ainsi, dans le recensement de 1991, on demandait aux répondants quelle était la première langue apprise à la maison dans leur enfance et encore comprise (en 1986, les mots « à la maison » n'étaient pas présents) et quelle était la langue parlée par eux le plus souvent à la maison (en 1986, la question portait sur la langue parlée « habituellement à la maison »). Ce travail d'objectivation implique par définition un sacrifice des singularités, mais permet aussi la production de connaissances débouchant sur l'action.

La contribution du travail statistique à la politisation des questions ayant trait aux femmes offre un exemple éloquent de ce processus. Les enquêtes menées par l'appareil statistique et les outils qu'il a mis au point ont largement participé à l'apparition d'une série d'objets offrant une prise solide au travail de revendication : la mesure du travail domestique, des inégalités salariales, de la violence faite aux femmes. La méga-enquête sur la violence envers les femmes réalisée en 1993 auprès d'un échantillon de plus de 12 000 femmes — première enquête nationale du genre dans le monde entier — peut être vue comme un moment culminant de ce processus. On ne saurait non plus minimiser le rôle tenu par les statisticiens et l'appareil de collecte de données dans la structuration d'une grande partie des débats politiques canadiens portant sur la répartition linguistique de la population. Depuis les années 1960, en effet, sur fond de remise en cause de la structure politique du pays, un important débat s'instaure entre démographes, sociologues, publicistes, relativement au poids des différents groupes ethniques et linguistiques. Les tentatives de mesurer l'assimilation conduiront à une multiplication des

20. Depuis quelques années, Statistique Canada publie également un indice des prix spécifique aux familles à faible revenu.

questions posées lors des recensements et à un raffinement progressif des indicateurs : l'apparition récente des concepts de rétention et de transfert linguistiques, visant à mesurer la persistance ou non de la langue maternelle comme langue d'usage, en témoigne.

Les pratiques statistiques jouent également un rôle majeur dans le processus de construction de l'identité des groupes. Vu l'autorité étatico-scientifique dont il bénéficie, c'est une véritable sanction que l'appareil statistique apporte à un travail plus ou moins long de *présentation de soi*. En effet, les groupes ont souvent intérêt à obtenir des producteurs de données une reconnaissance officielle et, dans la mesure du possible, le classement le plus flatteur, le territoire le plus vaste, le chiffrage le plus élevé. Prenons un exemple un peu ancien : en 1928, les évêques catholiques ont écrit au statisticien du Dominion pour s'assurer que, conformément à leur demande, il persiste, lors des recensements, à inclure certains des membres de l'Église grecque parmi les catholiques et rejette la prétention des Églises protestantes selon laquelle toutes les dénominations devaient être précisées. Tout au long du siècle, on assiste de la part des professions à une demande de reconnaissance qui s'accompagne dans ce cas d'une stratégie visant à mettre en évidence leurs caractères distinctifs : ainsi, les infirmières diplômées interviennent-elles, à la fin des années 1930, pour demander que, dans les tableaux du recensement, on ne les confonde plus avec leurs consœurs non diplômées. Il peut arriver également que les contours bien définis de certains groupes, par exemple les chômeurs, se voient plus ou moins remis en cause par des changements de conjoncture : depuis quelques années, on l'a dit, la définition officielle du chômage convient peut-être de moins en moins à la réalité du marché du travail canadien. Même pour les groupes dont l'existence est la plus solidement établie, les frontières conservent un certain flou : ainsi, la langue a été dans l'histoire du pays un foyer d'identité tout aussi évident que l'ont été la race aux États-Unis ou la classe en Angleterre, mais il n'en demeure pas moins que les questions portant sur la langue sont l'occasion de débats virulents à chaque recensement. D'autres groupes, certes, n'en sont encore qu'au seuil d'une reconnaissance officielle. Ainsi, pour la première fois, le recensement de 1996 comportait une question destinée à dénombrer les minorités visibles : dans les recensements précédents, la question sur l'origine ethnique ne pouvait permettre de déterminer correctement le nombre des noirs, ceux-ci étant dispersés dans plusieurs catégories, dont certaines n'étaient pas exclusivement composées de personnes se considérant comme noires. Les « pauvres » (un « concept » qui avait plus ou moins disparu du discours savant ou officiel depuis la fin du siècle, mais qui revient en force sous diverses appellations — en France, les exclus, aux États-Unis, l'*underclass*) font également l'objet d'une attention accrue de la part de plusieurs intervenants (un journal annonçait récemment que le Québec conservait le championnat canadien de la pauvreté[21]), même si Statistique Canada se refuse toujours à établir un « seuil de pauvreté », préférant parler d'un « seuil de faible revenu » et enjoignant ses utilisateurs à ne pas confondre les deux choses. Enfin, les itinérants, population particulièrement difficile à quadriller (les recensements sont fondés sur un principe domiciliaire) et dont les estimations connaissent des variations étonnantes, ont fait l'objet d'une tentative de dénombrement spécifique (et expérimentale) lors du recensement de 1991.

Le processus de durcissement statistique auquel prennent part divers acteurs désireux d'ancrer solidement leur existence et leurs revendications — les groupes en quête de reconnaissance officielle, leurs porte-parole, les professionnels qui s'y intéressent — prend donc toute une variété de formes : intégration de questions dans des enquêtes ou lors du recensement, mise sur pied d'enquêtes spécifiques, création d'une unité au sein de l'appareil statistique (division de démo-linguistique, par exemple). On ne saurait comprendre la dynamique qui anime l'espace public d'une démocratie comme le Canada si l'on ne tenait compte de cette imposante *activité de connaissance* d'une société par elle-même.

CONCLUSION

Plusieurs perspectives critiques s'offrent à qui souhaite comprendre l'intense activité statistique des gouvernements dans les démocraties modernes. Les statisticiens d'État eux-mêmes sont, de façon tout à fait compréhensible et sans doute pourrait-on dire presque par nécessité, largement guidés par l'enthousiasme rationaliste qui, depuis Quetelet[22], anime l'entreprise statistique. Leur conception critique est essentiellement normative : elle consiste, à partir d'une norme posée comme « scientifique », « rationnelle » (voilà ce qu'est une bonne nomenclature, un bon échantillon ou un bon recensement), à jeter un regard sur leur activité présente ou passée et à évaluer leur production à l'aune de cette norme. C'est cette conception que l'on retrouve à l'œuvre chez les

21. *La Presse*, 29 mars 1996. Selon les données du Conseil national du bien-être social, le Québec est la province où l'on trouve la plus forte proportion de la population (20,2 %) appartenant à des ménages vivant sous le seuil de faible revenu.
22. Adolphe Quetelet (1796-1874), statisticien et sociologue belge (il inventa le terme de « physique sociale »), fut un réformateur des pratiques statistiques et un propagandiste de l'idée de coordination entre les ministères et bureaux ayant une activité statistique. Son influence fut déterminante et s'exerça un peu partout en Occident.

grands réformateurs de l'appareil statistique au Canada (les Taché, Coats et Marshall[23]), chez ceux qui, de l'intérieur, essaient d'analyser ce qui a été produit. Elle est également celle qu'on serait tenté de reprendre en sciences sociales, puisqu'elle sous-tend une bonne partie de notre discours méthodologique. À l'opposé, l'appareil statistique peut apparaître comme un outil de quadrillage et de surveillance indispensable à l'exercice du pouvoir[24]. L'ambition panoptique qu'exprimaient bien des statisticiens d'État au tournant du siècle et leur optimisme parfois débridé quant aux possibilités que semblait offrir la statistique pour le gouvernement rationnel des sociétés (R.H. Coats en parlait comme de « l'oracle des temps modernes ») peuvent aisément conduire à interpréter l'entreprise statistique comme une volonté de contrôle et de domination. Sur le plan pratique, cette perspective s'incarne par exemple dans la résistance qu'opposent au recensement certains « libertariens » américains (ou, plus près de nous, une partie de la population autochtone). On peut adopter une autre perspective encore. L'idée centrale en est que les divers instruments et procédures mis à contribution dans la production de données statistiques méritent d'être examinés pour eux-mêmes, que les conflits et débats qui opposent les divers acteurs, de même que les compromis auxquels ils parviennent, doivent être pris au sérieux. Ce que cet examen révèle, c'est un travail complexe d'objectivation, de construction d'êtres et d'objets, souvent amorcé hors de l'appareil statistique. Le chômage, l'assimilation linguistique, la fécondité et la mortalité, la pauvreté et la richesse, les inégalités sociales, les minorités ethniques, les sans-abri, la violence faite aux femmes ne sont pas des phénomènes en attente d'être saisis, préexistant tels quels au travail statistique qui n'aurait alors qu'une simple fonction de miroir du monde. Du moins, on pourrait dire que, sans les longues opérations de définition, de découpage, de chiffrage et de dénombrement qu'implique leur traduction statistique, les réalités auxquelles renvoient ces concepts n'auraient ni la densité ni la netteté de contours suffisantes pour faire l'objet d'une discussion raisonnable et, *a fortiori*, d'une action efficace. Certes, cette « production de l'objectivité » a un prix : puisqu'il repose sur un ensemble de compromis entre des acteurs dont les ressources et les intérêts diffèrent et de conventions qui répondent à des exigences juridiques, institutionnelles et épistémiques, le travail statistique entraîne nécessairement un appauvrissement de la complexité et, comme on l'a vu, l'investissement important qu'il suppose incite à la continuité plus qu'au changement. Mais si nous jugeons souhaitable le

23. Herbert Marshall a dirigé le BFS de 1945 à 1956.
24. Cette perspective trouve son origine notamment dans les analyses que présente Michel Foucault dans *Surveiller et punir*, Paris, Gallimard, 1975.

débat démocratique, si nous estimons désirable que gouvernements et citoyens puissent avoir une maîtrise, aussi imparfaite soit-elle, du monde social, nous ne saurions nous passer des êtres et des objets statistiques qui le peuplent désormais.

APPENDICE I

Chronologie

1605 : Des missionnaires français réalisent le premier dénombrement à Port-Royal : 44 colons.

1665-66 : Premier recensement nominatif, mené par Jean Talon.

1847 : Loi créant le Bureau d'enregistrement et de statistique.

1851 : Premier recensement décennal.

1865 : Joseph-Charles Taché dépose son mémoire sur l'état des statistiques au Canada.

1867 : Adoption de l'*Acte de l'Amérique du Nord britannique* confiant au gouvernement fédéral la responsabilité du recensement et des statistiques.

1879 : L'*Acte du recensement et des statistiques* confirme l'autorité du ministère de l'Agriculture en ces matières.

1890 : Création d'un Bureau of Labour Statistics.

1905 : La *Loi du recensement et des statistiques* crée un bureau permanent.

1911 : Mise en service du « pantographe », machine à perforer les cartes inventée par Fernand Bélisle. Celui-ci mettra également au point la « multiperforatrice électrique » (1931) et le « classicompteur à air comprimé » (1941).

1912 : Rapport de la Commission des statistiques officielles du Canada, qui recommande la création d'un appareil statistique chargé de coordonner l'ensemble des activités de collecte et d'analyse des données.

1912 : *Loi sur la statistique au Québec.* Création du Bureau de la statistique du Québec l'année suivante.

1913 : Le ministère du Travail commence à publier l'indice du coût de la vie. Le Canada se joint à l'Institut international de statistique.

1915 : Création du poste de statisticien du Dominion, confié à Robert Hamilton Coats.

1918 : *Loi sur la statistique.* Création du Bureau fédéral de la statistique.

1941 : Première utilisation de l'échantillonnage lors d'un recensement.

1943 : Travaux du comité interministériel chargé d'étudier les besoins d'après-guerre en matière d'information. Une section centrale de recherche et de développement est mise sur pied. Début de la réorganisation de la statistique du revenu national sous la forme de comptes nationaux.

1945 : Création de l'enquête sur la population active.

1948 : La loi est modifiée afin d'autoriser le recours à l'échantillonnage.

1952 : L'indice des prix à la consommation remplace l'indice du coût de la vie.

1956 : Premier recensement quinquennal national. Acquisition d'un calculateur électronique.

1959 : Acquisition d'un ordinateur IBM 705.

1960 : La Commission Glassco recommande que le BFS devienne un ministère et que le statisticien fédéral ait rang de sous-ministre.

1969 : Création de CANSIM.

1971 : Nouvelle loi sur la statistique. Le BFS devient Statistique Canada. Première utilisation de l'autodénombrement lors d'un recensement.

1978 : Début de la période de compression des dépenses à Statistique Canada.

1979-80 : Enquêtes Moser et Price-Waterhouse portant sur la gestion de Statistique Canada.

1986 : Création du Conseil national de la statistique.

1988 : Développement des interviews téléphoniques par ordinateur.

1993 : Première utilisation d'ordinateurs de poche lors d'enquêtes.

1996 : Lancement de l'Initiative de démocratisation des données (IDD).

APPENDICE II

Pistes bibliographiques

CANADA, Statistique Canada (1993). *75 ans à compter. L'histoire de Statistique Canada / 75 Years and Counting. A History of Statistics Canada*, Ottawa, Statistique Canada, 109/101 p.

Ouvrage commémoratif bilingue publié par Statistique Canada à l'occasion de son 75e anniversaire.

CANADA, Statistique Canada (1983). *Statistiques historiques du Canada*, 2e éd., Ottawa, Statistique Canada, 1056 p.

Le plus vaste compendium de données statistiques portant sur le Canada.

COOK, Rupert et Joan MOUNT (avec la collaboration de Hassan BOUGRINE) (1993). *Données statistiques canadiennes. Comment interpréter l'information*, Sillery, Presses de l'Université du Québec, 205 p.

Excellente introduction aux statistiques canadiennes. Présente et explique le recensement, l'IPC, les statistiques du revenu national, de la population active, etc. Plusieurs questionnaires d'enquête sont reproduits.

DESROSIÈRES, Alain (1993). *La politique des grands nombres. Histoire de la raison statistique*, Paris, La Découverte, 438 p.

Les travaux menés par Desrosières depuis près de vingt ans ont grandement contribué à imposer le développement des activités statistiques comme champ d'étude pertinent. L'ouvrage embrasse une large période, qui va de l'arithmétique politique anglaise et de la *statistik* allemande du XVIIe siècle à l'apparition des méthodes de sondage et de l'économétrie dans la première moitié du XXe.

GUÉRIN, Gilles (1983). *Des séries chronologiques au système statistique canadien*, Chicoutimi, Gaëtan Morin éditeur, 470 p.

Bien qu'un peu ancien, cet ouvrage contient de nombreux renseignements sur le système statistique canadien ainsi que sur ses principaux indicateurs.

À ces ouvrages, il faut ajouter les publications de Statistique Canada, que l'on trouve dans la plupart des bibliothèques et pour lesquelles existe un système de classification particulier.

Statistique Canada possède par ailleurs un impressionnant site Web dont l'adresse (**www.statcan.ca**) devrait figurer dans votre carnet.

CHAPITRE 7

Le territoire

JACQUES LÉVEILLÉE

LA NATURE ET L'ÉVOLUTION DU SYSTÈME D'ADMINISTRATION LOCALE AU QUÉBEC 214

DES INSTANCES LOCALES MULTIPLES ET DIVERSIFIÉES 218

L'AMÉNAGEMENT DU SYSTÈME D'ADMINISTRATION LOCALE, MÉTROPOLITAINE ET RÉGIONALE. 227
- Les lacunes dans les municipalités 227
- Les lacunes dans le gouvernement provincial 227
- Les lacunes attribuées à la présence du gouvernement fédéral 228

LE CONTENTIEUX FÉDÉRAL/PROVINCIAL SUR LES AFFAIRES LOCALES 230

L'ÉMERGENCE DE NOUVEAUX ACTEURS DANS LE SYSTÈME : LA SOCIÉTÉ LOCALE EN MUTATION 233

CONCLUSION : À LA CROISÉE DES CHEMINS 237

NOTES BIBLIOGRAPHIQUES 239

Les institutions municipales et leurs extensions métropolitaines et régionales apparaissent souvent comme les parents pauvres des manuels d'administration publique. Tout comme elles passent au quatrième rang des intérêts qui agitent l'opinion publique. Ici comme ailleurs, les questions politiques et administratives locales captivent moins l'attention que les préoccupations d'ordre international, national et provincial. Et pourtant certaines administrations urbaines ou métropolitaines gèrent des budgets et fournissent des services publics souvent plus importants et plus diversifiés que ne le font certains gouvernements provinciaux ou autres structures apparentées aux provinces.

Ce désintérêt relatif est susceptible d'évoluer rapidement au cours des prochaines années. Les réorganisations étatiques qui mettent l'accent sur une nécessaire décentralisation des appareils administratifs centraux et les profondes transformations qui bouleversent le système international au plan économique et au plan des acteurs institutionnels contribueront à cette évolution. Déjà, bien que ce ne soit pas le lot de la majorité des institutions locales, il importe de reconnaître que certaines villes, certaines métropoles et certaines régions prolongent, sur la scène internationale, un ensemble d'initiatives qu'elles ont pris l'habitude d'exercer sur les scènes nationales ou provinciales au fil des années. Et ce avec le consentement plus ou moins empressé des gouvernements dont elles dépendent.

Cette dernière allusion aux relations entre les instances du système d'administration locale constituera la trame de fond du présent chapitre. Après avoir brossé un tableau de l'évolution du système d'administration locale au Québec et de la diversité des instances locales d'intervention, nous présenterons les acteurs institutionnels locaux, métropolitains et régionaux qui sont apparus au cours des vingt dernières années pour parachever le travail gouvernemental des instances provinciales ou fédérales auprès des populations locales. En conclusion, nous proposerons quelques réflexions sur les enjeux actuels et sur les perspectives d'avenir des institutions locales, métropolitaines et régionales au Québec.

L'histoire récente du système municipal québécois offre plusieurs similarités avec celle de la grande majorité des pays occidentaux. Les relations entre le centre étatique et la périphérie administrative obéissent aux mêmes impératifs et s'inscrivent dans une même mouvance de centralisation persistante et de décentralisation plus prononcée à mesure que nous approchons de la période actuelle. Par contre, le Québec, à l'instar de la France et des États-Unis, mais en contraste avec la majorité des autres pays, n'est pas parvenu à s'imposer une réduction du nombre de ses municipalités.

LA NATURE ET L'ÉVOLUTION DU SYSTÈME D'ADMINISTRATION LOCALE AU QUÉBEC

En regard de l'histoire de la Ville et de la Cité comme mode de rassemblement des populations et des activités civilisatrices et comme formule de gestion des services requis par la concentration du nombre et de la diversité sur des espaces relativement restreints, l'histoire de l'institution municipale québécoise, comme l'histoire de l'expérience canadienne, est ridiculement jeune.

Dans son magistral ouvrage sur La Ville (*The City*, 1958), Max Weber retrace l'origine de la ville et rend compte des caractéristiques originales de la formule de gestion des rapports sociaux et politiques que représente la formule urbaine. Plus récemment, Paul Bairoch (1985), dans son impressionnante synthèse intitulée *De Jéricho à Mexico. Villes et économie dans l'histoire*, a insisté pour sa part sur les dimensions économiques de la contribution de la ville dans l'histoire, avant même que l'État ne fasse véritablement son apparition. Ainsi, dans la majorité des vieux pays du monde, la Ville ou la Cité a précédé l'État en tant que formule retenue par les populations pour l'administration des choses et des personnes. Par comparaison, dans les pays jeunes comme le Canada et les États-Unis, il en fut autrement. Dans ces pays, les États ont conçu eux-mêmes les systèmes d'administration locale qu'ils désiraient pour les seconder dans l'aménagement des structures étatiques en voie de formation et pour les assister dans la gestion des services publics par la suite.

Ainsi en est-il de l'expérience québécoise. Tout au long de sa courte histoire, le gouvernement provincial dirigera, avec plus ou moins de détermination selon les périodes, le mise en œuvre et le fonctionnement du système municipal québécois. Résumons les grandes étapes de cette évolution avant de procéder à une description des principales institutions qui constituent actuellement ce système.

Le système d'administration locale et régionale du Québec se met en place entre 1840 et 1855. Pas moins de quatre essais législatifs seront réalisés entre ces deux années avant de parvenir au « compromis historique » reconnaissant la double structure que nous connaissons encore aujourd'hui, soit la municipalité locale et une structure intermédiaire, même si cette double stucture a été substantiellement modifiée au tournant des années 1980.

La description et l'interprétation de ces années cruciales de la naissance du système municipal québécois sont consignées dans plusieurs documents. Dans le cadre du présent chapitre, nous synthétisons les principales conclusions auxquelles sont parvenues ces études.

La centralisation étatique du Régime français (1608-1760), qui s'est poursuivie avec moins d'intensité sous le Régime anglais (1760-1840), n'a pas permis qu'émerge un système d'administration locale qui soit autre chose qu'un prolongement de l'exercice du pouvoir central sur l'ensemble du territoire québécois.

Lord Durham proposera de rémédier à cette lacune, qu'il identifie comme une des causes de la rébellion de 1837-1838, par l'instauration d'un système municipal décentralisé.

> On peut regarder comme une des causes principales de l'insuccès du gouvernement représentatif et de la mauvaise administration du pays l'absence totale d'institutions municipales qui donneraient au peuple une certaine autorité sur ses affaires régionales. Si l'on avait suivi à tous égards au Bas-Canada le sage exemple des pays où a bien fonctionné le gouvernement représentatif [...] on aurait eu le soin [...] d'investir le peuple de l'autorité complète sur ses propres affaires locales et de l'initier à participer à la politique de la province, grâce à son expérience acquise dans ce qui le touche de plus près et qu'il sait le mieux comprendre[1].

Pour les détenteurs du pouvoir central, cette décentralisation se devait d'être placée sous surveillance étatique constante. Pour les populations locales et leurs élites cléricales et laïques, les institutions à mettre en place devaient reproduire le plus fidèlement possible les pratiques de vie

1. Extrait du Rapport Durham, cité dans BACCIGALUPO, A. (1984). *Les administrations municipales québécoises, des origines à nos jours*, Tome 1, Montréal, Les Éditions Agence d'ARC, 611 p., p. 56.

communautaire que les sociétés locales avaient adoptées au fil des années. D'où le compromis qui consista à édifier le système sur les unités territoriales et communautaires déjà existantes (paroisses religieuses et *townships*) en leur reconnaissant, par législations, l'habileté d'adopter des règlements (quasi-lois ou *by-laws*) et de lever des impôts par l'intermédiaire de représentants élus. L'autre volet du compromis prévoit de mettre sur pied des corporations municipales de comté et de confier aux conseils de ces corporations, formés exclusivement des maires des municipalités rurales, la responsabilité d'un nombre restreint de tâches supra-locales.

La majorité des traits qui vont caractériser l'évolution ultérieure du système d'administration locale au Québec sont contenus dans ces observations sur la naissance de l'institution municipale québécoise. Le gouvernement central, en dépit de ses intentions, n'est pas représenté directement ni au sein des municipalités ni au sein des conseils de comté. Le principe électif est intact. Cette victoire permet encore aujourd'hui aux populations locales d'utiliser ce *pouvoir politique* pour résister, comme à cette époque, aux tentatives d'encerclement qui jalonneront l'histoire des administrations locales. En effet, à défaut d'être physiquement présent dans les instances locales, le gouvernement central utilisera son *pouvoir législatif* pour surveiller, superviser et encadrer la gestion des questions locales par les municipalités.

Comme l'a très bien fait ressortir Isin (1992), cette notion de « questions locales » est centrale pour la compréhension de la nature et de l'évolution du système municipal au Canada et au Québec. En effet, contrairement à ce que le sens commun nous amènerait à conclure, la responsabilité finale sur ces questions n'est pas du ressort des instances locales ou communautaires, mais des gouvernements provinciaux.

L'article 92(8) de la loi fondamentale du Canada, soit l'*Acte de l'Amérique du Nord britannique*, est sans équivoque à ce propos. Il en découle une série de constatations qui sont au cœur de la dynamique des relations intergouvernementales au Canada, en particulier les relations provinciales–municipales. Les provinces sont responsables des « questions locales ». Ou bien elles les administrent par leurs propres moyens, ou bien elles en confient la responsabilité à des instances auxquelles elles délèguent des compétences par l'adoption de lois-cadres. Ainsi donc, les municipalités et autres instances locales sont des créatures du gouvernement provincial, lequel détient un pouvoir général de tutelle sur ses créatures à l'intérieur du régime de décentralisation administrative qu'il a institué.

Le gouvernement du Québec, en tant que gouvernement provincial, n'est pas en mesure de modifier radicalement ce régime. Il peut toutefois l'aménager par regroupement, diminution, voire même abolition des municipalités québécoises. Il peut également l'aménager en assumant désormais la responsabilité entière ou partielle des compétences que les lois provinciales habilitent les administrations locales à exercer. Dans chacune des hypothèses, le rythme et l'intensité des restructurations du système local refléteront le rapport de force entre le *pouvoir législatif*, en théorie absolu, et le *pouvoir politique* des municipalités qui prend sa source dans le principe électif et qui s'alimente de la mobilisation des populations locales en faveur de l'exercice décentralisé de la gestion des « questions locales ».

Depuis le milieu des années 1970, la conjoncture a fait en sorte que les deux *pouvoirs* convergent vers la même cible, soit une plus grande décentralisation du système d'administration locale. Il est même permis de croire que les contraintes budgétaires actuelles du gouvernement québécois fournissent une motivation supplémentaire pour amplifier la tendance à la décentralisation fiscale et gouvernementale en faveur des instances administratives locales et régionales.

Au terme de cette phase décentralisatrice en gestation, le système municipal québécois ne présentera pas les traits de la période de prédominance municipale qui a caractérisé l'émergence du système (1855-1920). Le gouvernement provincial ne lui permettrait plus d'être aussi libéral, aussi audacieux ou téméraire, et aussi brouillon. Depuis la création du ministère des Affaires municipales (1918) et de la Commission municipale (1932), le gouvernement de tutelle a perfectionné ses instruments d'information, de supervision et de contrôle des administrations locales. Pour leur part, les administrations locales se sont « professionnalisées ». Elles sont, de ce fait, mieux en mesure de résister aux pressions des entrepreneurs de tout acabit qui les incitaient à dépenser au-delà de leur capacité en vue de préparer l'avènement de la société urbaine au tournant du siècle. Sans verser dans les travers qui ont marqué la première phase de décentralisation du système, le système qui est en construction depuis le milieu des années 1970 évolue tout de même sous le signe de la décentralisation.

Décentralisation hésitante et fragile toutefois. Ce système qui se profile à l'horizon n'est pas libéré des traits qui ont marqué cette longue période de prédominance provinciale en matière de « questions locales » qui s'est étendue de 1920 à 1976. Cette période, que plusieurs auteurs ont scindée en trois ou quatre sous-périodes pour mieux rendre compte des modulations de l'intervention, a laissé des traces profondes sur l'évolution du système québécois d'administration locale. Était-il nécessaire de passer par cette phase de centralisation pour consolider le système et ainsi rendre possible la phase de décentralisation qui se vit présentement ? Les auteurs ne se prononcent pas. Par contre, en insistant sur le fait qu'il en est résulté un système fortement encadré par les autorités centrales, ces auteurs fournissent des points de comparaison et de contraste avec le système actuellement en émergence.

Ce système dont nous observons la construction en cette fin de siècle sera moins hiérarchique, plus ouvert aux différences, moins tatillon dans ses contrôles, plus éclectique dans ses expériences et ses innovations. Les administrations centrales s'imposeront encore des restrictions au plan des ressources humaines et des ressources financières. Elles devront, en conséquence, modifier la qualité de leur présence auprès des administrations locales. Pour leur part, un nombre grandissant d'administrations locales auront les moyens et la volonté de répondre aux attentes que les transformations démographiques et économiques actuelles placent en elles. De plus, tout comme les autres paliers de gouvernement, elles n'auront pas vraiment le choix de refuser de prendre le virage que toutes les forces contextuelles les obligent à adopter.

Ces projections plus ou moins futuristes ne doivent toutefois pas nous entraîner dans des généralisations abusives. À ce propos, il est important de prendre note que toutes les composantes du système d'administration locale ne sont pas soumises aux mêmes pressions environnementales. Ce système est diversifié et relativement complexe. De plus, il a subi, au cours des dernières années, des transformations dont il importe de rendre compte avant d'effectuer un retour sur la dynamique des relations provinciales-municipales que nous venons d'esquisser.

DES INSTANCES LOCALES MULTIPLES ET DIVERSIFIÉES

Le système d'administation locale québécois comprend 1 400 municipalités, trois communautés urbaines, 96 municipalités régionales de comté, en plus des gouvernements provincial et fédéral. Même si leur statut est différent, nous incorporons les 16 régions administratives du gouvernement québécois au système parce qu'elles participent de plus en plus à la problématique du système d'administration locale, bien qu'elles s'inscrivent encore dans une logique de déconcentration plutôt que dans une logique de décentralisation.

Les 1 400 municipalités constituent véritablement les unités de base du système. Ce sont les représentantes et les représentants élus de ces municipalités que l'on retrouve aux conseils et aux comités exécutifs des communautés urbaines et des municipalités régionales de comté. Ces deux dernières instances ne bénéficient pas d'un mécanisme de représentation directe. Ce sont encore ces élus locaux qui hantent les décideurs provinciaux et qui les obligent à calibrer les interventions législatives et réglementaires régissant l'exercice du pouvoir dans les municipalités, les communautés urbaines et les municipalités régionales de comté du Québec. Bref, le pouvoir politique des municipalités est une constante dans l'histoire du régime municipal québécois.

Certes, ce pouvoir politique n'est pas distribué de façon égalitaire entre toutes les municipalités. Au-delà du nombre de conseillères et de conseillers qui forment le conseil municipal (2), certaines villes importantes, dont Montréal, à titre de métropole économique, et Québec, à titre de capitale politique, pèsent vraisemblablement plus lourd que la majorité des municipalités locales. Le fait d'accueillir sur leur territoire des ressources stratégiques utiles à l'ensemble de la société québécoise leur confère un potentiel d'influence particulier. Par contre, certaines petites municipalités, tout comme d'autres municipalités plus populeuses, peuvent prendre avantage de certains atouts, partisans et autres, et bénéficier, du moins pour un temps, d'un pouvoir politique que la seule considération du nombre ne justifierait pas. L'intérêt, pour une municipalité, d'être du « bon côté » politique, de disposer d'un « ministre dévoué » ou de pouvoir compter sur un maire « bien branché » a toujours semblé évident.

La diversité du monde municipal est toutefois plus manifeste lorsque l'attention est portée aux dimensions administratives du pouvoir des municipalités. Les tableaux ci-joints identifient quelques éléments de cette diversité.

- Pas moins de 1 037 des 1 474 municipalités québécoises (1991), soit 70,35 % des municipalités, comptent moins de 2 000 personnes; ensemble elles représentent 12,7 % de la population du Québec; en contrepartie, les municipalités de plus de 2 000 personnes ne comptent que 29,65 % des municipalités, mais accueillent 87,3 % de la population québécoise.

- Le recensement de 1991 dénombre six régions métropolitaines de recensement de 100 000 personnes et plus (Montréal, Québec, Hull, Chicoutimi, Sherbrooke, Trois-Rivières) et 25 agglomérations de recensement, dont neuf de 40 000 à 100 000 personnes, huit de 25 000 à 40 000 personnes et huit de 10 000 à 25 000 personnes.

- Le premier groupe rassemble 189 municipalités et 4 436 070 personnes, soit 64,3 % de la population du Québec, le second groupe rassemble 116 municipalités et 904 892 personnes, soit 13,1 % de la population québécoise, ensemble ils représentent 77,4 % de la population québécoise.

- Quatre-vingt-treize pour cent de la croissance démographique du Québec a été enregistrée dans ces agglomérations entre 1986 et 1991.
- L'ensemble des autres municipalités, soit 1 169 municipalités, représentent 1 555 001 personnes, soit 22,5 % de la population québécoise.
- Les municipalités rurales (moins de 2 000 personnes) sont régies par le *Code municipal*, les municipalités urbaines (plus de 2 000 personnes) obéissent à la *Loi sur les cités et villes*, deux lois-cadres que le législateur québécois a entrepris de fusionner depuis 1985.
- Les dépenses des municipalités du Québec furent de 7,7 milliards de dollars en 1992 et atteignent près de 10 milliards de dollars en 1995; les municipalités urbaines assument le plus lourd fardeau de ces dépenses.
- Les villes-centres du Québec, soit les 305 municipalités regroupées dans les six régions métropolitaines de recensement et les 25 agglomérations de recensement, présentent un écart de dépenses de 1,10 $ par 100 $ de richesse foncière uniformisée avec les municipalités de leur périphérie; cet écart s'élève à 1,35 $ lorsque la comparaison des dépenses est faite avec l'ensemble des municipalités du Québec.

L'ensemble de ces données laisse à entendre que les services fournis aux populations locales par les municipalités sont substantiellement plus nombreux et plus développés dans les milieux urbains que dans les territoires ruraux. Pour bien en rendre compte, Baccigalupo (1990) établit une distinction très utile entre les services de base et les services plus sophistiqués. Les premiers procèdent d'une conception de l'État-gendarme et s'occupent des aspects matériels de la vie en société. Aussi, toutes les municipalités offrent un minimum de ces services tels que la voirie, l'approvisionnement en eau, l'évacuation des eaux usées. Les seconds sont apparus plus tardivement. Ils témoignent de l'avènement de l'État-providence dans la gestion municipale. Ils prennent en charge des dimensions à la fois moins techniques (le développement communautaire), plus prospectives (la promotion économique) et plus près de l'épanouissement des personnes (le développement culturel). À cause des caractéristiques de ces nouveaux services, il est plus vraisemblable de les retrouver dans des municipalités populeuses et hétérogènes au plan social, économique et culturel.

TABLEAU 1

Répartition des municipalités québécoises par classe de population[2]

Classe de population	Municipalités			Population		
	Nombre	Pourcentage par classe	Pourcentage cumulatif	Nombre	Pourcentage par classe	Pourcentage cumulatif
0	10	0,68	0,68	0	0,00	0,00
1-499	281	19,06	19,74	93 248	1,36	1,36
500-999	397	26,93	46,67	291 035	4,24	5,60
1 000-1 499	218	14,79	61,46	264 806	3,85	9,45
1 500-1 999	131	8,89	70,35	226 909	3,30	12,75
2 000-2 999	132	8,96	79,31	322 924	4,70	17,45
3 000-3 999	76	5,16	84,47	266 529	3,88	21,33
4 000-4 999	40	2,71	87,18	177 532	2,58	23,91
5 000-9 999	72	4,88	92,06	497 708	7,24	31,15
10 000-24 999	73	4,95	97,01	1 136 898	16,55	47,70
25 000-49 999	25	1,70	98,71	897 331	13,06	60,76
50 000-99 999	15	1,02	99,73	1 066 071	15,52	76,28
100 000 et plus	4	0,27	100,00	1 629 455	23,72	100,00
Total	1 474	100,00	—	6 870 446	100,00	—

Source : Compilation du MAM à partir des données du recensement du 3 juin 1991 effectué par Statistique Canada. Ce tableau exclut les 29 réserves indiennes, les 9 terres 1-A et la terre 1-AN ainsi que les 117 territoires non municipalisés totalisant respectivement des populations de 24 714, 8 738 et 2 658.

Tiré de : PETRELLI, Robert et Sylvain DUBOIS (1994). *La réforme des municipalités locales et régionales au Québec et à l'étranger*, Montréal, Université du Québec à Montréal/Service aux collectivités, 80 p., p. 6.

2. Pour toute municipalité de moins de 20 000 personnes, le conseil est formé d'une mairesse ou d'un maire et de six conseillères ou conseillers. Pour les municipalités dont la population dépasse 20 000 personnes, le nombre des membres du conseil est établi par le conseil en respectant les balises suivantes : de 20 000 à 50 000 personnes, entre huit et 12 conseillers ou conseillères, plus un maire ou une mairesse, de 50 000 à 100 000, entre 10 et 16, de 100 000 à 250 000, entre 14 et 20, de 250 000 à 500 000, entre 18 et 36, de 500 000 et plus, entre 30 et 90.

TABLEAU 2

Liste des agglomérations urbaines du Québec

Agglomération	Nombre de municipalités	Nombre d'élus	Population totale (1991)
Régions métropolitaines de recensement			
100 000 habitants et plus			
Montréal	102	884	3 127 242
Québec	44	351	645 550
Hull	10	86	226 957
Chicoutimi	10	86	160 928
Sherbrooke	14	104	139 194
Trois-Rivières	9	64	136 199
Agglomérations de recensement			
40 000 à 100 000 habitants			
Saint-Jean-sur-Richelieu	4	30	68 378
Shawinigan	11	79	61 672
Drummondville	6	44	60 092
Granby	4	30	59 410
Saint-Jérôme	4	30	51 986
Saint-Hyacinthe	6	46	50 193
Rimouski	10	72	47 818
Sorel	6	44	46 365
Salaberry-de-Valleyfield	2	23	40 061
25 000 à 40 000 habitants			
Victoriaville	3	25	39 826
Rouyn-Noranda	10	72	38 739
Joliette	5	38	37 525
Baie-Comeau	5	37	32 823
Thetford Mines	7	53	30 279
Alma	2	16	30 191
Val-d'Or	4	30	30 041
Sept-Îles	3	16	25 712
10 000 à 25 000 habitants			
Rivière-du-Loup	6	42	23 457
Saint-Georges	3	23	23 095
Magog	3	21	20 426
Dolbeau	2	14	15 023
Matane	3	21	14 858
La Tuque	3	15	13 050
Cowansville	2	14	12 510
Lachute	1	7	11 730

Source : Statistique Canada, Recensement 1991.

Tiré de : *Municipalité*, août/septembre 1994.

TABLEAU 3
Évolution de la population dans les RMR et les AR* du Québec, 1986-1991

	1986		1991		Croissance démographique 1986-1991	
	Population	% de la population totale du Québec	Population	% de la population totale du Québec	Nombre	%
RMR de Montréal	2 921 357	44,7	3 127 242	45,3		
RMR de Québec	602 232	9,2	645 550	9,4		
RMR de Hull	200 215	3,1	226 957	3,3		
RMR de Chicoutimi	158 468	2,5	160 928	2,3		
RMR de Sherbrooke	129 960	2,0	139 194	2,0		
RMR de Trois-Rivières	128 831	1,9	136 199	2,0		
Total (RMR)	**4 141 063**	**63,4**	**4 436 070**	**64,3**	**295 007**	**(81,2)**
27 agglomérations urbaines entre 10 000 et 99 999 habitants	847 003	13,0	904 892	13,1	57 889	(15,9)
Autres municipalités	1 544 395	23,6	1 555 001	22,5	10 606	(2,9)
Total (Québec)	**6 532 461**	**100,0**	**6 895 963**	**100,0**	**363 502**	**(100)**

* RMR : région métropolitaine de recensement; AR : agglomération de recensement.

Source : Statistique Canada, Recensements de 1986 et 1991.

Tiré de : *Municipalité*, septembre 1992.

TABLEAU 4
Dépenses des municipalités locales, 1982-1992

	1982		1992		Taux de variation (%)	
	Millions de dollars	Pour-centage	Millions de dollars	Pour-centage	1992/ 1991	1992/ 1982
ADMINISTRATION GÉNÉRALE	**613**	**15,4**	**1 147**	**14,8**	**4,6**	**6,5**
SÉCURITÉ PUBLIQUE	**352**	**8,8**	**1 249**	**16,1**	**9,4**	**13,5**
Police	176	4,4	860	11,1	12,2	17,2
Protection contre l'incendie	165	4,2	339	4,4	3,6	7,5
Autres	11	0,2	50	0,6	4,3	16,3
TRANSPORT	**434**	**10,9**	**1 521**	**19,6**	**18,4**	**13,4**
Administration	76	1,9	183	2,4	3,5	9,2
Voirie municipale	116	2,9	275	3,5	4,8	9,0
Enlèvement de la neige	150	3,8	32	4,3	7,0	8,3
Autres	92	2,3	731	9,4	36,6	23,0
HYGIÈNE DU MILIEU	**303**	**7,6**	**864**	**11,1**	**7,9**	**11,0**
Exploitation de l'eau et des égouts	192	4,8	539	6,8	5,9	10,7
Enlèvement et destruction des ordures	104	2,6	293	3,8	11,6	10,9
Autres	7	0,2	42	0,5	7,3	19,6
SANTÉ ET BIEN-ÊTRE			**9**	**0,1**	**20,8**	
URBANISME ET MISE EN VALEUR DU TERRITOIRE	**117**	**2,9**	**311**	**4,0**	**7,3**	**10,3**
LOISIRS ET CULTURE	**282**	**7,1**	**786**	**10,1**	**3,7**	**10,8**
ÉLECTRICITÉ			**146**	**1,9**	**2,9**	
QUOTE PART	**498**	**12,5**	**(1 185)**	**(15,3)**	**23,3**	**9,1**
FRAIS DE FINANCEMENT	**898**	**22,5**	**1 590**	**20,5**	**7,2**	**5,8**
Remboursement de capital	269	6,7	532	6,9	10,5	7,0
Intérêts sur dette à long terme	534	13,4	867	11,2	5,6	4,9
Contribution à un fonds d'amortissement	53	1,3	158	2,0	3,7	11,5
Autres	42	1,1	33	0,4	15,9	(2,4)
AUTRES DÉPENSES ET AFFECTATIONS	**481**	**12,1**	**135**	**1,7**		**(13,5)**
Total des dépenses et affectations	**3 978**	**100,0**	**7 758**	**100,0**	**8,8**	**6,9**

Sources : MAM, *Prévisions budgétaires des municipalités 1992*; BSQ, *Le Québec statistique*, 1989.

Tiré de : Union des municipalités du Québec, *La décentralisation et les municipalités : les enjeux, le potentiel, les étapes préalables à une réalisation efficiente*, Montréal : UMQ, 1994, 114 p., Annexe.

GRAPHIQUE 1

Comparaison des dépenses nettes des villes-centres par rapport à celles des autres municipalités en 1993

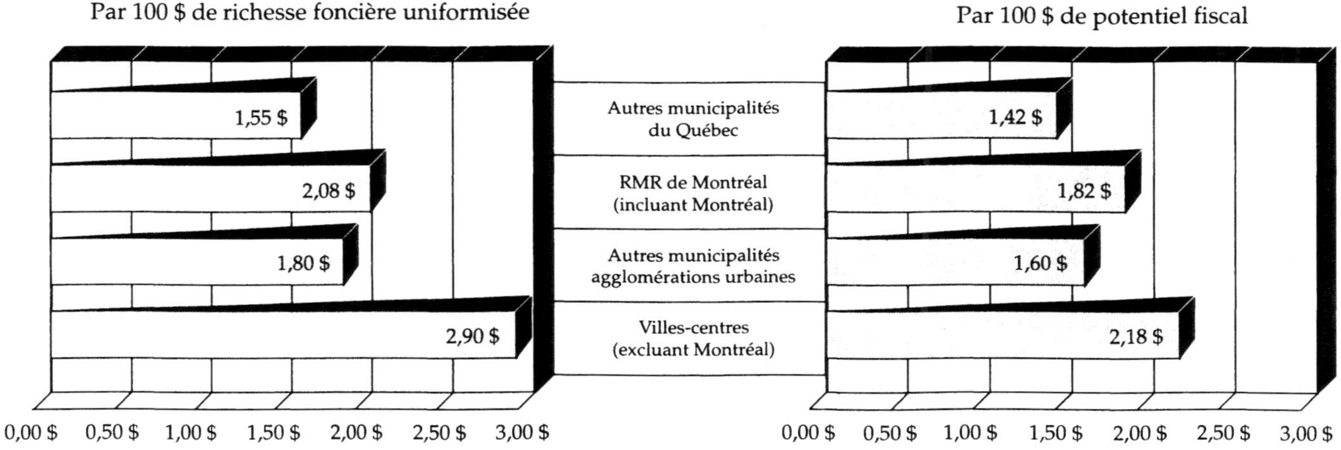

Sources : *Prévisions budgétaires des municipalités*, 1993; *Sommaire des rôles d'évaluation foncière des municipalités*, 1993.

Compilation : ministère des Affaires municipales.

Tiré de : Gouvernement du Québec, *Problématique des villes-centres au Québec, Rapport de la Table ronde*, Québec : ministère des Affaires municipales, 1994, 90 p., p. 60.

Bien qu'elles soient les premières responsables de la gestion de ces services anciens et nouveaux, les municipalités locales ne détiennent plus l'exclusivité de l'intervention en ces matières. Depuis 1970, trois communautés urbaines ont été mises sur pied par volonté du législateur québécois. Ce dernier leur a confié la gestion de quelques services publics sur une partie des agglomérations urbaines de Montréal, de Québec et de Hull. Aujourd'hui, ces communautés recouvrent 47 municipalités et administrent des budgets de 1,3 milliard[3].

Toutes les autres municipalités du Québec se retrouvent dans une structure apparentée à celle de la communauté urbaine, soit la municipalité régionale de comté. Comme la communauté urbaine, la MRC est une instance de concertation des municipalités membres, en particulier dans le domaine de l'aménagement du territoire et de l'urbanisme. En effet, c'est à l'occasion de l'adoption d'une loi sur l'aménagement et l'urbanisme (loi 125) que le gouvernement provincial décidait, en 1979, d'introduire un article qui devait conduire à la constitution de 96 MRC[4].

Les MRC ne sont parvenues au stade des communautés urbaines ni au plan des compétences exercées ni au plan des budgets disponibles. Le

3. La Communauté urbaine de Montréal comprend 29 municipalités qui représentent 1 783 653 personnes (1991). La ville principale, Montréal, compte un million de personnes; aucune autre n'atteint 100 000 personnes. Les compétences exercées par la CUM sont : l'assainissement de l'eau et de l'air, l'évaluation foncière, la confection du schéma d'aménagement, l'établissement de parcs régionaux, l'inspection des aliments, le transport en commun, la promotion économique, la sécurité publique. Son budget était de 1,3 milliard en 1993. Il est en décroissance depuis.
La Communauté urbaine de Québec fédère 13 municipalités qui accueillent 484 100 personnes (1991). La ville principale, Québec, compte 168 000 personnes; par ailleurs, trois autres villes approchent ou dépassent le chiffre de 70 000, soit Sainte-Foy (71 700), Charlesbourg (71 700), Beauport (67 600). Les compétences exercées par la CUQ sont : l'assainissement des eaux, l'évaluation foncière, la récupération et le recyclage des déchets, le schéma d'aménagement, le transport en commun, la facturation et l'envoi des comptes de taxes, la promotion touristique, l'uniformisation de la réglementation sur la circulation. Son budget était de 118,6 millions en 1993.
La Communauté urbaine de l'Outaouais a porté le nom de Communauté régionale de l'Outaouais jusqu'en 1990. Elle regroupe cinq municipalités qui représentent, ensemble, 192 600 personnes (1991). Hull n'est pas la ville la plus populeuse (60 900). Gatineau lui a ravi ce titre (85 100). La CUO exerce ses compétences dans les domaines suivants : l'assainissement des eaux, l'évaluation foncière, la récupération et le recyclage des déchets, le schéma d'aménagement, le transport en commun, l'alimentation en eau potable, la facturation et l'envoi des comptes de taxes. Son budget était de 41,2 millions en 1993.
4. Des 96 MRC, 63, soit 66 %, représentent moins de 40 000 personnes; 25 de ces dernières représentent moins de 20 000 personnes.

législateur a toujours été plus nébuleux au sujet des MRC qu'il ne l'a été à l'endroit des communautés urbaines.

Dans la section qui suit, nous verrons que les plus récentes interventions du gouvernement provincial quant à l'aménagement des responsabilités dans la gestion des services publics locaux perpétuent la période de transition initiée par l'instauration des communautés urbaines et amplifiée par la mise sur pied de municipalités régionales de comté.

L'AMÉNAGEMENT DU SYSTÈME D'ADMINISTRATION LOCALE, MÉTROPOLITAINE ET RÉGIONALE

Les décisions concernant les communautés urbaines et les municipalités régionales de comté, tout comme les autres interventions en vue de réformer le système québécois d'adminsitration locale, ont été élaborées dans l'espoir de remédier à certaines lacunes de ce système. L'énumération de celles-ci a été faite par plusieurs auteurs cités en bibliographie et a été consignée dans divers documentts au cours des années 1960 et 1970. Elles peuvent être regroupées sous trois titres.

Les lacunes dans les municipalités

Le processus particulier d'occupation de l'espace québécois est caractérisé par une urbanisation déséquilibrée, par une multiplication d'unités municipales saupoudrées sur l'ensemble du territoire et par une forte disparité entre les villes et entre le milieu urbain et le milieu rural. Cette situation a fait en sorte que diverses faiblesses financières, humaines, matérielles et techniques, en particulier dans les plus petites municipalités, furent diagnostiquées très tôt au début des années 1960. Certaines de ces petites municipalités étaient également responsables de territoires très étendus, ce qui ne manquait pas d'ajouter aux coûts associés au morcellement et au grand nombre de ces municipalités.

Les lacunes dans le gouvernement provincial

Jusqu'au début des années 1960, le gouvernement provincial et en particulier ses deux « bras municipaux », soit le ministère des Affaires municipales et la Commission municipale de Québec, avaient poursuivi une politique fort discrète à l'égard du système municipal. Cette politique municipale se résumait en une reconnaissance politique et administrative de l'existence des municipalités et prenait la forme d'une surveillance paternaliste des administrateurs locaux afin qu'ils ne contreviennent pas à la lettre des lois régissant les municipalités. Or, les signes d'une inadéquation entre les besoins croissants et de plus en plus uniformes des populations rurales et urbaines du Québec étaient de plus en plus manifestes. Les capacités inégales de réponse des municipalités exigeaient une diversification dans les initiatives du gouvernement et une certaine audace dans la conception de nouvelles législations. Les moyens législatifs dont s'était doté le gouvernement étaient jugés insuffisants pour inciter à la mise en commun, tout particulièrement dans les milieux urbains progressivement plus interdépendants. De plus, les encadrements conçus par l'appareil central étaient jugés trop directifs et trop tatillons. Ils risquaient de décourager à tout jamais les initiatives municipales plutôt que de les encourager et de les supporter.

Les lacunes attribuées à la présence du gouvernement fédéral

À mesure que le gouvernement provincial exprimera sa volonté de jouer un rôle actif dans l'avènement d'un système municipal mieux adapté aux années 1960, 1970 et 1980, il dénoncera les incursions du gouvernement fédéral dans les affaires locales. L'argent disponible, en vertu du pouvoir fédéral de dépenser, sera vu comme un élément perturbateur qui bouscule les priorités québécoises et municipales. De plus, plusieurs dépenses réalisées par le fédéral seront perçues comme des accélérateurs puissants de tendances coûteuses. Enfin, l'ensemble des manifestations de la présence fédérale dans le domaine municipal sera jugé néfaste à l'exercice d'une planification urbaine en émergence : d'une part, les intentions du gouvernement fédéral seraient difficiles à saisir, d'autre part, les assurances d'une continuité dans l'action seraient aléatoires et fuyantes.

Pour combler ces lacunes, la préoccupation majeure des responsables provinciaux du système d'administration locale a été, tout au long des trente dernières années, de rendre les unités de base plus performantes et mieux adaptées aux besoins changeants et aux attentes exigeantes de la société québécoise. Les trois lois adoptées en vue de réduire le nombre des municipalités, la *Loi de la fusion volontaire des municipalités* (1965), la *Loi favorisant le regroupement des municipalités* (1971) et la *Loi sur l'organisation territoriale municipale* (1989), tout comme les modifications législatives visant à faciliter la gestion commune de certains services par ententes intermunicipales, sont au nombre des moyens mis en œuvre pour contrer les faiblesses observées dans le fonctionnement du système. Enfin, la constitution d'instances supra-municipales de concertation et de décision dans certains domaines d'intérêt métropolitain ou régional complète le tableau des initiatives destinées à donner plus de capacité d'intervention aux administrations locales.

Tout au long de ces étapes que plusieurs auteurs, cités en bibliographie, ont fort bien décrites, les notions d'autonomie municipale, de démocratisation du processus décisionnel et de revalorisation du pouvoir local sont promues au titre d'antidotes essentiels à la lutte contre les déficits démocratiques observés dans la gestion municipale et dans les relations provinciales–municipales. Ces référents donnent consistance aux discours des réformateurs provinciaux et inspirent les intervenants locaux. Toutefois, au terme de la démarche, plusieurs s'interrogent encore sur les acquis véritables en matière d'autonomie municipale.

Certes, le gouvernement provincial québécois est parvenu à contenir les interventions fédérales. Pour diverses raisons (voir la section suivante), ces dernières s'interposent de moins en moins dans l'exercice de la compétence provinciale, dite exclusive, en matière municipale. Or, cette « victoire constitutionnelle » n'a pas nécessairement conduit à l'adoption d'un concept clair et d'une pratique consistante quant à l'autonomie des municipalités vis-à-vis du partenaire gouvernemental provincial. Celui-ci est et demeure tout à la fois partenaire, géniteur et tuteur des municipalités.

Les élus municipaux, individuellement ou par l'entremise de leurs associations, ne cessent de relever les accrocs à l'exercice de l'autonomie municipale. L'appareil législatif et administratif québécois aurait, selon leur dire et selon l'observation désintéressée, encore beaucoup de difficultés à chasser ses vieux démons centralisateurs. En dépit de certains adoucissements dans la supervision des créatures municipales par le géniteur provincial, le gouvernement provincial n'a pas prolongé sa victoire sur le fédéral par une victoire sur lui-même eu égard à la question de l'autonomie municipale.

Les impatiences du monde municipal à ce sujet s'expriment avec une certaine inquiétude depuis le début des années 1990. Les signaux en provenance de Québec sont parfois difficiles à décoder. D'un côté, le discours en faveur d'une plus grande décentralisation se fait plus insistant. Les mises en garde municipales à l'encontre d'une décentralisation tronquée, décentralisation de responsabilités sans décentralisation de nouvelles sources de revenus, ce que l'on nomme communément « pelletage », semblent avoir été comprises. D'un autre côté, la confusion quant au choix des instances susceptibles de gérer cette volonté décentralisatrice est alimentée par certaines décisions dont les conséquences prévisibles et conflictuelles sont très importantes. Au nombre de ces décisions, il importe de retenir la création des régies régionales de santé, l'institution de régies régionales sur la formation professionnelle, la constitution de conseils régionaux de développement et l'intention d'utiliser ces derniers pour décentraliser le budget provincial.

Certes, la montée de ces « nouveaux pouvoirs » ne signifie pas, en soi, une négation des « pouvoirs » locaux (municipalités), métropolitains (communautés urbaines) ou régionaux (municipalités régionales de comté) déjà reconnus comme les éléments constitutifs du système d'administration locale du Québec. Par contre, les références aux régions, à la régionalisation et à la nécessité de promouvoir de nouvelles façons de concevoir, de produire et de distribuer les services publics ne peuvent manquer de soulever des interrogations sur la place qui est réservée, dans un futur plus ou moins immédiat, aux municipalités régionales de comté ou même aux communautés urbaines. Il en va de même pour ce qui est du principe électif qui est à la base du système d'administration locale. Ce principe stipule que les responsables des décisions concernant le financement et le fonctionnement des services publics sont imputables de leurs gestes devant l'électorat. Or, en confiant la gestion de budgets importants et de responsabilités étendues à des instances répondant à des modes de représentation différents et diversifiés, qui doivent désormais coexister sans trop savoir comment, le gouvernement provincial contribue à modifier substantiellement les termes du débat sur le réaménagement du système d'administration locale.

La conclusion reprendra cette question puisqu'elle est, avec les discussions sur la privatisation, au centre des enjeux et des défis auxquels la société québécoise fait face.

LE CONTENTIEUX FÉDÉRAL/PROVINCIAL SUR LES AFFAIRES LOCALES

L'article 92 8) de la *Constitution canadienne* accorde l'exclusivité des affaires municipales aux gouvernements provinciaux. Par ailleurs, divers alinéas des articles 91 (pouvoirs fédéraux) et 92 (pouvoirs provinciaux) traitant de taxation, d'emprunts et de questions économiques, ainsi que les articles 95 (immigration et agriculture) et 108 (canaux et havres publics) indiquent déjà que cette exclusivité ne saurait être totale. En réalité, l'interdépendance des responsabilités locales ou à incidences locales des gouvernements fédéral et provinciaux était inscrite en toutes lettres dans la loi fondamentale du pays. Elle l'était encore plus dans le vie elle-même.

Cette interdépendance ne semble pas avoir été dénoncée de façon vigoureuse par les gouvernements provinciaux, et en particulier par le gouvernement québécois, avant les années 1960, soit au moment où le gouvernement fédéral tente d'harmoniser ses interventions ponctuelles en matière d'aide aux municipalités et en matière de développement régional. Processus qui devait culminer dans l'élaboration et la mise en œuvre d'une stratégie urbaine nationale dirigée par Ottawa en concertation avec les provinces et les agglomérations urbaines canadiennes.

Cet aboutissement de la politique du gouvernement fédéral était le fruit d'une série de politiques publiques et de programmes gouvernementaux qui, de proche en proche, avaient élargi le champ de préoccupations de l'appareil fédéral pour les problèmes et les défis urbains.

Les questions d'habitation étaient devenues des questions d'habitat. D'où les débordements des programmes d'aide à l'habitation dans des politiques de rénovation urbaine et de support à l'aménagemnent des infrastructures dans les villes et dans les quartiers centraux des villes. Selon une trajectoire assez semblable, les programmes fédéraux de lutte aux disparités régionales étaient, pour leur part, passés d'une préoccupation agricole et rurale à une ouverture de plus en plus explicite vers les villes et les agglomérations. Celles-ci étaient désormais perçues comme les lieux privilégiés de la stratégie intégratrice que cherchait à développer le gouvernement fédéral afin de mettre de l'ordre dans ses interventions et d'adapter ces dernières à la promotion de la société urbaine qu'était devenue le Canada.

Les étapes qui ont marqué cette ascension, voire cette prédominance du fédéral, en matière de développement régional et de politique urbaine, ont été fort bien documentées par des juristes, des économistes régionaux et des politologues. Une égale attention a été portée aux années 1970.

Cette décennie correspond, en théorie, à l'apogée de la présence du gouvernement dans le domaine du développement régional et du support aux municipalités dans leur désir de répondre à la montée des problèmes urbains d'ajustement et de croissance. En réalité, ces années de coexistence du MEAU (ministère d'État aux Affaires urbaines) et du MEER (ministère de l'Expansion économique régionale) contiennent en germe les motifs qui seront bientôt invoqués par le fédéral pour se retirer progressivement du domaine municipal, et plus précisément urbain, et effectuer un retour à la lettre de la *Constitution* en reconnaissant la primauté des provinces sur ces questions. Pour leur part, les politiques en matière de développement régional seront désormais conçues dans des termes essentiellement économiques, même si leurs incidences spatiales nécessitent toujours d'être prises en considération par les concepteurs et les gestionnaires des politiques municipales ou urbaines.

En instituant le MEAU, le gouvernement fédéral avait bien conscience qu'il s'aventurait sur un terrain constitutionnel miné et sur une piste politique de plus en plus occupée par des compétiteurs provinciaux. Aussi, en plus des motifs évoquant la crise budgétaire qui s'annonce brutale au niveau fédéral, en plus des analyses sophistiquées sur les faiblesses organisationnelles du MEAU au sein de l'appareil fédéral, il convient d'insister sur l'opposition de provinces telles que l'Ontario et le Québec contre l'intrusion du fédéral dans un champ de compétence dit provincial. D'autant plus que ces provinces se sont octroyé un ensemble de moyens législatifs, financiers et techniques pour occuper ce terrain et jouer, enfin, un rôle qui dépasse la simple et pure surveillance paternaliste des administrations locales. Elles se disent prêtes à prendre la relève du fédéral en interprétant, mais pour leur compte cette fois, la *Constitution* canadienne. La responsabilité qui leur est reconnue sur les affaires locales n'a pas à être restreinte à l'aménagement interne des unités (l'érection de municipalités, la confection des règlements, les élections, l'éthique de gestion, etc.). Cette responsabilité s'étend logiquement à l'aménagement du système lui-même en tenant compte des multiples interdépendances économiques, sociales et spatiales dont dépend le bon fônctionnement du système dans son ensemble.

Cette résolution du contentieux fédéral/provincial par le retrait progressif du fédéral ne signifie pas que ce dernier a complètement abandonné le bateau urbain. Elle ne signifie pas non plus que les gouvernements provinciaux, dont le gouvernement québécois, prendront véritablement la gouverne du navire municipal, avec ou sans la collaboration des administrations locales.

Dans une contribution récente, Caroline Andrew (1994) retrace les manifestations fédérales dans les milieux urbains depuis la chute du MEAU. Gérald Bernier (1992) fait de même en traitant les nombreuses restructurations et les réorientations stratégiques successives du MEER en matière de développement régional. Ces deux auteurs soulignent fort justement que les marges de manœuvre se sont beaucoup restreintes depuis que le gouvernement fédéral s'est imposé un régime sévère d'amaigrissement budgétaire. Il importe également d'ajouter que l'idéologie politico-économique dominante lui est d'un précieux support. Elle l'incite à suivre les néo-libéraux sur la pente du dégraissement des programmes publics et sur l'éclipse progressive de son appareil étatique.

Et pourtant, toutes sortes de mobiles, dont ceux de la lutte aux disparités régionales et ceux de la sauvegarde d'une certaine unité nationale, exigent que le gouvernement fédéral maintienne une présence en matière de développement régional et dans le domaine de la gestion des problèmes urbains actuels. Caroline Andrew observe toutefois que cette présence s'exprimera de plus en plus par l'adoption de normes nationales et par la diffusion de ces dernières dans tout le système d'administration publique du Canada. Or, cette stratégie risque de ne pas être acceptée avec enthousiasme, dans la mesure où le gouvernement fédéral réduit, en même temps, les fonds disponibles pour administrer les programmes ainsi régis.

Depuis la publication des observations de Caroline Andrew, deux budgets fédéraux ont bien fait ressortir que les tendances décrites ci-haut se confirment. Le joueur fédéral quitte la table à regret. Les gouvernements provinciaux héritent, peut-être avec un certain regret, ou du moins une certaine appréhension, de responsabilités qu'ils ont revendiquées, parfois avec insistance, au cours des dernières années. Enfin, à la table provinciale en voie de se dresser apparaissent de nouveaux joueurs qui disputent aux anciens acteurs l'attention et le support des autorités provinciales et municipales afin de solutionner les problèmes locaux et régionaux qu'ils identifient.

L'ÉMERGENCE DE NOUVEAUX ACTEURS DANS LE SYSTÈME : LA SOCIÉTÉ LOCALE EN MUTATION

Retrait du gouvernement fédéral, réaménagement des compétences « locales » par le gouvernement québécois, sous le signe de la décentralisation ou du délestage, pression croissante sur les instances administratives locales pour qu'elles assument de nouvelles responsabilités, recherche de nouvelles formes de partenariat de la part de ces dernières pour la production et la distribution des services publics locaux, bref, l'aboutissement de l'évolution récente du système québécois d'administration publique laisse entrevoir une présence plus importante des acteurs de la société civile dans l'administration locale et régionale.

Certains de ces acteurs ont, de tout temps, accompagné les gestionnaires publics dans l'élaboration et la mise en œuvre des politiques municipales aux divers niveaux de gouvernement. Il s'agit des propriétaires fonciers et immobiliers, des diverses catégories d'entrepreneurs en construction, des industriels, des commerçants, des distributeurs de services d'intérêt public et de l'ensemble des intervenants financiers et professionnels qui gravitent autour de l'industrie de l'espace. Ils sont parfois dépeints comme les véritables détenteurs du pouvoir municipal. Certes, ils contrôlent des ressources essentielles à la vie locale et régionale, soit le sol, l'expertise et l'argent, et peuvent, de ce fait, exercer une influence déterminante sur les décideurs publics. Par ailleurs, la confrontation des intérêts entre ces groupes, et avec le reste de la société, laisse une marge de manœuvre importante à ceux et celles que le processus électoral a désignés comme les arbitres légitimes des conflits entre les groupes d'intérêt et comme les promoteurs de l'intérêt général. Enfin, les efforts de revalorisation du pouvoir municipal, tout comme la professionnalisation croissante de la fonction publique locale, ont permis aux administrations locales de dresser des barrières plus efficaces à l'encontre des intérêts particuliers et de développer une conception autonome du service public.

Ces intérêts, et les groupes qui les représentent, telles les associations de propriétaires et les chambres de commerce, demeurent très vigilants à l'égard du processus décisionnel local et régional. Au fil des années, ils ont raffiné leurs moyens de pression. L'observation attentive de la scène politique locale permet même de conclure que leur influence est encore, dans certaines situations, incontournable. Néanmoins, l'exercice de cette influence se transforme substantiellement depuis quelques années. De la pression sur les décideurs, ces intérêts sont passés au stade de la participation à la prise de décision.

Dans les nouvelles instances régionales mises sur pied par le gouvernement provincial pour concevoir des politiques et gérer des budgets déconcentrés, les représentants socio-économiques occupent une place numériquement plus importante que les élus locaux. De plus, les déclarations ministérielles qui parviennent actuellement de Québec en prévision de la création imminente du ministère des Régions laissent à entendre que cette pratique s'amplifiera lorsque les régions pourront prendre appui sur « leur » ministre et « leur » ministère, au même titre que les municipalités bénéficient de « leur » ministre et de « leur » ministère. Pour l'exercice de la démocratie locale, ce sera un changement majeur. Pour les intérêts invités à partager le pouvoir de décision, ce sera un atout de plus dans leur jeu d'influence.

Cette association des intérêts privés à la bonne marche du processus décisionnel au niveau communautaire (communautés urbaines), régional (municipalités régionales de comté) ou municipal n'est pas un phénomène inconnu. L'habitude d'inviter des représentants des milieux professionnels et d'affaires au sein des commissions mixtes du conseil est répandue. Plus récemment, certaines municipalités ont constitué des sociétés paramunicipales qui couplent administrateurs publics et entrepreneurs privés dans la gestion de certaines activités de nature économique, sous la supervision plus ou moins formelle des élus locaux. Enfin, le monde municipal est fiévreusement engagé dans la recherche de nouvelles formes de partenariat avec le secteur privé dans le but d'équilibrer le budget municipal, de bénéficier d'expertises pointues et d'alléger la bureaucratie municipale jugée trop lourde ou trop protégée. Ici encore, les pratiques de la gestion et de la démocratie municipales sont susceptibles d'être transformées de façon très sensible. En effet, la participation plus directe du secteur privé dans la gestion des services publics locaux ne saurait manquer de perturber le *modus vivendi* qui s'était établi entre les élus, les administrateurs publics et les entrepreneurs privés depuis que la majorité des services d'utilité publique avaient été « municipalisés ».

Certes, ce partenariat, tout comme les autres formes d'influence, n'est pas ouvert avec la même amplitude à tous les groupes formant la société civile locale. Certains groupes plus récents ne bénéficient pas du même accès que les groupes plus anciens ou plus traditionnels. La satisfaction de leurs demandes exigerait des transformations parfois fondamentales dans le contenu des programmes municipaux aussi bien que dans les processus politiques et administratifs d'élaboration et de mise en œuvre de ces programmes. Aussi, il n'est pas facile, pour ces groupes, de vaincre la réticence, l'indifférence, l'opposition, voire l'hostilité des mass media, des establishments socio-économiques, du personnel politique et des bureaucraties publiques à l'égard des causes qu'ils défendent.

Encore ici, il convient toutefois d'établir des distinctions entre les groupes de revendication sociale, les groupes qui se donnent comme mandat de protéger le patrimoine et, enfin, les groupes dont la vocation est de lutter contre la détérioration de l'environnement ou pour l'amélioration de ce même environnement. Les premiers, soit les groupes populaires, ont eu la vie un peu moins difficile dans les années 1960 et au début des années 1970. Depuis le milieu des années 1970 cependant, soit depuis que le vent de remise en question de l'État-providence souffle son air glacial sur l'ensemble des causes sociales, les groupes populaires, à l'instar de leurs alliés syndicaux, se sont retranchés dans leur quartier. Sans mettre à l'écart leur conviction en faveur de solutions collectives, ils ont pris conscience que la montée en flèche de l'idéologie néolibérale gonflait de façon quasi irrésistible le courant de retrait à l'endroit des besoins qu'ils exprimaient et des demandes qu'ils adressaient aux autorités publiques.

Les groupes patrimoniaux et les groupes environnementaux n'ont pas reçu un message aussi fort, ni aussi précis, que celui qui a été lancé en direction des groupes populaires. Les causes défendues, les porteurs des plaidoiries en faveur du patrimoine, de l'environnement ou de la qualité de vie, l'acceptation de certaines des demandes par l'idéologie dominante, bref le support social accordé aux groupes patrimoniaux et environnementaux a permis à ces derniers de succéder aux groupes populaires à titre d'acteurs du système d'administration locale. Cette bonne étoile les accompagne encore. Mais l'avenir n'est pas assuré. Dans plusieurs municipalités du Québec, les défenseurs du patrimoine n'ont plus le vent dans les voiles. Avec des nuances, il en va de même pour les promoteurs de l'environnement. Après avoir obtenu des succès importants, ces derniers doivent désormais lutter contre cette idée qu'il existe une incompatibilité entre défense de l'environnement et croissance économique ou création d'emplois. Aussi, dans un contexte de chômage très élevé dans plusieurs des municipalités du Québec, les appels à la prudence se transforment souvent en tentatives de marginalisation des causes environnementales.

Toute cette mouvance dans la société civile locale est plus ou moins bien exprimée dans les partis politiques municipaux qui sont également de nouveaux acteurs dans le système d'administration locale au Québec.

Entreprise dans le début des années 1960, la formation de partis municipaux a connu une plus large diffusion avec l'adoption de la loi 44 sur la démocratie municipale en 1978. Or, ces partis n'ont parfois de parti politique que le nom. Ils ne servent souvent de véhicule à une équipe que pour les besoins d'une seule et unique élection. Une fois qu'ils sont parvenus au pouvoir, la discipline de leur parti se révèle souvent inexistante. Dans ces conditions, il n'est pas toujours facile pour des groupes qui travaillent sur le long terme et qui, de plus, cherchent à modifier les choses en profondeur, d'investir les partis politiques locaux dont l'existence est éphémère. Tel qu'il est constitué, le parti politique local apparu au Québec au cours des quinze dernières années correspond mieux aux besoins et aux exigences des groupes anciens ou traditionnels qu'à ceux des groupes nouveaux. Il est en mesure de répondre à des demandes d'ajustement à des programmes connus ou à des amendements ponctuels à des pratiques bien implantées. Par contre, il ne dispose pas, sauf exception, de mécanismes pour initier et poursuivre une action de réforme à moyen et long terme. Sans parler de la capacité de mobiliser les ressources nécessaires pour soutenir une telle action au moment de l'élection, et par la suite.

Pour que cette mobilisation se manifeste et que les nouveaux acteurs apparus dans la société locale fassent sentir leur présence dans le système d'administration locale au Québec, il faudra probablement que le mouvement de revalorisation du pouvoir local amorcé au milieu des années 1970 soit repris, accéléré ou mieux précisé. Or, certaines réformes récentes au niveau régional et certaines hésitations sur les principes qui guideront les décisions à prendre dans un avenir immédiat au sujet de la décentralisation municipale, communautaire et régionale permettent de croire que le système est toujours en mutation, sinon en équilibre instable.

CONCLUSION : À LA CROISÉE DES CHEMINS

La section précédente se termine sous le signe de l'interrogation. Le titre de la conclusion reproduit, pour sa part, celui que nous avions donné à un colloque récent sur l'évolution du système d'administration locale au Québec. Ce colloque avait aussi conclu à la persistance de plusieurs inconnues quant à l'avenir de ce système.

Au nombre des défis à relever en prévision du futur, il y a évidemment la question de l'avenir du Québec. Quel système d'administration locale la société québécoise voudra-t-elle se donner lorsque les pouvoirs fiscaux et les compétences d'un État souverain seront confiés au gouvernement du Québec ? Immense question à laquelle ni les consultations publiques tenues avant le référendum de 1995, ni les résultats du référendum n'ont permis de répondre avec satisfaction.

Cette question qui concerne toute la société québécoise et l'ensemble de l'administration publique en contient par ailleurs plusieurs autres plus spécifiques, dont celle de la place qui revient à Montréal, en tant que métropole économique, et à Québec, en tant que capitale politique du Québec, dans le système d'administration locale en voie de réorganisation. Montréal et sa région sont souvent perçues comme des corps étranges et étrangers dans le système d'administration locale québécois. Pour sa part, la Ville de Québec, bien qu'elle soit considérée comme choyée par le pouvoir central, est mieux acceptée parce qu'elle est le lieu de résidence du pouvoir gouvernemental dont dépend l'ensemble des intervenants du système.

Selon plusieurs observateurs, le gouvernement québécois fait montre d'une difficulté certaine à concevoir une stratégie cohérente et audacieuse à l'égard de ces deux centres de pouvoir. Or, en plus d'alimenter une rivalité inutile entre la métropole et la capitale, cette indétermination et cette indécision privent le gouvernement québécois et la région de Montréal des retombées positives d'une meilleure concertation dans l'action sur le plan national et sur la scène internationale.

Cette difficulté de mettre des ressources en commun en prenant avantage les uns des autres n'est pas exclusif à Montréal dans ses relations avec le gouvernement québécois. Partout ailleurs, les divers intervenants publics ou semi-publics actifs dans le système d'administration locale rivalisent d'ingéniosité pour ne pas créer les conditions susceptibles de mener à la mise en commun des énergies et des ressources. Au lieu d'une action concertée dans les communautés urbaines, les municipalités régionales de comtés et les régions administratives, ces territoires sont le théâtre de la compétition interministérielle, de la concurrence intermunicipale, de la rétention administrative d'information et de la construction de fiefs politico-administratifs. Les territoires d'intervention ne sont pas harmonisés. Les messages retransmis au sujet du partage des compétences et quant aux lieux retenus pour l'exercice de ces compétences alimentent les rumeurs et les appréhensions parce qu'ils sont confus ou même contradictoires.

Cette superposition des instances d'intervention ne facilite pas la tâche des administrateurs publics locaux du système. En plus de devoir gérer des problèmes de plus en plus complexes et nombreux, ils doivent constamment démêler l'écheveau que l'on a pris plaisir à emmêler. Aussi sont-ils devenus, au cours des dernières années, la cible choyée des francs-tireurs de cet État qu'il faudrait dépouiller de tous ses acquis et de tous ses atours du sommet à la base. Toute une batterie de spécialistes, allant des consultants en organisation aux fournisseurs éventuels de services publics en passant par des professeurs d'université et des fonctionnaires provinciaux, s'évertuent à trouver des formules qui permettront de « démunicipaliser » la gestion des services publics municipaux en la « reprivatisant » dans toute la mesure du possible. Faire-faire, sous-traitance, privatisation, partenariat, voilà quelques-uns des concepts auxquels les administrateurs du système d'administration locale québécois auront à donner un contenu dans les années à venir.

Le relevé de ce dernier défi ne permettra toutefois pas de solutionner, comme par enchantement, un autre défi de taille, soit celui du financement du système, problème récurrent et de plus en plus angoissant à mesure que se précise l'ampleur de la crise des finances publiques au Canada et au Québec. En effet, comment le gouvernement provincial pourrait-il ne pas jouer de subtilités et de subterfuges en abandonnant aux municipalités, et autres instances locales apparentées, à la fois certaines des responsabilités qu'il assume actuellement, et le financement de la gestion de ces mêmes responsabilités ? Les discours annonçant qu'il ne s'agira pas que d'exercices de relations publiques ou de prouesses médiatiques procèdent d'une intention généreuse. Mais les contraintes fiscales du gouvernement provincial semblent incontournables.

Le régime fiscal actuel cantonne les municipalités, et les instances qui dépendent d'elles pour leur financement, dans le champ de la taxation foncière. La théorie qui sous-tend cette pratique s'appuie sur l'idée que les municipalités sont essentiellement responsables de la gestion de services qui ont rapport à la protection et à la promotion des biens fonciers et immobiliers. Or, une bonne partie des municipalités du Québec ont, depuis longtemps, débordé de ce seul terrain d'intervention pour s'occuper de la protection et de la promotion des personnes aussi bien que des biens. De plus, les prochaines mesures de décentralisation risquent d'accélérer cette tendance. Dans ces conditions, il devient de plus en plus difficile de soutenir que les municipalités ne sont pas justifiées d'avoir accès à d'autres sources que la seule assiette foncière. D'autre part, il est difficile de concevoir que le gouvernement provincial accepte que les municipalités entrent en compétition avec lui sur une partie des champs de taxation qu'il occupe péniblement et qu'il défend jalousement pour maintenir sa cote vis-à-vis de ses concurrents provinciaux canadiens ou étatiques américains.

Tous ces enjeux et ces défis peuvent faire l'objet de démonstrations plus sophistiquées et plus complexes les unes que les autres. Les solutions apportées à ces mêmes défis peuvent également s'inscrire dans des démarches très bureaucratiques ou très alambiquées quant à la mixité des responsabilités publiques et privées. Toutefois, ces démonstrations et ces solutions risquent de rater complètement l'objectif ultime de tout l'exercice si le citoyen-contribuable-consommateur de services publics n'est pas placé au début, au centre et au terme de la démarche de transformation du système d'administration locale québécois. En somme, le véritable défi à relever est encapsulé dans l'interrogation qui nous servira de mot de la fin : est-ce que la place du citoyen dans le système en mutation connaîtra une avancée ou un recul par rapport à ce qui existe actuellement ? Si la réponse est négative, aura-t-on le courage de reprendre l'exercice de fond en comble ?

NOTES BIBLIOGRAPHIQUES

ANDREW, C. (1994). « Activités urbaines fédérales : relations intergouvernementales à une époque de restrictions » dans F. FRISKEN (dir.), *La métropole canadienne en mutation : questions de politique urbaine, Vol. 2,* Toronto, Institut Urbain du Canada, p. 465-498.

BACCIGALUPO, A. (1984). *Les administrations municipales québécoises, des origines à nos jours, Tome 1,* Montréal, Les Éditions Agence d'ARC, 611 p.

BACCIGALUPO, A. (1984). *Les administrations municipales québécoises, des origines à nos jours, Tome 2,* Montréal, Les Éditions Agence d'ARC, 505 p.

BACCIGALUPO, A. (1990). *Système politique et administratif des municipalités québécoises. Une perspective comparative,* Montréal, Les Éditions Agence d'ARC, 500 p.

BAIROCH, Paul (1985). *De Jéricho à Mexico. Villes et économie dans l'histoire,* Paris, Éditions Gallimard, 700 p.

BÉLANGER, P.R. et B. LÉVESQUE (1992). « Le mouvement populaire et communautaire : de la revendication au partenariat (1963-1992) » dans G. DAIGLE (dir.),

G. ROCHER (coll.), *Le Québec en jeu. Comprendre les grands défis*, Montréal, Presses de l'Université de Montréal, 811 p., p. 713-747.

BERNIER, Gérald (1992). « Les politiques fédérales de développement régional au Québec : 1969-1992 » dans F. ROCHER (dir.), *Bilan québécois du fédéralisme canadien*, Montréal, VLB, p. 268-302.

BÉRUBÉ, P. (1993). *L'organisation territoriale du Québec. Dislocation ou restructuration ? Urgence d'agir*, Québec, Les Publications du Québec, 172 p.

BORGEAT, L., R. DUSSAULT, L. OUELLET, P. MORAN et M. PROULX (1988). *L'administration québécoise. Organisation et fonctionnement*, Québec, Presses de l'Université du Québec et École nationale d'administration publique, 268 p.

BRASSARD, R.R. (1992). *Le pouvoir municipal*, Montréal, Les Publications Proteau, 322 p.

BRUNEAU, P. (1989). *Les villes moyennes au Québec. Leur place dans le système socio-spatial*, Sillery, Presses de l'Université du Québec, 195 p.

COLLIN, J.-P. (1996). *Rétrospective des expériences de régionalisation au Québec*, Montréal, INRS-Urbanisation, janvier, 42 p.

DELORME, P. (1986). *L'ordre urbain, administration publique et l'espace urbain au Québec*, Hull, Édition Asticou.

DIVAY, G., J. LÉVEILLÉE et B. MCCANN (1981). *La réforme municipale et l'État québécois (1960-1979)*, Montréal, INRS-Urbanisation, « Études et documents » n° 27, 106 p.

GINGRAS, A.-M., C. MAILLÉ et E. TARDY (1989). *Sexes et militantisme*, Montréal, Les Éditions du Cidihca, 256 p.

GOSSELIN, É. (1954). *Principes généraux de l'administration municipale, sa nature, ses fonctions, son territoire*, Étude spéciale présentée à la Commission Tremblay par l'UMQ, 60 p.

GOW, J.I., M. BARETTE, S. DION et M. FORTMANN (1992). *Introduction à l'administration publique. Une approche politique*, Boucherville, Gaëtan Morin Éditeur, 322 p.

GRAVEL, R.J. (1987). *Les institutions administratives locales au Québec. Structures et fonctions*. Sillery, Presses de l'Université du Québec, 94 p.

Groupe de travail sur l'urbanisation (1976). *L'urbanisation au Québec. Rapport final*, (Claude Castonguay), Québec, Gouvernement du Québec, 347 p.

HAMEL, P. et J.-F. LÉONARD (1981). *Les organisations populaires, l'État et la démocratie*, Montréal, Nouvelle Optique, 208 p.

HAMEL, P., J.-F. LÉONARD et R. MAYER (1982). *Les mobilisations populaires urbaines*, Montréal, Nouvelle Optique, 482 p.

HIGGINS, D.J.H. (1977). *Urban Canada. Its Government and Politics*, Toronto, Macmillan of Canada, 322 p.

ISIN, E. (1992). « Canadian Federalism : A Colonial Legacy » dans H. LUSTIGER-THALER (dir.), *Political Arrangements. Power and the City*, Montréal/New York, Black Rose Books, 212 p., p. 39-68.

LÉVEILLÉE, J. (1995). « Conclusion. Le développement régional et l'aménagement urbain : au cœur des enjeux de nos régions urbaines » dans J. LÉVEILLÉE (dir.), *À la croisée des chemins : le développement régional et l'aménagement urbain*, Montréal, ACFAS, Les cahiers scientifiques 85, 274 p., p. 267-274.

LÉVEILLÉE, J. (1995). « Quel projet de souveraineté-association avec le monde municipal québécois ? » dans G. LACHAPELLE, P.P. TREMBLAY, J.E. TRENT (dir.), *L'impact référendaire*, Sainte-Foy, Presses de l'Université du Québec, 409 p., p. 291-308.

LÉVEILLÉE, J., M.-O. TRÉPANIER *et al.* (1981). « Évolution de la législation relative à l'espace urbain au Québec », *La revue juridique Thémis*, vol. 16, n°s 1 et 2, p. 19-121.

MAGNUSSON, W. (1983). « Introduction : The Development of Canadian Urban Government » dans W. MAGNUSSON, A. SANCTON (dir.), *City Politics in Canada*, Toronto/Buffalo/London, University of Toronto Press, 338 p., p. 3-57.

Ministre délégué aux Affaires régionales (Yvon Picotte) (1992). *Développer les régions du Québec*, Québec, Gouvernement du Québec, 47 p.

Ministre d'État au Développement des régions (Guy Chevrette) (1995). *Décentralisation : un choix de société*, Québec, Gouvernement du Québec, 99 p.

Municipalité (1983). « Les interventions fédérales directes auprès des municipalités du Québec », *Municipalité*, juin-juillet, p. 11-22.

PETRELLI, R. (1989). « Concurrence et monopoles dans les services municipaux » dans F. SÉGUIN, M. LEMELIN, R. PARENTEAU (dir.), *La concurrence dans le secteur public*, Montréal, Les Éditions Agence d'ARC, p. 107-125.

PETRELLI, R. (1995). « Les collectivités locales au Québec : une vision d'avenir » dans J. LÉVEILLÉE (dir.), *À la croisée des chemins : le développement régional et l'aménagement urbain*, Montréal, ACFAS, Les cahiers scientifiques 85, 274 p., p. 131-172.

QUESNEL, L. (1980). « Aménagement urbain et autonomie locale » dans G. BERGERON, R. PELLETIER (dir.), *L'État du Québec en devenir*, Montréal, Boréal Express, 409 p., p. 211-238.

QUESNEL, L. (1982). « Les partis politiques locaux au Québec » dans V. LEMIEUX (dir.), *Personnel et partis politiques au Québec*, Montréal, Boréal Express, p. 277-306.

SAINT-PIERRE, D. (1994). *L'évolution municipale du Québec des régions : un bilan historique*, Sainte-Foy, Union des municipalités régionales de comté et des municipalités locales du Québec, 198 p.

TINDAL, C.R. et S.N. TINDAL (1979). *Local Governement in Canada*, Toronto, McGraw-Hill Ryerson Limited, 159 p.

TREMBLAY, A. et D. TURP (1981). « L'incidence de l'urbanisation sur l'exercice des compétences fédérales et provinciales en matière de gouvernement local », *La revue juridique Thémis*, vol. 16, nos 1 et 2, p. 281-321.

Union des municipalités du Québec (1986). *Rapport de la commission d'étude sur les municipalités*, Montréal, UMQ, 292 p.

Union des municipalités du Québec (1994). *La décentralisation et les municipalités : les enjeux, le potentiel, les étapes préalables à une réalisation efficiente*, Montréal, UMQ, 114 p.

Union des municipalités régionales de comté et des municipalités locales du Québec (1994). *Vers un partenariat entre le Gouvernement, les municipalités et les MRC*, Québec, UMRCQ, août, 56 p.

WEBER, Max (1958). *The City*, New York, The Free Press.

CHAPITRE 8

L'économie

CHRISTIAN DEBLOCK ET AFEF BENESSAIEH

LA POLITIQUE ÉCONOMIQUE :
INSTRUMENTS ET INSTITUTIONS 246
Définition et contours de la politique économique
canadienne 246
Les instruments de la politique économique 248
Le cadre institutionnel et l'administration
de la politique économique 259

LA POLITIQUE ÉCONOMIQUE CANADIENNE :
UN APERÇU HISTORIQUE 271
Les antécédents historiques : de la politique nationale
à la Deuxième Guerre mondiale 272
Du plein-emploi à la canadianisation de l'économie 276
Le «virage compétitif» de la politique économique
canadienne 283

CONCLUSION 290

> En raison de son caractère très ouvert et de l'absence de contrôle depuis longtemps, l'économie canadienne fait figure de laboratoire utile des événements susceptibles de survenir dans ces économies dont les marchés deviennent moins contrôlés et plus globaux[1].
>
> — *C. Freedman, sous-gouverneur de la Banque du Canada*

L'adaptation inévitable aux contraintes de la mondialisation nous invite à repenser les limites et les possibilités d'action en matière de politique économique. La généralisation du marché, les interactions entre les différentes formes qu'il revêt, accompagnés de la révolution technologique du multimédia et de la diffusion plus rapide des innovations d'un pays à l'autre, l'ampleur des transactions financières internationales ou encore le dynamisme des marchés émergents sont tous autant de phénomènes avec lesquels les gouvernements doivent aujourd'hui composer, plutôt que de chercher à s'y opposer. Cela ne va pas sans remettre en question une certaine conception de l'interventionnisme économique héritée des idées de Keynes ni interroger également le rôle que s'est attribué l'État, sur le plan économique comme sur le plan social après la guerre, dans la réalisation du mandat général qui est le sien.

Aussi profonde que soient ces remises en question, il n'en demeure pas moins que l'économie se trouve aujourd'hui plus que jamais au cœur de la vie politique, ainsi que le soulignait Lindblom[2], et que par conséquent la politique économique, dans son évolution et ses changements,

---

1. Charles FREEDMAN, « La politique monétaire des années 90 : leçons et enjeux », *L'Actualité économique*, vol. 66, n° 2, juin 1990, p. 147.
2. Charles LINDBLOM, *Politics and Markets*, New York, Basic Books, 1977.

demeure un puissant révélateur des débats politiques qui animent toute société organisée, et de la manière dont cette société s'adapte dans ses institutions mêmes aux réalités sans cesse mouvantes de l'économie. Ainsi, pour rendre compte de ces différentes dimensions de la politique économique canadienne, avons-nous opté pour une étude en deux parties. Dans la première partie de ce chapitre, et après avoir défini la notion de politique économique, nous verrons quels en sont aujourd'hui les grands instruments et les intervenants majeurs. Dans la seconde partie, nous nous pencherons plus spécifiquement sur ses grandes évolutions historiques, ce qui nous conduira à identifier trois périodes majeures : une première, qui va de la Confédération à la dernière guerre mondiale; une seconde, allant de la guerre à la première moitié des annnées 1980; et une troisième, plus familière, qui s'annonce avec l'arrivée des Conservateurs au pouvoir, pour se poursuivre jusqu'à aujourd'hui. Cette division a le double avantage de mettre en lumière les spécificités de la politique économique canadienne dans le contexte institutionnel du partage des pouvoirs qui est le sien, et de souligner, à l'instar de quelques auteurs, la continuité historique d'une politique qui a toujours conservé, à travers ses transformations, sa caractéristique première : être nationale[3].

LA POLITIQUE ÉCONOMIQUE : INSTRUMENTS ET INSTITUTIONS

Définition et contours de la politique économique canadienne

Parce qu'elle croise deux domaines de la vie en société qui sont devenus aujourd'hui des disciplines académiques distinctes, économistes et politologues ont chacun leur définition de la politique économique. Ainsi, les économistes ont tendance à référer à la définition qu'en a donné Jan Tinbergen[4], en terme de choix qu'il revient à cet agent particulier qu'est l'État d'opérer à partir d'un certain nombre d'instruments et de moyens, en vue d'atteindre certains objectifs qui procureront le plus grand bien-être possible à la population. Les politologues, par contre, ont plutôt tendance à ne voir dans la politique économique qu'un champ particulier de la politique, ce qui leur permet de mettre principalement l'accent sur l'ensemble des processus qui concourent à la prise de décision gouvernementale en matière économique. Pour reprendre la définition que

3. Voir entre autres Lorraine Eden et Maureen Apple Molot, « Canada's National Policies : Reflection on 125 Years », *Canadian Public Policy*, vol. 19, n° 3, 1993, p. 232-251.
4. Jan Tinbergen, *On the Theory of Economic Policy*, Amsterdam, North Holland Publishing Company, 1952.

nous en donne Jack Hayward, par « politique économique, nous entendons un processus par lequel divers acteurs identifiables appartenant à la communauté politique économique contribuent à une décision gouvernementale sur la façon dont ses objectifs économiques, dans le cadre de ses objectifs généraux, doivent être réalisés par les institutions existantes, ou réorganisés, et à l'aide des moyens d'action disponibles[5] ». Les deux approches sont sans doute beaucoup plus complémentaires qu'elles peuvent le paraître de prime abord. Keynes ne rappellait-il pas dans les notes finales à la *Théorie générale*[6] que derrière tout homme politique il y avait un économiste, soulignant par là la nécessité d'avoir une évaluation correcte des problèmes économiques à résoudre ? De leur côté, les politologues n'ont-ils pas montré que ce que les économistes peuvent suggérer par intérêt général ou en fonction de préférences collectives ne sont que des notions abstraites qui ne se définissent qu'en terme d'arbitrage entre des intérêts particuliers ? Quoi qu'il en soit, pour élégante que soit la définition de la politique économique donnée par Jan Tinbergen, elle a aujourd'hui perdu de son lustre, sinon beaucoup de son intérêt, ne serait-ce qu'en raison de son caractère extrêmement restrictif. Comme le rappelle Greffe[7], si la révolution keynésienne a donné à la politique économique ses lettres des noblesse, les économistes sont devenus beaucoup plus circonspects dans leurs analyses (ce qui ne veut pas forcément dire plus modestes !) pour s'interroger davantage qu'ils ne le faisaient sur : i) l'influence des facteurs politiques et institutionnels sur la prise de décision et la formulation des politiques économiques, ii) le comportement des agents économiques face aux décisions gouvernementales, et iii) l'efficacité des programmes et instruments économiques. Plus fondamentalement peut-être, la conception purement fonctionnaliste de la politique économique qui a longtemps animé les débats entre keynésiens et monétaristes[8] est aujourd'hui définitivement abandonnée, avec le résultat, fort heureux, que le retour en force des doctrines économiques libérales classiques, à partir du milieu des années 1970, n'aura que mieux contribué à souligner la nécessité de prendre en considération : i) le cadre institutionnel et politique propre à chaque pays dans lequel s'élaborent les politiques économiques; ii) les attentes, le rôle ainsi que le comportement des acteurs,

5. Jack E.S. HAYWARD, « Les politiques industrielles et économiques », dans Jean LECAS et Madeleine GRAWITZ (dir.), *Traité de science politique*, Paris, PUF, vol. 4, p. 93.
6. John M. KEYNES, *Théorie générale de l'emploi, de l'intérêt et de la monnaie*, Paris, Petite bibliothèque Payot, 1935/1968.
7. Xavier GREFFE, *Politique économique. Programmes, instruments, pespectives*, Paris, Économica, 2e édition, 1993.
8. Un bon exemple de ces débats nous est donné dans l'ouvrage *Politique monétaire ou politique fiscale ?* Paris, A. Mame, 1969, où s'opposent Milton FRIEDMAN et Walter W. HELLER.

surtout économiques, dans la prise de décision; et iii) les limites des moyens dont disposent les pouvoirs publics vis-à-vis des marchés dès lors qu'il s'agit de réguler et d'orienter l'activité économique.

Partant de ces considérations, nous définirons la politique économique comme l'ensemble des institutions et instruments sur lesquels peut s'appuyer un gouvernement pour prendre les décisions les plus appropriées afin d'assurer la prospérité économique du pays[9]. Nous reviendrons plus loin sur le cadre institutionnel à l'intérieur duquel se déploie la politique économique au Canada, mais auparavant essayons de définir les principaux volets de la politique économique.

Les instruments de la politique économique

Conformément à la pratique établie à l'époque keynésienne, nous pouvons diviser les politiques économiques en quatre grandes catégories[10] : les politiques macroéconomiques de stabilisation, les politiques structu-

9. Kirschen fixe à la politique économique huit grands objectifs pour assurer cette prospérité; deux à court terme, le plein-emploi et la stabilité des prix, et six à plus long terme, associés à la croissance et à la répartition des richesses. Ces six objectifs sont les suivants : l'accroissement de la production, la formation de la main-d'œuvre, la redistribution des revenus, la réduction des inégalités régionales, le soutien à certaines industries stratégiques et la réduction du temps de travail. Ces huit objectifs sont par ailleurs couplés à sept objectifs ou cibles intermédiaires pour atteindre les premiers. Parmi ceux-ci, on retrouve notamment l'équilibre de la balance des paiements, l'encouragement de la concurrence, la mobilité des facteurs de production et la recherche. Consulter E.S. KIRSCHEN (dir.), *Economic Policies Compared, West and East*, Amsterdam, North Holland Publishing Company, 1976.
10. La ligne de démarcation qui sépare les différentes politiques économiques n'est d'aucune manière étanche. De même, faut-il le souligner, d'autres typologies existent. Ainsi, actuellement, les économistes libéraux et les programmes économiques du Fonds monétaire international (FMI), de l'Organisation de coopération et de développement économiques (OCDE) ou de la Banque mondiale (BM) ont-ils tendance à ne retenir que deux grands groupes de politique économique : les politiques de stabilisation et les politiques d'ajustement structurel. Par politique de stabilisation, on entend essentiellement l'ensemble des politiques macroéconomiques qui ont pour objet d'assurer une croissance économique « soutenable », c'est-à-dire de créer un environnement macroéconomique favorable à la croissance et d'empêcher (ou d'éliminer) l'apparition de déséquilibres qui pourraient entraver cette croissance. Les déséquilibres les plus importants sont l'inflation, le déficit budgétaire et le déficit extérieur. Les politiques d'ajustement structurel ont pour objet d'éliminer les sources persistantes et structurelles de déséquilibre économique jugées responsables de la mauvaise performance de l'économie. À toutes fins utiles, ces politiques visent essentiellement le retour à la liberté des marchés, leur flexibilité, la libéralisation des échanges et une stricte limitation du rôle des pouvoirs publics.

relles, les politiques de bien-être et les politiques réglementaires, sur lesquelles nous reviendrons dans la section suivante.

LES POLITIQUES MACROÉCONOMIQUES

L'objectif fondamental des politiques macroéconomiques est d'assurer la croissance dans la stabilité économique. Par là on entend essentiellement, dans les années 1960 en particulier, la réalisation d'un taux de croissance économique qui soit le garant du niveau d'emploi le plus élevé tout en respectant la double contrainte de stabilité des prix et d'équilibre des comptes extérieurs[11]. Certains parleront de la réalisation de ces quatre objectifs comme d'un *carré magique*, d'autres d'un *triangle impossible*, pour mieux souligner le double arbitrage auquel est confronté tout gouvernement : entre la stabilité interne et la stabilité externe, d'une part; entre le plein-emploi et la stabilité des prix, d'autre part[12].

L'ordre de priorité accordé à l'une ou l'autre de ces cibles est, en théorie, spécifique à chaque gouvernement, qui doit confronter ses choix politiques à la popularité ou à l'inconfort qu'ils suscitent dans la population[13]. Cependant, il existe un certain consensus, issu de l'influence des institutions économiques internationales comme l'Organisation de coopération et de développement économique (OCDE) ou le Fonds monétaire international (FMI), sur les priorités à suivre. Durant l'État-providence, ces priorités étaient accordées à la poursuite de la croissance économique, créatrice d'emplois. Dès la fin des années 1970, consacrant le déclin de l'État-providence, la lutte contre l'inflation deviendra la cible privilégiée des politiques économiques de la plupart des pays industrialisés.

Durant les « Trente Glorieuses », on considérait que la poursuite de la croissance économique entraînait automatiquement dans son sillage la création et l'offre d'emploi. Ces deux objectifs étaient indistinctement associés dans une même politique d'engagement à l'égard du plein-

---

11. Aussi le Conseil économique du Canada fixera-t-il, dans son premier rapport daté de 1964, pour objectif de la politique économique canadienne durant la décennie, la nécessité de restreindre le taux de chômage à 4 % et de poursuivre un taux d'accroissement de la production réelle globale de l'ordre des 5,5 %, ce qui amènerait au total 50 % d'augmentation de la production réelle et 20 % de hausse du revenu réel par habitant à la fin de la décennie.
12. Le second arbitrage donnera lieu à d'importants débats théoriques entre keynésiens et monétaristes autour de ce qu'on appellera la courbe de Phillips. La courbe indique une relation inverse entre inflation et chômage, ce qui mettait les autorités publiques dans la nécessité de déterminer le point d'arbitrage qu'ils entendaient atteindre. La relation a été infirmée par les monétaristes.
13. GREFFE, *op. cit.*, p. 10.

emploi[14]. Toutefois, et sachant que la croissance économique peut entraîner une diminution du nombre d'emplois par la recherche d'une productivité de travail accrue sous le coup de la concurrence internationale, le lien entre croissance économique et offre d'emploi n'est plus aujourd'hui systématique[15]. Aussi, les objectifs de croissance économique et de création d'emploi sont maintenant distincts et font appel à des mesures qui leur sont spécifiques. Par ailleurs, l'emploi étant devenu surtout une variable d'ajustement, l'action principale des autorités publiques, entendons par là les autorités monétaires, vise principalement la stabilité des prix et des changes.

Précisons enfin que pour atteindre ses objectifs macroéconomiques, les gouvernements disposent de trois instruments : la politique budgétaire, la politique monétaire et la politique des changes.

La politique budgétaire concerne principalement le pouvoir de dépenser du gouvernement, compte tenu de ses revenus prévisibles, et inclut, en ce sens, la politique fiscale[16]. Elle prévoit les variations relatives au niveau ou à la composition des recettes et des dépenses publiques ainsi que des excédents ou des déficits. Elle est annuellement présentée lors du dépôt des budgets fédéral ou provincial. Aujourd'hui, l'essentiel de la politique budgétaire canadienne consiste à équilibrer les recettes et les dépenses fédérales et, surtout, à freiner ces dernières pour minimiser les déficits[17]. La politique budgétaire présente les désavantages de sa lenteur de négociation et d'impact et ceux qu'entraîne la multiplicité des

---

14. Au Canada, l'objectif plus réalisable de « niveau stable et élevé » d'emploi sera préféré à celui de plein-emploi : « Définir le plein-emploi a constitué un objectif mouvant et difficile. L'approche a consisté à définir un niveau de chômage acceptable et variable; il s'agissait d'une question autant politique qu'économique. » Au début des années 1960, le Conseil économique du Canada définissait le plein-emploi comme étant un taux de chômage de 3 %. Voir Robert M. Campbell, « Historique », dans Conseil économique du Canada, *L'objectif du plein-emploi au Canada, 1945-1985, Historique, concepts et données comparatives*, ministère des Approvisionnements et Services, 1991, p. 5.
15. Xavier Greffe, dans *Comprendre la politique économique*, Paris, Économica, 1993, p. 9, explique à ce sujet : « S'il existe toujours une liaison entre la croissance économique et l'offre d'emploi, cette relation est plus faible qu'autrefois, et il convient d'ajouter à l'objectif croissance du PIB un objectif emploi, ce qui n'aurait peut-être pas été le cas il y a quelques années. »
16. La politique fiscale est toutefois administrée au quotidien par un ministère indépendant, Revenu Canada. Notons que, sous l'influence de l'anglais, on a parfois tendance à désigner par politique fiscale ce que l'on appelle normalement en français politique budgétaire.
17. Depuis la Confédération, les déficits vont s'accumulant annuellement. Ils constituent un endettement public s'élevant à 574,3 milliards de dollars (au 31 mars 1996). Actuellement, le déficit est entièrement imputable aux paiements d'intérêts sur la dette (47,5 milliards de dollars en 1996-1997), ce qui accapare près d'un tiers des recettes de l'État.

organismes participant à son élaboration[18]. Au chapitre des avantages, elle représente toutefois l'instrument privilégié par lequel le gouvernement peut lutter contre les inégalités avec l'aide de la politique fiscale et d'une politique de dépense égalitariste capable de différencier l'intervention publique selon les catégories sociales visées. C'est d'ailleurs ce à quoi est principalement dévolue la politique budgétaire actuelle. Par le passé, le gouvernement du Canada, à l'instar de ceux des autres pays industrialisés, a beaucoup utilisé la politique budgétaire à des fins contra-cycliques. De manière discrétionnaire, et conformément à la théorie du budget fonctionnel, on pouvait s'attendre à ce que le gouvernement hausse ses dépenses et réduise le fardeau fiscal en période de récession et, inversement, à ce qu'il réduise ses dépenses et augmente le fardeau fiscal en période de surchauffe économique[19]. Aux mesures discrétionnaires venait aussi s'ajouter l'impact des « stabilisateurs économiques » comme l'assurance-chômage, l'impôt progressif sur les revenus, etc. Il était alors accepté sous l'effet combiné de la conjoncture économique, des mesures discrétionnaires et des stabilisateurs automatiques, que le solde budgétaire varie de manière contra-cyclique, pour s'équilibrer toutefois sur la moyenne période, ce qui s'est vérifié au Canada, de l'après-guerre à la première moitié des années 1970.

La politique monétaire relève en dernier recours du Conseil des ministres à Ottawa, mais elle est toutefois gérée quotidiennement, et en toute indépendance, par la Banque du Canada, agence centrale créée en 1935. La politique monétaire a pour objet d'influencer le niveau de l'activité économique et celui des prix par la manipulation du taux d'escompte et/ou le contrôle de la masse monétaire. On considère généralement que

---

18. Au Canada, la coordination entre les politiques budgétaires des administrations fédérale, provinciale et municipale est parfois difficile à réaliser. La question des délais a fait l'objet de nombreux travaux en économie. Les délais sont généralement de trois ordres : i) entre le moment où est identifié un problème et celui où sont prises les décisions par les autorités compétentes; ii) entre ce moment et celui où sont adoptées et mises en œuvre les mesures appropriées; iii) entre ce moment et celui où ces mesures produisent leur résultat. Outre les effets parfois pro-cycliques que peuvent occasionner les mesures budgétaires, il faut aussi prendre en compte le fait que l'impact de ces dernières n'a généralement rien de « mécanique ».
19. Les mesures de dépense, en investissements publics notamment, ont un impact immédiat sur l'activité économique alors que les mesures fiscales ont plutôt un effet indirect, d'ordre incitatif ou désincitatif. Notons que les économistes ont pour habitude de distinguer les dépenses ordinaires des dépenses fiscales. Par dépenses fiscales, on désigne les différentes mesures d'exonération fiscale dont peuvent bénéficier les entreprises ou les ménages. C'est aujourd'hui principalement à travers elles que le gouvernement intervient dans l'économie, que ce soit pour favoriser le renouvellement accéléré des investissements, la recherche scientifique, l'éducation ou encore certains secteurs et groupes-cibles de la société.

le principal avantage de la politique monétaire est sa rapidité et son exclusivité d'action. Les responsables de la Banque centrale peuvent intervenir sur une base quotidienne sur le marché des changes tout comme sur le taux d'escompte, sans avoir besoin de négocier longuement. Un défaut majeur de la politique monétaire tient au caractère indifférencié de son impact sur l'économie nationale, qui affecte toutes les régions sans égard à leur niveau d'activité économique[20]. Un autre défaut majeur tient au fait que les agents économiques tendent à anticiper les décisions de la Banque centrale. Néanmoins, cette dernière peut profiter de l'effet de surprise, un effet qui ne peut être, par définition, que de courte durée. Traditionnellement considérée par les keynésiens comme peu efficace pour soutenir l'activité économique, la politique monétaire est par contre perçue par les monétaristes comme le seul instrument efficace dont dispose le gouvernement pour contenir et contrôler l'inflation. Le coût social, et aussi économique, d'une politique monétaire restrictive est par contre généralement très élevé. En outre, l'application stricte du monétarisme en matière de politique monétaire a pour effet, sur le plan conjoncturel, de raccourcir le cycle économique et d'aggraver les périodes de récession (politiques de *stop-and-go*), et sur le plan plus structurel, de favoriser, en maintenant des taux d'intérêts réels généralement très élevés, le secteur financier et les rentiers au détriment de l'investissement productif et de l'industrie. Notons, enfin, que si les autorités publiques se sont efforcées, notamment durant les années 1960, d'utiliser de manière complémentaire les instruments monétaires et budgétaires, cette politique de « mixage » s'est souvent révélée difficile à réaliser. Avec le temps et conformément au principe de spécialisation des instruments établi par Tinbergen, on a plutôt eu tendance, au Canada comme ailleurs, à réserver la politique budgétaire au soutien de l'activité économique et la politique monétaire au contrôle de l'inflation. Actuellement, si l'objectif principal de la politique monétaire est de préserver la valeur de la monnaie en contrôlant l'inflation, la politique budgétaire est mise également à contribution pour réaliser cet objectif à travers l'élimination du déficit budgétaire.

La politique des changes relève, au Canada, de la Banque centrale et est confondue avec la politique monétaire. Pour empêcher le retour aux politiques de dévaluation compétitives, si désastreuses durant l'entre-deux-guerres, les pays se sont entendus à Bretton Woods, en 1944, pour établir un système de taux de change fixe. Si le système des changes fixes apporte une grande stabilité dans les échanges commerciaux, il a par contre pour inconvénient majeur de manquer de souplesse vis-à-vis des

20. Robert LACROIX et Yves RABEAU, *Politiques nationales, conjonctures régionales. La stabilisation économique*, Montréal, Presses de l'Université de Montréal, 1981.

mouvements normaux des marchés et d'être très contraignant pour les autorités responsables de la politique économique. Le débat qui a longtemps opposé les partisans de ce système à ceux d'un système de changes flottants est maintenant dépassé. Si en principe les changes sont librement fixés par les jeux de l'offre et de la demande, les autorités monétaires interviennent néanmoins sur les marchés des changes, au Canada par l'entremise du Fonds des changes, pour empêcher tout mouvement trop brusque des changes et lorsque cela s'avère nécessaire, de concert avec celles des autres grands pays industrialisés, pour protéger la monnaie contre les mouvements spéculatifs. L'efficacité de ces interventions reste cependant limitée puisque ces dernières se font à l'intérieur de certains seuils et dans les limites des réserves de change disponibles.

LES POLITIQUES STRUCTURELLES

Les politiques structurelles ont longtemps suscité de nombreux débats, opposant les partisans d'une intervention discrétionnaire de l'État aux partisans du marché. Traditionnellement, cette ligne d'opposition s'est trouvée croisée à une autre ligne d'opposition entre partisans du nationalisme économique et partisans de la liberté commerciale. Actuellement, on serait tenté de dire à la lumière des évolutions récentes en matière de politique économique que ces débats sont dépassés et qu'à toutes fins utiles, particulièrement au Canada, les politiques industrielles, la politique de concurrence et la politique commerciale sont plus ou moins des expressions synonymes, ainsi que le souligne le rapport de la Commisssion Macdonald[21]. Comme l'ont montré toutefois les travaux du groupe qui publie le *World Competitiveness Report*, la compétitivité d'une économie dépend d'une multitude de facteurs parmi lesquels on retrouve, à côté des facteurs traditionnels comme l'évolution des prix et des coûts de production, la qualité des infrastructures, la qualité de l'éducation et de la formation de la main-d'œuvre, la recherche et le développement, le dynamisme des entrepreneurs, ou encore la capacité du pays à exporter. La plupart de ces facteurs sont davantage d'ordre qualitatif que quantitatif et, dans une très large mesure, ils commandent que l'État intervienne dans l'environnement économique des entreprises de manière beaucoup

---

21. CANADA, *Rapport de la Commission royale sur l'union économique et les perspectives de développement du Canada*, Ottawa, ministre des Approvisionnements et Services, 1986. Dans un récent ouvrage, Doern et Tomlin soulignent également que les expressions de politique industrielle et commerciale sont, pour le cas canadien du moins, pratiquement synonymes. Voir Bruce G. DOERN et Brian TOMLIN, « Trade-industrial Policy », dans B.G. DOERN, Leslie A. PAL et B. TOMLIN (dir.), *Border Crossings, the Internationalization of Canadian Public Policy*, Toronto, Oxford University Press, 1996, p. 67-187.

plus active que ne le laisse croire la doctrine économique libérale classique. Si, pour être efficace, cette intervention doit parfois se faire de concert avec les entreprises ou les différents acteurs concernés, il revient, dans d'autres cas, à l'État d'agir seul, que ce soit en vertu des responsabilités qui sont les siennes dans le développement du pays ou pour des raisons qui tiennent en grande partie à la myopie et aux défaillances du marché. Ceci explique, dans le cas du Canada en particulier, que le gouvernement fédéral et les gouvernements provinciaux ayant dans le passé accordé beaucoup d'importance au développement des infrastructures et du tissu industriel pour développer et améliorer la compétitivité de l'économie canadienne, et assurer ainsi la prospérité à long terme du pays, ils ont aujourd'hui tendance à mettre l'emphase sur l'éducation et la formation de la main-d'œuvre, sur la recherche scientifique et le développement de technologies nouvelles[22], de même que sur le soutien aux industries et aux entreprises, qui par leur potentiel ou leurs performances sur les marchés internationaux témoignent de la vitalité de l'économie canadienne.

Dans le sens le plus général du terme, on désigne par politique industrielle[23] l'ensemble des actions et mesures par lesquelles les différents paliers de gouvernement et les autres autorités et institutions publiques (ou semi-publiques) exercent une influence sur le comportement des entreprises, sur le tissu de l'activité économique du pays ainsi que sur les ressources financières, matérielles et humaines nécessaires à la production de biens et de services[24]. Actuellement, la politique indus-

---

22. En dépit des efforts récents, la recherche et le développement (R&D) reste encore mal développée au Canada. Selon l'OCDE, le pays n'a consacré en 1993 que 0,8 % de son PIB à la R&D, contre 2,1 % au Japon, 1,7 % aux États-Unis, 1,7 % en Allemagne, 1,5 % en France et 1,4 % au Royaume-Uni. Dix entreprises effectuent à elles seules plus du tiers des dépenses *intra-muros* en R&D. Trois secteurs, soit l'équipement de télécommunications, l'industrie aéronautique et les bureaux d'ingénieur, représentent, à eux seuls, 15 %, 11 % et 9 % des dépenses *intra-muros* en R&D.
23. L'élaboration et l'adoption par le gouvernement fédéral d'une politique industrielle au Canada a suscité de très vifs débats au sein du Cabinet dans la deuxième moitié des années 1970. Le Conseil économique du Canada et le Conseil des sciences se sont aussi vivement opposés à ce sujet. Voir notamment Richard D. FRENCH, *How Ottawa Decides : Planning and Industrial Policy Making, 1968-1984*, Toronto, Lorimier, 2e édition, 1984. John N.H. BRITTON et James M. GILMOUR, *Le maillon le plus faible : l'aspect technologique du sous-développement industriel du Canada*, Ottawa, Conseil des sciences du Canada, 1980.
24. La politique industrielle sera définie dans le *Rapport* de la Commission Macdonald de la façon suivante, p. 143 : « Les commissaires ont décidé d'employer l'expression »politique industrielle« dans un sens large, afin de lui faire embrasser dans leur totalité les initiatives gouvernementales destinées à promouvoir la croissance, la productivité et la capacité concurrentielle des industries canadiennes. »

trielle canadienne, orchestrée par Industrie Canada, est orientée principalement vers le service aux entreprises sous la forme d'informations plus que de subventions, compte tenu des restrictions budgétaires auxquelles n'échappe pas le ministère. Au Québec, c'est le ministère de l'Industrie, du Commerce et de la Technologie qui est chargé de la mise en œuvre des stratégies industrielles québécoises. Les priorités actuelles, en matière de développement industriel, concernent principalement le soutien aux secteurs de pointe, comme ceux des télécommunications ou des transports. Ainsi, on peut souligner qu'au Canada, les politiques industrielles sont intimement liées aux politiques de recherche et développement qui sont par ailleurs mises en œuvre par le même ministère que celui qui est au cœur de l'élaboration des politiques industrielles canadiennes.

Les politiques actives d'emploi visent actuellement les objectifs suivants : une plus grande mobilité géographique et professionnelle, une plus grande incitation à la recherche d'un emploi, une relation plus étroite entre les programmes d'assurance-chômage et d'assistance sociale à la recherche d'emploi, ainsi qu'un soutien amélioré à la formation de la main-d'œuvre.

Le taux de chômage au Canada est généralement plus élevé que celui des États-Unis. Il se maintient actuellement aux alentours des 9,5 %, après avoir atteint des hausses substantielles dans la première moitié des années 1990 (voir tableau 1). Selon l'OCDE, ce taux globalement élevé reflète des disparités régionales marquées, les provinces atlantiques et, dans une moindre mesure, le Québec enregistrant des niveaux de chômage environ une fois et demie plus importants que dans le reste du pays[25]. L'OCDE estime également que la forte réactivité de l'emploi aux fluctuations de la production s'explique en partie par la flexibilité du marché du travail canadien, le Canada se classant troisième parmi les 21 pays-membres de l'OCDE, sur une échelle de rigueur croissante des législations sur la protection de l'emploi. Cette vulnérabilité du marché de l'emploi canadien aux variations de la conjoncture économique est toutefois tempérée par la conclusion récente d'un *Accord sur le commerce intérieur*, liant les provinces entre elles et facilitant la mobilité de la main-d'œuvre à travers le pays.

Le gouvernement fédéral a aussi entamé récemment la signature d'une série d'ententes avec chacune des provinces, décentralisant

25. Voir OCDE, « Mise en œuvre de la stratégie de l'OCDE pour l'emploi », dans *Études économiques de l'OCDE — Canada 1996*, Paris, 1995-1996, p. 65.

TABLEAU 1
Principaux indicateurs économiques, Canada, 1960-1997

	1960-73	1974-79	1980-89	1990-94	1994	1995	1996	1997**
PIB (variations en %)	5,4	4,2	3,1	1,1	4,1	2,3	1,5	3,3
IPC (variations en %)	3,3	9,2	6,5	2,7	0,2	2,2	2	—
Taux de chômage	5	7,2	9,3	10,2	10,3	9,5	9,6	9,4
Taux d'intérêts réels (CT)	1,4	0	4,9	7,8	5,4	7	4,4	3
Solde balance commerciale*	0,6	–0,1	1,8	–0,4	0,8	—	—	—
Solde balance courante*	–1	–2,2	–1,3	–4	–2,8	–1,5	0	0,4
Exportations totales***	20,2	24,5	27,1	28	33,6	37,4	—	—

Notes : * En pourcentage du PIB. ** Estimations. *** Exportations de biens et de services en % du PIB. — Données non disponibles.

Sources : OCDE, *Statistiques rétrospectives*, 1960-1994, Paris, OCDE 1996.
OCDE, *Perspectives économiques de l'OCDE*, décembre 1996.

davantage les responsabilités gouvernementales en matière de politiques d'emploi, notamment sur la question de la formation de la main-d'œuvre[26]. De plus, le programme d'assurance-chômage canadien a été récemment révisé et renommé « assurance-emploi », le gouvernement réduisant ses mesures d'assistance tout en limitant leur accessibilité et leur durée, pour inciter au retour sur le marché du travail plutôt qu'au recours aux prestations de chômage.

LES POLITIQUES DE BIEN-ÊTRE

La satisfaction des besoins sociaux essentiels, une meilleure répartition des revenus et des richesses, la réduction des inégalités régionales, le salaire minimum, l'équité salariale entre les hommes et les femmes et l'équité dans l'emploi ont été quelques-unes des grandes mesures depuis la guerre pour à la fois renforcer l'unité et la cohésion sociale du pays et

26. Par exemple, l'*Entente de principe Canada-Québec relative au marché du travail* signée en avril 1997 permettra à la province de « concevoir, gérer et mettre en œuvre ses propres mesures actives d'aide à l'emploi ». Les mesures d'assistance financière à l'emploi, comme les prestations de chômage, continueront toutefois d'être assurées par le gouvernement fédéral. À ce jour, cinq provinces ont signé l'entente. Voir Canada, « Le Canada et le Québec signent une entente historique relative au marché du travail », Communiqué de presse 97-28, 21 avril 1997.

assurer un meilleur partage des fruits de la prospérité économique[27]. On retrouve trois grands types de politiques : les politiques de revenu, les politiques de redistribution et les politiques régionales.

Les politiques de revenu visent deux grands objectifs. Le premier est de faire en sorte que les prix, principalement pour le secteur agricole, et les salaires procurent un revenu suffisant[28]. Au Canada, sauf dans certains secteurs comme celui du lait, les gouvernements n'interviennent pas pour fixer des prix-planchers par exemple. C'est de manière indirecte qu'ils influent sur les revenus agricoles par différents mécanismes de gestion de l'offre, comme les systèmes de quotas, d'aides, de subventions et de revenus d'appoint ou encore d'assurance (l'assurance-récolte, par exemple). En ce qui a trait aux salaires, il revient aux gouvernements provinciaux de fixer le salaire minimum. Pendant les années 1960 et 1970, l'habitude avait été prise d'augmenter régulièrement le salaire minimum, pour tenir compte de l'inflation et des gains de productivité de l'économie, mais aussi pour soutenir la demande et à des fins politiques. Actuellement, compétitivité oblige, les augmentations sont devenues beaucoup plus irrégulières.

Le second objectif des politiques de revenu est de minimiser l'inflation. L'insécurité économique et le haut niveau du chômage ont largement contribué, ces dernières années au Canada, à contenir les augmentations salariales, avec le résultat que les coûts unitaires du travail ont augmenté moins vite qu'aux États-Unis. Les politiques d'indexation des salaires sur l'inflation ont aussi été abandonnées à partir de la fin des années 1970. À l'exception de la période de guerre, le gouvernement fédéral n'est intervenu qu'une seule fois, à l'automne 1975, pour imposer un contrôle des prix et des salaires jusqu'en 1978. Cette mesure radicale suscita l'opposition des milieux syndicaux et des milieux d'affaires, aussi ne fut-elle pas renouvelée[29]. Néanmoins, il faut souligner que, pour des fins essentiellement d'ordre budgétaire, tant le gouvernement fédéral que les gouvernements

---

27. Notons que la Charte des droits et libertés, enchâssée dans la Constitution (Loi constitutionnelle de 1982), garantit l'égalité à tous, en matière d'emploi notamment, indépendamment de toute discrimination fondée sur la race, l'origine nationale ou ethnique, la couleur de la peau, la religion, le sexe, l'âge ou les déficiences mentales ou physiques.
28. Le Conseil national du Bien-être social définit le seuil de faible revenu par le calcul de la part des dépenses de nourriture, de logement et de vêtements dans le revenu brut. La famille moyenne canadienne réserve 36,2 % de son revenu à ces dépenses. Les familles à faible revenu leur consacrent 56,2 %. En 1995, le Conseil établissait le seuil de pauvreté à l'intérieur d'une fourchette de revenus allant de 19 170 à 32 805 dollars pour une famille de quatre personnes vivant dans une grande ville. Consulter Conseil national du bien-être social, *Profil de la pauvreté 1995*, rapport du Conseil national du bien-être social, printemps 1997, p. 4-6.
29. Sur cet épisode qui devait, entre autres, causer la démission du ministre des Finances, John Turner, voir notamment FRENCH, *op. cit.*

provinciaux ont eu recours à des mesures tout aussi radicales, soit pour « geler » les salaires des fonctionnaires, soit pour les diminuer.

La politique de redistribution des revenus et des richesses a pour objet de resserrer les écarts de revenus et de richesse qui résultent du fonctionnement normal des marchés. La fiscalité, à travers la fixation des taux d'imposition, la progressivité de l'impôt sur le revenu et les dépenses fiscales, est l'instrument privilégié d'intervention. Les simplifications apportées au régime fiscal, de même que les mesures fiscales plus favorables dont jouissent aujourd'hui les entreprises et les investisseurs, ont considérablement réduit la portée des mesures redistributives au Canada.

Les politiques de réduction des inégalités régionales reposent, au Canada, sur deux grands instruments : les politiques de développement régional[30] et le système complexe de subventions et de transferts fiscaux aux provinces.

La question régionale constituera un enjeu majeur dans les années 1970 avec la menace sécessionniste du Québec, qui remettra profondément en question l'existence du fédéralisme canadien. Pour P.E. Trudeau, la promotion de l'unité nationale passera par la voie privilégiée d'une politique de réduction des inégalités régionales favorisant une plus grande intégration interrégionale, plutôt qu'un développement des spécificités locales. À ses débuts, à la fin des années 1960, cette politique tentera d'implanter des pôles de croissance sectoriels et géographiques à partir desquels pourra rayonner une croissance économique s'étendant à l'ensemble des territoires et favorisant une plus grande synergie économique entre les provinces. Cette stratégie sera vivement critiquée par certaines provinces, dont le Québec, qui verront le développement de leur région amarré à des pôles de croissance situés ailleurs. Au milieu des années 1970, la politique de développement régional sera révisée par le ministère de l'Expansion économique régionale (MEER). Par la signature d'une série d'ententes-cadres et d'ententes auxiliaires signées avec chacune des provinces et leur accordant davantage de pouvoirs en matière de développement industriel, le MEER tente d'amoindrir les tensions entre le gouvernement fédéral et les différentes provinces. Aujourd'hui, les politiques de développement régional sont administrées par trois organismes dévolus chacun à l'encadrement d'une grande région — le Bureau fédéral du développement (Québec), l'Agence de promotion économique

30. Le ministère de l'Expansion économique régionale avait été créé spécialement à cet effet par le gouvernement Trudeau en 1969. Voir Michel BOISVERT et Pierre HAMEL, « Les politiques régionales du Canada sous le régime libéral 1963-1984 », dans Yves BÉLANGER et Dorval BRUNELLE (dir.), *L'ère des libéraux, le pouvoir fédéral de 1963 à 1984*, Sillery, Presses de l'Université du Québec, 1988, p. 191-210.

du Canada atlantique et le ministère de la Diversification de l'économie de l'Ouest —, regroupés sous la tutelle d'Industrie Canada. Les priorités en matière de développement régional continuent de promouvoir une plus grande intégration interrégionale ainsi qu'une meilleure coordination entre les différentes politiques régionales, notamment par l'accès amélioré à des services d'information, de mise en contact des réseaux d'affaires et, plus subsidiairement, par un soutien financier aux entreprises œuvrant dans des secteurs de pointe.

Le gouvernement fédéral accorde aux provinces des subventions. Les modifications apportées en 1977[31] ont permis d'y clore, en partie du moins, les discussions entre les provinces et entre ces dernières et le gouvernement fédéral. Si le système a quelque peu été affecté par les coupures budgétaires, il n'en continue pas moins de reposer sur deux grands piliers auquels il faudrait adjoindre le Programme d'assistance du Canada : le Programme des frais partagés, d'une part et le Programme de péréquation des revenus, d'autre part. Le Programme des frais partagés repose sur le transfert aux provinces d'un certain nombre de points d'impôts ainsi que sur l'octroi, plus ou moins inconditionnel, de sommes au titre du financement des programmes établis, soit l'assurance-hospitalisation, l'assurance-santé et l'éducation postsecondaire. Le système de péréquation des revenus repose sur la capacité de chaque province à lever des impôts et sur l'écart qui existe entre le revenu personnel de chaque province et la norme nationale.

Le cadre institutionnel et l'administration de la politique économique

L'élargissement progressif des fonctions de l'État et leur extension à tous les domaines de la vie sociale aura été l'un des traits marquants de l'après-guerrre, au Canada comme ailleurs[32]. À la différence toutefois de bien d'autres pays, cet élargissement des fonctions de l'État fut très complexe. En raison du caractère fédéral de ses institutions politiques, la relation qui unit l'État à la société est trilatérale : la société, les institutions fédérales et un ensemble de gouvernements provinciaux[33]. Dans le domaine économique, en particulier, les pouvoirs sont partagés entre les deux paliers de

31. Voir la *Loi sur les arrangements fiscaux entre le gouvernement fédéral et les provinces.*
32. Pour ne prendre qu'un indicateur parmi d'autres, les dépenses publiques totales, sur la base de la comptabilité nationale, représentaient, en 1950, au Canada 21,2 % du PIB. En 1995, elles représentaient 49,1 %. Les dépenses publiques fédérales représentaient à elles seules 22,5 % du PIB en 1995, contre 12,3 % du PIB en 1950. Consulter Statistique Canada, *Comptes nationaux des revenus et dépenses*, 13-001, plusieurs années.
33. Robert J. Jackson et Doreen Jackson, *Politics in Canada. Culture, Institutions, Behaviours and Public Policy*, Scarborough, Prentice Hall Canada, 2e édition, 1990, p. 62.

gouvernement, en vertu de la loi constitutionnelle de 1867. Si le gouvernement fédéral est responsable du commerce international, des banques et de la monnaie, des pêches et, par décision des tribunaux, de l'aéronautique, de la navigation, des chemins de fer, des télécommunications et de l'énergie atomique, les gouvernements provinciaux ont par contre pleine juridiction sur des domaines comme le commerce provincial et les ressources naturelles, ce qui leur donne beaucoup de pouvoirs en matière économique. La plus grande autonomie fiscale dont elles disposent depuis la fin des années 1950 et la volonté politique de leurs dirigeants, particulièrement au Québec depuis la Révolution tranquille, d'orienter davantage l'économie, ne rendent que plus complexe l'élaboration des politiques économiques. Faisant écho aux recommandations du Rapport de la Commission Rowell-Sirois, le gouvernement fédéral a cherché, dans l'après-guerre, notamment sous le gouvernement Trudeau, à centraliser davantage les pouvoirs mais sans y parvenir vraiment comme ne pourra que le constater dans son rapport la Commission Macdonald[34], et devrions-nous ajouter, Pierre Elliott Trudeau lui-même le soir de l'élection de 1984 qui entraînera la défaite de son successeur John Turner et l'arrivée au pouvoir des Conservateurs dirigés par Brian Mulroney. Par souci d'espace et par choix, nous nous concentrerons essentiellement sur les institutions fédérales, non sans prendre soin de rappeler la formule bien connue qu'il n'y a pas au Canada une politique économique mais onze politiques économiques, soit une fédérale et dix provinciales.

Dans ce qui suit, nous étudierons les ministères et organismes au centre des décisions en matière économique, pour ensuite aborder les agences de la Couronne[35], relevant des responsabilités du sous-ministre adjoint aux Finances (voir l'organigramme).

---

34. Du nom de son président. La Commission royale sur l'union économique et les perspectives de développement du Canada avait été mise sur pied par le gouvernement Trudeau avec le double mandat de repenser les rapports entre l'État et la société civile dans le cadre de la fédération canadienne et de proposer des réformes novatrices pour sortir l'économie de la profonde crise qu'elle traversait au début des années 1980.
35. Nous nous inspirons ici de la typologie utilisée par Jackson et Jackson. Ceux-ci distinguent toutefois trois paliers : les ministères, qui sont dirigés par un ministre du Cabinet et sont responsables de l'administration des programmes mis en place dans le cadre de leur mandat; les agences de la Couronne, qui incluent les sociétés de la Couronne, les conseils et commissions de régulation; et enfin, les commissions, conseils et groupes spéciaux charger de conseiller le gouvernement dans un domaine particulier (Jackson et Jackson, *op. cit.*, p. 383). Nous avons toutefois jugé bon de mettre la Banque du Canada dans les institutions centrales en raison des liens étroits qui l'unissent au ministère des Finances. De même faut-il noter que le Conseil économique du Canada et le Conseil des sciences du Canada, aujourd'hui démantelés, avaient le statut de corporations de la couronne, ce qui garantissait leur indépendance politique.

Organigramme du ministère des Finances

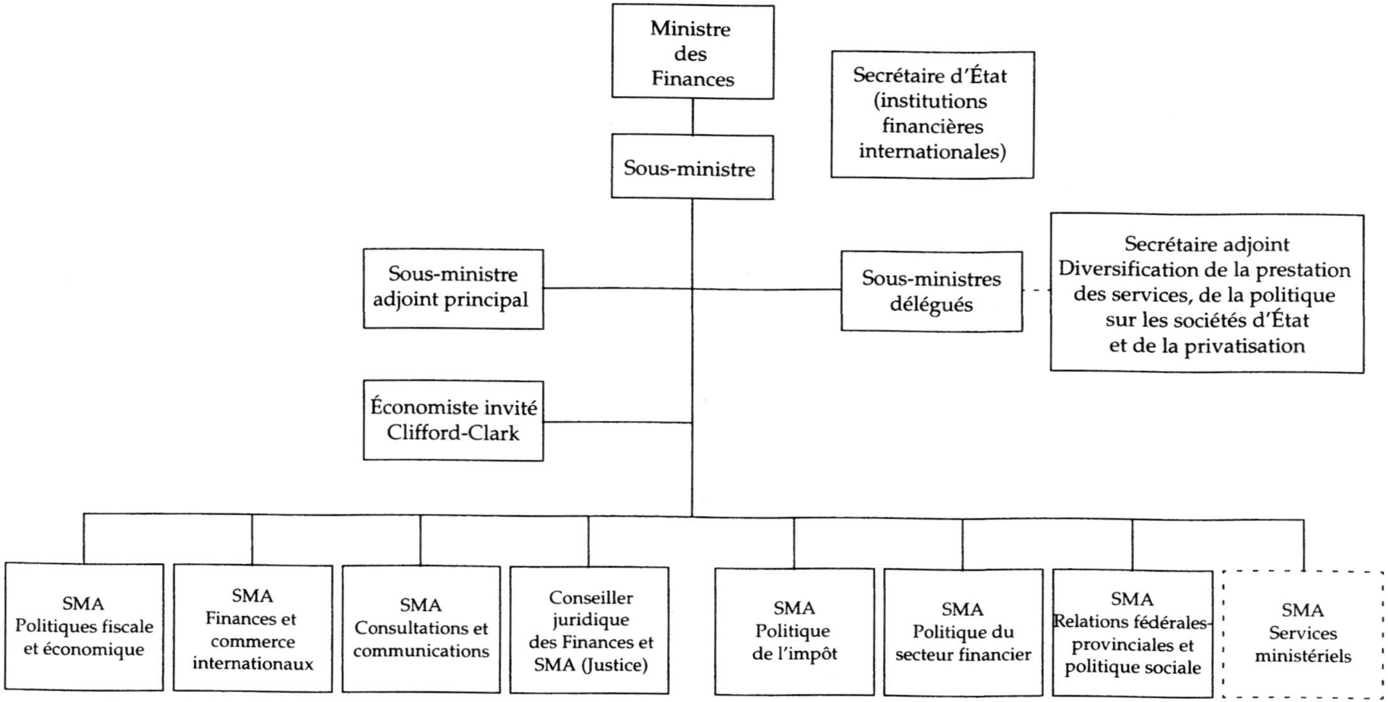

Source : Ministère des Finances (1997), *Structure et rôle.*

LE MINISTÈRE DES FINANCES

Le ministère des Finances est, au Canada, le grand maître d'œuvre de la politique économique canadienne. Ses pouvoirs sont aussi très étendus. Il a été créé en 1867, lors de la Confédération canadienne et exerce ses activités en vertu des articles 14 à 16 de la *Loi sur la gestion des finances publiques*. Selon sa propre définition, le ministère des Finances du Canada est l'organisme fédéral chargé de fournir au gouvernement canadien des analyses et des conseils sur les grandes questions économiques et financières. Le ministre a la responsabilité du Trésor, la surveillance et la direction des questions concernant les affaires financières du Canada qui ne sont pas assignées au Conseil du Trésor ou à d'autres ministères. Sa responsabilité principale est la préparation et la gestion du budget fédéral[36]. Les responsabilités du ministère comprennent aussi la préparation de la législation fiscale et tarifaire, la gestion des emprunts fédéraux sur les marchés financiers ainsi que la représentation du Canada auprès d'institutions financières internationales. Les fonctionnaires des Finances suivent l'évolution et font des recherches sur la performance de l'économie canadienne en se fiant à des indicateurs tels que la production et la croissance, l'emploi et le revenu, la stabilité des prix et la politique monétaire et les changements structurels à long terme. Toutefois, les préoccupations prioritaires du ministère concernent surtout les domaines intimement liés à la conjoncture économique mondiale, comme les questions commerciales et monétaires qui ont une incidence notable sur l'économie canadienne, en raison de son ouverture[37].

Pour assister le Cabinet dans l'élaboration et la mise en œuvre des politiques économiques et financières, le ministère est notamment chargé de :

- Fournir des analyses sur la conjoncture et les perspectives économiques et financières canadiennes;
- Recommander des mesures budgétaires, fiscales, d'emprunt et de gestion de la trésorerie;
- Conseiller sur la balance des paiements, les réserves de change, les accords monétaires et financiers internationaux, la valeur de la monnaie;

36. Canada, *Le nouveau visage du gouvernement*, Ottawa, ministère des Approvisionnements et Services, 1994, p. 50.
37. Ministère des Finances, *Finances Canada : structure et rôle*, 1997.

- Participer aux négociations internationales portant sur les questions financières et commerciales, gérer l'apport financier du Canada aux institutions financières internationales;

- Encadrer les relations entre le fédéral et les provinces sur les questions financières et économiques, déterminer le montant des transferts fédéraux aux provinces (péréquation et transferts en matière de santé);

- Conseiller, élaborer des politiques et des orientations futures, assurer la coordination avec les organismes réglementant le secteur financier (banques et assurances);

- Communiquer au public les objectifs financiers et économiques du gouvernement.

Le ministère se doit aussi de coordonner l'ensemble des initiatives fédérales provenant de ministères à vocation économique et de promouvoir une collaboration entre les niveaux fédéral et provincial, notamment sur les questions financières et fiscales. Le ministère a l'obligation de rendre compte au ministre par l'intermédiaire du sous-ministre et de deux sous-ministres délégués accompagnés d'un sous-ministre adjoint principal. Le ministre des Finances rend compte à son tour au Parlement des activités de son ministère ainsi que de celles d'autres organismes placés sous sa responsabilité, comme la Banque du Canada et le Bureau du surintendant des institutions financières[38].

Mentionnons enfin que le ministère est subdivisé en plusieurs directions travaillant en collaboration avec le Secrétariat du Conseil du Trésor, responsables de l'analyse et de l'élaboration de politiques spécifiques, comme les politiques fiscales et économiques, les finances et le commerce international, la politique de l'impôt, les relations fédérales/provinciales et la politique sociale (voir l'organigramme p. 261). Ces directions relèvent chacune de sous-ministres adjoints et sont à leur tour divisées en plusieurs secteurs. Les directions les plus importantes, comme celle des politiques économiques et fiscales et celle de l'impôt, disposent d'un directeur général et d'un secrétariat. Ces directions sont au nombre de huit.

---

38. Le Bureau du surintendant des institutions financières surveille les institutions financières et réglemente les régimes de retraite gérés par l'instance fédérale afin de conserver la confiance du public dans le système financier canadien. Il met aussi à la disposition des autres ministères des services d'actuariat en ce qui concerne notamment les programmes de sécurité sociale, d'assurance et de rente.

LES DIRECTIONS COMPOSANT LE MINISTÈRE DES FINANCES

La *direction des politiques économique et fiscale* est à l'avant-scène dans le processus budgétaire. Elle représente aussi le Canada dans le cadre de ses échanges entre spécialistes sur les politiques économiques, notamment au sein d'organisations internationales telles l'OCDE et le FMI. Elle est chargée d'analyser la situation économique et fiscale du pays et de fournir des conseils au ministre des Finances. Elle peut se prononcer sur des sujets tels que les recettes, les dépenses, le service de la dette et la politique monétaire. Elle analyse et recommande aussi les politiques gouvernementales en matière microéconomique. C'est cette direction qui prépare les rapports financiers mensuels et les rapports économiques trimestriels du Ministère.

La *direction de la politique de l'impôt* prépare et examine les politiques et la législation fédérales en matière d'impôt. Elle a une fonction surtout législative, laissant l'application des lois fiscales et la perception des impôts à Revenu Canada. La direction se divise en quatre secteurs : impôt des particuliers, taxe de vente, impôt des entreprises et législation de l'impôt. Cette dernière division a pour mandat de préparer la législation fiscale, avec le ministère de la Justice et Revenu Canada, afin de la faire adopter par le Parlement. Elle représente aussi le Canada dans les réunions internationales portant sur la fiscalité et suit l'évolution fiscale de plusieurs autres pays pour procéder à l'analyse des politiques canadiennes. La direction comprend un *Groupe sur la politique fiscale intergouvernementale* qui est chargé de recommander des arrangements fiscaux entre les gouvernements fédéral et provinciaux et entre le gouvernement fédéral et les Premières Nations.

La *direction des relations fédérales-provinciales et de la politique sociale* conseille le ministre sur les relations financières entre les deux paliers de gouvernement ainsi que sur la politique sociale. La direction est responsable de la plupart des accords fiscaux entre le fédéral et les provinces ainsi que des transferts fédéraux aux provinces et aux territoires (péréquation et transferts en matière de santé et de programmes sociaux). Elle fournit également des conseils en matière de gestion financière et d'élaboration des programmes sociaux fédéraux et collabore à ce titre avec les différents ministères fédéraux chargés des politiques sociales.

La *direction de la politique du secteur financier* fournit des analyses et des recommandations sur le secteur financier canadien et la réglementation des institutions financières à charte fédérale, comme les banques, les sociétés de fiducie et les compagnies d'assurance. Elle administre aussi les emprunts fédéraux et ceux des sociétés d'État. De plus, la direction intervient dans la politique du taux de change. Cette direction est composée d'une division dévolue au secteur financier (réglementation) et d'une autre chargée de l'étude des marchés financiers (financement du gouvernement fédéral et évolution des marchés financiers).

La *direction des finances et du commerce international* est principalement responsable d'encadrer le ministère dans l'élaboration de ses politiques économiques internationales, comme celles portant sur les importations, l'investissement étranger et les tarifs douaniers. La direction apporte aussi son soutien au ministre dans ses activités de représentation au sein des institutions économiques internationales et participe aux efforts de coordination de la politique économique. Elle se divise en deux secteurs : l'un dévolu à la politique du commerce international (commerce et investissement), et l'autre se spécialisant dans les finances et l'analyse de l'économie internationale.

Mentionnons enfin l'existence de plusieurs autres directions. Il s'agit du *secteur de la diversification de la prestation des services, de la politique sur les sociétés d'État et de la privatisation,* qui coordonne la participation du gouvernement canadien dans les sociétés d'État, les sociétés d'économie mixte et les autres mécanismes de diversification des modes de prestation de service; de la *direction juridique,* qui administre l'ensemble des services juridiques fournis au ministère des Finances et au Bureau du surintendant des institutions financières; de la *direction des consultations et des communications,* chargée de fournir des stratégies de communication pour assister l'ensemble des directions ainsi que le ministre dans la formulation de leurs informations; et la *direction des services ministériels,* qui assure une aide technique au ministère des Finances et au Secrétariat du Conseil du Trésor en fournissant des services administratifs, financiers, informatiques et de sécurité, et qui gère les ressources humaines et l'intégration de nouveaux systèmes technologiques au sein du ministère.

LA BANQUE DU CANADA

La Banque du Canada est dirigée par un conseil de douze administrateurs nommés par le gouvernement en place pour une période de trois ans, admettant en son sein le sous-ministre des Finances (sans droit de vote). La direction de la Banque est aussi assurée par le gouverneur assurant un mandat de sept ans, le premier sous-gouverneur et quatre autres sous-gouverneurs, nommés par les administrateurs. Le poste de gouverneur de la Banque est révocable dans l'éventualité d'un désaccord majeur entre le ministre des Finances et le gouverneur[39]. Le Conseil d'administration est l'instance chargée de la surveillance des activités de la Banque, de la nomination des principaux titulaires de ses postes d'autorité ainsi

39. Le cas s'est produit en juillet 1961 lorsque le gouverneur de la Banque du Canada, M. Coyne, fut contraint de remettre sa démission, à la suite de différends entre les directives émises par le ministre des Finances et les initiatives qualifiées d'erronées prises par les autorités de la Banque. Cette altercation justifiera des éclaircissements relatifs à la question de la responsabilité de la politique monétaire, ce qui sonnera l'essor d'un débat sur le mandat de la Banque et la publication ultérieure d'un rapport sur le système bancaire et financier (1964).

que de l'approbation du budget annuel. En vertu de la *Loi sur la Banque du Canada*, le gouverneur et le ministre des Finances doivent se consulter régulièrement à propos de la politique monétaire[40].

Malgré cette tutelle apparente du ministère des Finances, la mise en œuvre quotidienne de la politique monétaire confère à la Banque centrale une certaine autonomie qui n'est limitée que par l'obligation de rendre compte au gouvernement de ses activités[41]. Cette indépendance de l'agent financier du gouvernement ne va pas sans susciter des débats, notamment en ce qui a trait au principe de responsabilité politique auquel la Banque n'a pas à souscrire et qui fait dire à certains observateurs que le désir d'autonomie des autorités de la Banque signifie une certaine volonté de n'être pas l'objet de l'examen public[42]. À cet égard, la Banque considérera que le ministre des Finances est ultimement responsable de la politique monétaire, tandis qu'elle en est responsable dans l'immédiat « aussi longtemps que des instructions contraires ne lui ont pas été signifiées[43] ». Exception faite du célèbre cas

40. Les changements apportés à la politique monétaire sont annoncés conjointement.
41. La Banque justifie cette autonomie par la nécessité de dissocier le pouvoir de dépenser de celui de créer de la monnaie (Banque du Canada, « La politique monétaire, le mandat des banques centrales et l'obligation qu'elles ont de rendre compte », *Revue de la Banque du Canada*, printemps 1993, p. 26). La question du degré d'autonomie accordé à la Banque centrale a fait l'objet de débats, notamment en regard du rôle que devait avoir la politique monétaire dans la poursuite des objectifs de la politique économique. Le *Rapport de la Commission royale d'enquête sur le système bancaire et financier* (1964), p. 617, recommande la conservation de cette marge d'autonomie de la Banque afin de limiter l'usage de la politique monétaire par le gouvernement à des fins électorales. La Commission a d'ailleurs recommandé que la politique monétaire canadienne soit sous un régime de responsabilité conjointe « en vertu duquel la Banque formule la politique monétaire et l'applique au jour le jour tandis que le gouvernement se tient responsable sans réserve et en tout temps de cette politique » (p. 619).
42. Ce débat encore actuel a été particulièrement virulent dans le début des années 1960, avant la parution du Rapport de la Commission citée dans la note précédente. Dans H.S. GORDON, « The Bank of Canada in a System of Responsible Government », *Revue canadienne d'économique et de science politique*, 27, 1961, p. 16, l'auteur soutient que la Banque est « une instance qui prend et met en œuvre des décisions d'ordre politique [dont] les interventions sont des actes de gouvernement ». Gordon estime qu'il convient de questionner l'autonomie de la Banque dans la mesure où elle constitue une « contradiction flagrante dans une démocratie parlementaire fondée sur le principe de la responsabilité du pouvoir exécutif » (p. 1). Ce débat est rapporté dans Gordon R. SPARKS, « La théorie et la pratique de la politique monétaire canadienne de 1945 à 1983 », dans J.H. SARGENT (coord.), *Les politiques budgétaires et monétaires*, Ottawa, ministre des Approvisionnements et Services, Commission royale d'enquête sur l'union économique et les perspectives de développement du Canada, vol. 21, 1986, p. 140.
43. Le ministre des Finances est autorisé à émettre les directives à suivre par la Banque en cas de désaccord suite à une révision de la *Loi sur les banques* réalisée en 1967. Voir Banque du Canada, *Revue de la Banque du Canada*, 1993, p. 29.

Coyne, la Banque du Canada a toujours joui d'une grande autonomie, ce qui assure sa crédibilité et sa respectabilité auprès des marchés monétaires et financiers[44].

Les activités de la Banque du Canada découlent des quatre grandes fonctions que lui confèrent la Loi qui la régit, soit la formulation de la politique monétaire, l'exécution d'un certain nombre d'opérations bancaires, l'émission des billets de banque et la gestion de la dette du gouvernement canadien.

La Banque du Canada a comme objectif prioritaire de sa politique monétaire la préservation de la valeur de la monnaie par la stabilité des prix. Cet objectif n'est pas nouveau. Ce qui l'est par contre, c'est qu'en février 1991, la Banque du Canada, de concert avec le ministre des Finances, a établi des cibles de maîtrise de l'inflation à moyen terme, le taux d'inflation, mesuré par l'indice des prix à la consommation[45],

---

44. Il est intéressant de relever d'ailleurs qu'en 1991, le gouvernement en place a proposé de réformer le cadre institutionnel dans lequel opérait la Banque. Les recommandations publiques concernaient notamment la création de comités consultatifs régionaux représentés au sein du Conseil d'administration de la Banque, une meilleure communication entre la Banque et le Parlement, la mise sur pied d'un conseil responsable de la conduite de la politique monétaire et l'approbation de la nomination du gouverneur par le Sénat. Ces réformes auraient fait l'objet d'un amendement de la *Loi sur la Banque du Canada*, dans le cadre plus général de réformes constitutionnelles proposées par le gouvernement conservateur. Ces différentes propositions n'ont pas eu de suite, même si la *Loi sur les banques* a été amendée sur d'autres chapitres.
45. L'indicateur utilisé par la Banque centrale pour exprimer la croissance ou la décroissance de l'inflation est l'indice des prix à la consommation (IPC), qui rend compte de la fluctuation des prix sur le marché domestique, à l'exception des produits alimentaires et énergétiques et des variations des taux de taxation. Le calcul de l'IPC donne lieu à des critiques de la part de plusieurs observateurs, qui expliqueront par exemple que l'IPC est beaucoup plus élevé que ne le sont réellement les prix sur le marché, ou encore qu'il ne tient pas compte des changements technologiques survenus depuis le tournant de la décennie, qui ont tendance à faire pression à la hausse sur les prix. Gordon Thiessen, gouverneur actuel de la Banque du Canada, définit l'inflation en ces termes dans une allocution prononcée le 21 mars : « [...] nous croyons que ce qui compte vraiment, c'est le niveau de l'activité par rapport à la capacité de production de l'économie — en d'autres termes, la marge des capacités inutilisées ou l'écart de production observé dans l'économie. La taille de l'écart de production, conjuguée aux attentes d'inflation, constitue la principale force qui détermine l'intensification ou l'atténuation des pressions inflationnistes. On s'attendrait donc à ce que l'inflation ne commence à s'accélérer qu'au terme d'une période au cours de laquelle la demande globale aurait dépassé la capacité de production de l'économie pouvant être soutenue. » Voir Gordon THIESSEN, « La politique monétaire et les perspectives d'un raffermissement de l'économie canadienne », Ottawa, Allocution prononcée par le gouverneur de la Banque du Canada devant l'Association canadienne de science économique des affaires et l'Ottawa Economics Association, 21 mars 1997.

devant être ramené à l'intérieur d'une fourchette de 1 % à 3 % avant la fin de 1995. Le 22 décembre 1993, cet objectif a été prolongé jusqu'en 1998[46].

Le principal instrument de la Banque du Canada est le taux d'escompte : c'est le taux auquel la Banque « octroie des avances aux institutions financières membres de l'Association canadienne des paiements et auquel elle conclut des prises de pension avec les principaux courtiers en valeurs mobilières sur le marché monétaire[47] ». À l'expérience, il est en effet apparu que c'était au niveau des prises de pension que son action était la plus efficace. Aussi, depuis 1996, le taux d'escompte est-il fixé au Canada à la limite supérieure de la fourchette opérationnelle (dont l'amplitude est d'un demi-point de pourcentage) arrêtée pour le taux de financement au jour le jour[48].

La Banque du Canada est aussi amenée, dans la conduite de sa politique monétaire, à intervenir sur les marchés des changes par l'intermédiaire du Fonds des changes, et au nom du ministère des Finances.

Mentionnons enfin que les mesures de la politique monétaire agissent de manière indirecte sur l'économie et que leurs effets s'étendent sur une période d'au moins un an. La Banque du Canada a recours à de multiples indicateurs économiques pour déterminer le cours que devra suivre la politique monétaire. L'un de ces indicateurs est l'indice des conditions monétaires (ICM) construit par la Banque à partir d'une moyenne pondérée des taux d'intérêt à court terme et du taux de change effectif[49].

Outre les opérations sur les marchés monétaires et des changes qu'elle effectue dans le cadre de sa politique monétaire ou dans le cadre de ses activités régulières, la Banque du Canada réalise plusieurs autres opérations bancaires. Ainsi tient-elle les comptes des dépôts des membres de l'Association canadienne des paiements, les comptes de dépôt des banques centrales étrangères[50], les comptes de dépôt du gouvernement

46. Le taux d'inflation a été de 2,2 % au Canada en 1996.
47. Banque du Canada, *Communiqué de presse*, 21 février 1991.
48. Pour une description détaillée des opérations quotidiennes de la Banque, voir Pierre DUGUAY et Stephen POLOZ, « The Role of Economic Projections in Canadian Monetary Policy », *Canadian Public Policy*, vol. 20, n° 2, 1994, p. 189-203.
49. Le taux d'intérêt à court terme est le taux commercial à trois mois. Le taux de change effectif est calculé à partir de la valeur pondérée du dollar canadien par rapport aux autres monnaies du G-10.
50. Depuis 1962, un accord de réciprocité existe entre la Banque du Canada et la Réserve fédérale de New York. Cet accord prévoit l'octroi d'une ligne de crédit de 2 milliards de dollars. Un accord du même type a été conclu avec la Banque du Mexique en 1991. La ligne de crédit est de 1 milliard de dollars et l'accord a été renouvelé en décembre 1996. La Banque du Mexique a remboursé, en janvier 1996, l'encours du tirage de 2,6 millions utilisés à la suite de la crise du peso.

fédéral au nom du Receveur général du Canada, etc. La Banque est aussi habilitée à accorder des prêts de dernier ressort à certaines institutions financières. Elle joue également un rôle consultatif en matière de réglementation et de surveillance des institutions financières. Notons, par ailleurs, que le gouverneur de la Banque est membre d'office du Comité de surveillance des institutions financières, ainsi que du Conseil d'administration de la Société d'assurance-dépôts du Canada.

La Banque du Canada fait office de Banque du gouvernement et, à ce titre, gère la trésorerie du gouvernement[51]. C'est aussi en sa qualité d'agent financier du gouvernement qu'elle conseille celui-ci et est responsable de la gestion de la dette publique. En 1995, le gouvernement fédéral a introduit une distinction entre les titres détenus par les particuliers, appelés titres au détail, et les autres. Un nouvel organisme, Placement épargne Canada, s'occupe désormais de la gestion des titres au détail. La Banque du Canada s'occupe du placement des autres titres auprès des investisseurs canadiens et étrangers.

LES AUTRES INSTITUTIONS

D'autres ministères et organismes interviennent, à un niveau plus sectoriel, dans l'élaboration et la mise en œuvre des politiques économiques : Revenu Canada pour la perception des impôts et le respect effectif des lois fiscales; Industrie Canada et les trois organismes à vocation régionale qu'elle chapeaute pour les volets industriel et régional des politiques économiques ainsi que la mise en œuvre des politiques de concurrence; Développement des ressources humaines pour les politiques d'emploi, ou encore le ministère des Affaires étrangères et du Commerce international (MAECI) pour la dimension internationale des politiques économiques canadiennes. Le ministère des Finances collabore avec ces différents ministères, notamment par l'entremise de son Secrétariat de la politique du développement économique, chargé du conseil et de l'analyse des orientations du ministère en matière de politique économique.

Mentionnons enfin parmi les autres intervenants plus secondaires le Vérificateur général, chargé d'examiner les comptes du gouvernement et de certains organismes fédéraux pour produire un rapport annuel présenté au Parlement, et la Société d'assurance-dépôts du Canada, qui garantit les dépots des clients des institutions bancaires, des sociétés fiduciaires et de prêt hypothécaire, à raison de 60 000 dollars par compte individuel.

---

51. La Banque émet des bons de gestion de trésorerie et effectue des « swaps » liés à la gestion de trésorerie du Fonds des changes pour atténuer les incidences des variations du compte du Trésor.

Les agences de la Couronne constituent un deuxième palier d'intervention publique en matière économique au Canada. On peut avec Jackson et Jackson les diviser en deux grandes catégories : les sociétés de la Couronne, les agences de réglementation et les tribunaux administratifs. Les agences de la Couronne sont des « instruments de politique publique »[52] et à ce titre, elles relèvent directement d'un ministre du Cabinet. Elles jouissent toutefois d'une autonomie administrative assez grande et, dans le cas des corporations de la Couronne, leur gestion s'apparente le plus souvent à celle des entreprises privées. Leur création a toujours fait l'objet de nombreux débats chez les économistes parce que leur présence constitue une intrusion dans le mode de fonctionnement des marchés, dans le sens où elles viennent soit modifier, et parfois de manière très significative, le comportement des agents économiques, soit se substituer au secteur privé ou entrer en concurrence avec lui. Les critiques les plus vives ont surtout porté sur les sociétés de la Couronne. Parmi celles qui reviennent le plus fréquemment, on peut mentionner leur inefficacité, leur mauvaise gestion administrative, leur lourdeur bureaucratique, l'absence de contrôle ministériel et démocratique véritable, ou encore leur mauvaise gestion financière. Les agences de réglementation non plus n'ont pas échappé à la critique, de plus en plus vive dans les années 1980. Il est d'ailleurs significatif de constater que la prolifération des agences et sociétés d'État a été telle dans l'après-guerre qu'il faudra attendre la publication des études sur les agences de réglementation par le gouvernement au Conseil économique du Canada[53] et surtout les études réalisées pour le compte du gouvernement conservateur peu de temps après son arrivée au pouvoir dans le cadre de son examen complet des différents programmes publics[54] pour que l'on puisse se faire une idée exacte du nombre de sociétés d'État et d'agences gouvernementales existant au Canada[55].

52. *Royal Commission on Financial Management and Accountability*, Ottawa, ministre des Approvisionnements et Services, 1979.
53. Conseil économique du Canada, *Pour une réforme de la réglementation*, Ottawa, ministre des Approvisionnements et Services, 1981.
54. James Stanley et Eric Nielsen, *Les principales enquêtes : rapport du groupe d'étude au Groupe de travail chargé de l'examen des programmes*, Ottawa, Groupe de travail chargé de l'examen des programmes, 1985.
55. Peu de temps après son arrivée au pouvoir, le gouvernement conservateur devait procéder à la privatisation de dix-huit sociétés d'État, parmi lesquelles on retrouve notamment Téléglobe, Air Canada et DeHaviland. Depuis lors, le gouvernement fédéral a procédé à d'autres privatisations, comme celle de Pétro-Canada, mais c'est surtout dans le domaine de la déréglementation que son action a été la plus décisive. Le secteur financier et celui des télécommunications sont les deux secteurs qui ont connu les plus importants bouleversements.

Les situations pouvant entraîner la création d'une société d'État[56] sont nombreuses. Les deux principales, moins sujettes à controverse, se réfèrent à ce que les économistes appellent un monopole naturel ou à l'établissement d'un service d'intérêt public. La troisième situation, la plus importante, permet au gouvernement, par l'intermédiaire d'une société d'État, de stimuler le développement d'un secteur économique, de contribuer au fonctionnement des entreprises, d'accroître la participation canadienne dans l'économie ou dans un secteur d'activité en particulier, de développer la R&D dans un secteur, de soutenir les entreprises dans les marchés d'exportation ou encore de développer des industries de pointe. La dernière, la moins bonne, pourrait être appelée le sauvetage d'une entreprise en difficulté financière, comme ce fut le cas de DeHaviland ou de Canadair par exemple, dans un secteur jugé stratégique pour une région ou pour l'économie canadienne. Les sociétés d'État à caractère économique qui entrent dans la troisième catégorie sont extrêmement nombreuses. Mentionnons, parmi celles qui existent toujours, la Banque de développement du Canada (BDC), la Société pour l'expansion des exportations (SEE), la Banque fédérale de développement (BFD), le Bureau fédéral de développement régional (BFDR) ou encore la Corporation commerciale canadienne (CCC).

Les agences de réglementation sont également très nombreuses. On les retrouve dans des domaines aussi divers que l'agriculture, les télécommunications, les secteurs financier et bancaire et le transport.

LA POLITIQUE ÉCONOMIQUE CANADIENNE : UN APERÇU HISTORIQUE

L'interventionnisme remonte aux débuts de la Confédération. Il a d'abord et avant tout été économique, et sur ce plan, essentiellement protectionniste et indirect[57]. Ce n'est que depuis la guerre que cet interventionnisme s'est élargi, pour devenir social, d'une part, et plus ciblé sur le plan économique, d'autre part. La politique économique est ainsi devenue un instrument

56. La loi distingue trois catégories de sociétés de la Couronne : les « sociétés ministérielles » (*departmental corporations*), qui relèvent directement d'un ministère du Cabinet; les « sociétés d'agences » (*agency corporations*), qui offrent un service public, la Société canadienne des postes par exemple; et les « sociétés de propriété » (*proprietory corporations*), qui jouissent d'une très grande autonomie administrative. Ce sont surtout ces dernières qui suscitent le plus de controverse dans la mesure où, surtout dans les domaines de la finance, de l'industrie et du commerce, elles entrent souvent en concurrence directe avec le secteur privé.

57. JACKSON et JACKSON, *op. cit.*, p. 62 et suivantes.

fondamental que le gouvernement utilisera à de multiples desseins, que ce soit pour régulariser et orienter l'activité économique, ou réduire les inégalités et les disparités régionales pour amoindrir la dépendance extérieure. Remis aujourd'hui en question, pour des raisons tout autant d'ordre budgétaire que philosophique, l'interventionnisme n'en demeure pas moins l'un des traits marquants du Canada, à ceci près que s'adaptant aux réalités du monde actuel, il vise surtout à préserver et à renforcer la compétitivité de l'économie canadienne au sein d'une économie mondiale toujours plus ouverte et plus intégrée.

Si l'on peut identifier assez clairement trois grandes périodes sur le plan historique, il convient de souligner que la politique économique canadienne a toujours été définie à l'intérieur de trois grands paramètres qui la caractérisent et assurent une certaine continuité, en dépit des tournants ou des changements apportés au gré de la conjoncture économique ou politique. Le premier des ces paramètres est le nationalisme. Comme le soulignent Eden et Molot[58], pour chacune des trois grandes périodes historiques, nous pouvons toujours parler de politiques nationales alors que, depuis la Confédération, les gouvernements successifs ont toujours eu pour préoccupation principale d'assurer, de consolider et de préserver l'unité, la cohésion et l'identité du Canada. Le second de ces paramètres est celui du « libéralisme compensatoire », puisque, sans jamais le remettre en question, le libéralisme économique a toujours été tempéré par un certain activisme de la part de l'État, que ce soit pour pallier les carences du marché, en corriger les excès ou encore, chaque fois que cela s'est révélé nécessaire, soutenir le secteur privé. Le troisième de ces paramètres est celui de l'internationalisme, une caractéristique qui trouve son fondement dans le fait que la prospérité économique du Canada a toujours été tributaire de ses échanges avec l'extérieur[59].

Les antécédents historiques : de la politique nationale à la Deuxième Guerre mondiale

Le Canada a une longue tradition d'interventionnisme économique, qui remonte à la « politique nationale » mise en œuvre par John A. Macdonald à partir de 1878 pour protéger l'industrie canadienne contre l'invasion de produits américains et la politique de *dumping* pratiquée par l'industrie américaine. Adoptée par ce dernier, plus par opportunisme politique que

58. Eden et Molot, *op. cit.*
59. Précisons que nous n'aborderons pas dans les pages suivantes la politique économique internationale du Canada, sinon de manière secondaire. Nous renvoyons le lecteur au prochain chapitre, qui traite de cette question.

par conviction profonde, cette politique allait devenir l'un des traits permanents de la vie économique et politique canadienne, et contribuer, au même titre que la politique des chemins de fer et que celle de l'immigration, à l'édification du pays et d'une économie prospère. Toutefois, il ne s'agit pas de se méprendre sur la nature de cet interventionnisme économique. Celui-ci fut toujours indirect, le gouvernement fédéral se limitant à protéger l'industrie, à financer les infrastructures dont le pays avait besoin pour se développer ou encore à octroyer des terres ou des aides pour la colonisation. En outre, comme le rappelle Aitker, cet interventionnisme était par nature « défensif », largement motivé qu'il était par le souci de défendre la souveraineté politique et l'indépendance économique du Canada, surtout face aux États-Unis[60].

Enfin, il ne faudrait pas perdre de vue que les marchés et l'approvisionnement en capitaux du Canada beaucoup trop dépendants de l'extérieur incitaient les dirigeants politiques, profondément marqués par la philosophie libérale, à utiliser la protection tarifaire comme instrument temporaire et monnaie d'échange pour obtenir la réciprocité commerciale avec les États-Unis.

« Au Canada comme ailleurs, les années 20, remplies d'espoir et de promesses, se termineront dans la désillusion. »[61] Durement affectée par la crise économique et les désastres climatiques, l'économie canadienne allait traverser la pire période de son histoire, le chômage touchant en 1933 plus du quart de la main-d'œuvre. La misère, l'absence quasi totale de mesures sociales, les grèves et les lock-out, l'agitation sociale et l'inconscience politique des dirigeants, peu enclins à prendre les mesures spéciales qu'exigeait la situation économique, ne feront que contribuer à l'image d'un pays basculant dans le chaos. Qui plus est, si le premier ministre conservateur Richard B. Bennett[62], prenant pour modèle l'expérience américaine du *New Deal*, avait finalement proposé, peu de temps avant les élections en 1935, une série de réformes et de mesures, le retour au pouvoir des libéraux de Mackenzie King n'apportera guère de changements significatifs dans la conduite des affaires économiques : celui-ci

60. Henry G. AITKER, « Defensive Expansion : The State and Economic Growth in Canada », dans W.T. EASTERBROOK et M.H. WATKINS (dir.), *Approaches to Canadian Economic History*, Toronto, McClelland et Stewart, p. 183-221.
61. Craig BROWN (dir.), *Histoire générale du Canada*, Montréal, Éditions du Boréal, p. 510.
62. Celui-ci s'en tiendra essentiellement aux mesures traditionnelles : hausses des tarifs à des niveaux sans précédent, aide aux provinces pour subvenir aux besoins des chômeurs, signature d'un accord de réciprocité avec les États-Unis, octroi de la préférence impériale dans le cadre des accords d'Ottawa de 1932, etc. Il faut cependant noter qu'il préparera le projet de loi qui devait créer la Banque du Canada.

préférera s'en tenir aux principes généraux du libéralisme économique[63] et, pour temporiser, mettre sur pied en 1937 une commission d'enquête, la Commission royale d'enquête sur les relations entre le Dominion et les provinces, mieux connue sous le nom de Commission Rowell-Sirois[64]. Le rapport, déposé en 1940, sera d'ailleurs très mal accueilli par les provinces. Toutefois, en proposant d'octroyer au gouvernement fédéral la responsabilité en matière d'assurance-chômage (ce qui sera fait à partir de 1941) et d'accorder aux provinces des subventions pour réduire les inégalités régionales, le rapport allait contribuer à jeter les bases d'un nouvel interventionnisme dans l'après-guerre.

C'est à la guerre que le Canada devra sa sortie du marasme économique. La planification de la production de guerre, dirigée d'une main de fer par C.D. Howe et son équipe, allait en effet alimenter de nouveau l'industrie et entraîner la disparition rapide du chômage. Au sortir de la guerre, le Canada était devenu une grande puissance industrielle, ce qui n'ira pas sans poser quelques problèmes de reconversion. Dans l'ensemble, le passage de l'économie de guerre à l'économie de paix se fera beaucoup plus facilement que prévu, la guerre de Corée stimulant l'économie et stoppant la récession. La grande crise avait contribué à changer les esprits. L'expérience acquise dans le dirigisme économique et surtout l'influence des idées keynésiennes sur les jeunes économistes et certains hauts fonctionnaires avaient quelque peu modifié la vision du rôle de l'État dans l'économie[65]. Les promesses faites durant la guerre par Mackenzie King en faveur d'un « nouvel ordre social » n'avaient pas manqué de susciter beaucoup d'attentes dans la population et dans les milieux syndicaux ou de gauche. Si le retour à la paix pouvait signifier le retour au *business as usual*, ce à quoi le gouvernement était fort sensible, la crainte de voir l'économie canadienne retomber dans la crise et celle de voir ressurgir les troubles sociaux allaient conduire le gouvernement de

---

63. Il est significatif de constater que la plupart des mesures prises dans le cadre du *New Deal* canadien proposé par Bennett furent déclarées inconstitutionnelles.

64. La Commission avait pour mandat de redéfinir les responsabilités respectives du gouvernement fédéral et des provinces en matière d'assistance sociale et de trouver les moyens de régler la grave crise financière que traversaient ces dernières. Les provinces avaient alors de lourdes responsabilités en matières sociales alors que les principales sources de revenus étaient laissées au gouvernement fédéral. Voir à ce sujet Dorval BRUNELLE et Christian DEBLOCK, « L'économie politique du fédéralisme canadien, de 1963 à 1984 », dans Yves BÉLANGER et D. BRUNELLE (dir.), *op. cit.*, p. 161-162.

65. Voir à ce sujet notamment Arthur F.W. PLUMPTRE, *Three Decades of Decision : Canada and the World Monetary System 1944-1975*, Toronto, McClelland et Stewart, 1977; Alain Noël, « L'après-guerre au Canada : politiques keynésiennes ou nouvelles formes de régulation », dans Gérard BOISMENU et Gilles DOSTALER (dir.), *La « théorie générale » et le keynésianisme*, Montréal, ACFAS, Politique et économie (GRETSÉ), 1987, p. 91-108.

King et les gouvernements qui lui succéderont à rechercher un double compromis : d'abord sur le plan économique, par un engagement politique en faveur du plein-emploi, ou pour être plus exact en faveur d'un « haut niveau d'emploi[66] », et de la stabilité économique[67]; et, ensuite, sur le plan social, par un engagement politique en faveur de la mise en place d'un système de sécurité sociale et du revenu[68]. Ce double compromis était d'autant plus acceptable qu'il reconnaissait aux Canadiens un certain nombre de droits sociaux et admettait la contribution de l'État à la prospérité économique du pays. D'autre part, il ne remettait pas en question le caractère libéral des institutions économiques et politiques du pays. Cela étant dit, il faudra attendre encore un certain temps avant que le système de sécurité sociale et du revenu, tel que nous le connaissons aujourd'hui, ne soit définitivement mis en place puisque ce n'est qu'en 1966 que sera adoptée par le Parlement la loi sur les soins médicaux et que sera instauré le régime de pensions du Canada[69]. De même, il faudra attendre le tournant des années 1960 pour voir le gouvernement s'engager plus fermement et plus directement sur le plan économique, lorsque ressurgira le spectre d'un chômage généralisé avec la profonde récession de la fin des années 1950 et que l'on commencera à s'interroger sur les effets néfastes sur la souveraineté du Canada d'une dépendance commerciale de plus en plus grande vis-à-vis des États-Unis et du contrôle de pans entiers de l'économie par les capitaux américains, résultat de la politique de portes ouvertes de C.D. Howe. Quoi qu'il en soit, un tournant

---

66. Au Canada, l'objectif plus réalisable de « niveau stable et élevé » d'emploi sera préféré à celui de plein-emploi : « Définir le plein-emploi a constitué un objectif mouvant et difficile. L'approche a consisté à définir un niveau de chômage acceptable et variable; il s'agissait d'une question autant politique qu'économique. » (Campbell, *op. cit.*, p. 5.) Au début des années 1960, le Conseil économique du Canada définissait le plein-emploi comme étant un taux de chômage de 3 %.

67. Sur l'engagement du gouvernement canadien en matière d'emploi dans l'après-guerre faisant suite à ses craintes d'une augmentation du chômage causant des agitations ouvrières, consulter Campbell, *ibid.*, p. 1-12. La stratégie d'après-guerre du gouvernement a été exposée dans deux documents, le *Livre blanc sur l'emploi et les revenus* d'inspiration keynésienne reprenant les conclusions mises de l'avant dans le Rapport de la Commission Rowell-Sirois mise sur pied en 1937, et le *Livre vert* présenté à la Conférence du Dominion et des provinces sur la reconstruction (1945). Ces documents mettaient l'emphase sur les priorités politiques du gouvernement : la stabilité économique et un niveau d'emploi élevé. Pour l'analyse du contenu du Rapport Rowell-Sirois, consulter Brunelle et Deblock, *op. cit.*, p. 161-162.

68. On ne saurait trop souligner l'influence qu'ont eue à l'époque les deux livres blancs britanniques rédigés par William Beveridge, le premier sur la sécurité sociale (1942) et le second sur le plein-emploi (1944).

69. À cette époque, le système reposait essentiellement sur l'assurance-chômage, les allocations familliales et la sécurité de la vieillesse, dont la loi avait été adoptée en 1951.

majeur avait été pris[70]. On attendait désormais de l'État qu'il soit garant de la prospérité et de la stabilité économiques, tout en assurant une plus juste répartition des fruits de cette prospérité entre tous les membres et toutes les régions de la société canadienne, de même que la satisfaction des besoins sociaux jugés fondamentaux.

Du plein-emploi à la canadianisation de l'économie

De tous les dominions, c'est au Canada que l'influence des idées keynésiennes s'est fait le plus sentir[71]. Déjà présente dans les milieux académiques et chez certains fonctionnaires au sortir de la guerre, cette influence se fera davantage sentir durant les années 1960 comme en témoignent les différents rapports du Conseil économique du Canada[72]. Si ces idées étaient loin d'être acceptées par les milieux politiques et les milieux d'affaires[73], c'est qu'au Canada comme ailleurs, elles allaient dans le sens des aspirations nouvelles de la population, comme le montrera l'influence, parfois décisive, du Nouveau Parti démocrate (NPD) sur la vie politique et les décisions du Cabinet. Il y a cependant une seconde raison, tout aussi fondamentale, c'est que les idées keynésiennes, par essence fortement centralisatrices, en dépit des apparences, et très nationales d'inspiration, iront également dans le sens des préoccupations grandissantes des élites politiques et morales. Celles-ci craignaient de voir un Canada menacé dans son unité et sa souveraineté par la dépendance et l'intégration croissante de son économie à celle des États-Unis et aussi par les revendications autonomistes des provinces, à commencer par celles du Québec[74]. Ce qui ressortira de ceci, comme le souligne très bien Louis Balthazar, c'est que la politique canadienne sera « une énorme machine à ambiguïtés ». « La politique nationaliste à l'endroit des États-Unis », poursuit-il, « [...] est invariablement liée à l'idée qu'on se fait de l'unité canadienne. Une politique nationaliste à l'endroit des États-Unis appelle une politique centralisatrice au pays et une certaine intransigeance à l'endroit des gouvernements provinciaux, comme en font foi les politiques de Diefenbaker et de Trudeau.

70. Voir à ce sujet Alvin Finkle, « Origins of the Welfare State in Canada », dans Léo Panitch (dir.), *The Canadian State. Political Economy and Political Power*, Toronto, University of Toronto Press, p. 344-370.

71. Plumptre, *op. cit.*

72. Il faut souligner que c'est aussi durant cette décennie que l'influence des idées keynésiennes se manifestera le plus aux États-Unis.

73. Alain Noël montre toutefois que les idées keynésiennes étaient loin d'être partagées par les membres du Cabinet de Mackenzie King et les hauts mandarins de la fonction publique (Alain Noël, *op. cit.*)

74. Le rapport Gray, publié en 1971, témoigne on ne peut plus clairement de cette double préoccupation.

Des politiques plus continentalistes, par contre, comme celles de Pearson et de Mulroney, ont pu s'accompagner d'attitudes plus conciliantes à l'endroit des provinces[75]. » Si la politique économique canadienne fut keynésienne, jusqu'aux années 1970, on peut se demander dans quelle mesure une telle politique, orientée qu'elle était sur le plein-emploi et la régulation macroéconomique de la demande, pouvait être réellement efficace dans un pays dont l'économie est aussi ouverte sur l'extérieur et dont les pouvoirs politiques sont aussi partagés entre le gouvernement central et les provinces. Par ailleurs, ce qui en fut le trait le plus caractéristique tout au long des années de grande prospérité n'est peut-être pas tant qu'elle fût keynésienne, mais plutôt que la régulation macroéconomique de la demande n'était en réalité que l'un des volets, à côté des politiques régionales et des politiques de « canadianisation », d'une politique plus générale de « contrôle par le gouvernement de l'environnement économique national », pour reprendre le rapport Gray. C'est ce qui nous amène à dire qu'en dépit de ses ambitions et d'une certaine réussite, cette politique ne pouvait que susciter des tensions pour entrer en crise lorsqu'elle se heurtera, dans les années 1980, aux forces du marché, à l'intransigeance des États-Unis et à l'opposition ouverte des provinces.

Ce n'est véritablement qu'à partir des années 1960 que ce nouveau style d'intervention dans les affaires économiques du pays commencera à se faire sentir, pour atteindre son apogée à l'« ère Trudeau ». Le gouvernement fédéral est en effet davantage préoccupé par les risques de tension inflationnistes et par les pénuries de main-d'œuvre que pourrait susciter la forte activité économique que par les problèmes que pouvaient poser la réalisation du plein-emploi[76]. Tout au plus le verra-t-on recourir à des mesures budgétaires pour soutenir la demande en période de récession, ce qui provoquera d'importants déficits fédéraux vers la fin de la décennie. Même si certaines voix ne manquent pas de souligner les effets négatifs que peuvent avoir à long terme le déficit persistant de la balance commerciale avec les États-Unis ou encore le contrôle de plus en plus grand exercé par les entreprises américaines sur l'industrie manufacturière et le secteur des

75. Louis BALTHAZAR, « L'autre visage des relations canado-américaines », dans Claude BASSET, *La politique étrangère canadienne dans un ordre international en mutation. Une volonté de se démarquer ?* Québec, CQRI, 1992, p. 54.

76. Les entrées de capitaux entraîneront rapidement de fortes pressions sur le dollar canadien, ce qui amènera la Banque du Canada à renoncer, en 1950, au système de taux de change fixe et à laisser le dollar suivre la tendance du marché. D'une façon générale, la politique monétaire de la Banque du Canada fut très restrictive, et principalement orientée sur la stabilité des prix, ce qui provoquera à la fin des années 1950 une forte contraction de l'économie et une hausse du chômage. Cette politique devait finalement conduire à la démission de son gouverneur.

ressources naturelles, le gouvernement fédéral préférera s'en tenir à une politique de porte ouverte et, à ce que certains auteurs ont appelé une diplomatie du dollar, afin de trouver les capitaux nécessaires au financement de ses ambitieux projets d'investissement public et voir son économie prospérer et entrer dans l'ère de consommation de masse. Ce curieux modèle économique, reposant d'un côté sur la stabilisation macroéconomique de la demande et de l'autre sur une ouverture vers l'extérieur qui transformait l'économie canadienne en économie de filiale, sans être fondamentalement remis en cause, devra cependant subir d'importants changements au tournant des années 1960 axés vers un engagement plus ferme en faveur du plein-emploi, à commencer par les politiques macroéconomiques et industrielles[77].

Les politiques monétaires et budgétaires canadiennes furent dans les années 1960 expansionnistes[78]. Les changements intervenus à la direction de la Banque entraîneront un assouplissement de la politique monétaire permettant à l'économie canadienne de tirer profit des taux d'intérêts relativement bas, d'un crédit plus facile et de la dépréciation du dollar canadien sur les marchés des changes. Quant à la politique budgétaire de cette décennie, elle sera orientée par trois préoccupations : le soutien de la demande (par le financement de grands projets d'investissement public, l'aide à la création d'emplois dans le secteur privé, les subventions, etc.), la mise en place d'un système de sécurité sociale universel (qui participe au soutien de la demande) et, dans une moindre mesure, la réduction des inégalités régionales. Ce sera aussi l'ère des budgets fonctionnels, du mixage des politiques économiques et de ce que les économistes appelleront le « guidage de précision » (*fine tuning*) de l'économie à l'intérieur du carré magique de la croissance, du plein-emploi, de la stabilité des prix et de l'équilibre extérieur.

Si au niveau des politiques industrielles, il revient aux provinces d'agir en faveur de l'industrie, il ne faudrait surtout pas sous-estimer le rôle que jouera le gouvernement fédéral à travers les différents programmes fiscaux mis en place pour stimuler les investissements et la création d'emploi[79], à travers une politique active et systématique de subventions qui viendra relayer une politique tarifaire devenue obsolète avec le GATT, ou à travers différents organismes fédéraux comme la Banque de développement du Canada (1945). L'une des grandes réalisations du gouvernement fédéral durant cette période demeure toutefois la

77. Rappelons que, durant les années 1960, les politiques provinciales iront dans la même direction, notamment au Québec avec la Révolution tranquille.

78. SPARKS, *op. cit.*, p. 143.

79. Par exemple le programme des machines et la recherche scientifique.

TABLEAU 2

Variations du produit intérieur brut en termes de dépenses, au prix de 1986, Canada, 1950-1997

	1950-59	1960-69	1970-79	1980-89	1990-95	1996	1997
PIB	4,8	5,4	4,9	3,3	1,5	2,3	2,7
(PIB/L)	3	2,9	1,9	1,2	1,2	—	—
Exportations	3,7	9,2	5,7	5,5	9,1	5	7,2
Importations	5,6	8	7,9	6,6	7,1	3,8	6,7
Dépenses privées courantes	5,2	4,6	5,3	3,3	1,1	2,3	2,7
Dépenses publiques courantes	5,9	6,3	3,7	2,5	0,3	–1,4	–0,5
Formation brute de capital fixe							
Secteur public	9,9	5,2	0,8	3,9	2,9	4,2	3,4
Entreprises	5,8	4,9	6,5	4,3	1,9	2,8	5,3
Résidentiel	6,5	5,3	5,9	5,6	–4,8	7	6,8

Notes : Les taux de variation sont les pourcentages moyens de variation entre les deux années indiquées. (PIB/L) : Production par personne employée, ensemble des indsutries. — Données non disponibles.

Source : Statistique Canada, *Comptes nationaux des revenus et dépenses* (13-001).

signature, en 1965, du Pacte de l'automobile avec les États-Unis. Ce pacte, qui est en fait un accord de libre-échange sectoriel fondé sur le partage de la production, devait entraîner une réorganisation en profondeur de la production automobile au Canada, stimuler le commerce international et générer d'importantes retombées industrielles sur l'économie de l'Ontario et, dans une moindre mesure, sur celle du Québec[80].

Dans quelle mesure ces différentes interventions ont-elles contribué à la forte croissance que devait connaître l'économie canadienne durant une décennie d'abondance que viendra consacrer l'exposition universelle de 1967 ? La question ne sera sans doute jamais tranchée, mais force est de constater, comme le montre le tableau 2, que cette décennie fut, sur le plan de la croissance, tout à fait remarquable, surtout si on la compare à celles qui suivront; que le solde du compte des marchandises avec les États-Unis, jusque-là déficitaire, deviendra positif à partir de 1967, soit peu après la signature du Pacte de l'automobile; et que, signe des temps, la croissance économique dépassera presque systématiquement les

80. Il est intéressant de relever qu'encore en 1995, les véhicules et pièces automobiles représentent le quart des exportations et des importations totales du Canada.

prévisions des différents budgets[81]. Deux ombres au tableau toutefois : un marché de l'emploi marqué à la fois par des pénuries sectorielles et par des disparités régionales très grandes, et une dépendance toujours plus grande à l'endroit des États-Unis.

Un nouveau tournant allait être donné à la conduite des affaires économiques du pays avec l'élection en 1968 du premier ministre Trudeau. C'est durant cette période que la politique économique canadienne sera la plus centralisatrice et la plus nationaliste de son histoire. Mais c'est durant cette période également, sans doute l'une des plus controversées de l'histoire canadienne, que l'économie de marché finira par reprendre ses droits sur la politique économique. Deux points attireront particulièrement notre attention : le nouveau nationalisme de la politique économique et la remise en question du plein-emploi à la faveur de la lutte contre l'inflation à partir de 1975.

La politique économique canadienne de la fin des années 1960 au début des années 1980 a été profondément marquée par la volonté du gouvernement Trudeau de renforcer l'unité du pays et d'affirmer son indépendance vis-à-vis des États-Unis. Ces deux paramètres politiques seront particulièrement mis de l'avant au cours des années 1970, à la suite des mesures Nixon (1971) qui viendront menacer notablement le commerce extérieur canadien en restreignant l'ensemble des importations par le moyen d'une surtaxe de 10 % sur l'entrée de produits étrangers. Lors de cette décennie, plusieurs mesures furent prises pour promouvoir l'unité et l'indépendance nationales, telles que la création de Petro-Canada (1975) comme emblème de la politique nationale de l'énergie, la voie du multilatéralisme dans les pratiques commerciales du pays (la « troisième option »), ou encore la mise sur pied de l'Agence d'examen des investissements étrangers à des fins de « tamisage », faisant suite au rapport Gray (1971) qui soulignait le contrôle étranger, principalement américain, de l'industrie canadienne.

Au début des années 1970, rien ne laissait présager que l'économie canadienne allait entrer dans un cycle aussi agité. La récession de 1970 avait été très courte et les craintes à l'endroit de l'inflation paraissaient s'estomper[82]. L'économie semblait avoir retrouvé le chemin de la « crois-

81. Douglas D. Purvis et Constance Smith, « La politique budgétaire au Canada de 1963 à 1984 », dans S.H. Sargent (dir.), *Les politiques budgétaire et monétaire*, Ottawa, ministre des Approvisionnements et Services, Commission royale sur l'union économique et les perspectives de développement du Canada, vol. 21, 1986, p. 1-49.

82. Le ministre des Finances, M. Benson, avait, en 1968, choisi de privilégier la lutte contre l'inflation, au détriment de la lutte contre le chômage. Selon lui, l'inflation ne pouvait que faire croître le chômage à long terme, et, en outre, elle touchait un plus grand nombre de personnes que le chômage ! (Campbell, *op. cit.*, p. 11.)

sance équilibrée », et ce même si la réduction des taux de chômage avait peut-être pris plus de temps que prévu[83]. La forte croissance que devait connaître l'économie, la crise pétrolière de 1973, la flambée que devaient connaître les prix des matières premières sur les marchés internationaux et la forte poussée des coûts des produits et des hausses salariales devaient entraîner le brutal virage de la politique monétaire en 1975[84]. Rompant alors avec sa politique traditionnelle, la Banque du Canada devait, dès le mois d'août 1975, se donner l'objectif prioritaire et quasi exclusif de lutter contre l'inflation[85], considérée dès lors comme la « plus lourde menace qui pèse sur le bien-être économique des Canadiens ». À l'automne 1975, le gouvernement présentait un Livre blanc imposant un contrôle des prix et des revenus et restreignant les dépenses publiques et le taux de croissance de la masse monétaire[86].

---

83. L'augmentation des prix à la consommation était retombée à 2,9 % en 1971, contre 4 et 4,5 %, respectivement en 1968 et 1969. Le taux de croissance du PIB était remonté à 5,8 % en 1971, pour atteindre 5,7 % en 1972 et 7,7 % en 1973. Selon Sparks, *op. cit.*, p. 151, l'inflation des années 1970 était due à l'essor de l'économie américaine provoquée par les dépenses massives liées à la guerre du Vietnam. La force de la demande américaine aurait débordé sur le Canada et créé un excédent majeur de la balance commerciale canadienne, ce qui a agi à la hausse sur le cours du dollar canadien tout en accentuant le taux de croissance de la masse monétaire en circulation.
84. En 1970 et en 1971, la Banque centrale interviendra massivement sur les cours du dollar canadien pour résister à sa valorisation (défavorable à la compétitivité des exportations canadiennes). Elle stabilisera le dollar à près de 100 cents U. S. en 1972 et en 1973, laissant le volume de la masse monétaire croître rapidement. À court terme, cette politique monétaire expansionniste agira à la baisse sur le taux de change. À plus long terme, cette intervention amènera une augmentation des prix. Ce n'est qu'à partir de 1973, tandis que l'inflation était déjà établie, que la Banque commencera à restreindre l'offre de monnaie et à laisser le dollar se déprécier.
85. Banque du Canada, *Rapport annuel du Gouverneur au ministre des Finances*, Ottawa, 1975, p. 10.
86. Il s'agit du programme *Offensive contre l'inflation* qui devait s'appliquer pour une période de trois ans à toutes les grandes entreprises, celles employant plus de vingt personnes dans le secteur de la construction, aux employés publics et à plusieurs catégories de professionnels. Ces différentes mesures anti-inflationnistes n'auront pas toujours l'effet escompté (André Bernard, « Politique économique et politique budgétaire », *Politique et gestion des finances publiques*, Sillery, Presses de l'Université du Québec, 1992, p. 69-70). L'inflation domestique était en partie causée par une montée des prix difficilement contrôlable, comme le pétrole importé, dont le coût expansif n'était guère amorti par la baisse du dollar canadien, et les produits agricoles qui pouvaient faire l'objet de mauvaises récoltes. De plus l'inflation poussait les individus à emprunter plus et à faire usage de la carte de crédit, et ce même à des taux d'intérêt élevés. Enfin, les banques à charte contournaient les directives de la Banque centrale en ayant recours à leurs comptes étrangers pour renflouer leurs niveaux de liquidités. Dans l'ensemble, ces différents ratés ont mis en échec la stratégie monétaire de lutte à l'inflation du gouvernement pendant les années 1970. Toutefois, cet échec sera partiellement compensé par l'imposition d'une politique fédérale de contrôle des prix et des salaires par l'intermédiaire de la Commission de lutte contre l'inflation (CLI).

Entre 1975 et 1980, la Banque cherchera principalement à lutter contre l'inflation en s'efforçant de restreindre la masse monétaire en circulation, préférant par la suite un contrôle plus direct sur les taux d'intérêt (1982), la stratégie précédente n'ayant guère apporté les résultats escomptés[87]. De novembre 1977 à décembre 1978, le taux d'escompte de la Banque centrale sera augmenté de trois points (7,50 à 10,75 %), annonçant une tendance à la hausse qui ne se stabilisera qu'au début des années 1980. En effet, pour la Banque, la pratique de taux d'intérêt élevés se justifie l'anticipation d'un taux inflationniste persistant.

Il faut noter que la politique budgétaire se durcira dès 1978, pour venir appuyer l'action de la Banque du Canada. Ce durcissement n'aura toutefois que des effets limités, les coupures budgétaires ne comprenant que partiellement l'augmentation des dépenses dues au chômage et aux mesures d'indexation. Par la suite et malgré la récession de 1981 qui fera passer le taux de chômage de 7,5 % en 1980 à 11,9 % en 1983, induite en grande partie par la décélération imposée de la croissance économique canadienne, le gouvernement continuera d'être favorable aux initiatives de la Banque centrale qui ralentiront notablement le taux de croissance de la masse monétaire, maîtrisé dans une fourchette inférieure aux 5 % dès le début de la décennie[88].

Le gouvernement libéral réélu en 1980 tentera toutefois de relancer l'économie canadienne en s'efforçant de mettre en place une stratégie de promotion des ressources naturelles canadiennes et par de grands projets d'investissements publics[89]. En 1982, le nouveau ministre des Finances, Marc Lalonde, desserrera un tant soit peu l'étau monétaire et budgétaire pour redonner priorité à la croissance économique; toutefois la récession de 1981-1982 ainsi que la dégradation du cours mondial des matières premières discréditeront définitivement les initiatives fédérales pour remettre sur pied l'économie canadienne. Plus encore, c'est tout le nationa-

---

87. La politique de régulation de la masse monétaire rencontrait des difficultés liées à l'instabilité de l'agrégat monétaire. En effet, les prévisions de restrictions monétaires étant connues des institutions financières, celles-ci en tiraient profit en agissant à leur tour de façon à restreindre la croissance de la masse monétaire et ainsi encourager la Banque centrale à imprimer de la monnaie. En fait, selon Raymond Théoret, cette politique monétaire aura attisé l'inflation plus qu'elle ne l'aura jugulée. De 1968 à 1975, la croissance de M1 aura été de 1 %. De 1975 à 1982, elle atteindra les 5,8 %. Lire Raymond THÉORET, « La politique macroéconomique canadienne au début de la décennie 1990 », *L'Actualité économique*, vol. 66, n° 2, juin 1990, p. 232.
88. Le terme de « gradualisme » a été employé pour désigner les méthodes de restriction graduelle de la masse monétaire pour la maîtrise de l'inflation.
89. Cette stratégie sera présentée, en novembre 1991, à l'occasion du dépôt du budget, par le ministre des Finances, Allan MacEachen, sous la forme d'un livre blanc intitulé « Le développement du Canada dans les années 80 », novembre 1981.

lisme économique canadien de l'après-guerre qui sera remis en question, avec l'arrivée des Conservateurs au pouvoir en 1984, et la publication en 1985 du rapport de la Commission Macdonald, favorable à une dissolution de ce qui restait du keynésianisme canadien pour lui préférer l'option libérale du libre-échange avec les États-Unis, sanctionnée dès 1988.

Le « virage compétitif » de la politique économique canadienne

Les mesures prises à partir de 1975 pour juguler l'inflation se sont révélées tout à fait insuffisantes pour rétablir la compétitivité d'une économie canadienne de plus en plus délaissée par les investisseurs internationaux, en premier lieu américains, et de plus en plus confrontée, avec la libéralisation des échanges et la globalisation des marchés, aux nouvelles contraintes de la concurrence internationale. D'un autre côté, loin d'avoir produit les résultats escomptés, les politiques de « canadianisation » du gouvernement Trudeau avaient fini par provoquer tout autant l'hostilité des États-Unis que celle des milieux d'affaires canadiens. Quant au centralisme économique, la crise constitutionnelle de 1982 et l'échec complet de la stratégie économique présentée dans le livre blanc de 1991 devaient confirmer à quel point celui-ci allait tout autant à l'encontre des aspirations de la population canadienne qu'à contre-courant des nouvelles idées libérales alors fort en vogue dans les grandes institutions économiques internationales, en Grande-Bretagne et aux États-Unis. Le monétarisme et la lutte contre l'inflation avaient déjà inauguré, au Canada comme ailleurs, une ère de plus grande tolérance politique à l'endroit du chômage et, dans une large mesure, contribué à jeter le discrédit sur les politiques macroéconomiques de « guidage de précision », symboles des défaillances et de l'inefficacité de l'État. Dans ce sens, en faisant de l'élimination du déficit budgétaire et de la réduction de l'endettement public l'une de leurs grandes priorités économiques, les Conservateurs, dirigés par Brian Mulroney, adopteront en la matière un discours qui ne se différenciera guère sur ce plan de celui des Libéraux, sinon sur le fait que, l'inflation étant devenue un sujet moins préoccupant que le déficit, l'accent sera surtout mis sur l'assainissement des finances publiques comme condition favorable à la relance de la croissance économique et de l'emploi[90]. À travers cet objectif de réduction du déficit, et c'est surtout à ce

90. Dès le dépôt de son premier budget en mai 1985, le ministre des Finances, M. Wilson, soutiendra l'idée que c'est la réduction du déficit qui améliorera les possibilités d'emploi, ces dernières étant dorénavant confiées au secteur privé. Cette stratégie de « création indirecte d'emplois » sera renforcée par la parution du Rapport Macdonald qui met de l'avant des stratégies à moyen et long terme pour relever le climat économique national, essentiellement axées sur la réduction d'État et la stimulation de l'initiative privée. Voir ministère des Finances, *Les perspectives économiques du Canada, 1985-1990 : le défi du renouveau économique*, Ottawa, ministre des Approvisionnements et Services, 1985.

niveau que les Conservateurs vont se démarquer des Libéraux, c'est une autre conception de l'État, de ses rapports avec les citoyens et de la politique économique qu'ils s'efforceront de mettre en place.

Le Programme de renouveau économique des Conservateurs mettait en effet de l'avant essentiellement quatre objectifs : 1) assainir les finances publiques; 2) adopter des politiques favorables à l'investissement et à l'amélioration de la compétitivité nationale; 3) redéfinir le rôle de l'État; 4) réaliser les changements dans l'équité et la transparence[91]. Ainsi, dans le cadre de ce programme, la réduction du déficit devait-elle tout autant répondre à des préoccupations financières immédiates que traduire la volonté politique du gouvernement de changer en profondeur le cours d'une politique économique jugée responsable de la perte de compétitivité de l'économie canadienne et de son déclin au sein de l'économie mondiale. Cette analyse ne fera pas nécessairement consensus chez les spécialistes qui expliqueront la compétitivité défaillante de l'économie canadienne par la surévaluation du dollar canadien « dopé » par la politique des taux d'intérêt élevés de la Banque du Canada, voire par d'autres facteurs plutôt que par le déficit public[92]. Par-delà les raisons évoquées et les critiques adressées à la gestion des finances publiques du gouvernement précédent[93], l'engagement en faveur de la réduction du déficit avait

91. Pour une analyse plus exhaustive, voir C. DEBLOCK, « La politique économique canadienne 1970-1988 », dans Richard ARTEAU et C. DEBLOCK (dir.), *La politique économique canadienne à l'épreuve du continentalisme*, Montréal, ACFAS, 1988, p. 13-56.

92. Consulter à ce sujet Mario SECARECCIA et Andrew SHARPE, « Canada's Competitiveness : Beyond the Budget Deficit », *Économie et Sociétés*, janvier-février 1994, p. 276 : « Certain observers have [...] drawn a casual link between Canada's sizeable federal budget deficit and its deteriorating competitiveness of the late 1980s, with the increased deficit leading to a decline in competitiveness. We believe this link to be weak if not non-existent. Rather, both Canada's deteriorating international competitiveness and large budget deficit reflect the restrictive monetary policy stance of « zero inflation » by the Bank of Canada during the late 1980s. » Selon les auteurs, l'argument de la globalisation des marchés et du soutien à la compétitivité canadienne s'est traduit par une politique de lutte au déficit qui a imposé une austérité domestique, une contraction de la demande et une baisse des importations; ce qui a amélioré la compétitivité canadienne dès le début des années 1990. Les auteurs qualifient cette stratégie de récessionniste et soulignent ses effets à long terme sur la baisse de productivité, au profit d'une expansion du seul secteur extérieur de l'économie canadienne.

93. Cette critique n'est pas très fondée puisque la réduction du déficit budgétaire et la rationalisation des activités gouvernementales avaient été deux des grandes priorités du gouvernement Trudeau après 1978. Néanmoins, là où sans doute les Conservateurs ont raison, c'est qu'en dépit de préoccupations similaires, le déficit budgétaire était perçu comme un « mal nécessaire » et conjoncturel, utile au soutien de la demande en période de ralentissement économique. Cette perspective keynésienne sera radicalement répudiée par les Conservateurs qui considéreront que le problème du déficit est structurel plus que conjoncturel, ce qui freine la reprise économique par un effet de détournement

surtout pour fin politique de lancer trois signaux aux marchés financiers et aux investisseurs : premièrement, il exprimait l'appui sans réserve du gouvernement à la politique de lutte contre l'inflation menée par la Banque du Canada[94]; deuxièmement, il annonçait des réformes en profondeur dans la gestion des programmes publics, dans les programmes économiques surtout; et troisièmement, il témoignait de la volonté du gouvernement d'être plus à l'écoute des milieux d'affaires et des Canadiens. Ce virage à 180 degrés dans la gestion des finances publiques devait être accompagné d'un second, dans les affaires économiques du pays. Après avoir rapidement révisé certains programmes fort impopulaires, comme le Programme énergétique national, ou vidé de leur contenu certains organismes, comme l'Agence d'examen des investissements étrangers[95], le gouvernement amorcera de profondes réformes dans les institutions, dont la fiscalité dans le transport et dans la réglementation, dans le but d'accroître la concurrence, de stimuler l'investissement privé et de revitaliser l'économie canadienne. Pour très nombreuses que furent ces réformes, elles ne furent cependant pas aussi drastiques que celles adoptées par la Grande-Bretagne et les États-Unis. Pour des raisons historiques qui tiennent à la présence inévitable de l'État au Canada, le gouvernement a dû, dans ses réformes et dans son programme de réduction du déficit, composer avec l'attachement des Canadiens aux institutions, le système de sécurité sociale notamment. En outre, loin de connaître les

---

des capitaux vers le secteur public et réduit la marge de manœuvre financière gouvernementale par l'affectation d'une partie des ses ressources au service de la dette. L'attention publique exacerbée par le problème maintenant prioritaire de la dette permettra de conclure l'épisode « dépensier » keynésien pour y substituer une stratégie de comptabilité publique définitivement plus austère.

94. Le ministère des Finances appuiera sans réserve les politiques d'austérité de la Banque et s'engagera à abaisser son déficit de façon à comprimer la demande intérieure, source d'inflation. Pour M. Wilson, ministre des Finances sous le gouvernement Mulroney, c'est la résorption de l'inflation qui permettrait un abaissement des taux d'intérêts et un meilleur contrôle sur le déficit budgétaire. De plus, le contrôle du déficit permettrait de relâcher les taux d'intérêts élevés, lesquels rendaient attrayants les titres gouvernementaux émis pour financer les comptes publics. Le ministère annoncera dans son budget de 1989-1990 une compression de ses dépenses de programmes et une augmentation des recettes d'État. Celles-ci seront assurées par différentes mesures comme l'élimination des subventions aux entreprises, l'introduction de programmes de privatisation et la réforme de la fiscalité canadienne, avec l'entrée en jeu de la taxe sur les produits et services (TPS) qui a remplacé la taxe de vente fédérale dès 1991. La TPS avait pour fonction de contribuer à réduire le déficit en corrigeant l'évasion fiscale et en stimulant la croissance économique, génératrice de plus grands revenus fiscaux, en encourageant l'investissement par une exemption fiscale des biens d'équipement.

95. Le mandat de l'Agence sera entièrement redéfini et son nom sera changé pour devenir Investissement Canada, une agence principalement chargée de la promotion du Canada auprès des investisseurs étrangers.

mêmes succès économiques que ses vis-à-vis britanniques et américains, le gouvernement conservateur fait face à une situation économique qui deviendra extrêmement difficile lorsque l'économie canadienne traversera, au début des années 1990, sa pire récession d'après-guerre[96]. Ces deux facteurs expliquent, en partie du moins, que le bilan du gouvernement Mulroney reste, au chapitre des réformes comme de leur résultat, fort mitigé. Ceci, n'enlève toutefois rien au fait que ses politiques ont largement contribué à modifier l'image de l'État, un État qui ne sera plus « providence » mais « compétitif[97] ». Son rôle ne consistera plus à contrôler l'environnement économique national, comme le suggérait le rapport Gray, mais plutôt à améliorer les conditions et l'environnement économiques dans lesquels les firmes et les agents privés opèrent. En laissant en héritage l'accord de libre-échange avec les États-Unis, accord qui divisera profondément les Canadiens et qui fut obtenu avec de nombreuses concessions de la part du Canada[98], le gouvernement Mulroney a aussi contribué à changer le cours d'une politique économique, jusque-là tournée vers le marché intérieur, pour l'orienter vers les marchés internationaux et faire de la présence des entreprises canadiennes sur ces derniers la clé de voûte de la croissance économique et de la création d'emploi.

LES ORIENTATIONS RÉCENTES DE LA POLITIQUE ÉCONOMIQUE

Entré en poste à la fin de 1993, le gouvernement libéral a peu modifié l'agenda et les grandes orientations de la politique économique ainsi que le montre l'exposé de politique du ministre des Finances, Paul Martin, intitulé *Un nouveau cadre de la politique économique*[99]. La priorité de la politique budgétaire va, plus que jamais, à l'assainissement des finances publiques[100], tandis que celle de la politique monétaire reste orientée,

96. Le PIB chutera de 0,2 % en 1990 et de 1,8 % en 1991. La production industrielle sera particulièrement affectée par cette récession qui verra le taux de chômage passer de 7,5 % en 1989 à 8,1 % en 1990, et à 10,4 % en 1991, pour atteindre son sommet de 11,3 % en 1992.
97. France ABELE, « The Politics of Competitiveness », *How Ottawa Spends, The Politics of Competitiveness, 1992-1993*, Ottawa, Carleton University Press, 1992, p. 1-22.
98. Sur ce débat, de même que sur les négociations et le contenu de l'accord, voir notamment John CRISPO (dir.), *Free Trade : the Real Story*, Toronto, Gage, 1988 ; D. BRUNELLE et C. DEBLOCK, *Le libre-échange par défaut*, Montréal, VLB éditeur, 1989 ; Duncan CAMERON et Melville H. WATKINS (dir.), *Canada under Free Trade*, Toronto, Lorimer, 1993.
99. Ministère des Finances, *Un nouveau cadre de la politique économique*, Exposé de l'honorable Paul Martin, c.p., député, au Comité permanent des finances de la chambre des communes, Ottawa, 17 octobre 1994.
100. Dans son exposé *Un nouveau cadre de la politique économique*, p. 3, Paul Martin évoque avec insistance le problème de la dette : « Nous avons été gâtés pendant trop longtemps et nous n'avons pas vu que les temps changeaient. »

ainsi que le confirmera le communiqué conjoint de 1993, sur la stabilité des prix. Sur le plan de la réduction du déficit public, grâce aux mesures prises[101] et à la bonne tenue de l'économie canadienne, le ministre des Finances a réalisé les objectifs qu'il s'était fixés, ce qui lui permettra de faire preuve d'un optimisme préélectoral lors du dépôt du budget de 1997-1998 pour annoncer que l'« époque des coupures touche à sa fin[102] » et, dans la même veine, un certain nombre de mesures d'aide aux plus démunis[103]. Quant à l'inflation (2 % en 1996) elle atteint un niveau inférieur à celui des États-Unis (2,7 %), mais supérieur néanmoins à celui que l'on retrouve au Japon et dans la plupart des pays européens, encore durement touchés par la dernière récession. Ce qui permettra également au gouverneur de la Banque du Canada, Gordon Thiessen, de souligner dans son dernier rapport annuel la performance de l'économie canadienne à ce niveau et de relever l'effet conjugué des mesures budgétaires et du faible niveau d'inflation sur les taux d'intérêts canadiens[104], ce qui de son point de vue ne peut que stimuler les investissements et augmenter la confiance des Canadiens.

Ces débordements d'optimisme doivent cependant être tempérés : les spectres de l'inflation et du déficit paraissent désormais exorcisés au

---

101. Le budget de 1995-1996 comportait de sévères mesures de restrictions des dépenses pour ramener le déficit à moins de 4 %. Ces mesures toucheront un grand nombre de programmes, dont l'emploi, réduit de 15 %, les subventions à l'agriculture, l'assurance-chômage et le transfert aux provinces. Faisant aussi écho aux nouvelles approches stratégiques en matière de politique industrielle, le gouvernement fédéral réduira ainsi ses subventions aux entreprises pour adopter un rôle de diffuseur privilégié de l'information sur les nouvelles technologies et les marchés existants, tout en favorisant la création de réseaux liant les entreprises entre elles.

102. Ministère des Finances, *Discours sur le Budget*, Ottawa, 18 février 1997, p. 40.

103. Le budget déposé cette année s'intitule d'ailleurs « Bâtir l'avenir ». Plusieurs extraits témoignent de la préoccupation du ministère pour les plus démunis : « Nous devons pouvoir exprimer les intérêts de ceux et celles qui sont submergés par la vague du changement, dont la voix ne peut se faire entendre parce qu'ils ne sont pas dans le rang des privilégiés. [...] Ne disons jamais qu'il existe un niveau tolérable de pauvreté chez les enfants. Ne baissons jamais les bras devant un écart croissant entre riches et pauvres. N'oublions jamais ce que nous devons à nos aînés. » (Ministère des Finances, *ibid.*, p. 40-41.)

104. Depuis la fin de 1995, les taux d'intérêt à court terme ont reculé de 3 %, ceux à moyen terme de 2 % et ceux à long terme de 1,5 %. Selon les autorités de la Banque, il s'agit d'une baisse qui ne s'est pas vue depuis les années 1960. Depuis 1995, la masse monétaire a connu une croissance de 15 %, ce qui d'après la Banque du Canada indique une expansion à court terme de l'économie réelle (voir Gordon THIESSEN, *op. cit.*). Cette baisse générale des taux d'intérêt s'expliquerait par les facteurs conjugués de l'inflation ralentie, du déficit fédéral mieux maîtrisé et une certaine amélioration de la balance des paiements (due notamment à la baisse du taux de change).

GRAPHIQUE 1

Croissance économique, chômage et déficit fédéral. Taux de croissance du PIB, taux de chômage et déficit budgétaire en pourcentage du PIB, Canada, 1950-1995, moyennes mobiles de trois ans

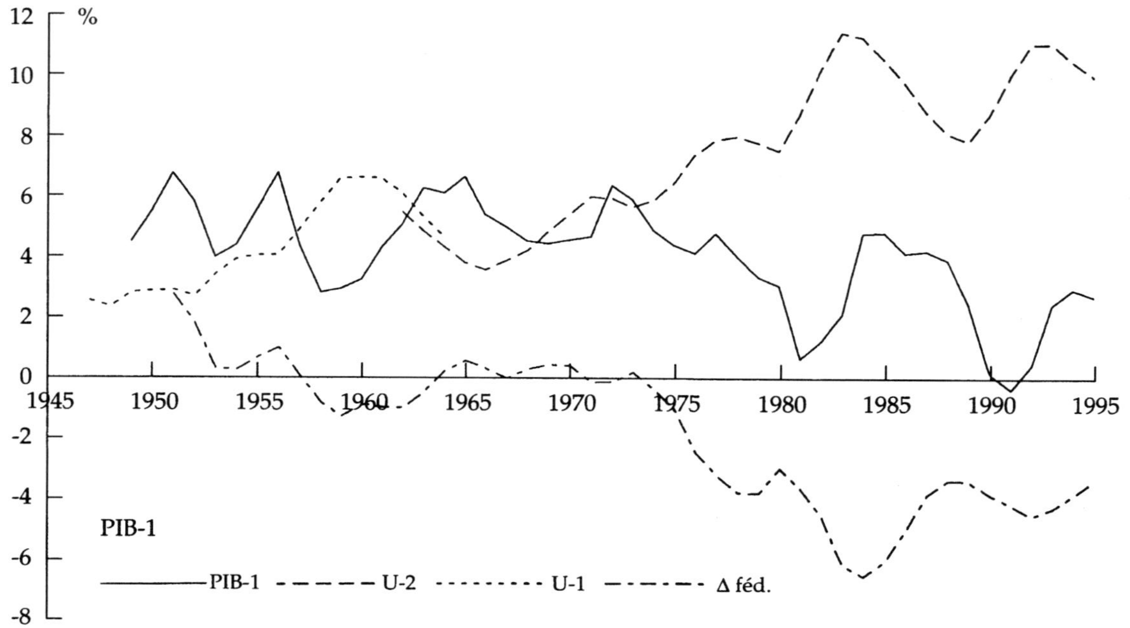

Sources : Statistique Canada, Comptes nationaux des revenus et des dépenses (13-001); Statistiques historiques du Canada (CS11-516F); Statistiques chronologiques sur la population active (71-201).

Notes : PIB-1 : Taux de croissance du PIB; U-1 et U-2 : taux de chômage; Δ féd. : déficit du gouvernement fédéral, en % du PIB.

prix d'un chômage élevé, d'un recul du niveau de vie et d'un affaiblissement généralisé de la demande intérieure (voir graphique 1)[105]. De même si l'économie canadienne enregistre sur le plan extérieur d'excellents résultats, ainsi que le montrent ses excédents commerciaux, force est de constater que ces résultats sont loin d'assurer, pour le moment du moins, les effets escomptés sur la croissance du PIB et l'emploi et qu'ils sont, dans une large part, attribuables au commerce et aux investissements avec les États-Unis[106].

Aussi, dans ce contexte, voit-on se dessiner de nouvelles politiques, plus stratégiques dans trois domaines en particulier : l'industrie, l'emploi et le commerce. Ces nouvelles politiques, à caractère plus structurel, visent trois grands objectifs : orienter l'industrie sur les secteurs porteurs de l'économie mondiale, là où elle affiche ses meilleures performances; améliorer et adapter la formation de la main-d'œuvre; diversifier géographiquement les échanges commerciaux et les investissements internationaux. Ce dont il s'agit c'est, dans une optique de compétitivité accrue, de corriger certains défauts majeurs dont souffre l'économie canadienne, qui sont de trois ordres. Tout d'abord et en dépit du fait qu'elle se range parmi celles des grands pays industrialisés, l'économie canadienne reste axée sur les ressources naturelles, secteur pour lequel le changement technologique est le moins adapté, ce qui selon l'OCDE (1994/1995) contribue à expliquer pourquoi les entreprises canadiennes innovent moins que leurs concurrentes étrangères. La structure industrielle canadienne présente des lacunes dans le secteur de la haute technologie et les ressources privées et publiques consacrées à la recherche et au développement (R&D) sont insuffisantes en comparaison avec les autres pays de l'OCDE. En fait, l'Organisation estime que les entreprises canadiennes ont accès aux nouvelles technologies en bénéficiant des transferts de technologies issus des multinationales établies au Canada, plutôt que d'investir dans la R&D, étant donné la forte proportion de contrôle étranger de l'industrie canadienne[107]. Enfin, le changement structurel de l'économie canadienne et le développement récent des industries de haute technologie doivent beaucoup aux performances du commerce extérieur et au climat

---

105. Voir à ce sujet les publications critiques du Centre canadien pour des politiques de rechange.
106. C. Deblock et A. Benessaieh, *Commerce, croissance et emploi : le cas canadien*, Montréal, Université de Montréal, Cahiers du Groupe de recherche sur les transformations économique et sociales (GRETSÉ), 1997.
107. OCDE, *Études économiques de l'OCDE — Canada, 1994*, Paris, 1993-1994, p. 127-128.

compétitif dans lequel elles opèrent, climat renforcé par la signature de l'ALÉNA[108].

Enfin, conformément aux attentes, l'ALÉ puis l'ALÉNA ont permis d'améliorer et d'élargir l'accès du marché américain aux produits et aux investissements canadiens, mais aussi, comme le montrent la plupart des études récentes, de stimuler l'investissement productif et une plus grande rationalisation dans l'organisation de la production. Les résultats commerciaux sont d'ailleurs remarquables, ce qui n'a pas manqué de soutenir une croissance économique plutôt anémique en raison de la faiblesse de la demande intérieure. Toutefois, ces excellents résultats sont en partie attribuables à la faiblesse du dollar canadien par rapport à son vis-à-vis américain et à l'accroissement de la « continentalisation » de l'économie canadienne au détriment des échanges avec les autres grandes régions économiques du monde. Augmenter la productivité et la compétitivité de l'industrie canadienne et, parallèlement, soutenir ses efforts pour pénétrer les autres grands marchés, et ce faisant diversifier les échanges extérieurs du Canada sur le plan géographique, sont devenus l'une des grandes priorités de la politique économique actuelle, une priorité qui n'est pas sans rappeler l'esprit qui animait, à l'époque, la Troisième option. Les missions commerciales d'Équipe Canada, le regroupement des programmes commerciaux pour en améliorer l'efficacité, la multiplication des accords commerciaux, le rôle particulièrement actif joué par le Canada au sein de l'Organisation mondiale du commerce (OMC) ou des organisations régionales comme le Forum de coopération économique Asie-Pacifique (APEC) ou l'Organisation des États américains (OEA), les mesures fiscales en faveur de la recherche ou encore la place grandissante du commerce international dans la politique étrangère sont autant d'éléments qui témoignent des efforts du gouvernement pour accroître la présence canadienne sur les grands marchés internationaux et, d'une façon générale, améliorer la performance et la compétitivité de son industrie.

CONCLUSION

Au terme de cette étude des grands instruments et paramètres de la politique économique canadienne, étude que nous avons entreprise aux niveaux institutionnel et historique, deux remarques s'imposent. Tout

---

108. À cet égard, le rapport fédéral de 1995 sur l'*Innovation : la clé de l'économie moderne* met de l'avant un programme de développement économique axé la stimulation de l'environnement microéconomique. L'emphase sera mise sur le développement des marchés par le biais des échanges commerciaux et sur la croissance (OCDE, « Performances industrielles et politique industrielle », *Études économiques de l'OCDE — Canada 1995*, Paris, 1994-1995, p. 78).

d'abord, pour être complète, cette étude devrait aussi être faite à deux autres niveaux : celui des acteurs socio-économiques, pour évaluer leur influence et leur intervention dans les processus d'établissement des priorités et des politiques économiques; et celui des provinces et de l'interaction de leurs propres politiques économiques avec celles du gouvernement fédéral. Notre parti pris d'économistes et le choix éditorial que nous avons fait de nous concentrer uniquement sur la politique économique fédérale nous ont conduits à laisser quelque peu dans l'ombre ces deux aspects particulièrement importants de la vie politique canadienne. Ensuite, et ce sera notre seconde remarque, l'analyse historique de la politique économique canadienne nous a conduits à tracer des lignes de démarcation entre les trois grands moments historiques que nous avons identifiés. De telles lignes de partage sont toujours arbitraires. Comme nous l'avons vu, la politique économique canadienne a toujours été définie à la lumière de trois grands paramètres : le nationalisme, le libéralisme et l'interventionnisme. Ces trois paramètres lui donnent à la fois ses caractéristiques et sa continuité historique. Si, d'une période à l'autre, on a pu identifier quelques traits notables, ce qui permet de distinguer clairement chaque période des deux autres, force est de constater que les revirements politiques, pour être très marquants au niveau des intentions, des discours et des énoncés de politique, ont toujours pris un certain temps avant de se traduire dans les faits et d'influer sur le comportement des acteurs économiques. Ainsi que nous l'avons vu, l'État-providence ou keynésien ne s'est pas mis en place d'un seul coup, d'un coup de baguette magique. Et en fait, si l'on voulait être tout à fait exact, ce que certains auteurs ont pu appeler, à la suite de Fourastié, les « Trente Glorieuses », pour désigner cette période, n'aura duré au Canada qu'au plus une décennie : celle des années 1960. Il en va de même de la période actuelle qui, à travers le virage de la lutte contre l'inflation, celui de l'assainissement des finances publiques et la remise en question de l'universalité des programmes sociaux, aura été marquée par l'abandon progressif des grands paramètres keynésiens mais aussi, parallèlement, par d'autres virages en faveur du libre-échange et de l'insertion compétitive de l'économie canadienne dans l'économie mondiale notamment, qui ont eu pour résultat étonnant de faire de la politique économique canadienne une des plus internationalistes qui soient parmi les pays industrialisés, après avoir été pendant longtemps l'une des plus nationalistes.

CHAPITRE 9

Le commerce international

CHRISTIAN DEBLOCK ET FANNY MARCOUX

LES OBJECTIFS ET LES ORIENTATIONS RÉCENTES DE LA POLITIQUE COMMERCIALE 296

LE CADRE INSTITUTIONNEL ET L'ADMINISTRATION DE LA POLITIQUE COMMERCIALE 302

Le ministère des Affaires étrangères et du Commerce international 303

Le ministère des Finances 305

Les autres intervenants 306

Les relations fédérales-provinciales en matière de politique commerciale 307

LES INSTRUMENTS DE LA POLITIQUE COMMERCIALE 308

Le régime tarifaire 309

Les autres formes de réglementation du commerce international 312

Les marchés publics, les investissements internationaux et la propriété intellectuelle 317

Les politiques de financement et de soutien des exportations 319

LES ACCORDS COMMERCIAUX ET LA COOPÉRATION ÉCONOMIQUE INTERNATIONALE 321

La participation du Canada aux grandes organisations internationales 322

Les accords commerciaux 327

CONCLUSION 332

BIBLIOGRAPHIE GÉNÉRALE 333

Dans le sens général du terme, la politique commerciale peut être définie comme l'ensemble des lois, des règlements, des décisions et politiques s'appliquant aux importations et aux exportations de biens et de services. Une telle définition, pour être opérante, ne rend toutefois pas suffisamment compte des évolutions qu'ont connues les politiques gouvernementales et les relations économiques internationales depuis la Seconde Guerre mondiale. Tout d'abord, et d'une façon générale, l'élargissement des fonctions de l'État après la Seconde Guerre mondiale a conduit les gouvernements à accorder une attention beaucoup plus grande que par le passé aux questions commerciales et, partant, à considérer la politique commerciale comme un instrument qui devait viser tout autant à améliorer l'accès aux marchés étrangers qu'à appuyer l'action gouvernementale dans l'atteinte des objectifs poursuivis sur le plan économique et sur le plan industriel en particulier. Longtemps assimilée à la seule politique tarifaire, la politique commerciale a ainsi vu son champ d'application s'élargir pour couvrir des domaines aussi variés que les changes[1], les investissements internationaux, la propriété intellectuelle, l'aide au développement, les services aux entreprises, la coopération scientifique et technique, etc. Avec l'ouverture et, plus récemment, la globalisation des marchés, les questions commerciales ont pris une importance grandissante dans les priorités gouvernementales, au point d'ailleurs

1. Le Canada n'applique pas de contrôle des changes. Même si ses variations influencent fortement la position commerciale du Canada sur les marchés étrangers, le taux de change ne fait l'objet d'aucune intervention de la part de la Banque du Canada, que ce soit dans un sens ou dans l'autre, sinon pour veiller à ce que les variations de la monnaie se fassent de manière ordonnée ou pour soutenir la valeur de la monnaie d'un pays avec lequel la Banque est liée par un accord de coopération monétaire.

qu'aujourd'hui, dans le cas de petits pays comme le Canada, la politique commerciale, la politique étrangère et la politique économique tendent de plus en plus à se confondre, tant ces trois politiques se trouvent à être inextricablement liées. Enfin, il n'est pas inutile de rappeler que, parallèlement à ces évolutions, la coopération économique internationale a connu d'importants développements ces dernières années, avec le résultat, premièrement, que les règles en matière de commerce et d'accessibilité aux marchés s'appliquent aujourd'hui à des domaines de plus en plus étendus du commerce international, et, deuxièmement, que le champ d'action de la coopération internationale traverse désormais les frontières nationales pour s'étendre aux politiques intérieures et aux domaines les plus divers de la vie économique nationale.

C'est à la lumière de ces remarques que nous nous proposons, dans les pages qui suivent, d'examiner successivement les orientations générales récentes, le cadre institutionnel et juridique, ainsi que les principaux instruments de la politique commerciale du Canada[2]. Nous compléterons ce tour d'horizon par une revue des principaux accords et des obligations qui lient le Canada à la communauté internationale en matière de commerce.

LES OBJECTIFS ET LES ORIENTATIONS RÉCENTES DE LA POLITIQUE COMMERCIALE

Avec des exportations qui représentent plus du tiers de son PIB, le Canada est aujourd'hui l'un des pays de l'OCDE dont l'économie dépend le plus du commerce extérieur. Outre le fait d'être très ouvert sur l'extérieur, le Canada présente la particularité d'avoir une économie très liée à celle des États-Unis. Premier partenaire commercial du Canada, avec plus de 80 % des exportations et près de 70 % des importations, ce pays est aussi le premier investisseur étranger au Canada et la première destination des investisseurs canadiens à l'étranger[3]. Soumise à cette double tension, la politique étrangère du Canada a connu un certain nombre de changements ces dernières années, dont les deux principaux ont sans doute été, pour le premier, la signature, en 1987, d'un accord de libre-échange avec les États-Unis (ALE), accord que viendra par la suite com-

---

2. Le mécanisme d'examen des politiques commerciales de l'OMC est une source d'information incontournable. La politique commerciale canadienne a été examinée à quatre reprises : en 1990, en 1992, en 1995 et en novembre 1996. Nous nous reporterons d'ailleurs fréquemment aux rapports fournis à ces différentes occasions, non sans toujours mettre à jour les informations fournies et croiser cette source avec d'autres sources.
3. Le lecteur trouvera une analyse détaillée des tendances récentes en matière de relations économiques internationales du Canada dans DEBLOCK et BRUNELLE (1996b).

pléter et élargir l'*Accord de libre-échange nord-américain* (ALENA) signé en 1992-1993 par le Canada, les États-Unis et le Mexique, et, pour le second, la primauté qui est désormais accordée aux questions économiques par rapport aux questions plus traditionnelles d'indépendance et de sécurité nationales[4]. Ces changements doivent être replacés dans la dynamique plus large des changements qu'ont connus les relations économiques internationales ces dernières années, mais ils doivent aussi l'être dans le contexte particulier d'un pays dont l'histoire, le développement et l'économie ont été façonnés par son commerce extérieur. Nous nous nous limiterons ici à rappeler quelques moments historiques significatifs de la politique commerciale canadienne durant les deux dernières décennies.

Comme le soulignait le gouvernement canadien dans son Livre brun de 1983, *La politique commerciale du Canada pour les années 80*, les politiques commerciales canadiennes ont témoigné d'un remarquable degré de continuité dans l'après-guerre. Elles se caractérisaient, d'un côté, par un engagement sans faille en faveur du multilatéralisme et de l'instauration d'un ordre international stable et, de l'autre, par un souci constant de maintenir un haut niveau d'indépendance politique dans une relation qui se voulait aussi étroite que possible avec le principal partenaire commercial du Canada qu'étaient devenus les États-Unis. Ce n'est toutefois qu'au tournant des années 1970 que cette ligne de conduite sera officiellement définie. Dans un premier temps, avec la publication, en 1970, du Livre blanc *Une politique étrangère au service des Canadiens* (Canada, 1970); dans un second temps, avec la publication, dans un numéro spécial de la revue du ministère *Perspectives internationales*, d'un article rédigé par le ministre des Affaires étrangères Mitchell Sharp : « Relations canado-américaines : choix pour l'avenir » (Canada, 1972); dans un troisième temps, à l'occasion des négociations commerciales multilatérales du Cycle de Tokyo.

Si le Livre Blanc entendait définir les grandes lignes de la politique étrangère du Canada « à partir de ses objectifs et de ses intérêts tels que lui-même les conçoit », le texte de M. Sharp, rédigé au lendemain d'une crise majeure du système monétaire intenational, entendait, quant à lui, affirmer la volonté d'indépendance politique et économique du Canada, à l'endroit des États-Unis en particulier, en optant pour une troisième voie, entre le statu quo et le libre-échange, axée sur la diversification géographique des échanges, d'une part, et un plus grand contrôle canadien sur l'économie, d'autre part. Quant aux négociations commerciales du Cycle de Tokyo, elles devaient marquer un tournant majeur dans les négociations multilatérales, en ouvrant notamment la porte aux discussions sur

---

4. Voir à ce sujet le livre de Doern, Pal et Tomlin (1996), et tout particulièrement le chapitre 10; de même que Winham (1994) et Keenes (1992).

les questions non tarifaires; ces négociations allaient donner au Canada l'occasion de s'éloigner un peu plus d'un protectionnisme considéré comme peu productif du point de vue de la croissance mais aussi de profiter de la sorte d'un meilleur accès aux marchés internationaux, ce dont le pays avait besoin pour à la fois desserrer la contrainte d'une relation commerciale exagérément exclusive avec les États-Unis et mieux assurer sa présence sur la scène internationale.

La politique de la « troisième option » comme la politique multilatéraliste n'ont pas été sans produire certains résultats significatifs sur l'économie canadienne, mais, d'une manière générale, la plupart des observateurs s'accordent à dire que les résultats, sur le plan économique comme sur le plan politique, n'ont pas été à la hauteur des attentes. En outre, ni l'une ni l'autre ne permirent au Canada d'atteindre réellement ses objectifs, entre autres celui de trouver un contrepoids à l'influence économique et politique des États-Unis dans les affaires du monde, et dans celles du Canada en particulier (Clarkson, 1985).

Au début des années 1980, le gouvernement fédéral tenta, mais sans grand succès, de donner un nouvel élan aux politiques nationales, sur le plan économique et sur le plan commercial en particulier. Énoncées dans le Livre blanc *Le développement du Canada dans les années 80* (Canada, 1981), les priorités économiques étaient alors recentrées sur l'élimination de l'inflation et l'instauration d'une croissance économique soutenue par le développement des ressources naturelles et l'expansion des exportations. Mettant ainsi davantage l'accent sur la croissance du commerce extérieur, le gouvernement en fera l'un des éléments prioritaires de sa politique étrangère, confiant notamment la responsabilité de tout ce qui a trait au commerce au ministère des Affaires extérieures. Et ce changement est d'importance, puisqu'à l'instar de bien d'autres pays industrialisés, le Canada se trouvait de la sorte à privilégier de plus en plus les objectifs commerciaux dans la conduite de ses relations extérieures. Ce premier changement en entraînera un second : tout en continuant d'accorder une très grande attention au renforcement du système multilatéral du commerce, le gouvernement s'efforcera de consolider les relations bilatérales du Canada avec les États-Unis, le Japon et la Communauté européenne, de manière à accroître le commerce bilatéral avec ces entités. Dans le cas particulier des États-Unis, un premier pas sera fait en direction du libre-échange, quoique sur une base limitée et sectorielle. Le gouvernement préférera s'en tenir en la matière à la ligne de conduite qui avait été la sienne jusque-là, et à ne voir dans le libre-échange qu'une option possible, que venaient tempérer les considérations de souveraineté.

Ces changements s'inscrivent dans un environnement international nouveau, plus concurrentiel et davantage marqué par l'interdépendance plus grande des économies nationales, changements auxquels le gouvernement s'est efforcé de répondre en accordant plus d'importance à l'élément économique et à la gestion des relations bilatérales dans sa politique étrangère. Ils s'inscrivent aussi dans le contexte d'une période qui fut marquée par une crise profonde sur le plan économique et sur le plan constitutionnel, « l'une des périodes les plus agitées de l'histoire canadienne » (Canada, 1985).

Adoptant une approche beaucoup plus libérale, soucieux aussi de refaire l'unité du pays et de renouer des relations plus cordiales avec les États-Unis, le gouvernement conservateur élu en 1984 procédera rapidement à un réexamen de la politique économique, puis de la politique étrangère du Canada. Le *Programme de renouveau économique* (Canada, 1984) établira les nouvelles priorités du gouvernement en matière économique, mettant en particulier l'accent sur la réduction du déficit budgétaire et la suppression des « obstacles opposés par les pouvoirs publics à l'initiative privée ». Le gouvernement procédera de même en matière de politique étrangère en publiant, au printemps de 1985, le livre vert *Compétitivité et sécurité*, accordant désormais la priorité aux questions économiques et aux relations bilatérales avec les États-Unis.

Associant étroitement réformes économiques et réformes commerciales, le gouvernement fera en effet du développement d'une économie intérieure plus productive et plus concurrentielle et de l'instauration d'un marché international plus stable et plus ouvert les deux grands objectifs de sa politique commerciale (GATT, 1990). Plus concrètement, il consacrera beaucoup d'efforts à la signature d'un accord de libre-échange avec les États-Unis, un accord qui devait assurer un accès à la fois élargi et plus sécuritaire au marché de ces derniers. Cet accord sera officiellement signé le 2 janvier 1988, pour entrer en vigueur le 1er janvier 1989. Il sera suivi d'un second, cette fois entre le Canada, les États-Unis et le Mexique. Officiellement signé le 17 décembre 1992, cet accord, l'*Accord de libre-échange nord-américain* (ALENA), ne sera définitivement entériné qu'à l'automne 1993, après renégociation et entente sur deux accords parallèles, l'un sur le travail et l'autre sur l'environnement. L'Accord est entré en vigueur le 1er janvier 1994[5].

Parallèlement à ces négociations, le Canada participera activement au nouveau cycle de négociations commerciales multilatérales, le huitième du genre depuis la signature en 1947 de l'*Accord général sur les tarifs douaniers et le commerce*, mieux connu sous son acronyme anglais de GATT. Ces négociations, officiellement lancées à Punta del Este (Uruguay)

5. On retrouvera une bonne synthèse des débats économiques dans Wilkinson (1993).

en 1986, furent les plus difficiles, les plus ambitieuses et les plus complexes jamais tenues par cette institution. Définitivement entérinées avec la signature, le 15 avril 1994 à Marrakech, de l'accord final, ces négociations marquent un nouveau tournant dans l'évolution des relations économiques internationales, avec entre autres la création de l'Organisation mondiale du Commerce. Lors de ces négociations, le Canada s'était surtout donné pour objectif, comme il l'avait fait dans le cas des négociations bilatérales avec les États-Unis, d'améliorer et d'élargir l'accès des marchés étrangers aux produits canadiens (particulièrement dans les domaines de l'agro-alimentaire, des ressources naturelles, des transports et des communications, de la technologie de pointe et des services), d'améliorer les règles multilatérales en matière de concurrence et de règlement des différends, et, par la suite, de donner un caractère plus stable au système multilatéral du commerce en se faisant l'ardent avocat d'une véritable organisation mondiale du commerce.

De retour au pouvoir en 1993, le gouvernement du Parti libéral du Canada a procédé récemment à un nouvel examen de la politique étrangère. Publié en février 1995, l'énoncé de politique étrangère *Le Canada dans le monde* s'inscrit dans une très large mesure dans la voie tracée par la politique du gouvernement antérieur, notamment en ce qui a trait à l'importance qu'il revient désormais d'accorder aux questions commerciales et aux relations continentales[6]. Faisant de la politique commerciale et de la promotion des exportations les deux principaux instruments pour promouvoir l'emploi et la prospérité du Canada, le gouvernement s'est cependant donné pour objectif d'avoir une approche plus dynamique et plus ciblée, fondée sur une évaluation plus stratégique des intérêts canadiens. Cette approche comporte trois volets :

1) définir plus clairement les priorités économiques globales, principalement en ce qui concerne les marchés pour les exportations canadiennes, et obtenir un accès plus large aux marchés traditionnels tout en intensifiant les liens économiques avec les marchés étrangers à forte croissance;

2) élaborer des moyens de cibler plus efficacement les programmes publics et les ressources afin d'aider les entreprises canadiennes;

3) promouvoir un environnement économique national propice à une croissance fondée sur les exportations (GATT, 1995, vol. 1, 39-40).

---

6. Trois grandes priorités sont définies dans ce document : 1) promouvoir l'emploi et la prospérité canadienne; 2) protéger la sécurité canadienne; 3) promouvoir les valeurs et la culture canadiennes (Canada, 1995a, i-ii).

C'est dans la foulée de cette nouvelle approche, directement orientée sur la globalisation des marchés et le partenariat avec le secteur privé, qu'il faut replacer les nombreuses initiatives prises par le gouvernement en matière de promotion des exportations, notamment celles qui s'inscrivent dans « Équipe Canada » (octobre 1995). Le document récent *La Stratégie canadienne pour le commerce international 1996-97* (Canada, 1996b) contient l'essentiel de l'engagement du gouvernement fédéral envers l'approche « Équipe Canada » et les priorités commerciales du Canada pour les prochaines années[7]. Deux séries de priorités ont ainsi été définies : celles, d'une part, touchant la gestion des relations économiques internationales en général, et celles, d'autre part, ayant trait à l'expansion et la croissance des exportations canadiennes et à la promotion du Canada auprès des investisseurs étrangers. En ce qui a trait à la gestion des relations économiques internationales, les priorités sont les suivantes : gérer les relations bilatérales avec les États-Unis; créer une organisation mondiale du commerce efficace; améliorer les règles internationales régissant l'investissement étranger direct et les pratiques anticoncurrentielles; et, enfin, élargir le réseau canadien des partenaires de libre-échange[8]. En matière de promotion des exportations, le gouvernement s'est donné les priorités suivantes : promouvoir le Canada dans le commerce international; attirer les investissements étrangers; et développer les sciences et technologies. Le Comité de sous-ministres sur l'expansion du commerce international a été récemment formé pour améliorer l'efficacité de la politique commerciale canadienne et servir de tribune pour réviser les priorités. Ce comité se compose de tous les sous-ministres fédéraux qui s'occupent des questions commerciales, et est coprésidé par le ministère des Affaires étrangères et du Commerce international et par Industrie Canada.

---

7. Elle contient 22 stratégies sectorielles, développées conjointement par le gouvernement et l'industrie sur la base des priorités de chacune des parties impliquées dans le processus.
8. De façon plus précise, le gouvernement canadien se propose : d'encourager l'élargissement de l'ALENA, en commençant par une accession du Chili; de participer aux propositions issues du sommet de Miami (juin 1995), de créer une zone de libre-échange des Amériques; d'initier des discussions avec les pays du MERCOSUR sur la possibilité de joindre l'ALENA; d'encourager la venue à l'OMC de plusieurs économies émergentes et de certaines en transition qui opèrent en marge du système commercial international (Chine, Russie, Taiwan, Arabie Saoudite, etc.); de développer les relations économiques dans le Pacifique avec les partenaires de l'APEC; d'encourager les relations outre-atlantiques, notamment avec l'Union européenne; de favoriser la signature d'un accord commercial avec Israël. Un accord a été signé avec ce pays en 1996, pour entrer en vigueur le 1er janvier 1997. Un accord a également été signé avec le Chili en novembre 1996, sur le modèle de l'ALENA.

De ce rapide survol historique, il ressort deux choses : tout d'abord, que le virage résolument libre-échangiste pris pendant la dernière décennie par la politique commerciale canadienne contraste fortement avec l'approche prudente et progressive des années antérieures en la matière; ensuite, que la politique d'ouverture des années 1980 s'est doublée d'une politique, aujourd'hui bien ciblée, de promotion des exportations (et des investissements) orientée à la fois vers le secteur privé et vers certains partenaires clés. Ces deux changements n'ont pas été sans conséquence sur le cadre institutionnel, de même que sur les différents instruments sur lesquels cette politique commerciale s'appuie, comme nous allons le préciser maintenant.

LE CADRE INSTITUTIONNEL ET L'ADMINISTRATION DE LA POLITIQUE COMMERCIALE

Précisons pour commencer que le Canada est une démocratie parlementaire fédérale. Le pouvoir exécutif, constitué du premier ministre et de son Cabinet, relève du Parlement, et toutes ses actions sont soumises à son approbation. L'établissement des priorités et la formulation des politiques en matière de commerce relèvent du Cabinet. Les intervenants sont multiples. Les plus importants en matière de commerce extérieur sont le ministère des Affaires étrangères et du Commerce international (MAECI), le ministère des Finances et, dans une moindre mesure, Revenu Canada et le Tribunal du commerce extérieur. Par ailleurs, en vertu de la Constitution, l'autorité législative est partagée entre le gouvernement fédéral et les provinces. Le pouvoir fédéral en matière de commerce s'applique au commerce international et interprovincial, ainsi qu'au commerce touchant l'ensemble du pays. Le commerce intraprovincial relève par contre de la compétence des provinces[9]. Aussi, si le pouvoir de conclure des ententes commerciales internationales relève du gouvernement fédéral, celui-ci peut avoir besoin de la participation des provinces pour la formulation et la mise en œuvre des lois dans ce domaine. Nous n'aborderons pas ici cet aspect de la question, mais il faut par ailleurs relever que le secteur privé a toujours été étroitement associé à la formulation et à la mise en œuvre de la politique commerciale canadienne. Le rôle joué par ce dernier dans le processus décisionnel qui a amené le Canada à adhérer au

9. Un accord sur le commerce intérieur a été signé le 18 juillet 1994. Le champ d'application de l'accord couvre 11 secteurs : les marchés publics, les produits agricoles et alimentaires, les boissons alcooliques, les politiques en matière d'environnement, les normes de consommation, les normes techniques, la main-d'œuvre, les investissements, les communications, les transports et la politique énergétique.

libre-échange avec les États-Unis est d'ailleurs bien connu. Les consultations avec le secteur privé se font à travers différents mécanismes, dont les deux principaux, actuellement, sont le Comité consultatif sur le commerce extérieur (CCCE) et les Groupes de consultation sectorielle sur le commerce extérieur (GCSCE)[10].

Le ministère des Affaires étrangères et du Commerce international

C'est le principal organisme responsable de la formulation et de la mise en œuvre de la politique commerciale. D'après la *Loi sur le ministère des Affaires étrangères et du Commerce international*, le MAECI a notamment comme mandat de coordonner les relations économiques internationales du Canada et de stimuler le commerce international du Canada. Le ministère est également responsable de l'application de la *Loi sur les licences d'exportation et d'importation*, qui autorise le gouvernement à surveiller et à réglementer le passage à la frontière de certaines marchandises[11]. Il veille aussi à l'application des sanctions économiques prévues par la *Loi sur les mesures économiques spéciales*, en réponse à une menace sérieuse à la paix et à la sécurité internationales, de même qu'à celles prévues par la *Loi sur les mesures extraterritoriales étrangères* (LMEE)[12]. Il revient enfin au ministère d'assurer le bon déroulement des consultations interministérielles, fédérales-provinciales ainsi qu'avec le secteur privé sur toutes les questions commerciales[13].

Le ministère des Affaires étrangères et du Commerce international (MAECI) est ce qu'on pourrait appeler un ministère bicéphale, avec à sa tête deux ministres, l'un pour le Commerce international et l'autre pour

10. Les membres du Comité et des Groupes sont nommés par le ministre du Commerce extérieur. Le CCCE compte actuellement 40 membres.
11. En vertu des dispositions de cette loi, le gouvernement peut établir par décret une liste de marchandises d'importation ou d'exportation contrôlée et une liste de pays visés par contrôle. Lorsqu'un produit a été ajouté à la liste de marchandises d'importation ou d'exportation contrôlée, ou que le nom d'un pays a été porté à la liste des pays visés par contrôle, la loi confère au secrétaire d'État aux Affaires extérieures plein pouvoir de contrôler la circulation des marchandises par délivrance de licences d'importation ou d'exportation.
12. La loi, entrée en vigueur en 1985, vise à défendre les intérêts canadiens contre les lois et mesures déraisonnables que pourraient prendre certains gouvernements étrangers. Par suite des mesures prises par les États-Unis en vertu de la loi Helms Burton, la loi a été modifiée et renforcée à l'automne 1996. Parallèlement, le Canada, appuyé par l'UE et l'OEA, a saisi l'OMC de cette question.
13. Il faut noter que désormais la politique étrangère du Canada fait l'objet d'un réexamen annuel.

les Affaires étrangères[14]. Les responsabilités de leur portefeuille débordent celles de leur ministère proprement dit. Ainsi, le ministre des Affaires étrangères est-il également responsable de l'Agence canadienne de développement international (ACDI), du Centre de recherche pour le développement international (CRDI), de la Commission mixte internationale et du Centre international des droits de la personne et du développement démocratique. Quant au ministre du Commerce international, il est également responsable de la Société pour l'expansion des exportations (SEE), ainsi que du secrétariat de l'*Accord de libre-échange nord-américain* (ALENA). Il faut néanmoins noter que, comparé au ministère des Affaires étrangères, le ministère du Commerce international reste, en dépit de son importance grandissante, un ministère « junior » (Doern et Tomlin, 1996, p. 175). De même, les fonctions multiples qu'est amené à remplir le ministère sur la scène internationale ne vont pas non plus sans croiser celles que remplit le ministère des Finances en tant que ministère responsable de la politique économique.

Le ministère est actuellement organisé en secteurs dits *fonctionnels, géographiques* et *centraux*, chacun d'eux relevant d'un sous-ministre adjoint[15]; il est appuyé par le Groupe des politiques, le Bureau du protocole, la Direction générale des communications et le secteur des services ministériels. À l'extérieur du Canada, l'action du ministère est exercée par l'intermédiaire des missions et bureaux, répartis dans une centaine de pays, ainsi que par le réseau des ambassades et consulats. Deux secteurs fonctionnels du ministère sont particulièrement liés à la formulation et à la mise en œuvre de la politique économique internationale du Canada. Il s'agit du secteur chargé de la *Promotion du commerce international* et de celui de la *Politique économique et commerciale*. Ces deux secteurs ont chacun des activités bien définies. Le mandat du premier est d'aider les

14. On retrouve également deux secrétaires d'État, l'un pour l'Asie-Pacifique et l'autre pour l'Amérique latine et l'Afrique.
15. Les *secteurs fonctionnels* sont les principaux centres responsables de la formulation des politiques, de la planification des programmes et de la coordination des relations commerciales, économiques et politiques. Ils sont au nombre de cinq : 1) promotion du commerce international; 2) politique commerciale et économique; 3) affaires politiques et sécurité internationale; 4) affaires juridiques et consulaires (y compris le Bureau des passeports); et 5) enjeux globaux et culture. Les *secteurs géographiques* sont au nombre de cinq : 1) Afrique et Moyen-Orient; 2) Asie-Pacifique; 3) Europe; 4) Amérique latine et Antilles; 5) États-Unis. Chaque secteur géographique comprend une administration centrale à Ottawa, qui élabore et met en œuvre les politiques et les programmes, et des missions à l'étranger, qui se répartissent en deux catégories, bilatérales et multilatérales. Les missions bilatérales sont accréditées auprès de pays déterminés et organisées par fonction. Les missions multilatérales ont pour objet de promouvoir et de défendre les intérêts canadiens auprès des organismes internationaux.

entreprises canadiennes à vendre sur les marchés mondiaux et les entrepreneurs étrangers à se trouver des partenaires au Canada[16]. Celui du second est d'élaborer, d'exécuter et de coordonner les politiques relatives aux relations internationales du Canada dans les domaines de l'économie, du commerce et du développement.

Le ministère des Finances

Les responsabilités du ministère des Finances sont, au Canada, très étendues. Elles comprennent, entre autres, celles de gérer la politique économique canadienne et de conseiller le gouvernement sur toutes les questions à caractère économique et financier. Responsable des questions monétaires, financières et macroéconomiques internationales, le ministère représente le Canada auprès des grandes organisations économiques internationales œuvrant dans ces domaines.

À l'exception des restrictions quantitatives, les divers instruments de la politique commerciale du Canada relèvent de ce ministère, en vertu du *Tarif des douanes*, de la *Loi sur les douanes*, et de la *Loi sur les mesures spéciales d'importation*. Il est notamment responsable de la politique canadienne en matière de droits de douane, de droits antidumping et de droits compensateurs. Le ministère donne également des avis sur tous les aspects des droits de douane et des surtaxes, y compris les droits préférentiels, les mesures de sauvegarde, les remises et les restitutions de droit, et la législation qui y est relative.

La *Loi sur les douanes*[17] accorde le pouvoir législatif de percevoir les droits et les taxes sur les produits importés, prévoit les mécanismes de contrôle des entrées et des sorties de marchandises, voit à l'administration et à l'application des autres lois qui affectent le commerce international.

Le *Tarif des douanes* donne au ministère des Finances le pouvoir de fixer les taux des droits de douane sur les importations, taux dont la

---

16. Ce secteur a entre autres pour tâche de recueillir des renseignements sur les marchés d'exportation et sur les technologies disponibles et de les communiquer ensuite aux entreprises canadiennes, de faire part aux entreprises étrangères des possibilités d'investissement au Canada et, de concert avec les secteurs géographiques du ministère, de participer à l'élaboration et à la mise en œuvre de politiques et programmes destinés à aider les entreprises canadiennes à trouver des débouchés à l'étranger.
17. La *Loi sur les douanes*, plusieurs fois révisée ces dernières années pour tenir compte notamment des dispositions de l'ALENA et du GATT, indique les méthodes à suivre pour calculer la valeur des marchandises qui déterminera le montant des droits à payer. La méthode la plus usuelle est basée sur la valeur transactionnelle, c'est-à-dire sur le prix d'achat des biens en cause.

liste est consignée dans des annexes[18]. La loi permet aussi au gouvernement de prendre les mesures nécessaires pour faire valoir les droits du Canada ou pour réagir à des mesures discriminatoires à son endroit. Parmi les mesures possibles, notons le prélèvement de surtaxes, l'imposition de contingents tarifaires[19], le retrait de concessions[20], et des surcharges sur les biens importés[21]. Le *Tarif des douanes* comporte aussi des dispositions concernant la détermination de l'origine des marchandises, la prorogation ou le retrait de droits tarifaires préférentiels, les règles visant les expéditions directes, le marquage des marchandises, certains programmes de dégrèvement de droits et le remboursement des droits de douanes sur les marchandises utilisées au Canada à des fins particulières.

La *Loi sur les mesures spéciales d'importation* (LMSI) confère au gouvernement le pouvoir de prélever des droits antidumping et compensateurs. Elle renferme les principes exposés dans les articles VI, XVI et XXIII de l'Accord général (GATT), ainsi que les interprétations des articles contenus dans le Code antidumping et le Code des subventions et des mesures compensatoires. La LMSI a pour objet d'énoncer des règlements qui seront acceptés à l'échelle internationale pour l'application des droits antidumping et compensateurs sur les produits importés. Une enquête doit établir qu'un préjudice important a été ou sera vraisemblablement causé à la fabrication canadienne du type de produits en question, et qu'il est directement attribuable à l'importation de produits ayant fait l'objet d'un dumping ou de subventions.

Les autres intervenants

D'autres ministères sectoriels sont aussi amenés à intervenir, que ce soit dans l'administration des lois commerciales, dans les activités propres à leur ministère ou encore lors de consultations interministérielles. Parmi ceux-ci, il faut tout d'abord mentionner Revenu Canada.

---

18. La majeure partie des produits imposables est soumise à des droits consolidés. Lorsqu'un droit de douane est « consolidé », un pays ne peut le relever qu'en négociant une compensation avec ses partenaires commerciaux (art. XXVIII, GATT de 1994).
19. Les contingents tarifaires sont imposés en guise de mesure de sauvegarde ou encore de mesure de rétorsion.
20. Le retrait de concessions est une mesure de dernier recours, qui peut prendre la forme d'un retrait des droits et privilèges accordés en vertu d'un accord, de surtaxes, ou encore de contingents directs ou tarifaires.
21. Une surcharge peut être imposée sur les importations lorsque la position financière extérieure ou la balance des paiements du Canada l'exige.

À l'exception de la *Loi sur les licences d'exportation et d'importation*[22], Revenu Canada veille à l'administration quotidienne des lois commerciales canadiennes. Le ministère est notamment chargé de la perception des taxes et droits sur les produits soumis à imposition. Il vérifie également l'origine, la valeur et la description des marchandises. Il revient aussi au ministère de faire enquête, le cas échéant, sur les pratiques commerciales déloyales telles que le dumping (au besoin, en prenant des mesures correctives) et de participer à la protection des frontières, que ce soit en empêchant l'entrée de marchandises illégales (par exemple, les drogues illicites) ou peu sûres et d'individus dangereux (tels que les terroristes). Il contrôle en outre l'entrée des marchandises assujetties à des restrictions d'importation.

Deux autres ministères jouent également un rôle majeur sur le plan commercial. Il s'agit des ministères de l'Industrie (Industrie Canada) et de l'Agriculture (Agriculture Canada)[23]. Parmi les autres intervenants qui méritent une attention particulière, il faut mentionner le Tribunal canadien du commerce extérieur, l'Agence canadienne de développement international (ACDI), la Société pour l'expansion des exportations (SEE) et Investissement Canada. Nous y reviendrons un peu plus loin.

Les relations fédérales-provinciales en matière de politique commerciale

En vertu de la Constitution canadienne, le Parlement fédéral est seul compétent « pour réglementer le trafic et le commerce » et légiférer sur les questions intéressant l'économie dans son ensemble, comme celles ayant trait à la concurrence. Ainsi que nous l'avons noté plus haut, le gouvernement fédéral est néanmoins tenu de mener des consultations étroites avec les provinces et les territoires. Celles-ci ont d'ailleurs connu ces dernières années une ampleur sans précédent, notamment lors des négociations commerciales de l'ALE, de l'ALENA et du Cycle de l'Uruguay.

En droit, le gouvernement fédéral est libre de conclure des accords internationaux sans avoir au préalable consulté les provinces. Comme les

22. La délivrance et la surveillance des licences d'importation et d'exportation relève, rappelons-le, du MAECI.
23. En vertu de la Constitution canadienne, l'Agriculture est une responsabilité à la fois fédérale et provinciale. Les offices de commercialisation et les commissions, que ce soit au niveau fédéral ou au niveau provincial, interviennent à plus d'un titre dans le commerce international. L'ALENA et les nouvelles règles du GATT ont cependant substantiellement réduit leur importance, voire entraîné leur disparition dans certains cas.

accords internationaux ne sont généralement pas d'application directe et que, d'une façon générale, ceux-ci affectent des domaines de compétence provinciale, il est souvent nécessaire pour assurer l'exécution des engagements souscrits d'adopter des lois particulières, auquel cas la coopération et l'accord des provinces se révèlent indispensables[24]. Les consultations entre le gouvernement fédéral et les provinces sur les questions relatives au commerce se font par de multiples canaux : conférences fédérales-provinciales, rencontres régulières entre les ministres ainsi qu'entre les fonctionnaires ou encore réunions de certains comités spéciaux ou des nouveaux Réseaux commerciaux régionaux. En outre, il n'est pas inutile de rappeler que les provinces peuvent, par leurs politiques, affecter le commerce extérieur du Canada dans les domaines de l'industrie et de l'agriculture notamment. Ces dernières ont également considérablement accru leur présence sur la scène économique internationale, faisant du commerce international l'un des piliers de leurs propres politiques économiques, avec le résultat que les questions commerciales sont devenues, avec celles du commerce interprovincial, une source permanente de tension entre les différents gouvernements.

LES INSTRUMENTS DE LA POLITIQUE COMMERCIALE

La tarification des importations a historiquement constitué le fondement de la politique commerciale canadienne. L'élargissement des fonctions de l'État a entraîné l'ajout de nouveaux instruments à la politique commerciale, qu'il s'agisse d'instruments de réglementation, de promotion ou de soutien. D'une façon générale, les observateurs s'accordent à dire qu'en raison des accords internationaux signés, les tarifs douaniers n'ont aujourd'hui qu'une portée très limitée[25] et que la politique commerciale du Canada a aujourd'hui davantage pour objet de promouvoir la présence canadienne dans le monde que de réglementer ses échanges internationaux. Le champ de juridiction des accords internationaux s'est aussi trouvé étendu à des domaines nouveaux, comme les marchés publics, la propriété intellectuelle, les services financiers ou les lois en matière de concurrence.

Nous aborderons successivement quatre points dans cette section : 1) le régime tarifaire; 2) les autres instruments de contrôle des importa-

24. La compétence des provinces est limitée par « le droit relatif à la propriété et les droits civils » et à toutes matières de nature purement locale ou privée. Les législations provinciales dans les domaines qui touchent aux échanges peuvent être rendues inopérantes en cas de conflit avec la législation fédérale (principe de suprématie) (Richards, 1991).

25. Rapportée à la valeur totale des importations passibles de droits, la valeur des recettes tarifaires est passée de 13,5 % à 9,5 %, entre 1981 et 1994. Rapportée aux importations totales, la valeur totale des recettes est passée, entre ces deux dates, de 4,3 % à 2,3 %.

tions; 3) le financement et le soutien des exportations; et 4) les marchés publics, les investissements internationaux et la protection de la propriété intellectuelle.

Le régime tarifaire

Les lois (et les règlements) s'appliquant au commerce ont connu ces dernières années d'importants changements par suite des engagements souscrits par le Canada, que ce soit dans l'ALENA ou les accords commerciaux multilatéraux. Les lois pouvant s'appliquer au commerce sont extrêmement nombreuses; néanmoins celui-ci est principalement régi par les quatre grandes lois déjà mentionnées : le *Tarif des douanes*, la *Loi sur les douanes*, la *Loi sur les licences d'exportation et d'importation* et la *Loi sur les mesures spéciales d'importation*.

Le *Tarif des douanes* comporte à l'heure actuelle[26] cinq traitements tarifaires fondamentaux (cinq colonnes) : le tarif de la nation la plus favorisée (NPF)[27], le tarif de préférence générale (TPG)[28], le tarif des États-Unis, le tarif du Mexique et le tarif relatif aux produits importés des États-Unis ou du Mexique ayant subi une transformation dans ces deux pays et

26. Un nouveau *Tarif* simplifié doit entrer en vigueur en 1998. Le régime tarifaire est en effet devenu trop complexe en raison notamment de la signature des accords commerciaux, de l'adoption du Système harmonisé ou encore des mesures unilatérales ou d'accélération des réductions tarifaires. Il est notamment envisagé d'éliminer le TPB, les taux dits « nuisibles » (c'est-à-dire inférieurs à 2 %), l'arrondissement à la baisse des taux au demi-point de pourcentage le plus près, l'abolition de certaines conditions de non-fabrication prévues dans certaines dispositions tarifaires, etc.
27. Ce sont des droits que le Canada accorde à toutes les parties contractantes au GATT ou aux pays qui bénéficient d'un accord bilatéral avec celui-ci. Conforme au *Code de l'évaluation en douane* de l'*Accord général sur les tarifs douaniers et le commerce* (GATT), le régime tarifaire est, pour 98 % des lignes tarifaires, consolidé, et la méthode de calcul des droits la plus usuelle est basée sur la valeur transactionnelle, soit le dernier prix effectivement payé ou payable.
28. Ce tarif concerne les importations en provenance de la plupart des pays en développement et des pays d'Europe centrale et orientale relevant du Système généralisé de préférences (SGP). Le TPG existe depuis le 1er juillet 1974. Il a été prolongé, en 1994, pour une nouvelle période de dix ans. Son objectif est d'aider les pays en développement à accroître leurs exportations grâce à des préférences tarifaires accordées sans réciprocité. Le TPG permet ainsi à plus de 180 pays en développement de bénéficier de droits réduits pour une large gamme de produits, voire dans de nombreux cas d'entrer en franchise. Les taux de droits applicables à la plupart des produits admissibles équivalent en général aux deux tiers des taux NPF correspondants. Le tarif est applicable à un certain nombre de produits agricoles et à la plupart des produits manufacturés et semi-manufacturés, à l'exception toutefois de la majorité des produits textiles, vêtements et chaussures en cuir, ainsi que de certains produits en acier.

utilisant de la main-d'œuvre ou des matières en provenance de pays ne faisant pas partie de l'ALENA[29].

Les droits sont pour la plupart (près de 95 %) *ad valorem*; ils peuvent aussi être, dans certains cas, spécifiques, composites ou mixtes.

En 1993, seulement 17 % des importations canadiennes provenaient de pays soumis au tarif NPF, alors que près de 70 % des importations provenaient de pays avec lesquels le Canada avait signé des accords commerciaux et que 13 % environ des importations bénéficiaient d'un traitement préférentiel (GATT, 1995). L'élimination bilatérale des droits entre les États-Unis et le Canada, devrait, conformément à l'ALE, être complétée d'ici le 1er janvier 1998. L'élimination des tarifs prévue par l'ALENA prendra plus de temps, l'accord n'étant en vigueur que depuis le 1er janvier 1994. En 1994, le taux moyen (non pondéré) des droits applicables aux importations était de 3,6 % dans le cas des produits en provenance du Mexique et de 2,2 % dans le cas des produits en provenance des États-Unis; il était de 4 % et de 8,6 % pour les produits assujettis, respectivement, au TPG et au TNPF[30].

Pour des raisons d'ordre historique ou géographique, le Canada accorde aussi certains traitements tarifaires particuliers. Il y en a cinq : le tarif de préférence britannique (TPB)[31], le tarif de faveur pour les pays les moins développés[32], le tarif CARIBCAN[33], le tarif de l'Australie et le tarif de la Nouvelle-Zélande[34].

29. L'accroissement de la valeur ajoutée doit être supérieur à 7 % pour les produits assujettis au tarif de la colonne cinq, conformément aux dispositions des clauses d'origine prévues par l'ALENA. D'une façon générale, les produits entrant au Canada en provenance du Canada et du Mexique doivent avoir une teneur nord-américaine suffisante.
30. Quinze pour cent des droits perçus proviennent de produits assujettis à des taux égaux ou supérieurs à 15 %, et 28 % des produits assujettis à des droits entrent en franchise.
31. Le tarif de préférence britannique (TPB) s'applique aux pays en développement membres du Commonwealth; il prévoit des taux de droits réduits pour quelques produits ne relevant pas du tarif de préférence général. Le tarif ne s'applique plus au Royaume-Uni ni à l'Irlande, depuis que ces deux pays se sont joints à l'Europe communautaire en 1973. Ce tarif était fondé initialement sur l'accord commercial conclu entre le Canada et le Royaume-Uni en 1937. Le Canada continue d'accorder unilatéralement le traitement du TPB à tous les pays en développement membres du Commonwealth. Le Canada se propose, à partir de 1998, d'abolir le traitement tarifaire TPB, ce tarif ayant perdu avec le temps beaucoup de sa portée pratique.
32. Il s'agit d'un traitement tarifaire particulier applicable aux moins développés des pays en voie de développement. Il prévoit l'admission en franchise pour tous les produits admissibles au TPG.
33. Instauré en février 1986, le tarif CARIBCAN s'applique aux pays des Antilles membres du Commonwealth.
34. L'accord commercial bilatéral avec l'Australie, négocié en 1932, prévoit l'application du TPB aux importations en provenance de ce pays et des préférences additionnelles pour certains produits. La Nouvelle-Zélande s'est vu par la suite accorder les mêmes dispositions.

Les produits en provenance des pays qui ne sont pas partie contractante au GATT ou qui ne bénéficient pas d'un accord bilatéral ou d'une préférence tarifaire particulière se voient automatiquement appliquer le tarif général.

Mentionnons par ailleurs qu'outre les tarifs préférentiels que nous venons de mentionner, le *Tarif des douanes* prévoit la possibilité d'accorder des concessions tarifaires complètes ou partielles sur certains produits, ou suivant certains accords commerciaux. Les dispositions en ce sens sont prises soit par voie législative, soit par décret en Conseil. De même existe-t-il au Canada un certain nombre de programmes spécifiques accordant des remises ou des remboursements de droits. Le Canada a beaucoup utilisé ces programmes par le passé, notamment pour soutenir certains secteurs d'activité économique et leur permettre ainsi d'améliorer leur compétitivité ou de mieux affronter la concurrence internationale. On peut les diviser en quatre grandes catégories : les *drawbacks* pour consommation intérieure, les *drawbacks* pour l'exportation et le traitement intérieur, le programme de remise sur les importations de machinerie et d'équipement et les ordonnances de remise particulière.

Le champ couvert par les programmes de réduction et d'exonération tarifaires ou de *drawbacks* est très large, puisqu'il couvre des produits entrant dans la fabrication de produits canadiens[35] qui peuvent être destinés aussi bien à la consommation intérieure qu'aux marchés d'exportation, comme le Programme de perfectionnement actif et le Programme de *drawbacks* à l'exportation[36]. Certains programmes sont généraux, comme le Programme des machines et matériels qui accorde une remise des droits de douane et d'une partie des droits d'accise sur les machines, l'outillage et les pièces importées qui ne sont pas fabriqués ou qui n'ont pas d'équivalent raisonnable au Canada. D'autres sont plus spécifiques, comme ceux qui concernent les produits destinés à la fabrication des produits chimiques et des plastiques, les véhicules automobiles et pièces d'automobile (relevant du *Pacte de l'industrie automobile* signé, en 1965, par le Canada et les États-Unis), ou encore les aéronefs civils et produits connexes (relevant de l'*Accord sur le commerce des aéronefs civils*).

---

35. Il est proposé dans la réforme du tarif canadien d'élargir les dispositions tarifaires aux prestataires de services qui utilisent des intrants importés et qui concurrencent les prestataires de services étrangers sur les marchés national et mondiaux.
36. Le premier programme exonère des droits de douane toute marchandise ou matière importée servant à la fabrication ou à la transformation au Canada de produits qui sont ensuite exportés. Le programme s'applique aux entreprises qui détiennent des contrats d'exportation ou qui ont déjà effectué des opérations du même genre. Le second programme prévoit quant à lui le remboursement des droits acquittés sur les marchandises ou matières importés qui sont ensuite réexportés ou qui entrent dans la fabrication de produits destinés à l'exportation.

Tous ces programmes constituent des formes indirectes de subvention aux entreprises ou aux consommateurs, qui, d'un point de vue libéral, faussent le jeu de la concurrence. Actuellement régis par les dispositions de l'ALENA sur les subventions et par les nouvelles règles du GATT, la plupart de ces programmes sont voués à disparaître, du moins suivant les ententes signées. Ainsi, les dispositions de l'ALE et de l'ALENA prévoient-elles l'élimination des *drawbacks* à l'exportation au plus tard en 1996, dans le cas des produits destinés au marché américain, et d'ici 2001, dans le cas des produits destinés au Mexique, de même que la suppression des programmes de remises de droits en fonction des résultats d'ici janvier 1998. Le Programme de la machinerie, pour ne mentionner que celui-là, a été aboli en 1996.

Les autres formes de réglementation du commerce international

Les différents cycles de négociation ont permis aux parties contractantes à l'Accord général d'abaisser de manière substantielle les tarifs douaniers entre elles. Elles ont aussi permis d'améliorer considérablement les procédures en matière de réglementation non tarifaires et de contingentements. Sur ce point d'ailleurs, le dernier cycle a permis de réaliser d'importants progrès, dans le domaine des produits agricoles notamment, où les systèmes de contingentement doivent être remplacés par des droits de douane ou des contingents tarifaires[37]. Les nouvelles règles en matière de différends commerciaux prévus par l'OMC, la signature de conventions et de codes internationaux, de même que les mécanismes prévus à cet effet dans les accords commerciaux bilatéraux ou régionaux ont permis d'apporter plus de transparence dans les relations commerciales. D'une façon générale, il n'en demeure pas moins que les dispositifs de réglementation non tarifaires, extrêmement nombreux et fort étendus, consti-

---

37. Dans l'agriculture, tous les contingents d'importation, licences non automatiques et autres restrictions quantitatives à l'importation doivent être remplacés par des contingents tarifaires consolidés par l'Accord du Cycle de l'Uruguay. Selon les autorités canadiennes, 136 lignes tarifaires sont actuellement soumises à des restrictions quantitatives à l'importation. Elles concernent exclusivement des produits agricoles et alimentaires (par exemple, les produits à base de blé et d'orge, la viande de bœuf, la volaille, les œufs et les produits laitiers). Suivant l'engagement pris par le Canada lors du Cycle de l'Uruguay, ces restrictions doivent être remplacées par des contingents tarifaires tenant compte des engagements en matière d'accès minimal. Les droits applicables dans les limites des contingents appliqués en 1995 vont de 25 % (orge, autre que pour la fabrication de malt) à 368 % (matières grasses laitières) et s'établissent en moyenne légèrement au-dessous de 181 %; dans bien des cas, des droits spécifiques minimaux sont également prévus. L'application de ces droits fait actuellement l'objet d'un litige majeur entre le Canada et les États-Unis. Le litige porte sur le texte même de l'Accord et sur la préséance ou non des dispositions du « GATT de 1994 » sur celles de l'ALENA.

tuent actuellement l'une des zones grises du commerce international et l'une des formes les plus subtiles de néoprotectionnisme contre laquelle il est fort difficile pour un pays de se défendre, sinon en prenant lui-même des mesures de rétorsion lorsqu'un préjudice grave est constaté. Les principales mesures de réglementation sont les suivantes : les mesures de prohibition et de contingentement, les mesures antidumping et compensatoires et les mesures de sauvegarde.

Certains produits font l'objet d'interdiction, qui peut être totale ou conditionnelle. Les produits interdits sont inscrits sur des listes. Y figurent par exemple les stupéfiants, les drogues, les armes, les livres obscènes et les produits qui font l'objet de réglementations internationales, comme les produits du travail pénitentiaire, mais on y retrouve aussi des produits aussi variés que des cosmétiques, des produits contraceptifs, des appareils de médecine, de végétaux, des animaux, etc. Certains produits font l'objet d'un contingentement, et leur commerce est soumis à l'octroi de licences. Malgré les efforts du GATT en ce sens, les parties contractantes, dont le Canada, ont toujours su exploiter les imprécisions du texte ou les clauses d'exception et de sauvegarde pour recourir aux contrôles quantitatifs des importations (ou des exportations). Les raisons invoquées sont multiples[38]; elles vont de la sécurité nationale au préjudice réel ou potentiel que peuvent occasionner les importations dans un secteur d'activité donné, en passant par l'approvisionnement d'un produit rare sur les marchés mondiaux, la protection de certains secteurs particuliers (textile, produits de l'acier, produits agricoles, etc.), le contrôle de l'énergie atomique, la protection de l'environnement[39], ou encore la santé des citoyens (médicaments et stupéfiants), la protection des plantes et la santé des animaux[40]. Dans certains cas également, des mesures peuvent être prises à l'encontre

38. Les raisons invoquées pour inscrire un produit sur la *Liste des marchandises d'exportation contrôlée* sont tout aussi nombreuses : satisfaire à des besoins de défense ou à d'autres besoins nationaux en s'assurant un approvisionnement suffisant et la bonne distribution du produit en question; promouvoir la transformation plus poussée des ressources naturelles du Canada; mettre à exécution un arrangement intergouvernemental ou donner suite à un engagement pris à ce niveau; contrôler l'exportation de biens militaires ou stratégiques pour des motifs afférents à la sécurité nationale; ou surveiller les exportations de matières premières non agricoles quand l'offre est excédentaire ou que les prix sont en baisse.
39. Le gouvernement a pris ces dernières années un certain nombre de mesures destinées à protéger l'environnement. Les réglementations et interdictions ont été renforcées dans le cas notamment des matières menaçant l'ozone, des déchets dangereux et des substances toxiques, de l'essence et de certains produits utilisant certains additifs ou fabriqués par certains procédés interdits.
40. Les mesures sanitaires et phytosanitaires font désormais l'objet d'un accord au GATT/OMC.

de certains pays, qui se voient ainsi retirer certains privilèges commerciaux ou imposer des surtaxes à l'importation. L'interdiction de commerce peut également s'appliquer aux pays qui font l'objet d'un embargo international ou qui sont placés sous la protection des Nations Unies.

Les mesures antidumping et compensatoires n'ont pas pour objet de contrôler ni d'interdire le commerce de certains produits, mais plutôt de protéger les producteurs nationaux contre certaines pratiques commerciales jugées déloyales de la part des autres partenaires commerciaux.

Il y a dumping lorsque des marchandises importées sont vendues au Canada à des prix inférieurs à ceux pratiqués sur le marché du pays exportateur. Le dumping peut également se produire lorsque les marchandises sont vendues au Canada à des prix inférieurs au coût total de production et de vente des marchandises. Le Canada applique des mesures antidumping depuis le début du siècle. Après avoir signé en 1979 le *Code antidumping,* le Canada a remplacé la loi existante par la *Loi sur les mesures spéciales d'importation*, entrée en vigueur en décembre 1984. Le Canada est aujourd'hui l'un des pays qui utilisent le plus ce mécanisme de protection. La loi s'applique aussi aux droits compensateurs.

Les droits compensateurs sont cependant de nature différente. L'octroi de subventions à la production et aux exportations est devenue une pratique généralisée dans l'après-guerre, donnant lieu à de multiples abus et préjudices auxquels s'efforcent de répondre les pays en appliquant des mesures compensatoires. Les subventions et les mesures compensatoires font désormais l'objet d'une réglementation beaucoup plus stricte, en vertu du nouvel accord signé lors du Cycle de l'Uruguay. On peut d'ailleurs parler d'un accord historique, puisque, pour la première fois en effet, les subventions sont clairement définies[41] et qu'il est dorénavant spécifié que les programmes nationaux qui ne faussent pas les

41. Une subvention sera réputée exister : « s'il y a une contribution financière des pouvoirs publics ou de tout organisme public du ressort territorial d'un Membre, c'est-à-dire dans les cas où : i) une pratique des pouvoirs publics comporte un transfert direct de fonds (par exemple, sous la forme de dons, prêts et participation au capital social) ou des transferts directs potentiels de fonds ou de passif (par exemple, des garanties de prêt); ii) des recettes publiques normalement exigibles sont abandonnées ou ne sont pas perçues (par exemple, dans le cas des incitations fiscales telles que les crédits d'impôt); iii) les pouvoirs publics fournissent des biens ou des services autres qu'une infrastructure générale, ou achètent des biens; iv) les pouvoirs publics font des versements à un mécanisme de financement, ou chargent un organisme privé d'exécuter une ou plusieurs fonctions [...] qui sont normalement de leur ressort, ou lui ordonnent de le faire, la pratique suivie ne différant pas véritablement de la pratique normale des pouvoirs publics; ou a) s'il y a une forme quelconque de soutien des revenus ou des prix au sens de l'article XVI du GATT de 1994; et b) si un avantage est ainsi conféré ».

échanges, notamment les programmes sociaux[42] et les programmes d'adaptation de la main-d'œuvre, ne peuvent faire l'objet de mesures compensatoires. De plus, on a limité l'application des lois nationales sur les droits compensateurs et considérablement renforcé la procédure devant conduire au retrait des privilèges commerciaux ou à l'imposition de droits compensateurs lorsqu'un préjudice grave[43], potentiel ou réel, ou qu'un retard dans l'application des décisions est constaté. Il revient à l'Organe de règlement des différends (ORD) de veiller au respect de l'esprit et du texte de l'Accord[44].

Cela dit, si l'Accord (qui vient compléter et renforcer les dispositions de l'ALENA dans ce domaine) apporte plus de sécurité dans l'applicabilité des lois nationales, beaucoup de chemin reste encore à faire pour éliminer définitivement le harcèlement commercial ainsi que les abus et l'unilatéralisme dans l'utilisation des mesures compensatoires, comme l'a encore prouvé récemment le règlement « à l'amiable » qui est intervenu sur le bois d'œuvre, le 16 février 1996, entre les États-Unis et le Canada, après quinze ans de dispute entre les deux pays.

Au Canada, il revient au Tribunal du commerce extérieur[45] d'instruire les plaintes relatives aux mesures de sauvegarde, de faire enquête

---

42. Dans la même veine, le Canada, les États-Unis et le Mexique ont signé, le 2 avril 1996, une lettre d'entente confirmant que les mesures provinciales existantes, y compris celles portant sur les services de santé, sont entièrement protégées aux termes de l'ALENA.
43. L'Accord définit ainsi le préjudice grave : « Un préjudice grave [...] sera réputé exister dans le cas : a) d'un "subventionnement" *ad valorem* total d'un produit dépassant 5 pour cent; b) de subventions destinées à couvrir les pertes d'exploitation subies par une branche de production; c) de subventions destinées à couvrir les pertes d'exploitation d'une entreprise, sauf lorsqu'il s'agit de mesures ponctuelles qui ne sont pas récurrentes et ne peuvent pas être accordées à nouveau en faveur de cette entreprise et qui visent simplement à laisser le temps d'élaborer des solutions à long terme et à éviter des problèmes sociaux aigus; d) d'une annulation directe d'une dette, c'est-à-dire l'annulation d'une dette à l'égard des pouvoirs publics, et de dons destinés à couvrir le remboursement d'une dette. »
44. L'ORD établit normalement un groupe spécial qui, lui-même, fait appel à l'assistance du groupe d'experts permanents. Ce dernier détermine notamment si la subvention est prohibée ou non.
45. Le Tribunal, créé en 1988, est entré en fonction le 1er janvier 1989. Il a repris toutes les attributions antérieures en matière d'enquêtes et d'appels de la Commission du tarif, de la Commission du textile et du vêtement et du Tribunal canadien des importations. Le Tribunal canadien du commerce extérieur est un organisme quasi judiciaire indépendant composé de neuf membres. Le Tribunal a pour fonction d'enquêter sur les préjudices relevant de la *Loi sur les mesures spéciales d'importation*, sur les sauvegardes relatives au TPG ou au CARIBCAN, sur le tarif douanier à la demande du ministre des Finances, ainsi que sur toute question d'ordre commercial qui pourrait avoir des répercussions sur l'économie et les intérêts commerciaux du Canada.

dans les affaires susceptibles de donner lieu à l'imposition de droits antidumping ou de droits compensateurs (après en avoir été saisi par Revenu Canada) et éventuellement de faire enquête à la demande du ministère des Finances sur toute question commerciale. Si la preuve justifie l'institution d'une enquête, Revenu Canada devient l'autorité chargée de prendre les décisions préliminaires ainsi que les mesures préventives, mais c'est au Tribunal canadien du commerce extérieur qu'il revient de trancher. Les enquêtes sont très difficiles à mener, ce qui explique sans doute pourquoi, au Canada, contrairement aux États-Unis, les actions entreprises sont peu nombreuses. Il faut noter aussi que, si l'ALENA prévoit des mécanismes particuliers de règlement des différends, chaque partie s'est cependant réservé le droit d'appliquer sa propre législation nationale en matière de droits antidumping et de droits compensateurs, ce qui n'est pas de nature à favoriser une solution rapide des différends.

Des mesures de sauvegarde, à court ou à long terme[46], peuvent également être prises lorsque les marchandises sont importées dans une proportion suffisamment « importante » pour causer ou être susceptibles de causer un préjudice grave à la production d'un pays[47]. Les mesures de sauvegarde relèvent de l'article XIX de l'Accord général, ainsi que de l'Accord sur les sauvegardes. L'*Accord de libre-échange avec les États-Unis* prévoit également un mécanisme de sauvegarde bilatéral[48] et un mécanisme particulier pour les fruits et légumes. Un mécanisme analogue est prévu par l'ALENA pour toutes les importations en provenance du Mexique, à l'exception des produits agricoles et des textiles qui font l'objet de mécanismes spéciaux.

Nous terminerons cette section en mentionnant que l'applicabilité de normes techniques[49], sanitaires et phytosanitaires ainsi que des règles d'origine constitue une autre forme de réglementation du commerce international et une autre zone grise du commerce international en dépit des accords multilatéraux ou plurilatéraux signés dans ces différents domaines.

---

46. Les mesures à court terme ont une durée d'application de 180 jours, qui peut aller jusqu'à trois ans si le Parlement l'autorise.
47. La pratique établit la « proportion importante » entre 25 % et 50 % de la consommation apparente.
48. Le mécanisme autorise la réimposition du taux NPF ou la suspension des réductions tarifaires.
49. En matière de normalisation, le Canada a toujours fait preuve d'une très grande souplesse. Certaines prescriptions d'emballage et d'étiquetage s'imposent néanmoins. C'est dans les domaines de la santé, de l'agriculture et de la sécurité que les prescriptions sont les plus fortes.

Les marchés publics, les investissements internationaux et la propriété intellectuelle

L'*Accord général sur les tarifs douaniers et le commerce* repose sur deux grands principes : la reconnaissance de la clause de la nation la plus favorisée (CNPF) sous sa forme inconditionnelle et la reconnaissance du traitement national. Ces deux principes visent à éliminer toute forme de discrimination dans le commerce international, ainsi que tout avantage particulier dont pourraient bénéficier les producteurs nationaux au détriment des producteurs étrangers. Échappant à l'Accord général, l'octroi des marchés publics et le contrôle des investissements internationaux ont longtemps fait l'objet des sollicitudes des gouvernements, ces derniers en ayant fait deux des grands instruments de leurs politiques industrielles. Rendue plus difficile aujourd'hui, en raison des nouvelles règles internationales, l'utilisation de ces deux instruments n'en continue pas moins d'être une question très sensible. Le respect des droits de propriété intellectuelle est un autre domaine qui, en raison de l'importance des enjeux commerciaux, a mérité l'attention des négociateurs ces dernières années.

Dans le cas des marchés publics, dont l'importance économique est loin d'être négligeable, particulièrement au niveau provincial, le Canada applique les règles prévues par l'Accord de 1994 sur les marchés publics[50], qui autorise les sociétés des douze pays signataires (dont les États-Unis, l'Union européenne et le Japon) à soumissionner pour tous les marchés de produits et certains marchés de services. Les exceptions restent cependant nombreuses, notamment dans les domaines de la défense nationale, des télécommunications, du matériel électrique, et les conditions d'accès aux marchés publics ne sont pas aussi étendues que celles que l'on retrouve dans l'ALENA, où l'accès est ouvert aux entreprises américaines pour tout marché public fédéral[51] d'une valeur supérieure à 25 000 dollars américains pour les produits et à 50 000 dollars pour les services[52], à 250 000 dollars pour les entreprises publiques fédérales et à 6,5 millions de dollars dans le cas des travaux de construction[53].

En matière d'investissement international, les politiques ont traditionnellement été orientées, au Canada comme ailleurs, dans deux

---

50. L'Accord vient remplacer l'Accord de 1979; il est entré en vigueur en 1996.
51. L'Accord ne s'applique pas aux entités provinciales. Divers accords, dont notamment celui de juin 1994 sur le commerce intérieur, sont cependant venus élargir les conditions d'accès aux marchés publics.
52. Dans le cas des relations entre le Canada et le Mexique, 50 000 dollars.
53. Huit millions de dollars pour les travaux de construction réalisés par les entreprises publiques.

directions : le contrôle des entrées et l'obligation de production et d'achat sur place. L'Agence d'examen des investissements étrangers avait été créée en 1973 dans le but précis de contrôler les entrées de capitaux et de favoriser la canadianisation de l'économie canadienne. Les changements apportés en 1985 (*Loi sur Investissement Canada*) sont venus modifier profondément les règles du jeu en la matière. La nouvelle agence, Investissement Canada, a pour mandat d'encourager les investissements qui sont de nature à favoriser la croissance économique et la création d'emplois. L'agence conserve certains pouvoirs d'examen[54] et de contrôle, en particulier dans les secteurs réglementés (services financiers, radiodiffusion, télécommunications, pêches et énergie).

Les dispositions de l'ALE et de l'ALENA sont venues apporter d'importantes modifications à la législation. Porté à 150 millions de dollars par l'ALE en 1992, le seuil d'examen des investissements en provenance des États-Unis est désormais indexé sur la croissance du PIB et de l'inflation. L'ALENA étend également les seuils d'examen au Mexique. Tout comme l'ALE, l'ALENA garantit le traitement national aux investisseurs. Pour l'essentiel, l'ALENA reprend la plupart des dispositions de l'ALE; il innove par contre en introduisant un mécanisme d'arbitrage par un tiers dans les différends qui peuvent opposer les investisseurs et les gouvernements ou les entreprises d'État des trois parties contractantes[55].

L'aspect sans doute le plus nouveau de ces deux accords, c'est le fait que l'imposition ou l'application de prescriptions de résultat en matière d'investissement se trouve désormais interdite. Un pays ne pourra ainsi assujettir les investissements à des exigences, par exemple, de contenu national dans la production, les exportations et les achats, ni imposer des conditions en ce qui a trait au réinvestissement des profits et autres transferts se rapportant à des investissements. Les clauses d'exclusivité dans la production et l'exportation vers les marchés internationaux, de même que les clauses de transfert de technologie ou de procédé de fabrication, sont également interdites. Les prescriptions de résultat contre l'octroi de subventions sont également fortement réglementées. Précisons cependant que ces nouvelles dispositions ne s'appliquent pas aux secteurs qui restent, en partie, réglementés (secteur financier, énergie, transports, culture et communications), ni aux secteurs qui relèvent d'un accord particulier,

54. Lorsque les acquisitions directes d'entreprise ont une valeur d'actif supérieure à cinq millions de dollars. Dans le cas d'acquisition indirecte, le seuil est porté à 50 millions de dollars.

55. Le différend peut être porté soit auprès du Centre international pour le règlement des différends relatifs aux investissements (CIRDI), soit auprès de la Commission des Nations Unies pour le droit commercial international (CNUDCI), soit auprès de l'OMC.

comme c'est le cas de l'industrie automobile. L'obligation de résidence ou de citoyenneté pour les directeurs des sociétés a aussi été assouplie[56].

Mentionnons, pour conclure ce point, qu'il n'existe pas de réglementation des investissements extérieurs directs effectués par des entreprises canadiennes, sauf certaines restrictions qui découlent des obligations internationales du Canada.

La propriété intellectuelle englobe généralement les droits d'auteur, les brevets (inventions), les circuits électroniques, les marques de commerce ou de fabrique, les secrets commerciaux et les indications géographiques pour des produits comme les vins et les spiritueux. Au Canada, ces droits englobent de façon spécifique la protection des obtentions végétales, les topographies de circuits intégrés, ainsi que le dessin industriel. En raison de la fermeté du Canada sur la question des brevets pharmaceutiques, l'ALE ne comportait que très peu de dispositions sur la propriété intellectuelle, même si, dans ce domaine, les lois canadiennes sont assez comparables aux lois américaines. L'ALENA vient combler cette lacune en incluant certaines dispositions d'exclusion relativement à la « brevetabilité » de certains produits, comme les produits pharmaceutiques, les aliments, les produits végétaux, les animaux, etc. L'*Accord relatif aux aspects des droits de propriété intellectuelle qui touchent au commerce* (TRIP), qui relève de l'OMC, est aussi venu combler certaines lacunes dans ce domaine souvent litigieux du commerce international. Cela dit, la portée de l'Accord reste encore limitée.

Les politiques de financement et de soutien des exportations

Même si les accords internationaux s'efforcent d'en réglementer plus strictement l'usage, faute de pouvoir totalement les interdire, les subventions et les allégements fiscaux font partie des instruments dont disposent les pays pour promouvoir leurs exportations. Au Canada, les pouvoirs publics ont, pour des raisons tout autant d'ordre budgétaire que d'orientation générale en matière économique, adopté pour politique d'octroyer moins de subventions directes aux entreprises, ainsi qu'au secteur agricole, principal bénéficiaire des subventions au Canada. Les crédits d'impôt et autres mesures fiscales demeurent par contre un outil important, notamment pour encourager la recherche et

56. L'article 1107 de l'ALENA interdit notamment aux gouvernements d'obliger les sociétés à nommer des personnes d'une nationalité donnée aux postes de direction supérieurs ou essentiels, ou d'exiger que plus de la majorité simple du conseil d'administration soit composée de ses propres ressortissants.

développement (R & D), les investissements ou la modernisation des équipements.

Outre les programmes de portée générale, le Canada dispose de programmes particuliers destinés à promouvoir les exportations, notamment les programmes offerts par la Banque fédérale de développement ainsi que par la Société pour l'expansion des exportations. En vertu des nouvelles lignes directrices que le gouvernement fédéral s'est données, les programmes visent principalement, à l'heure actuelle, à aider les petites et moyennes entreprises, celles qui ont moins de 100 employés (50 pour les services) ou dont le chiffre d'affaires est inférieur à dix millions de dollars. Les programmes sont multiples. Ils vont de l'aide financière directe au repérage et au développement de marchés, en passant par la participation aux foires commerciales, la formation, l'aide apportée pour décrocher des contrats de fournitures pour des projets d'immobilisation financés par les grandes institutions financières internationales (à commencer par la Banque mondiale), etc. L'un des principaux instruments utilisés par le Canada pour soutenir les exportations et aider la mise en marché restait toutefois, jusqu'à tout récemment, le Programme de développement des marchés d'exportation (PDME). Créé en 1971, ce programme visait à couvrir une partie des coûts qu'entraîne la pénétration d'un marché étranger[57]. Un nouveau programme, le Programme d'expansion du commerce international (PECI), a été mis en place. Il résulte de la fusion d'initiatives et de programmes commerciaux, dont notamment le PDME, la Stratégie nationale du commerce (SNC) et le Programme accès Amérique du Nord (PAAN). Les objectifs du PECI sont très larges, puisqu'ils vont de la promotion des exportations à l'aide à la recherche conjointe en R & D, en passant par la promotion du tourisme.

Parmi les autres instruments dont dispose le Canada pour soutenir les entreprises canadiennes sur les marchés internationaux, mentionnons la Société pour l'expansion des exportations (SEE) et, dans une moindre mesure, l'Agence canadienne de développement international (ACDI), qui administre la plus grande partie des programmes canadiens d'aide au développement.

La Société pour l'expansion des exportations (SEE) est une société d'État, dont le capital-actions est de propriété entièrement canadienne. Son mandat est de fournir des services d'assurance, de prêt, de caution et d'autres services financiers aux exportateurs et aux investisseurs cana-

57. Le programme a quatre grands volets : 1) Stratégie de développement des marchés, 2) Entreprises novices à l'exportation, 3) Soumissions pour projets d'immobilisation et 4) Activités des associations commerciales.

diens, et d'offrir des possibilités de financement aux acheteurs étrangers de biens canadiens. La SEE agit également à titre d'assureur pour les investisseurs canadiens qui s'intéressent au marché international et elle peut cautionner les soumissions des exportateurs canadiens. Comme société d'assurance, la SEE a pour fonction de protéger les entreprises canadiennes contre les risques financiers ou politiques inhérents au commerce international, à l'exception toutefois des risques de change[58]. Comme société de financement, la SEE intervient, en tant qu'intermédiaire financier, le plus souvent de concert avec le ministère du Commerce extérieur, la Corporation commerciale canadienne (CCC) et la Banque fédérale de développement (BFD)[59], pour apporter aux exportateurs et aux investisseurs canadiens des financements équivalents à ceux que peuvent offrir les autres pays à leurs propres ressortissants[60]. Ses méthodes de fonctionnement ont récemment été modifiées, de manière à offrir un plus grand nombre d'options de financement et à faciliter l'accès au crédit bancaire ou au crédit de préfinancement des exportations.

LES ACCORDS COMMERCIAUX ET LA COOPÉRATION ÉCONOMIQUE INTERNATIONALE

Conscient des avantages que peut lui apporter un cadre juridique international solide, le Canada est sans doute l'un des pays qui ont le plus contribué depuis la Seconde Guerre mondiale au développement et au fonctionnement des organisations internationales[61]. Il participe également

58. La SEE a trois grandes catégories de programmes d'assurance : 1) les programmes d'assurance des crédits (à court ou moyen terme) à l'exportation, 2) les programmes d'assurance-caution, qui couvrent les risques liés aux résultats et aux garanties de soumission, et 3) les programmes d'assurance des investissements à l'étranger, qui protègent ces derniers contre les risques politiques.
59. Il faut noter que les provinces interviennent également au chapitre du financement. Ainsi la Société de développement industriel du Québec (SDI) soutient-elle financièrement les activités d'exportation des PME québécoises par son Programme exportation. Le financement peut être un prêt participatif ou une garantie d'engagement financier.
60. La SEE offre trois grands mécanismes de financement : le crédit fournisseur, le crédit acheteur et les protocoles. Le crédit fournisseur prend généralement la forme d'achat aux exportateurs de billets à ordre émis par un acheteur étranger au moment de la transaction. Le crédit acheteur comprend les prêts directs et les lignes de crédit. Le prêt direct est un accord de financement entre la SEE et un acheteur, qui intervient lorsque les opérations sont d'importance et impliquent des modalités de remboursement de longue durée. La ligne de crédit est une opération de prêt entre la SEE et une institution financière, qui à son tour prête à un acheteur de produits canadiens. Le protocole est un accord de garantie entre la SEE et une institution financière étrangère pour d'éventuelles transactions dont la SEE doit assurer le financement.
61. À ce sujet, voir notamment STONE (1984).

à de très nombreux forums économiques régionaux, à titre de membre à part entière ou d'observateur[62]. Par ailleurs, et ce sera le second point que nous traiterons dans cette section, le Canada est signataire de très nombreux accords commerciaux ou de coopération économique, que ce soit sur une base multilatérale, plurilatérale ou bilatérale.

La participation du Canada aux grandes organisations internationales

Une des caractéristiques importantes de l'ordre international d'après-guerre a été la mise en place, au sein des Nations Unies, d'un système d'organisation à caractère économique ayant pour mandat d'assurer une plus grande stabilité et une plus grande sécurité dans les relations économiques internationales. Issus des *Accords de Bretton Woods* (1944), le Fonds monétaire international (FMI) et la Banque internationale pour la reconstruction et le développement (BIRD), mieux connue aujourd'hui sous le nom de Banque mondiale, constituent les deux grands piliers de ce système dans le domaine monétaire et financier. L'*Accord général sur les tarifs douaniers et le commerce* (GATT) signé en 1947, la Conférence des Nations Unies sur le commerce et le développement (CNUCED), qui a vu le jour en 1964, et aujourd'hui l'Organisation mondiale du commerce (OMC) en sont les principaux piliers dans le domaine commercial. Enfin, mentionnons, en raison de l'importance du rôle qu'ils jouent aujourd'hui à leurs niveaux respectifs, ces trois grands forums de coopération internationale que sont l'Organisation de coopération économique et de développement (OCDE), l'Organisation des États américains (OEA) et le Forum de coopération économique Asie-Pacifique (APEC). Apportons quelques précisions, sur l'OMC tout d'abord, sur les trois forums régionaux ensuite.

En vertu des accords de Marrakech, signés en avril 1994, l'Organisation mondiale du commerce (OMC) vient se substituer, comme organisation internationale, au GATT[63] pour devenir la fondement juridique et

62. Il n'est pas inutile non plus de rappeler que le Canada est membre du G-7 depuis 1976.
63. Le GATT n'a jamais été à proprement parler une véritable organisation internationale. Il n'était qu'une institution chargée de veiller à l'application de l'Accord général de 1947, qui est essentiellement un accord contractuel d'échange de droits et d'obligations en matière commerciale entre ses parties contractantes. Le GATT a cependant joué un rôle central, à travers les différentes négociations multilatérales notamment, dans le développement des échanges internationaux depuis la Seconde Guerre mondiale. Les principes qui guident l'OMC sont les mêmes que ceux du GATT : un commerce sans discrimination, un accès prévisible et croissant aux marchés, une concurrence loyale, le support du développement et des réformes économiques.

institutionnel du système commercial multilatéral. Officiellement entrée en activité le 1er janvier 1995, l'OMC[64] a notamment pour fonctions d'administrer et de mettre en œuvre les accords commerciaux, de servir d'instance permanente pour les négociations commerciales multilatérales et d'élaborer, de concert avec les autres grandes organisations internationales, les politiques économiques mondiales[65]. L'OMC agit également à titre d'organe de règlement des différends et d'organe d'examen et de surveillance des politiques commerciales.

L'*Accord sur l'OMC* est un accord complexe. Il contient 29 accords juridiques, plus de 25 déclarations et décisions ministérielles et un certain nombre de mémorandums d'accords qui définissent un certain nombre d'engagements. Outre l'Accord général qui a été révisé (appelé « GATT de 1994 »), on retrouve, parmi les principaux accords, l'*Accord général sur le commerce des services*, l'*Accord sur les aspects des droits de propriété intellectuelle qui touchent au commerce*, l'*Accord sur l'agriculture*, l'*Accord sur les textiles et les vêtements*, l'*Accord sur les mesures concernant les investissements et le commerce*, l'*Accord sur les subventions et les mesures compensatoires*, etc. L'OMC, outre le fait qu'elle voit son domaine de compétence élargi par rapport au GATT, pour inclure notamment les produits agricoles, les services et la propriété intellectuelle, introduit deux innovations majeures dans le domaine des relations commerciales : l'obligation pour les États membres de souscrire à l'ensemble des accords conclus; la création d'un mécanisme de règlement des différends à caractère juridique quasi automatique à deux niveaux, celui des groupes spéciaux et celui de l'organe

64. L'autorité suprême de l'OMC est la Conférence ministérielle. Composée de représentants de tous les membres, elle doit se réunir au moins tous les deux ans et est habilitée à prendre des décisions sur toutes les questions relevant de tout accord commercial multilatéral. Les activités quotidiennes de l'OMC relèvent du Conseil général et du directeur général, Renato Ruggiero. Celui-ci, assisté de quatre directeurs généraux adjoints, assiste le secrétariat de l'OMC pour les négociations et la mise en application des accords. Le Conseil général agit aussi à titre d'organe de règlement des différends et d'organe d'examen des politiques commerciales des États membres. Trois autres organes, agissant sous la conduite du Conseil général, ont aussi été créés pour superviser l'application et le fonctionnement des trois principaux accords : le Conseil du commerce des marchandises, le Conseil du commerce des services et le Conseil des aspects des droits de propriété intellectuelle qui touchent au commerce. Trois comités viennent compléter la structure organisationnelle de l'OMC, et relèvent du Conseil général : le Comité du commerce et du développement, qui s'occupe des questions intéressant les pays en développement, le Comité des restrictions appliquées à des fins de balance des paiements, et le Comité du budget, des finances et de l'administration.

65. Mentionnons aussi que l'OMC est tenue de coopérer étroitement avec le FMI, la Banque mondiale et les autres organisations multilatérales. Une déclaration ministérielle distincte a d'ailleurs été adoptée à la réunion ministérielle de Marrakech, en avril 1994.

d'appel[66]. Cela dit, il convient de noter que le Cycle de l'Uruguay n'a pu être complété qu'au prix de nombreux compromis, notamment dans les domaines sensibles, comme les marchés publics, les investissements[67], le transport maritime, les services financiers, les télécommunications, etc., autant de domaines d'ailleurs qui font l'objet soit d'accords plurilatéraux soit d'engagements sectoriels[68].

Le Canada a, depuis près de quarante ans, fait du multilatéralisme la ligne directrice de sa politique économique internationale. Cela ne l'a toutefois jamais empêché de signer des accords régionaux, comme nous le verrons plus loin, ni de faire de sa participation aux grands forums économiques régionaux l'un des moyens par lesquels il entend atteindre ses objectifs sur la scène économique internationale. Actuellement, le Canada attache une importance particulière à trois d'entre eux : l'OCDE, l'OEA et l'APEC.

Créée en 1960 pour succéder à l'Organisation européenne de coopération économique (OECE), l'OCDE regroupe actuellement 29 pays[69], considérés comme les pays les plus industrialisés. C'est la seule organisation économique internationale qui aborde les différents problèmes économiques en les liant les uns aux autres et qui assume des responsabilités à la fois régionales et interrégionales. L'OCDE fonctionne sur le principe de la concertation et de la persuasion. Ses objectifs généraux sont de contribuer à l'expansion de l'économie et de l'emploi, au maintien de la stabilité financière, au développement du commerce international sur une base multilatérale et non discriminatoire et au développement des pays, membres ou non membres, en voie de développement. Mentionnons que l'OCDE joue un rôle particulièrement

---

66. Le but du mécanisme de règlement des différends de l'OMC est d'« arriver à une solution positive des différends ». La procédure a été renforcée, avec le résultat que le gouvernement qui fait l'objet d'une plainte ne peut plus désormais bloquer le processus.
67. Les marchés publics et les investissements, par exemple, font l'objet d'un accord plurilatéral. Les négociations en vue d'en arriver à un code dans le domaine des investissements ont été amorcées en mai 1995 à l'OCDE. Elles doivent s'achever en juin 1997.
68. Les négociations sur la libéralisation du transport maritime ont été suspendues, le 30 juin 1996 jusqu'en l'an 2000, à la demande des États-Unis. Celles sur les télécommunications, prolongées, en avril 1996 jusqu'au 15 février 1997, ont connu une issue heureuse. L'accord obtenu in extremis, en juillet 1995, par les pays européens dans le domaine des services financiers n'a pas été accepté par les États-Unis. Chacun de ces cas illustre bien les difficultés auxquelles se heurte aujourd'hui l'OMC en dépit des engagements pris par les États membres, difficultés que les ministres ne sont pas vraiment parvenus à résoudre lors de la première réunion historique de l'OMC qui s'est tenue à Singapour en décembre 1996.
69. Les derniers pays à y avoir accédé sont la République tchèque, la Hongrie, la Pologne, et la République de Corée.

important dans trois domaines : la recherche, l'harmonisation des politiques des États membres et la coordination de l'aide au développement. La procédure d'examen et de surveillance des politiques des pays membres, mise en œuvre notamment dans les domaines de l'économie, de l'environnement, du tourisme, de l'éducation, des transports maritimes, de la concurrence, permet de renforcer la coopération entre les pays membres sur une base non discriminatoire, tout en veillant à la bonne conduite de ces derniers eu égard aux engagements pris en devenant membre[70]. L'expérience acquise sur le plan de la coopération ainsi que le poids que représentent ses pays membres dans l'économie mondiale font de l'OCDE l'une des organisations internationales les plus influentes à l'heure actuelle. C'est aussi la plus libérale de toutes les organisations économiques internationales.

Le Canada a, jusqu'en 1968, attaché peu d'intérêt à l'Amérique latine. C'est dans le Livre blanc de 1970, *Une politique étrangère au service des Canadiens*, que l'on retrouve pour la première fois l'énoncé d'une stratégie en Amérique latine, que vont venir conforter par la suite la politique de diversification géographique des échanges menée suivant la Troisième option et la politique d'intermédiation entre le Nord et le Sud que poursuivra le gouvernement. Les résultats n'ayant guère été à la hauteur des objectifs initiaux, le Canada délaissera de nouveau l'Amérique latine pendant les années 1980, non sans s'impliquer politiquement cependant dans le processus de Contadora pour ramener la paix en Amérique centrale. Le Canada se donnera, en 1989, une nouvelle stratégie pour l'Amérique latine, qui débouchera notamment sur son adhésion à l'Organisation des États américains (OEA) en janvier 1990. Depuis lors, le Canada accorde une très grande importance aux relations commerciales hémisphériques, notamment à celles avec le Chili ainsi qu'avec les deux piliers du MERCOSUR que sont le Brésil et

---

70. La méthode suivie est celle dite de la « confrontation ». Un rapport est établi par le secrétaire et deux pays examinateurs. Ces derniers adressent au pays examiné une série de questions, auxquelles il est tenu de répondre. Les discussions sont confidentielles et ouvertes à tous les pays membres. Le rapport final comporte une analyse de situation et un certain nombre de recommandations à suivre. Il faut noter que la méthode d'examen a également été instituée au GATT et reprise par l'OMC. Le Mécanisme d'examen des politiques commerciales (MEPC) a pour objet d'exercer une surveillance plus étroite des politiques commerciales et d'inciter les gouvernements à honorer leurs engagements en matière de libéralisation des échanges et à respecter les règles commerciales. La méthode est légèrement différente de celle de l'OCDE, puisque chaque examen donne lieu à la publication de deux rapports, l'un établi par le gouvernement examiné et l'autre par le Secrétariat (de l'OMC). Un compte rendu des débats accompagne le document.

l'Argentine[71]. Cet intérêt nouveau pour l'Amérique latine s'est aussi trouvé renforcé par le projet actuel de faire des Amériques une zone de libre-échange d'ici 2005, un projet qu'il revient à l'OEA d'opérationnaliser.

Première organisation régionale à voir l'existence (officiellement en 1948), l'OEA[72], longtemps traversée par les crises politiques et financières, est devenue depuis le début de la décennie le forum principal de la coopération dans les Amériques. Le Sommet des Amériques, qui s'est tenu à Miami en décembre 1994, est venu renforcer ce nouveau rôle qu'est aujourd'hui appelée à jouer l'OEA. Les 34 pays « démocratiquement élus » présents à ce Sommet sont notamment convenus de confier à un comité spécial de l'OEA, le Comité spécial sur le commerce[73], le mandat de faire un état détaillé du contenu des différentes ententes commerciales existantes, de faire converger ces derniers vers des normes communes pour finalement en arriver à un accord-cadre qui viendrait en quelque sorte chapeauter les différentes ententes bilatérales ou sub-régionales existantes. La réunion des ministres du Commerce extérieur à Denver en juin 1995 et celle de Cartagène (Colombie) en mars 1996 ont permis de faire des progrès importants en ce sens. Il convient cependant de noter que les obstacles à lever restent encore très nombreux, les deux principaux venant des différences économiques et culturelles très grandes entre les pays, d'une part, et de l'enchevêtrement et du très grand nombre des accords existants, dont certains, comme l'ALENA et le MERCOSUR,

---

71. Le MERCOSUR regroupe l'Argentine, le Brésil, le Paraguay et l'Uruguay. La création du MERCOSUR a été une façon pour les pays retournant à la démocratie de contourner les difficultés politiques intérieures. L'intégration offrait ainsi un grand dessein aux démocraties rétablies. Sa création a également permis d'apporter une réponse latino-américaine à l'Initiative pour les Amériques tout en offrant le support dont les pays signataires du *Traité d'Asunción* (avril 1991) avaient besoin pour consolider leur politique d'ouverture commerciale. Un nouveau traité est venu depuis lors consolider le projet intégratif, instituant depuis le 1er janvier 1995 un marché commun doté d'un tarif extérieur commun. La Bolivie et le Chili sont associés depuis juin 1996, et le Venezuela et la Colombie frappent à la porte. Le MERCOSUR est la zone commerciale la plus intégrée d'Amérique latine. Pas moins de 85 % des produits répertoriés dans la nomenclature douanière circulent librement et près de 90 % des marchandises importées sont soumises à un tarif extérieur commun.
72. L'Assemblée générale des pays membres est l'organe suprême et plénier de l'OEA. Il y a trois conseils : le Conseil permanent, le Conseil économique et social interaméricain et le Conseil interaméricain pour l'éducation, la science et la culture. Outre le Secrétariat général, les structures de l'OEA se composent également du Comité juridique interaméricain, de la Commission interaméricaine des droits de l'Homme et de la Cour interaméricaine des droits de l'Homme.
73. Ce comité vient remplacer l'ancien Comité spécial sur les consultations et les négociations.

répondent à des objectifs foncièrement différents, d'autre part[74] (Deblock et Brunelle, 1996).

Le Canada a aussi récemment cherché à accroître sa présence en Asie-Pacifique et à renforcer les liens commerciaux avec les pays de cette région, en raison notamment du dynamisme économique que celle-ci connaît. Le Canada est membre du Forum de coopération économique Asie-Pacifique (APEC), dont le premier sommet officiel des chefs d'État s'est tenu à Seattle en 1993. Lors du Sommet de Bogor (Indonésie), le 15 novembre 1994, les pays ont pris l'engagement d'établir une zone de libre-échange en Asie-Pacifique d'ici 2010 (2020 pour les pays les moins développés de la région). Le Sommet d'Osaka de novembre 1995 n'a cependant pas vraiment permis de faire avancer ce dossier, les pays de l'APEC préférant parler d'« action commune volontaire » pour respecter les engagements de Bogor plutôt que de parler de dates butoirs.

Les accords commerciaux

Les accords économiques (plurilatéraux ou bilatéraux) ont toujours été une source de controverse dans les relations économiques internationales. Lors des négociations commerciales de 1947-1948, les pays participants en sont finalement venus à un compromis à leur sujet, en faisant de ces derniers une clause d'exception (au demeurant majeure soit dit en passant) au principe de la nation la plus favorisée. L'article XXIV de l'Accord général spécifie les conditions que doivent respecter les accords commerciaux. Outre le fait que ces derniers[75] doivent être notifiés et soumis à examen, ils ne doivent en aucune manière être discriminatoires à l'endroit des pays tiers, mais sont tenus d'inclure des dispositions qui visent à éliminer « substantiellement » les obstacles aux échanges et de porter sur l'« essentiel des échanges ». Le principe général qui prévaut en la matière est celui de leur contribution effective au

74. Sept groupes de travail ont été établis : accès aux marchés; procédures douanières et règles d'origine; investissement; normes et obstacles techniques au commerce; mesures sanitaires et phytosanitaires; subventions, mesure antidumping et droits compensateurs; petites économies. De nouveaux groupes de travail devraient être établis sur les marchés publics, les droits de propriété intellectuelle, les services et la politique de concurrence. Les pays se sont entendus sur la méthode pour arriver à l'objectif recherché de libéraliser le commerce à l'échelle du continent : certains pays négocieront de bloc à bloc, d'autres, comme le Canada, mèneront leur négociations tarifaires individuellement.

75. L'article XXIV ne reconnaît que les accords limitrophes, les unions douanières et les zones de libre-échange.

développement des échanges internationaux et au mouvement de libéralisation des échanges[76].

Bien qu'il ait longtemps repoussé l'option commerciale du libre-échange avec les États-Unis, le Canada s'est néanmoins toujours efforcé d'entretenir des relations commerciales étroites avec ces derniers. Plusieurs accords sectoriels ont ainsi été conclus depuis la Seconde Guerre mondiale, dont les plus importants sont le *Pacte canado-américain de l'automobile*[77] et les deux accords sur le partage de la production de défense (DPSA) et sur le partage du développement industriel pour la défense (DDSA). D'autres accords de coopération économique ont également été régulièrement négociés, notamment dans les domaines de la fiscalité, des échanges scientifiques, de l'énergie nucléaire, du transport aérien, etc. Ainsi que nous l'avons noté, les changements apportés à la politique commerciale depuis les années 1980 ont amené le Canada à accorder plus d'importance aux relations bilatérales et régionales, à commencer avec les États-Unis et les autres pays du continent.

Prenant effet le 1er janvier 1989, l'*Accord de libre-échange Canada–États-Unis* (ALE), couvrant une période de dix ans, répondait pour le Canada, rappelons-le, au double objectif d'élargir et de rendre plus sécuritaire l'accès du marché américain pour les produits et les investissements canadiens d'une part, et d'améliorer la compétitivité de l'industrie canadienne en lui permettant, entre autres, de rationaliser ses activités et de profiter des économies d'échelle qu'offre l'intégration des marchés, d'autre part. L'Accord est conforme à l'esprit et au texte de l'article XXIV, puisqu'il prévoit, outre l'élimination progressive des droits de douane dans les échanges commerciaux des deux pays sur une période transitoire

76. Les dispositions prévues à l'article XXIV étaient trop larges pour pouvoir donner lieu à des interprétations précises et contraignantes, de sorte que ce sera toujours le pragmatisme, pour ne pas dire la tolérance, qui prévaudra, avec le résultat que, sur les 80 accords notifiés et examinés par le GATT, depuis sa fondation jusqu'à la fin de l'année 1995, six seulement ont été jugés conformes aux dispositions de l'article XXIV. Il faut noter que, suivant une proposition canadienne, le Conseil général de l'OMC a décidé, le 6 février 1996, de regrouper les activités des différents groupes de travail chargés d'examiner les accords régionaux au sein d'un seul organe, le Comité des accords commerciaux régionaux.

77. Le *Pacte de l'automobile* autorise l'importation en franchise de droits des véhicules moteurs et des pièces d'équipement nécessaires à leur fabrication. Le Pacte prévoit cependant, du côté canadien, que le rapport production/ventes (en valeur nette) ne doit pas être inférieur à celui de l'année de référence (1964) et que la valeur ajoutée canadienne ne doit pas être inférieure à celle de l'année de référence (1964). Une lettre d'entente avec les compagnies prévoit également une augmentation annuelle de la valeur ajoutée au Canada équivalant à 60 % de la croissance du marché.

de dix ans[78], l'élargissement et la libéralisation des échanges dans de nombreux secteurs, notamment dans ceux de l'agriculture, de l'énergie, des services, des services financiers, des marchés publics et des investissements. L'Accord élimine aussi de nombreuses restrictions quantitatives et met fin aux subventions de produits faisant l'objet de commerce bilatéral. Il inclut plusieurs dispositions visant à favoriser l'harmonisation des politiques et des normes entre les deux pays. La principale innovation de l'ALE a cependant été de mettre en place des mécanismes bilatéraux de règlement des différends, et notamment d'établir une commission binationale chargée de régler les différends dans les différents domaines couverts par l'Accord, à l'exception de ceux qui ont trait aux services financiers et de ceux qui peuvent donner lieu à l'imposition de droits antidumping ou compensateurs. Une commission binationale a aussi été mise en place pour veiller à l'application de l'accord et examiner toute question relative au fonctionnement et à l'élargissement de l'accord.

L'*Accord de libre-échange nord-américain* (ALENA), entré en vigueur le 1er janvier 1994, vient se substituer à l'ALE. L'ALE se trouve ainsi suspendu mais, il faut le préciser, la plupart des dispositions prévues par l'accord, notamment en ce qui concerne les réductions tarifaires, continuent de s'appliquer au commerce bilatéral entre le Canada et les États-Unis. L'ALENA reprend et élargit le contenu de l'ALE, notamment en ce qui a trait aux domaines des services, des marchés publics, de la propriété intellectuelle et du transport terrestre. Il introduit cependant plusieurs changements d'importance. Tout d'abord, les deux accords parallèles conclus en août 1993, à la demande des États-Unis, le premier sur le travail et le second sur l'environnement, introduisent un certain nombre de dispositions particulières qui visent à rendre plus stricte l'application des législations nationales dans ces deux domaines et, d'une manière générale, à préserver l'intégrité des législations nationales et à renforcer la coopération de façon à améliorer les conditions de travail et les normes environnementales dans les trois pays concernés. Deux commissions de même que des mécanismes particuliers de règlement des différends ont été mis sur pied pour veiller à l'application et au respect de ces deux accords.

Ensuite, si l'Accord comprend des dispositions générales qui s'appliquent aux trois parties contractantes, certains domaines font l'objet d'accords bilatéraux triangulaires. Ainsi, par exemple, en ce qui a trait à

---

78. Depuis l'entrée en vigueur de l'Accord, il y a eu trois séries de réductions tarifaires accélérées. La première a eu lieu le 1er avril 1990, la seconde le 1er juillet 1991 et la troisième le 1er juillet 1993. D'autres réductions accélérées des tarifs ont également eu lieu concernant l'ALENA.

l'élimination des droits de douane, tous les droits de douane applicables au commerce entre le Canada et le Mexique doivent être immédiatement ou progressivement abolis à l'intérieur d'une période transitoire de dix ans, tandis que le commerce canado-américain reste régi par les dispositions de l'ALE et les produits agricoles font l'objet d'arrangements particuliers ou d'accords bilatéraux[79].

Un troisième changement concerne la question fort litigieuse des règles d'origine et de contenu nord-américain dans le secteur manufacturier. Elles sont, comme le souhaitait le Canada, beaucoup mieux définies qu'elles ne l'étaient dans l'ALE[80]. Par contre, les prescriptions ont été renforcées pour l'industrie automobile, les textiles et les vêtements[81].

Le dernier changement d'importance, enfin, s'applique aux mécanismes de règlement des différends. En comparaison de l'ALE, les mécanismes prévus dans l'ALENA sont plus contraignants, contiennent moins d'exceptions[82] et s'appliquent à davantage de domaines, notamment aux investissements et aux services financiers à propos desquels le Canada et les États-Unis n'étaient pas parvenus à s'entendre[83]. La Commission du libre-échange constitue la principale instance de règlement des différends et d'interprétation du texte de l'Accord[84]. La procédure est assez similaire

79. Certains produits comme les volailles, les produits laitiers et le sucre ne sont pas soumis aux dispositions relatives à l'élimination des droits de douane. Les produits agricoles continuent d'être régis par l'ALE dans le cas des relations commerciales entre le Canada et les États-Unis. Par contre, dans le cas des relations bilatérales entre le Mexique et les États-Unis et entre le Mexique et le Canada, des accords particuliers viennent définir les programmes de réduction tarifaire qui s'étalent sur quinze ans, par blocs de produits.
80. Deux méthodes sont utilisées pour déterminer la teneur ou le contenu nord-américain d'un produit : la méthode de la valeur transactionnelle et celle du coût net. Le pourcentage de teneur nord-américaine, soit 60 % dans la plupart des cas, est obtenu, dans le premier cas, en rapportant la différence entre la valeur transactionnelle et la valeur des matières non originaires d'Amérique du Nord à la valeur transactionnelle. Dans le second cas, le pourcentage de contenu nord-américain est obtenu en rapportant la différence entre le coût net et la valeur des intrants non originaires d'Amérique du Nord au coût net. Le coût net est calculé par soustraction des coûts non admissibles (frais de commercialisation, d'emballage, d'expédition, d'intérêt, etc.) aux coûts totaux. Le pourcentage de contenu nord-américain doit être de 50 %, dans la plupart des cas.
81. Dans le cas des produits automobiles, le contenu est relevé de 50 % à 62,5 % pour les véhicules légers et les pièces de moteur et de transmission, et à 60 % pour les autres véhicules et leurs pièces. Dans le cas des textiles et du vêtement, la règle est celle de la « triple transformation » : les fibres, les fils et les tissus doivent être nord-américains.
82. Parmi les exceptions, il faut mentionner le cas des différends en matière de droits antidumping et de droits compensateurs, les politiques de concurrence et les mesures d'urgence.
83. Voir à ce sujet DE MESTRAL et WINTER (1994).
84. La Commission supervise aussi la mise en œuvre de l'ALENA et voit à son élargissement.

à celle de l'OMC, mais les procédures sont plus rapides, et les décisions ont un caractère exécutoire plus large et plus contraignant[85].

L'ALE d'abord, l'ALENA ensuite ont eu trois effets majeurs : celui d'accroître les échanges commerciaux et les investissements entre le Canada, les États-Unis et le Mexique, celui de renforcer l'intégration économique et la coopération entre les trois pays, et celui d'apporter plus de transparence dans les relations commerciales entre les trois pays concernés. Si la plupart des observateurs s'accordent à dire que ces accords sont globalement positifs, trois questions restent cependant en suspens. La première est celle des effets négatifs qu'ont pu entraîner les restructurations sur l'économie en général et sur les emplois en particulier, notamment au Canada et au Mexique, qui traverse depuis 1995 une crise économique majeure. La seconde est celle des zones grises de l'Accord, qui est loin d'avoir levé tous les obstacles au commerce avec les États-Unis et d'empêcher ces derniers d'imposer leurs propres lois et règlements, en matière de droits compensateurs notamment, comme l'a encore prouvé récemment le règlement intervenu dans le cas du bois d'œuvre[86]. La troisième question est celle de la circulation des personnes, qui demeure rigoureusement définie par les lois sur l'immigration.

Comme nous l'avons noté plus haut, la perspective d'une zone de libre-échange pancontinentale est venue apporter une dynamique nouvelle à l'intégration économique dans les Amériques, ainsi que dans les relations commerciales que le Canada entretient avec les autres pays du continent. Souhaitant, pour des raisons d'ordre tactique tout autant qu'économique, voir d'autres pays se joindre à l'ALENA, à commencer par le Chili ainsi qu'il en a été convenu lors du Sommet de Miami, le Canada a depuis lors cherché à renforcer ses liens commerciaux avec les principaux pays d'Amérique latine (Brésil et Argentine) et certains pays

85. La première étape est celle des consultations, suivie lorsqu'il n'y a pas entente d'un recours à la Commission, qui peut alors mettre sur pied un groupe de travail ou un groupe d'experts. Lorsque le conflit persiste, l'une ou l'autre des parties contractantes peut alors demander l'institution d'un groupe spécial arbitral, composé de cinq membres choisis dans une liste de trente noms sur lesquels les parties se sont entendues au préalable. Chaque partie choisit les deux représentants de la partie adverse, le cinquième, le président, étant nommé d'un commun accord. Les parties doivent se soumettre aux recommandations contenues dans le rapport même si cela doit entraîner la suspension ou la non-application des mesures prises, voire, si cela n'est pas possible, entraîner des compensations. Faute d'entente sur une « solution mutuellement satisfaisante », la partie plaignante peut suspendre l'application des avantages accordés. Cette suspension peut également faire l'objet d'une enquête de la part d'un groupe spécial. C'est la législation du pays qui fait l'objet d'une plainte qui sert de référence.

86. Le ministère des Affaires étrangères et du Commerce international produit un registre complet des différents obstacles au commerce aux États-Unis (Canada, 1996b).

des Caraïbes. L'accession du Chili à l'ALENA ayant été retardée par les États-Unis pour des raisons de politique intérieure[87], le Canada devait entamer avec ce pays, en janvier 1996, des négociations commerciales bilatérales[88]. L'*Accord de libre-échange* (ALE), officiellement signé le 18 novembre 1996, est entré en vigueur le 2 juin 1997.

Le Chili n'est pas le seul pays avec lequel le Canada ait négocié un accord bilatéral de libre-échange, puisqu'un accord est également intervenu avec Israël, accord très comparable à ceux signés par ce pays avec les États-Unis et Israël. Ces dernières années, le Canada a également signé plusieurs accords commerciaux bilatéraux, en particulier avec les anciens pays socialistes, en vue de garantir le traitement NPF. Ces accords ne contiennent cependant pas de clauses préférentielles, contrairement aux accords de libre-échange.

CONCLUSION

Priorités nationales et obligations internationales se sont toujours croisées dans la politique commerciale du Canada. La participation active aux organisations internationales et l'adhésion au multilatéralisme sont un autre trait caractéristique de sa politique commerciale depuis la Seconde Guerre mondiale. Les changements dans l'environnement international, notamment l'intégration plus poussée des économies et l'élargissement des règles en matière d'accessibilité aux marchés, ont cependant obligé le Canada, ces dernières années, à accorder une attention particulière aux questions commerciales et à la gestion de ses relations bilatérales avec ses principaux partenaires commerciaux, à commencer par les États-Unis. Les objectifs commerciaux sont ainsi devenus plus ciblés, les actions du gouvernement à l'étranger débordent de plus en plus le cadre classique de la politique étrangère et les priorités nationales sont de plus en plus modulées en fonction de la place qu'entend occuper le Canada au sein de l'économie mondiale.

Par ailleurs, si les cycles successifs de négociations commerciales multilatérales ont permis d'abaisser substantiellement les obstacles au commerce et, parallèlement, de créer un environnement économique international plus sécuritaire, tout le monde s'accorde néanmoins pour

87. Devant les difficultés rencontrées, le Chili s'est rapproché depuis lors du MERCOSUR. Un accord d'association a d'ailleurs été signé le 25 juin 1996, pour prendre effet le 1er octobre.

88. Les deux pays sont d'ailleurs convenus, le 29 février 1996, de négocier également les accords parallèles sur le travail et l'environnement.

dire que, soumis à de multiples tensions, le régime commercial multilatéral est fort mal adapté aux réalités de l'économie mondiale de cette fin de siècle, en particulier aux formes nouvelles que prend la concurrence sur les marchés internationaux. Tout en déployant de nombreux efforts pour améliorer et renforcer le cadre juridique multilatéral existant, le Canada en est venu à modifier quelque peu son approche en la matière et à s'engager davantage dans la voie parallèle d'une coopération régionale (et interrégionale) qui se révèle, dans l'immédiat du moins, plus prometteuse et plus efficace que la voie multilatérale pour faire progresser les règles du commerce mondial.

Très dépendant de son commerce extérieur, le Canada a toujours dû adapter sa politique commerciale aux changements dans l'environnement international. La politique commerciale canadienne est devenue plus stratégique et plus régionaliste. Ce tournant dans la politique commerciale va dans le même sens que l'économie mondiale en cette fin de siècle, une économie mondiale qui a tendance à être à la fois plus ouverte et plus régionalisée.

BIBLIOGRAPHIE GÉNÉRALE

BUCKLEY, R. (dir.) (1994), *NAFTA and GATT: The Impact of Free Trade*, London, European Schoolbooks.

CAMERON, M.A. (1991), « Canada and Latin America », dans HAMSON, F.O. et C.J. MAULE (dir.), *After the Cold War, Canada Among Nations 1990-1991*, Ottawa, Carleton University Press.

CANADA (1996a), Ministère des Affaires étrangères et du Commerce international, *Stratégie canadienne pour le commerce international 1996-1997. Aperçu*, Ottawa, Équipe Canada.

CANADA (1996b), Ministère des Affaires étrangères et du Commerce international, *Register of United States Barriers to Trade*, Ottawa.

CANADA (1995a), *Le Canada dans le monde. Énoncé du gouvernement*, Ottawa, 89 p.

CANADA (1995b), Ministère des Affaires étrangères et du Commerce international, « Message de l'honorable Roy MacLaren, Ministre du Commerce international, "Le commerce alimente la croissance et la création d'emploi" », *Déclaration*, 95/72, le 13 décembre 1995.

CANADA (1994), Ministère des Affaires étrangères et du Commerce international, *Le Canada et l'Uruguay Round : trousse d'information*, Ottawa, Gouvernement du Canada.

CANADA (1993a), *Accord de libre-échange nord-américain*, Ottawa, Ministère des Approvisionnements et Services, texte intégral des dispositions et annexes.

CANADA (1993b), *Accord de libre-échange nord-américain : vue d'ensemble et description*, Ottawa.

CANADA (1985a), Ministère des Affaires extérieures, *Compétitivité et sécurité : orientations pour les relations extérieures du Canada*, Ottawa.

CANADA (1985b), Rapport de la Commission royale sur l'union économique et les perspectives de développement du Canada, Ottawa, Approvisionnements et Services Canada.

CANADA (1970), Ministère des Affaires extérieures, *Une politique étrangère au service des Canadiens, Amérique latine*, Ottawa.

CANADA (1958), Commission royale d'enquête sur les perspectives économiques du Canada, *La politique commerciale du Canada : par John H. Young*, Ottawa, Imprimeur de la Reine, 259 pages.

DE MESTRAL, A. et J. WINTER (1994), « Dispute Settlement under the North American Free Trade Agreement and the Treaty of European Union », *Journal of European Integration*, vol. 17, n°s 2-3, p. 235-266.

DEBLOCK, C. et D. BRUNELLE (1996a), « L'intégration en Amérique du Nord et la politique économique internationale du Canada », dans C. DEBLOCK et C. EMERI (dir.), *Du libre-échange à l'union politique*, Paris, L'Harmattan.

DEBLOCK, C. et D. BRUNELLE (1996b),« Le régionalisme économique international : de la première à la deuxième génération ».

DOERN, G. Bruce, Leslie PAL et Brian W. TOMLIN (dir.) (1996), *Border Crossings. The Internationalization of Canadian Public Policy*, Toronto, Oxford University Press.

DOERN, G. Bruce et Brian E. TOMLIN (1996), « Trade-Industry Policy », dans G. Bruce DOERN, Leslie PAL et Brian W. TOMLIN (dir.) (1996), *Border Crossings. The Internationalization of Canadian Public Policy*, Toronto, Oxford University Press, p. 167-187.

DORA, S. (1992), *In Pursuit of World Markets : Canada's Trade Patterns from 1945 to 1950*, Nepean, Ont., Alpine Books, 80 p.

DOSMAN, E.J. (1992), « Canada and Latin America : The New Look », *International Journal*, 47, été, 529-554.

FRANCE (1995), *Organisations internationales à vocation régionale*, Paris, La documentation française.

FRANCE (1993), *Organisations internationales à vocation universelle*, Paris, La documentation française.

GATT (1995, 1992, 1990), *Examens de la politique commerciale, Canada*, vol. 2, Genève, Accord général sur les tarifs douaniers, 2 vol.

GATT, Accord général sur les tarifs douaniers et le commerce (1994), *Résultat des négociations commerciales multilatérales du cycle de l'Uruguay: accès aux marchés pour les marchandises et les services: aperçu des résultats*, Genève, GATT, 100 pages.

GOULD, M. et D. LEYTON-BROWN (dir.) (1988), *Trade-Offs and Free Trade. The Canada-US Free Trade Agreement*, Toronto.

HUFBAUER, G.C. et J.J. SCHOTT (1993), *Western Hemisphere Economic Integration. Subregional Building*, Washington, Interamerican Development Bank, Occasional Paper.

JACKSON, John Howard (1989), *The World Trading System: Law and Policy of International Economic Relations*, Cambridge, Mass., MIT Press.

KEENES, E. (1992), « Rearranging the Deck Chairs: A Political Economy Approach to Foreign Policy Management in Canada », *Canadian Public Administration*, Vol. 35, n° 3, p. 381-401.

KRAUS, J. (1994), *Les négociations du GATT: comprendre les résultats de l'Uruguay Round*, Paris, Chambre de Commerce internationale, 96 p.

LACASSE, N. et L. PERRET (dir.) (1994), *Le libre-échange dans les Amériques. Une perspective continentale*, Montréal, Wilson & Lafleur.

MCKENNA, P. (1993), « Needed: A Policy for Latin America », *Policy Options*, 14 mai, p. 27-28.

MCKENNA, P. (1995), *Canada and the OAS*, Ottawa, Carleton University Press, 276 pages.

OMC, Organisation mondiale du Commerce (1995), *Organisation mondiale du Commerce: un commerce ouvert sur l'avenir*, Genève, OMC, 36 pages.

PATERSON, R. (1986), *Canadian Regulation of International Trade and Investment*, Toronto, Carswell.

PILKINGTON, M.L. et R.G. RICHARDS (1991), « The Canadian Constitution and International Economic Relations » dans D.M. BROWN et M. SMITH (dir.), *Canadian Federalism: Meeting Global Economic Challenges?*, Ontario.

PORGES, A., F. WEISS et P.C. MAVROIDIS (1994), *Guide to GATT Law and Practice: Analytical Index*, Genève, GATT, 1082 pages.

QUÉBEC (1993), Ministère des Affaires internationales du Québec, *Le Québec et l'Accord de libre-échange nord-américain*, Québec.

SCHUYLER, G.W. (1991), « Perspective on Canada and Latin America: Changing Context... Changing Policy », *Journal of Inter-American Studies and World Affairs*, vol. 33, n° 1, printemps.

STAIRS, D. et G. R. WINHAM (1986), *Quelques problèmes concernant l'élaboration de la politique économique extérieure*, Ottawa, Les Études/Commission sur l'union économique et les perspectives de développement du Canada, Ministère des Approvisionnements et Services.

STATISTIQUE CANADA (1985-94), *Sommaire du Commerce international du Canada*, Ottawa.

STONE, F. (1984), *Canada, the GATT and the International Trade System*, Montréal, Institute for Research on Public Policy, 235 p.

WILKINSON, Bruce W. (1995), « The Free Trade Agreement between Canada and the United States », dans M. PANIC et A. M. VACIC, *Economic Integration in Europe and North America*, New York et Genève, United Nations Economic Commission for Europe, Economic Studies n° 5, p. 187-211.

WINHAM, Gilbert R. (1994), « NAFTA and the Trade Policy Revolution of the 1980s : A Canadian Perspective », *International Journal*, Vol. 44, été, p. 472-508.

CHAPITRE 10

Les affaires extérieures et la diplomatie

André Donneur

HISTORIQUE 339

FINALITÉ DES AFFAIRES EXTÉRIEURES
ET FONCTIONS DES DIPLOMATES 344

LE DROIT DIPLOMATIQUE 347

L'ADMINISTRATION ET LA COORDINATION
DE LA POLITIQUE ÉTRANGÈRE 356

LA COMPLEXITÉ DE LA FORMULATION
ET DE L'ADMINISTRATION DE LA POLITIQUE EXTÉRIEURE . . 362

L'ÉVALUATION DES POLITIQUES EXTÉRIEURES 363

CONCLUSION : D'HIER À DEMAIN 364

BIBLIOGRAPHIE 365

L'administration de la politique extérieure est une fonction essentielle de l'administration publique. Celle-ci n'assume pas, en effet, que l'exécution des tâches internes de l'État, mais aussi celle des tâches extérieures. On pourait même dire que ces tâches externes sont par essence celles de l'État, puisque l'État affirme sa personnalité d'abord et avant tout par sa souveraineté internationale.

L'administration de la politique extérieure est une tâche complexe. Elle comprend d'abord, dans la capitale nationale, un appareil décisionnel multiple. En effet, une décision en politique étrangère ne concerne pas seulement le ministère des Affaires étrangères. Elle peut aussi demander, selon son importance, l'intervention du Bureau du premier ministre. Selon sa nature, elle peut faire intervenir le ministère de la Défense ou le ministère du Commerce international ou encore le ministère de l'Immigration, voire les services à portée internationale d'autres ministères.

La mise en œuvre de la politique extérieure est la tâche de la diplomatie, cet art de négocier des accords entre États souverains[1], par le truchement des ambassades et de la participation aux conférences internationales.

HISTORIQUE

La diplomatie est un art ancien. Dès la préhistoire, des émissaires entre tribus ont dû se rencontrer pour négocier.

1. Harold NICHOLSON (1963), *Diplomacy*, Londres, Oxford University Press, p. 7.

L'Iliade nous donne de nombreux exemples des immunités qui sont accordées par chaque camp aux délégués de l'autre. Cette garantie de sécurité fonde le premier principe diplomatique et le plus sacré[2].

Dès la Grèce classique, on peut parler d'une diplomatie, caractérisée par l'instauration d'ambassades *ad hoc*. Sous l'Empire romain, les ambassades, toujours *ad hoc*, sont confiées à des sénateurs, munis de lettres de créance[3].

C'est à la cour de l'Empire byzantin que furent constitués les premiers rudiments de services consacrés exclusivement aux Affaires étrangères. Apparaissent aussi les premiers diplomates spécialisés, qui sont envoyés dans des missions *ad hoc*[4].

Les républiques italiennes de la Renaissance, à commencer par Venise, habituées à commercer durant le Moyen Âge, prennent l'habitude, dès le XIIIe siècle, d'envoyer des missions de trois à quatre mois. En outre, Venise, dès le IXe siècle, conserve des archives des instructions remises ou envoyées aux ambassadeurs, ainsi que les rapports de ceux-ci. Ce sont là les premières archives diplomatiques[5].

En 1455, le duc de Milan, Francesco Sforza, établit pour la première fois une mission diplomatique permanente, en l'occurrence auprès de la république de Gênes. Cinq ans plus tard, il est imité par le duc de Savoie, puis bientôt par presque tous les gouvernements italiens et européens[6].

Ces diplomates permanents ajoutèrent à leurs fonctions de représentation et de négociation celles de protection des intérêts de la puissance qu'ils représentaient, ainsi que d'information sur le pays auprès duquel ils étaient accrédités[7].

Une des premières questions qui se posèrent entre les divers diplomates accrédités dans un État fut celle de la préséance. Le pape Jules II tenta de la régler en établissant un ordre, où, après lui, les diplomates étaient classés selon l'ancienneté de leurs pays, la France précédant l'Espagne, puis les États dont les princes étaient les « cousins » des souverains français et espagnol[8].

---

2. Jacques CHAZELLE (1968), *La diplomatie*, Paris, Presses universitaires de France, p. 11-12.
3. *Ibid.*, p. 12-13.
4. *Ibid.*, p. 14
5. *Ibid.*, p. 15.
6. *Ibid.*, p. 15.
7. *Ibid.*, p. 16-19.
8. *Ibid.*, p. 17-18.

C'est en 1589, en France, qu'un des quatre grands commis de l'État se voit confier par Henri III la totalité des affaires étrangères. Cette fonction de secrétaire d'État aux Affaires étrangères est confirmée juridiquement par un règlement du 11 mars 1626[9].

Richelieu, dans son *Testament politique,* donne ses lettres de noblesse à la diplomatie: « négocier sans cesse, ouvertement ou secrètement, en tout lieu, [...] est chose du tout nécessaire pour le bien des États. [...] Celui qui négocie toujours trouve enfin un instant propre à venir à ses fins. » Dotées d'un organe central et d'un réseau permanent d'agents, les affaires extérieures et la diplomatie ouvrent avec le grand siècle la grande période classique des ambassadeurs. C'est la France qui a alors le réseau diplomatique le plus étendu. En 1685, elle compte onze ambassades permanentes, trois missions spéciales et cinq ministres résidents[10].

Avec la diplomatie classique, le diplomate lui-même change de nature et gagne en prestige. L'un d'eux, François de Callières, faisant la synthèse de son expérience dans *De la manière de négocier avec les souverains,* écrivait en 1716 que la principale qualité d'un ambassadeur était l'honnêteté[11].

La Révolution française ne fut qu'une parenthèse et dès le Directoire, Talleyrand, ministre des Relations extérieures, reprit la tradition classique. Le Congrès de Vienne de 1815 et celui d'Aix-la-Chapelle en 1818 achevèrent de codifier la réglementation diplomatique. Ils fixèrent notamment les ordres de préséance: d'abord entre agents diplomatiques, des ambassadeurs ou légats pontificaux aux ministres plénipotentiaires, puis aux ministres résidents, enfin aux chargés d'affaires; ensuite, entre agents de même catégorie selon l'ancienneté de leur arrivée dans le poste, le plus ancien des ambassadeurs devenant le doyen du corps diplomatique; enfin entre États, pour la signature des traités, selon leur rang aphalbétique en français[12].

Cette diplomatie classique dura jusqu'à la Première Guerre mondiale. Les diplomates, issus généralement des mêmes milieux sociaux, dotés d'une même éducation et d'une même formation professionnelle, riches d'expériences étrangères et ayant le même sens internationaliste, formaient par-dessus les frontières une sorte de franc-maçonnerie, vivaient en intelligence profonde et prévenaient ou dénouaient maintes

9. *Ibid.,* p. 20.
10. *Ibid.,* p. 20-21.
11. *Ibid.,* p. 23.
12. *Ibid.,* p. 24-25.

PORTRAIT D'UN DIPLOMATE CLASSIQUE

Chargé d'affaires dans des pays avec lesquels nous avions été à deux doigts d'avoir la guerre, M. de Norpois, anxieux de la tournure que les événements allaient prendre, savait très bien que ce n'était pas par le mot « Paix » ou par le mot « Guerre » qu'ils lui seraient signifiés, mais par un autre, banal en apparence, terrible ou bénin, que le diplomate, à l'aide de son chiffre, saurait immédiatement lire, et auquel, pour sauvegarder la dignité de la France, il répondrait par un autre mot tout aussi banal mais sous lequel le ministre de la nation ennemie verrait aussitôt : Guerre. Et même, selon une coutume ancienne, analogue à celle qui donnait au premier rapprochement de deux êtres promis l'un à l'autre la forme d'une entrevue fortuite à une représentation de théâtre du Gymnase, le dialogue où le destin dicterait le mot « Guerre » ou le mot « Paix » n'avait généralement pas eu lieu dans le cabinet du ministre, mais sur le banc d'un « Kurgarten » où le ministre et M. de Norpois allaient l'un et l'autre, à des fontaines thermales, boire, à la source, de petits verres d'une eau curative. Par une sorte de convention tacite, ils se rencontraient à l'heure de la cure, faisaient d'abord ensemble quelques pas d'une promenade que, sous son apparence bénigne, les deux interlocuteurs savaient aussi tragique qu'un ordre de mobilisation.

Marcel Proust (1954). *À la recherche du temps perdu*, III : *Le côté de Guermantes*, Tome I, Paris, Gallimard, p. 362.

tensions[13]. Marcel Proust a brossé le portrait de ce type de diplomate, à l'heure où leur époque s'achevait, dans le personnage du vicomte de Norpois.

Le Canada présente la particularité d'avoir eu un ministère des Affaires extérieures et des agents diplomatiques avant d'obtenir sa souveraineté internationale. Le ministère fut établi en 1909 par Laurier, secondé par le gouverneur général Lord Grey et par le premier sous-secrétaire d'État aux Affaires extérieures Joseph Pope. Ce ministère fut placé sous l'autorité du secrétaire d'État, puis en 1912 du premier ministre. Quant aux premiers diplomates, de fait sinon de droit, ce furent le haut-commissaire à Londres en 1880 et l'agent général à Paris en 1882. Ayant accédé à la souveraineté internationale de fait par sa signature du *Traité de Versailles* en 1919 et son entrée à la Société des Nations en 1920, le Canada ouvrit en 1925 un bureau à Genève auprès de celle-ci et une légation à Washington en 1927, transforma le commissariat général à Paris en légation en 1928 et ouvrit une légation à Tokyo en 1929. Aussitôt, les États-Unis, la France et le Japon ouvrirent des légations à Ottawa. Enfin, le nouveau sous-secrétaire d'État aux Affaires extérieures depuis

13. *Ibid.*, p. 26.

1925, Oscar Douglas Skelton, organisa un service extérieur professionnel et de haute tenue[14].

L'époque de la diplomatie classique s'acheva dans le bain de sang de la Première Guerre mondiale. Les diplomates furent rendus responsables de la catastrophe par l'opinion publique. Les conditions d'exercice des activités diplomatiques furent bouleversées par trois circonstances : la prétention des bolcheviks, au pouvoir en Russie, de substituer à la rivalité des États la lutte des classes, la proclamation par le président Wilson du remplacement de la diplomatie secrète par la diplomatie ouverte, caractérisée par la publicité des accords et des négociations, et enfin l'éclipse de l'Europe[15].

D'autre part, durant la Première Guerre mondiale, les puissances alliées prirent l'habitude, pour coordonner leurs efforts de guerre, de tenir des réunions entre premiers ministres et d'établir un réseau de conférences et de comités permanents pour régler les problèmes pratiques, tels que les achats de guerre, le ravitaillement ou les transports. La Société des Nations, par le truchement de son Conseil et surtout par la tenue chaque automne de la session de son Assemblée, institua cette diplomatie par conférence. Les chefs de gouvernement prirent aussi l'habitude de tenir des conférences *ad hoc* sur des problèmes brûlants. Si des conférences comme celles de Munich ou de Berchtesgaden refroidirent l'enthousiasme, il n'en reste pas moins qu'après la Seconde Guerre mondiale, la diplomatie par conférence retrouva sa vigueur en s'institutionnalisant dans les Nations Unies et les multiples conférences au sommet[16].

La conduite de la diplomatie fut aussi modifiée sous l'influence du progrès technique. Le téléphone, le téléscripteur, la machine chiffreuse qui code les dépêches diplomatiques, les transmissions radiophoniques, les conférences télévisées, la télécopie, l'internet et l'avion multiplient et facilitent les contacts et les informations immédiates, ainsi que les voyages des ministres des Affaires étrangères et des premiers ministres. Certains ont prétendu que les ambassades, qui ont remplacé partout les légations après la Seconde Guerre mondiale, ont perdu leur rôle et sont devenus de simples relais techniques. On peut rétorquer qu'au contraire, ces nouveaux moyens techniques permettent aux diplomates de mieux remplir leur rôle de négociateur, d'informateur et de conseiller[17].

---

14. André DONNEUR (1994), *Politique étrangère canadienne*, Montréal, Guérin universitaire, p. 7-8; Marcel CADIEUX (1962), *Le diplomate canadien*, Montréal, Fides, p. 12; John HILLIKER (1990), *Le ministère des Affaires extérieures du Canada*, Vol. I : *Les années de formation, 1909-1946*, p. 35-153.
15. Jacques CHAZELLE, *op. cit.*, p. 29-31.
16. Harold NICHOLSON, *op. cit.*, p. 155-158.
17. Jacques CHAZELLE, *op. cit.*, p. 32-33.

Ce qui a, par contre, bouleversé l'action diplomatique, c'est la diffusion rapide des nouvelles par la presse, la radio et la télévision. Une opinion publique mieux et rapidement informée oblige les responsables et les exécutants de la conduite des affaires extérieures à tenir compte des différents milieux intéressés à leur action[18].

Le phénomène est devenu d'autant plus complexe que la multiplication des activités a étendu le champ des affaires extérieures et de la diplomatie. À la « haute politique » se sont jointes les multiples facettes de « la basse politique ». Dans le domaine économique, les accords commerciaux, financiers, fiscaux, bancaires et d'aide au développement ont tissé un réseau de liens étroits. L'immigration, les normes de travail, les législations sociales ou professionnelles de tous ordres ont fait l'objet de règlements internationaux, régis par des organisations internationales spécialisées[19]. Les activités intellectuelles de toutes sortes ont trouvé dans l'UNESCO et dans les multiples accords scientifiques et culturels une dimension internationale. La santé, les transports, les échanges postaux, les télécommunications, les brevets, les droits d'auteur, bref, toutes les activités humaines sont aujourd'hui l'objet de règlements internationaux. Pour traiter ces questions, les ambassades se sont étoffées successivement d'attachés commerciaux, militaires, culturels et scientifiques, ainsi que d'agents d'immigration et d'information.

C'est dans cette dimension de la « basse politique » que s'exerce l'activité internationale du Québec. C'est en effet dans les domaines de l'éducation et de la culture que le Québec, voulant prolonger à l'extérieur ses compétences, a conclu en 1965 ses premières ententes internationales avec la France. Son ministère des Relations internationales, par le truchement de ses six délégations générales à l'étranger, entretient des liens internationaux de caractère économique, éducationnel, culturel et d'immigration, qui s'inscrivent dans son champ de compétence constitutionnelle[20].

FINALITÉ DES AFFAIRES EXTÉRIEURES ET FONCTIONS DES DIPLOMATES

La finalité des responsables et des artisans des affaires extérieures est de mener une politique étrangère rationnelle et efficace. La politique étrangère est une « entreprise », c'est-à-dire « une ligne d'action que les responsables officiels d'une société nationale suivent pour présenter ou modifier

18. *Ibid.*, p. 33-34.
19. *Ibid.*, p. 34-35.
20. André Donneur, *op. cit.*, p. 43-48.

une situation dans le système international de telle sorte qu'elle soit compatible avec l'objectif ou les objectifs définis par eux-mêmes ou leurs prédécesseurs[21] ». Chaque État exerce un rôle national, caractérisé par ses orientations, ses engagements, ses actions et ses fonctions. Ainsi, le Canada exerce dans le monde un rôle de médiateur-intégrateur, qui correspond à ses valeurs clés et à ses intérêts majeurs[22].

L'appareil gouvernemental, plus précisément le Bureau du premier ministre ou du Président et le ministère des Affaires étrangères, est appelé à définir des objectifs à moyen terme et à prendre des décisions, en fonction du rôle national. La mise en œuvre efficace de cette politique étrangère est du ressort à la fois de la centrale du ministère des Affaires étrangères dans la capitale et des ambassades à l'étranger.

En fait, les fonctions des diplomates sont multiples : assurer une représentation symbolique, offrir une protection aux nationaux, obtenir de l'information, conseiller, négocier, recommander. L'ambassadeur actuel demeure d'abord le représentant de son pays dans celui de sa résidence, et est chargé de créer la confiance entre les deux États. Nommé par le chef de l'État de son pays, il est accrédité non pas auprès du gouvernement étranger mais du chef de l'État étranger. Il doit participer personnellement à toutes les manifestations locales où s'affirme un intérêt commun entre son pays et celui d'accréditation. La participation à des cocktails, sur laquelle on a beaucoup ironisé, et à des banquets commémoratifs est une obligation qu'un diplomate ne saurait négliger. De même, l'ambassadeur devra remettre des décorations, distribuer des livres ou du matériel technique offerts par son gouvernement, inaugurer une école ou une université, dons de son gouvernement, participer à une rencontre sportive ou d'anciens combattants, inaugurer une exposition de peinture, bref, paraître en public et faire valoir son pays[23].

La protection de ses nationaux sur le territoire d'accueil n'a gardé de l'importance que dans les pays en proie à de graves troubles et dans ceux où règne la répression. Rappelons que, dans ce dernier cas, l'ambassadeur peut difficilement intervenir si le national victime d'un traitement répressif est un double national, qui possède aussi la nationalité de l'État d'accréditation, cette nationalité étant prépondérante en vertu du droit international sur le territoire de cet État. Par contre, la protection des

21. James Rosenau (1971), *The Scientific Study of Foreign Policy*, New York, MacMillan, p. 39.
22. Kal J. Holsti (1983), *International Politics : A Framework for Analysis*. Englewood Cliffs, Prentice-Hall, p. 116-120.
23. Jacques Chazelle, *op, cit.*, p. 40-41.

intérêts matériels de ses nationaux s'est élargie avec la multiplication des investissements et des transactions commerciales[24].

La fonction d'information consiste en l'envoi à l'administration centrale de renseignements et de commentaires sur l'état de la situation dans le pays de résidence. Avec la complexité croissante de la vie politique des États, pour apprécier l'évolution d'un gouvernement, il faut être informé des multiples facteurs de nature diverse qui l'influencent : remous au sein du Cabinet, agitation parlementaire, mécontentement de l'opinion, coût de la vie, niveau de l'emploi, conflit social, conflit scolaire, conflit ethnique ou conflit religieux. S'ajoutent les domaines d'action de l'État : organisation des forces armées, fluctuations de l'économie, des finances et de la monnaie, régime du travail, de l'enseignement ou de la recherche. Même si aujourd'hui cette fonction d'information des ambassades se voit doublée par les médias, leur approche est assez différente de celle du journaliste, qui n'a qu'à satisfaire la curiosité de l'opinion. Le diplomate doit, au contraire, discerner dans l'événement l'angle d'analyse qui sera utile à son ministre, le situer dans le contexte, le commenter et l'interpréter d'une manière objective et en tirer la signification pratique[25].

Le diplomate est aussi le conseiller de son gouvernement quant aux conséquences des décisions de celui-ci et aux effets qu'elles peuvent entraîner dans le pays où il est accrédité. De même, il doit conseiller son gouvernement sur les répercussions dans son pays des événements internationaux et des décisions prises par le gouvernement du pays où il est accrédité[26].

La négociation est la fonction par excellence du diplomate. Même si aujourd'hui, avec la facilité des déplacements, il peut voir, dans certains cas, son ministre se substituer à lui dans le déroulement de la négociation, il l'aura préparée et commencée. Le diplomate classique s'est vu aussi entouré d'experts techniques pour négocier dans les domaines commercial, militaire, culturel et dans les nombreuses questions techniques qui font aujourd'hui l'objet d'accords. Dans certains cas spécialisés, c'est l'expert qui devient diplomate et qui se substitue au diplomate classique. Il n'en reste pas moins que l'art de négocier reste souvent de mise, le diplomate étant le mieux placé pour mesurer l'impact politique de telle ou telle clause. La négociation exige le secret, qui permet les pressions, les reculs, les esquives, les feintes et les marchandages. Elle ne peut donner de résultats que si les interlocuteurs se font confiance. C'est dire que dans

24. *Ibid.*, p. 42-43.
25. Marcel Cadieux, *op. cit.*, p. 46-47; Jacques Chazelle, *op. cit.*, p. 43-46.
26. Marcel Cadieux, *op. cit.*, p. 50.

la diplomatie de conférence, comme à l'Assemblée générale des Nations Unies, où il ne s'agit plus de négocier mais de gagner des voix, on ne devrait plus parler de diplomatie. Ce serait oublier, cependant, tout le patient travail de marchandages et de manœuvres qui se déroule au sein des commissions et surtout des couloirs dans la préparation des résolutions. Là, la diplomatie retrouve tous ses droits[27].

Enfin, le diplomate a une fonction de recommandation. S'il ne participe pas à la décision, il peut prendre l'initiative de signaler à son gouvernement l'intérêt qu'il aurait de prendre telle ou telle mesure, comme l'abaissement d'un tarif douanier ou la conclusion d'un accord de coopération interuniversitaire[28].

LE DROIT DIPLOMATIQUE

Le droit diplomatique est « l'ensemble des normes juridiques destinées à régler les rapports qui se forment entre les différents organes des sujets de droit international chargés de manière permanente ou temporaire des relations extérieures de ces sujets[29] ». Ces normes appartiennent à deux ordres juridiques différents : le droit interne des États et le droit international. Dans ce dernier cas, les règles du droit diplomatique visent les sujets du droit international que sont les États pour les obliger à adopter un certain comportement à l'égard des organes chargés des relations extérieures. Quant aux normes de droit interne, elles s'appliquent aux organes des relations extérieures des États considérés comme des sujets de droit interne de ces États. Elles ont leur importance pour connaître le statut dont jouissent les organes extérieurs des États dans un État donné. Les deux ordres juridiques sont étroitement liés pour deux raisons. Premièrement, à cause de la primauté du droit international sur le droit interne, les règles internes sont des règles permettant l'adaptation de l'ordre juridique interne international. Deuxièmement, l'existence de règles internes communes aux différents États peut être à l'origine de la création de règles coutumières internationales. Le droit diplomatique international fut d'abord un droit coutumier. Il faut, en effet, attendre la signature, en avril 1961, de la *Convention de Vienne sur les relations diplomatiques* pour que la source principale du droit diplomatique international ne réside plus dans la coutume mais dans un droit écrit[30].

---

27. Marcel CADIEUX, *op. cit.*, p. 40-41; Jacques CHAZELLE, *op. cit.*, p. 47-53.
28. *Ibid.*, p. 54.
29. Philippe CAHIER (1962), *Le droit diplomatique*, Genève, IUHEI, p. 5-6.
30. *Ibid.*, p. 27-30.

Les lois internes sont importantes pour déterminer quel est le droit diplomatique en vigueur dans l'ordre juridique interne des États. Il y a deux grandes catégories de règles internes. Premièrement, il y a des règles internes qui sont laissées à la libre disposition des États, parce que le droit international ne possède pas dans certains domaines, comme les règlements douaniers ou fiscaux, une réglementation obligeant les États à adopter un certain comportement. Est aussi laissé à la libre disposition des États tout le domaine relatif à l'organisation des services diplomatiques, comme les dispositions réglementaires se référant à l'accès à la carrière diplomatique ou à la nomination des chefs de mission diplomatique. Deuxièmement, il y a des règles juridiques internes ayant pour but d'adapter l'ordre juridique interne à l'ordre juridique international. C'est-à-dire que l'ordre juridique interne accorde aux missions diplomatiques ce à quoi elles ont droit en vertu du droit international. Dans certains cas, des législations internes accordent aux diplomates un traitement supérieur à celui prévu par le droit diplomatique international[31].

En droit international, la mission diplomatique est définie comme l'organe d'un sujet de droit international institué de manière permanente auprès d'un autre sujet de droit international et chargé d'assurer les relations diplomatiques. La création d'une mission diplomatique résulte d'un accord entre l'État accréditant et l'État accréditaire. La reconnaissance d'un gouvernement révolutionnaire qui continue à lutter contre le gouvernement légitime a obligatoirement comme conséquence le retrait de la mission diplomatique accréditée auprès du gouvernement légitime. C'est ainsi que, pendant la guerre civile espagnole, les États qui ont reconnu le gouvernement de Franco ont dû retirer leurs missions diplomatiques accréditées auprès du gouvernement républicain. Les missions diplomatiques se divisent en quatre catégories. L'ambassade est la mission diplomatique la plus importante; le chef de mission, titulaire du poste, a le titre d'ambassadeur et fait partie de la catégorie la plus élevée des diplomates. La nonciature est la mission diplomatique créée par le Saint-Siège. La légation est une mission diplomatique de rang inférieur; elle est dirigée par un ministre ou un ministre résident qui fait partie de la deuxième classe des agents diplomatiques. L'internonciature, dirigée par un internonce qui représente le Saint-Siège, est l'équivalent de la légation. Comme nous l'avons vu, depuis la Seconde Guerre mondiale, à cause de la susceptibilité des États, on a vu disparaître les légations et la multiplication des ambassades, autrefois réservées aux grandes puissances. Les hauts-commissariats sont l'équivalent des ambassades entre États du

31. *Ibid.*, p. 38-39.

Commonwealth; ils sont dirigés par des hauts-commissaires, qui ont le même rang que les ambassadeurs[32].

L'article 14 de la *Convention de Vienne* de 1961 a ratifié le *Règlement de Vienne* du 19 mars 1815 intégré par le *Protocole d'Aix-la-Chapelle* du 21 novembre 1818, qui détermine le classement des chefs de mission. Ceux-ci sont répartis en trois classes : celle des ambassadeurs ou nonces, celle des envoyés, ministres ou internonces et celle des chargés d'affaires accrédités auprès des ministres des Affaires étrangères. Les raisons pour lesquelles une ambassade peut être dirigée par un chargé d'affaires sont diverses; dans la mesure où le chargé d'affaires est un chef de mission d'une classe inférieure, c'est le signe d'une certaine tension entre l'État accréditant et l'État accréditaire. Il ne faut pas confondre le chargé d'affaires titulaire du poste de chef de mission avec le chef de mission *ad interim*. Celui-ci, le fonctionnaire ayant le grade immédiatement inférieur au chef de mission, ne fait que remplacer le chef de mission titulaire qui est absent de son poste temporairement, parce qu'il est en vacances ou qu'il a été rappelé par son gouvernement pour consultation, ou parce qu'il a quitté définitivement l'État accréditaire et que la mission attend l'arrivée du nouveau titulaire. Les autres membres du personnel diplomatique sont des individus nommés par l'État accréditant et ils ont la qualité de diplomate. Ce sont, en suivant leur rang diplomatique, le ministre conseiller ou le conseiller, les premier, deuxième et troisième secrétaires. Il faut leur ajouter les différents attachés, commerciaux, militaire, culturel et d'immigration. Toutes ces personnes ont pour caractéristiques d'être inscrites sur la liste diplomatique, publiée par les différents États, de faire partie du corps diplomatique et de jouir du statut privilégié prévu par le droit diplomatique. La famille des agents diplomatiques jouit du même statut que l'agent[33].

Aucun État n'est tenu de recevoir comme chef de mission une personne qui lui est désagréable. L'acte par lequel un État demande à un autre État si la personne choisie est *persona grata* pour remplir ce poste s'appelle l'agréation. Les États ont pris l'habitude de présenter confidentiellement la demande d'agréation. En proposant le nom, on remet une biographie détaillée de la personne proposée[34].

On appelle « lettres de créance » le document qui sert à faire constater la qualité officielle du chef de mission. Ce document atteste que cette personne est habilitée par son gouvernement à exercer sa fonction. Il est

32. *Ibid.*, p. 55-69.
33. *Ibid.*, p. 79-87.
34. *Ibid.*, p. 92-94.

EXEMPLE D'UNE DEMANDE D'AGRÉMENT

L'ambassade du Royaume du Canada à Paris présente ses compliments au ministère des Affaires étrangères et a l'honneur de lui faire savoir que le ministère des Affaires Étrangères et du Commerce international du Canada a l'intention d'accréditer en France un ambassadeur extraordinaire et plénipotentiaire en la personne de M. (prénom, nom).

Le ministère des Affaires Étrangères et du Commerce International a retenu la candidature de M. (prénom, nom), étant certain que celui-ci possède toutes les conditions requises pour remplir une si délicate mission; c'est dans cette intention qu'il transmet à la considération du gouvernement français le curriculum vitae de M. (prénom, nom).

L'ambassade du Royaume du Canada prie le ministère des Affaires étrangères de considérer la candidature de M. (prénom, nom) au poste d'ambassadeur extraordinaire et plénipotentiaire et de lui faire savoir s'il est dans la mesure de donner son agrément afin que le gouvernement du Canada puisse procéder aux démarches nécessaires précédant la nomination officielle de celui-ci aux hautes fonctions mentionnées antérieurement.

L'ambassade du Royaume du Canada saisit cette occasion pour renouveler au ministère des Affaires étrangères les assurances de sa très haute considération.

Fait à Paris, le (date)

Pièce jointe : curriculum vitae de M. (prénom, nom).

signé par le chef de l'État accréditant et adressé au chef de l'État accréditaire. Muni de ce document, le chef de mission quitte sa capitale et arrive à celle de l'État accréditaire, où il est accueilli par le chef du Protocole du ministère des Affaires étrangères. Tant que les lettres de créance n'ont pas été remises, le chef de mission s'abstient de toute activité diplomatique. Il fait une visite au ministre des Affaires étrangères pour lui remettre une copie de ses lettres de créance et le prier d'organiser l'audience auprès du chef de l'État pour lui donner en mains propres ses lettres de créance lors d'une cérémonie solennelle[35].

Les hauts-commissaires de certains États du Commonwealth comme le Canada, qui ont en commun avec le Royaume-Uni le même chef d'État, présentent dans ces États des lettres de commission, qui sont adressées de premier ministre à premier ministre[36].

35. *Ibid.*, p. 96-97.
36. *Ibid.*, p. 100.

EXEMPLE DE LETTRES DE CRÉANCE D'UN AMBASSADEUR

Élisabeth II, Reine du Canada, à son Excellence, Monsieur Jacques Chirac, Président de la République française.

CHER ET GRAND AMI, Désireuse d'entretenir et de resserrer les cordiales relations qui existent entre nos deux pays, j'ai décidé d'accréditer auprès de VOTRE EXCELLENCE en qualité d'ambassadeur extraordinaire et plénipotentiaire du Canada, M. ...... Les qualités qui le distinguent Me sont garantes du soin qu'il mettra à s'acquitter de la haute mission qui lui est confiée de façon à obtenir Votre confiance et mériter ainsi Mon approbation. C'est dans cette conviction que Je Vous prie, CHER ET GRAND AMI, de l'accueillir avec Votre bienveillance accoutumée et d'ajouter foi et créance entière à tout ce qu'il Vous dira de Ma part, et surtout lorsqu'il exprimera à VOTRE EXCELLENCE les assurances de Ma haute estime et de Ma constante amitié.

Fait à Ottawa, le ...

Signé : ÉLISABETH II

Contresigné : Lloyd AXWORTHY

La nomination des autres membres de la mission s'effectue sans aucune consultation préalable avec l'État accréditaire et, une fois notifiée, elle est présumée acceptée, sauf preuve du contraire. La mission informe le ministère des Affaires étrangères de l'arrivée de l'agent diplomatique et le chef de mission ou le conseiller le présente aux principaux bureaux du ministère. Un cas spécial de nomination du personnel diplomatique est celui des attachés militaires : l'article 7 de la *Convention de Vienne* déclare : « En ce qui concerne les attachés militaires, navals ou de l'air, l'État accréditaire peut exiger que leurs noms lui soient soumis à l'avance aux fins d'approbation. » Il est prévu aussi que l'arrivée et le départ définitif d'une personne appartenant à la famille d'un membre de la mission doivent être notifiés au ministère des Affaires étrangères de l'État accréditaire[37].

L'État accréditant met fin à la mission de son agent diplomatique par le rappel de celui-ci. Le rappel d'un chef de mission est entouré d'une certaine solennité. Il reçoit de son gouvernement des lettres de rappel qu'il présente, au cours d'une audience privée, au chef de l'État accréditaire. Avant de partir, il prend aussi congé du ministre des Affaires étrangères et des hautes personnalités locales. La procédure en ce qui concerne le rappel des autres membres est plus simple : la mission diplomatique informe le ministère des Affaires étrangères que son gouvernement a

37. *Ibid.*, p. 111-117.

décidé de rappeler un de ses agents. Celui-ci se rendra au ministère des Affaires étrangères pour prendre congé. L'article 9 de la *Convention de Vienne* stipule que : « L'État accréditaire peut, à tout moment et sans avoir à motiver sa décision, informer l'État accréditeur que le chef ou tout autre membre du personnel de la mission est *persona non grata* ou que tout autre membre de la mission n'est pas accepté. L'État accréditant rappellera alors la personne en cause ou mettra fin à ses fonctions auprès de la mission selon le cas. » Des circonstances exceptionnelles, telles que l'espionnage ou les dangers pour la sécurité intérieure de l'État accréditaire, peuvent justifier l'expulsion. Un délai très court, quelques heures, est laissé au diplomate pour quitter le pays[38].

Les principes qui doivent inspirer la mission diplomatique sont de ne pas interférer dans les affaires intérieures de l'État accréditaire et de se soumettre aux lois et règlements locaux. En retour, l'État accréditaire doit assurer à la mission diplomatique toutes facilités pour l'accomplissement de ses fonctions. Il le fera en accordant un certain nombre de privilèges et immunités et en l'aidant à surmonter les difficultés matérielles qu'elle peut rencontrer, en entretenant une atmosphère de coopération et en répondant rapidement à ses notes ou demandes[39].

La démarche diplomatique est l'action accomplie par une mission diplomatique auprès du gouvernement de l'État accréditaire dans le but de remplir les fonctions qui lui sont confiées par le gouvernement de l'État accréditant. Ces démarches diplomatiques peuvent poursuivre des objectifs différents : communiquer des renseignements ou en demander, proposer la conclusion d'un traité, demander certains privilèges spéciaux ou avertir le gouvernement étranger de cesser certains actes inamicaux. Les démarches se subdivisent en trois catégories. La démarche orale est une entrevue entre le chef de mission et le ministre des Affaires étrangères de l'État accréditaire. Elle peut consister en une déclaration, qui est la mise au point d'une intention politique du gouvernement de l'État accréditant, en une notification, qui met en garde le gouvernement de l'État accréditaire contre un état de choses ou une situation susceptible d'entraîner des conséquences déterminées, en une représentation, qui est un acte plus grave parce qu'il contient des remontrances de l'État accréditant à l'égard d'un certain comportement de l'État accréditaire, ou enfin, en une communication, acte le plus courant, qui est simplement d'information[40].

---

38. *Ibid.*, p. 124-129.
39. *Ibid.*, p. 141-147.
40. *Ibid.*, p. 152-153.

La démarche écrite se concrétise par l'envoi d'une note diplomatique. Il y a huit sortes de notes diplomatiques : 1) la note verbale, écrite mais non signée, rédigée à la troisième personne, qui émane de la mission diplomatique ou du ministère des Affaires étrangères de l'État accréditaire et qui est adressée le plus souvent à la suite d'une conversation, en vue de la préciser; 2) la note signée, document plus solennel, qui est adressée personnellement au ministre des Affaires étrangères ou au chef de mission et s'ouvre par une formule telle que « Monsieur le Ministre » ou « Monsieur l'Ambassadeur » et se termine par une formule de courtoisie; 3) la lettre personnelle, adressée par le chef de mission au ministre des Affaires étrangères ou vice et versa qui a un caractère moins protocolaire, et qui adopte un ton plus personnel, voire amical; 4) la note collective, qui est adressée à un gouvernement par les représentants de plusieurs États, lui communiquant en commun leurs observations; 5) l'aide-mémoire, qui a pour but de résumer les aspects d'une question discutée entre deux États, en exposant les conséquences juridiques et en montrant le point de vue de l'État qui envoie l'aide-mémoire; 6) le mémorandum, document de même forme que l'aide-mémoire mais au contenu beaucoup plus complet qui a pour but, non de faire exclusivement un exposé des faits, mais de procéder à un historique de la question et des négociations en cours et de justifier la politique suivie par l'État qui l'envoie, en précisant les termes politiques et juridiques d'un problème, et qui est souvent adressé aussi à des États tiers pour les convaincre du bien-fondé de la position de l'État dont il émane; 7) l'échange de notes, qui est l'aboutissement de négociations entre l'État accréditant et l'État accréditaire; enfin 8) l'ultimatum, qui est adressé par un État à un autre État pour manifester son exigence de lui voir adopter un certain comportement, faute de quoi il recourra à la guerre[41].

La démarche mixte s'effectue en deux temps. Elle est d'abord orale, et se concrétise donc par une entrevue, puis écrite, cette entrevue étant suivie de l'envoi de notes qui établissent de manière claire et détaillée les positions respectives et les éléments du problème[42].

Le corps diplomatique est la réunion des chefs de mission de toutes classes, accrédités auprès d'un même gouvernement. Le corps diplomatique est présidé par le doyen, dont les fonctions sont d'ordre cérémonial : il est le porte-parole des chefs de mission lors de certaines cérémonies de l'État accréditaire au cours desquelles il adresse des félicitations ou des vœux. Normalement, le doyen est le chef de mission de la classe la plus

41. *Ibid.*, p. 153-155.
42. *Ibid.*, p. 153.

élevée, le plus anciennement accrédité dans le pays. Cependant, là où il y a un nonce, c'est lui qui est le doyen. Les rapports entre les différentes missions diplomatiques accréditées auprès d'un même État varient selon le degré d'amitié que les États représentés par ces missions peuvent avoir entre eux. C'est ainsi que, normalement, à l'étranger les missions des États du Commonwealth et de la Communauté atlantique entretiennent entre elles des rapports plus étroits que les autres. Indépendamment de ces liens, il existe des rapports que l'on peut considérer comme obligatoires, car ils font partie des obligations protocolaires. C'est ainsi que le nouveau chef de mission devra envoyer une lettre aux autres chefs de mission pour les informer qu'il a remis ses lettres de créance au chef d'État et exprimer l'espoir que les rapports entre les deux missions diplomatiques seront toujours excellents. Il communiquera aux autres chefs de mission son départ prochain en se félicitant des bons rapports qu'il a entretenus avec eux. L'agent diplomatique est aussi tenu à un certain nombre de visites. Lors de son arrivée, il ira rencontrer les autres chefs de mission de rang plus élevé ou de son propre rang et il rendra les visites qu'il recevra dans des cas semblables. Au cours de sa mission, il est tenu de donner certaines réceptions, par exemple à l'occasion de sa fête nationale, et de participer à celles que ses collègues peuvent donner. La préséance est la préférence dans l'ordre et le rang à suivre lorsque les agents de plusieurs États viennent à se rencontrer. C'est le droit d'occuper, au cours d'une cérémonie, d'un cortège ou d'un repas, la place qui est considérée comme la meilleure et la plus honorable. L'article 16, paragraphe 1, de la *Convention de Vienne* énonce la règle : « Les chefs de mission prennent rang dans chaque classe suivant la date et l'heure à laquelle ils ont assumé leurs fonctions[43]. »

L'extinction de la mission diplomatique peut avoir cinq causes. 1) La cause principale et la plus fréquente est la rupture des relations diplomatiques. Bien qu'unilatérale, cette mesure a pour conséquence de mettre fin non seulement à l'activité de la mission diplomatique de l'État qui en a pris l'initiative, mais aussi de celle de l'État qui la subit. 2) La guerre interrompt *ipso facto* les relations diplomatiques entre États. 3) La disparition juridique internationale de l'État accréditant ou de l'État accréditaire. 4) La non-reconnaissance du gouvernement de l'État accréditaire par l'État accréditant ou vice-versa, à la suite d'une révolution ou d'un coup d'État. Enfin, 5) la suppression de la mission diplomatique peut survenir pour des raisons d'économie budgétaire[44].

---

43. *Ibid.*, p. 165-172; Paul GUGGENHEIM (1953). *Traité de droit international public*, Genève, Georg, p. 492-493.
44. Philippe CAHIER, *op. cit.*, p. 178-181.

Les privilèges et immunités diplomatiques ont pour but de soustraire les diplomates à l'autorité et à la compétence judiciaire de l'État où elles résident. Ils sont fondés sur la théorie de l'intérêt de la fonction et de la réciprocité. Un représentant diplomatique ne pourra exercer ses fonctions que si aucune contrainte ne le menace et s'il est pleinement indépendant de l'État qui le reçoit. L'inviolabilité est le plus ancien des privilèges diplomatiques. L'inviolabilité de siège couvre le siège même de la mission, mais aussi la résidence privée des agents diplomatiques. Les autorités locales ne peuvent pénétrer dans ces immeubles ni y exercer quelques actes de contrainte ou actions prévues par leurs fonctions sans le consentement du chef de mission ou de l'agent diplomatique, si c'est sa résidence. L'article 27, alinéa 1 de la *Convention de Vienne* précise que « l'État accréditaire permet et protège la libre communication de la mission pour toutes fins officielles. En communiquant avec le gouvernement ainsi qu'avec les autres missions et consulats de l'État accréditant, où qu'ils se trouvent, la mission peut employer tous les moyens de communication appropriés, y compris les courriers diplomatiques et messages en codes et en chiffres. Toutefois la mission ne peut installer et utiliser un poste émetteur de radio qu'avec l'assentiment de l'État accréditaire. » Le deuxième devoir de l'État accréditaire est de protéger et de ne pas violer le secret de la correspondance de la mission, de ne pas ouvrir ni retenir la valise diplomatique[45].

L'article 22, paragraphe 2 de la *Convention de Vienne* stipule que : « L'État accréditaire a l'obligation spéciale de prendre toutes mesures appropriées afin d'empêcher que les locaux de la mission ne soient envahis ou endommagés, la paix de la mission troublée ou sa dignité amoindrie. » Cette protection se concrétise par une surveillance des locaux de la mission par la police de l'État accréditaire et, juridiquement, par le fait que l'offense à une mission diplomatique étrangère ou à un État étranger est un délit spécial puni sévèrement. L'article 29 de la *Convention de Vienne* précise que : « La personne de l'agent diplomatique est inviolable. Il ne peut être soumis à aucune forme d'arrestation ou de détention. L'État accréditaire le traite avec le respect qui lui est dû et prend toutes mesures appropriées pour empêcher toute atteinte à sa personne, sa liberté et sa dignité[46]. »

L'immunité de juridiction de la mission diplomatique couvre d'abord tous les actes que la mission exécute dans l'accomplissement de ses fonctions : conclusion d'un accord, actes relatifs à la négociation, notification d'une protestation ou envoi d'une note. Elle couvre aussi les actes

45. *Ibid.*, p. 183-214.
46. *Ibid.*, p. 217-222.

accomplis par la mission diplomatique et qui relèvent de l'ordre juridique interne de l'État accréditant. Elle couvre enfin les actes de droit privé qui rentrent dans l'ordre juridique interne de l'État accréditaire. Il s'agit des actes que la mission diplomatique accomplit comme pourrait le faire n'importe quel particulier de l'État accréditaire : contrat avec une entreprise pour la restauration de l'immeuble de la mission ou contrat pour la fourniture de matériel de bureau[47].

L'immunité de juridiction des agents diplomatiques couvre les actes accomplis par l'agent diplomatique en tant qu'organe des relations internationales de l'État accréditant, les actes accomplis par l'agent diplomatique et qui relèvent de l'ordre juridique interne de l'État accréditant, les actes privés de juridiction criminelle, les actes de juridiction de simple police comme une simple infraction au Code de la route, les actes de juridiction civile ou administrative, et accorde en outre le privilège de ne pas témoigner en justice. L'immunité d'exécution prévoit qu'aucune mesure d'exécution ne peut être prise à l'égard de l'agent diplomatique. Lorsqu'un État a une réclamation à faire valoir à l'égard d'un diplomate, il doit s'adresser à son propre ministère des Affaires étrangères. Il est rare qu'un État refuse la levée de l'immunité d'un diplomate dans le cas où ses actes relèvent du droit pénal, mais c'est avec une assez grande réticence qu'il le fait en matière civile. La renonciation se distingue de la levée de l'immunité dans le fait que c'est le diplomate lui-même qui accepte d'être assigné devant un tribunal. Mais il doit demander préalablement à son gouvernement l'autorisation de renoncer à son immunité[48].

Les privilèges d'ordre fiscal des missions diplomatiques consistent principalement en l'immunité relative à l'impôt foncier. Les privilèges d'ordre fiscal des agents diplomatiques consistent en l'exemption de tous les impôts directs et l'exemption, par courtoisie internationale et sur la base de la réciprocité, des droits de douane[49].

L'ADMINISTRATION ET LA COORDINATION DE LA POLITIQUE ÉTRANGÈRE

Nous avons vu que l'administration de la politique étrangère est un processus complexe. Dans la plupart des pays, le Bureau du premier ministre ou du Président joue un rôle important dans l'élaboration de la politique

47. *Ibid.*, p. 234-236.
48. *Ibid.*, p. 243-268.
49. *Ibid.*, p. 278-291.

étrangère. C'est particulièrement le cas au Canada, d'autant plus que le ministère des Affaires extérieures a été longtemps, de 1912 à 1947, sous l'autorité directe du premier ministre et qu'en outre, de 1963 à 1968, c'est un ancien haut fonctionnaire du ministère des Affaires étrangères qui fut le premier ministre. Il est aussi évident que d'autres ministères que celui des Affaires étrangères participent à l'élaboration et même à l'administration des affaires extérieures. C'est notamment le cas des ministères de la Défense, du Commerce international et de l'Immigration, ainsi que des services extérieurs d'autres ministères.

La pluralité de ces acteurs ne va pas sans poser le problème de la coordination de la politique extérieure. Nous allons voir comment le Canada gère et coordonne sa politique extérieure.

Sous Jean Chrétien, le ministère des Affaires extérieures et du Commerce extérieur, appelé ainsi depuis 1989, devient le ministère des Affaires étrangères et du Commerce international. Le secrétaire d'État aux Affaires extérieures devient le ministre des Affaires étrangères. Il est flanqué de deux secrétaires d'État, ministres juniors, l'un pour l'Asie-Pacifique et l'autre pour l'Amérique latine et l'Afrique. Le ministre du Commerce extérieur devient le ministre du Commerce international. L'ACDI est soumise directement à l'autorité des Affaires étrangères et du Commerce international et, plus particulièrement, à celle du ministre de la Coopération internationale et de la Francophonie.

Il y a une unité de gestion de la politique étrangère sous l'égide du premier ministre, mais avec une responsabilité particulière de chaque ministre dans sa sphère de gestion, dans une ligne d'approche de décentralisation héritée de la tradition de Pearson.

Le ministère des Affaires étrangères et du Commerce international a actuellement la structure centrale illustrée à la page suivante, structure qui a subi peu de modifications depuis le 1er juillet 1983.

Chaque secteur fonctionnel et géographique a un sous-ministre adjoint à sa tête. Chaque secteur comprend plusieurs directions générales, ayant chacune à sa tête un directeur général. Les directions générales elles-mêmes comptent plusieurs directions, avec un directeur à la tête de chacune d'elles. Dans les directions géographiques, chaque agent est chargé d'un « pupitre », entretenant les relations avec un pays en particulier pour les grands pays ou un groupe de petits pays.

La croissance considérable du personnel diplomatique est un phénomène à retenir. Le Foreign Office occupait en 1914 176 personnes à Londres et 446 à l'étranger. En 1968, le tableau total de l'effectif dépassait

ORGANIGRAMME DU MINISTÈRE DES AFFAIRES ÉTRANGÈRES ET DU COMMERCE INTERNATIONAL

Ministre du commerce international

Ministre des Affaires étrangères

Ministre de la coopération internationale

Secrétaire d'État Asie-Pacifique

Secrétaire d'État Amérique latine, Afrique

Groupe du sous-ministre

Sous-ministre

Sous-ministre du Commerce international

Sous-ministre de la Coopération internationale

Sous-ministre associé

Secteurs fonctionnels

Expansion du commerce extérieur

Politique économique et commerciale

Affaires politiques et de sécurité internationale

Communications et culture

Affaires consulaires, immigration et passeports

Négociations commerciales multilatérales

Secteurs géographiques

Europe

États-Unis

Asie et Pacifique

Afrique et Moyen-Orient

Amérique latine et Antilles

Unités centrales

* Gestion centrale
* Planification et coordination des politiques
* Protocole
* Affaires juridiques
* Personnel

12 000 employés[50]. Que dire du ministère des Affaires étrangères et du Commerce international du Canada, qui ne comptait qu'une poignée de fonctionnaires en 1907 et qui se retrouve, en 1991, avec 2 382 employés à la Centrale à Ottawa et 6 762 déployés à l'étranger[51]. Chez les anciens du ministère des Affaires extérieures, on peut percevoir, surtout depuis l'intégration du Commerce, la nostalgie de l'époque pearsonnienne, où ils formaient une petite élite.

Le problème de la coordination se pose aussi dans les ambassades. Le chef de mission, l'ambassadeur, n'est pas seulement entouré d'agents diplomatiques — conseiller, 1er, 2e et 3e secrétaires — et du personnel de soutien qui dépendent directement de lui, mais aussi d'attachés provenant d'autres ministères. Les ambassades canadiennes n'ont pas de problèmes avec l'attaché commercial qui vient du même ministère, mais avec le personnel de l'ACDI, qui est pourtant sous l'autorité du même ministère, il y a toujours eu des problèmes d'intégration. Il en va de même avec les autres attachés. C'est pour cette raison que, sous le gouvernement Trudeau, un effort particulier fut fait pour intégrer les opérations dans chaque poste.

La question du recrutement des agents diplomatiques est délicate. Il y a deux écoles au niveau international : celle qui préfère la spécialisation, géographique et fonctionnelle, comme en France ou au Japon, et celle qui, comme au Royaume-Uni et au Canada, préfère un généraliste. Le diplomate canadien n'est pas un spécialiste au sens étroit du terme. S'il s'agit de questions fonctionnelles, le ministère est heureusement servi par ses méthodes de recrutement : il exige un diplôme universitaire et ses agents ont en principe une formation assez poussée dans l'un ou l'autre des domaines qui correspondent aux directions dont il s'agit (droit, économie politique et administration)[52].

Aux niveaux moyen et supérieur, par contre, il est clair que le chef d'une direction économique ou juridique ne peut pas être un agent qui n'a reçu qu'une formation juridique ou économique à l'université et qui a passé des années à l'étranger ou dans d'autres directions, avant d'être affecté du jour au lendemain à l'étude des problèmes légaux et économiques les plus importants du ministère. La solution adoptée consiste à laisser les agents au niveau moyen de leur carrière s'attacher pendant cinq, huit ou dix ans à l'étude de ces problèmes. La variété de leur

50. Jacques Chazelle, *op. cit.*, p. 59.
51. Affaires extérieures et Commerce extérieur Canada (1991), *Rapport annuel 1990-1991*, Ottawa, Affaires extérieures et commerce extérieur Canada.
52. Marcel Cadieux, *op. cit.*, p. 69-73.

entraînement antérieur en fait de meilleurs spécialistes, car ils sont déjà bien intégrés à l'équipe du ministère. Mais ils ne peuvent rester spécialistes indéfiniment. S'ils veulent continuer à progresser dans la carrière, ils doivent cesser d'être spécialistes et se préparer à prendre les postes les plus importants qui deviennent disponibles[53].

Le cas des régions est plus complexe. En Europe, dans les pays de civilisation occidentale, en Amérique latine et dans les pays anglo-saxons, il n'y a pas de problèmes. Les agents diplomatiques canadiens sont généralement de formation occidentale et il ne se présente qu'un problème linguistique qui, à quelques mois d'avis et après des allocations de temps libre, est résolu. Par contre, il faut des années pour apprendre le russe, le chinois ou le japonais. Quand le ministère a pu prévoir, assez longtemps à l'avance, le besoin d'experts pour un pays ou une région donnés, il a pu spécialiser des agents qu'il avait déjà recrutés d'après les normes générales. Par contre, lorsque les besoins ont surgi à l'improviste, il a fait appel à des spécialistes de l'extérieur, mais en exigeant qu'ils aient les aptitudes généralement exigées des agents ordinaires pour qu'ils puissent s'intégrer à la carrière. De même qu'il importe de resserrer les liens entre les agents à l'étranger et ceux d'Ottawa, en les faisant alterner tous les deux ou trois ans, il faut aussi établir des liaisons entre les régions : un spécialiste des questions d'Europe a intérêt au cours de sa carrière à faire un stage en Asie ou en Amérique du Sud. Il en est de même de l'expert en affaires chinoises ou japonaises, qui bénéficie d'un stage à Moscou[54].

Le concours d'admission au ministère des Affaires étrangères et du Commerce international a la réputation d'être difficile. La carrière est intéressante et le ministère n'a pas tort de choisir soigneusement son personnel parmi les nombreux candidats. Pour Harold Nicholson et Jules Cambon, le bon diplomate doit être précis, calme, patient, modeste et intègre. Pour le baron de Szilassy, dans son classique *Traité pratique de la diplomatie*, l'agent diplomatique est au fait du droit international et des différents accords politiques et économiques existant entre son propre pays et le pays accréditaire. Il se tient aussi au courant des autres matières qui se rattachent à la diplomatie. Pour Marcel Cadieux, le diplomate doit avoir des qualités morales et des connaissances étendues. Il doit avoir fait des lectures assez variées, en particulier connaître l'histoire diplomatique, le droit international et l'économie politique. Le diplomate doit pouvoir s'exprimer correctement et de façon précise, oralement et par écrit. Un plan est adopté par la Commission du Service civil et le ministère des

53. *Ibid.*, p. 73-74.
54. *Ibid.*, p. 74-77.

Affaires étrangères et du Commerce international pour la correction des examens du concours du Service extérieur[55].

À Ottawa, un bon jeune secrétaire étudie les dossiers systématiquement. Il les analyse, en prépare des résumés et détermine, s'il y a lieu, des initiatives à prendre. Il est aussi en mesure de décider, quand il traite une question, quels dossiers il y a lieu d'établir. Mais, en plus de savoir organiser et utiliser les dossiers, le secrétaire dirige la correspondance relative aux matières dont il est question dans ces dossiers, c'est-à-dire qu'il est capable de rédiger des lettres adressées au public et aux autres ministères. Son style est clair, simple et précis. Il a assez de jugement et de sens pratique pour savoir jusqu'où il peut aller. Il décide quels sont les problèmes qui lui faut référer à son supérieur immédiat, au sous-ministre, au ministre et même au Cabinet. Pour faire son travail efficacement, le secrétaire a donc besoin de comprendre l'organisation du ministère ainsi que les attributions des différents ministères. Cela implique chez lui une certaine connaissance du droit constitutionnel et administratif et de la procédure[56].

Le secrétaire prépare aussi des mémoires pour les directeurs et pour le ministre. Ces mémoires exposent un problème clairement et recommandent une certaine décision. Le secrétaire doit rédiger des dépêches et des télégrammes. Dans tous les cas, il connaît la limite exacte de son autorité et, si une autorisation spéciale est requise, il soumet la question, dans les formes établies, aux autorités compétentes. Pendant qu'il est à Ottawa, le secrétaire assiste à des réunions et se charge des comptes rendus. Il lui faut parfois préparer l'ordre du jour et, plus tard, rédiger la correspondance et les mémoires qui peuvent être nécessaires pour donner suite aux décisions prises au cours de la réunion. À l'occasion de réunions interministérielles, le secrétaire peut être amené à exprimer avec concision et clarté le point de vue de son ministère[57].

À l'étranger, le secrétaire rédige des rapports ou le compte rendu des conversations qu'il peut avoir avec les nationaux du pays où il est accrédité ou avec des Canadiens de passage. Il applique les règlements consulaires et administratifs qui déterminent le fonctionnement des missions canadiennes. À l'occasion, le jeune secrétaire prépare une revue de presse et entreprend des travaux de recherche dans certains domaines, à la demande du chef de mission et parfois même de son propre chef. Le jeune secrétaire agit aussi comme chef de bureau dans les missions moins importantes. Il surveille et assure alors l'exécution du travail. Le bon

55. *Ibid.*, p. 79-83.
56. *Ibid.*, p. 84-85.
57. *Ibid.*, p. 85-86.

secrétaire est de plus suffisamment qualifié pour étudier les conditions politiques et économiques du pays où il est accrédité et pour préparer des rapports périodiques sur ces divers sujets pour renseigner le ministère. Le plus souvent aussi, le jeune secrétaire effectue des tâches consulaires et distribue des renseignements sur le Canada. Ainsi, pour faire son travail à l'étranger, le jeune secrétaire doit connaître le droit international et l'histoire diplomatique, le travail de recherche, les arts et les lettres du Canada et du pays accréditaire, les sources d'information, leur importance relative, l'organisation des archives, la politique du pays accréditaire et les influences qui peuvent la façonner[58].

Marcel Cadieux résume en cinq points les qualités d'un bon secrétaire, en se basant sur les auteurs classiques, le barème de correction des examens, la carrière des plus brillants diplomates canadiens et la nature même de son travail : 1) une bonne préparation universitaire, avec une connaissance quelque peu poussée des affaires canadiennes et internationales; 2) un bon jugement, c'est-à-dire l'aptitude à dégager des conclusions pratiques, à utiliser le savoir académique ou encore des renseignements obtenus par des moyens scientifiques; 3) de la précision, de l'ordre, de l'efficacité; 4) le don d'expression; et 5) les qualités personnelles et morales. Selon les principes établis par la Commission du Service civil, l'avancement s'effectue essentiellement au mérite[59].

LA COMPLEXITÉ DE LA FORMULATION ET DE L'ADMINISTRATION DE LA POLITIQUE EXTÉRIEURE

La politique étrangère est particulièrement difficile à administrer. En effet, contrairement aux politiques internes, elle doit tenir compte à la fois des intrants (inputs) internes et des extrants, puisqu'elle est à la charnière du système interne et du système international[60].

Dans la capitale de la plus grande puissance du globe, fort nombreux sont ceux qui ont voix au chapitre dans la formulation de la politique étrangère. Le public fait entendre sa voix. Il y a des experts dans les universités qui ne cessent de produire des traités sur les divers aspects de la politique étrangère. Au Département d'État, les penseurs et les planificateurs officiels sont à l'œuvre. Un wagon de matériaux est à la disposi-

58. *Ibid.*. p. 86-87.
59. *Ibid.*, p. 87-97.
60. André DONNEUR et Onnig BEYLERIAN (1987), « La politique étrangère : état des travaux scientifiques », dans *Analyse des relations internationales : approches, concepts et données*, édité par Baghat KORANY, Montréal, Gaëtan Morin éditeur, p. 225-226.

tion du président et du secrétaire d'État sur n'importe quel sujet. Et, comme si ce processus n'était pas assez complexe, les États-Unis doivent aussi tenir compte des vues de plus de quarante alliés. Le président et le secrétaire d'État ne peuvent ignorer le Congrès, particulièrement ses deux comités, le Comité des relations étrangères et celui des affaires étrangères. Pour digérer ses multiples renseignements et influences, le Président et le secrétaire d'État doivent être entourés d'un petit nombre d'administrateurs de haut rang, capables de les aider à prendre les décisions[61].

À une échelle plus réduite, la question se pose de la même manière à Ottawa. Nous avons vu la difficulté de coordonner la politique étrangère, d'autant plus qu'aujourd'hui la « basse » politique a pris une place considérable et couvre un champ qui aurait étonné un Norpois. L'ampleur aussi du réseau de relations que le Canada entretient à l'extérieur tant avec des pays qu'avec des organisations internationales multiples et souvent fort différentes, comme le Commonwealth, la Francophonie ou l'Organisation des États américains, apporte un input considérable au processus de formulation et de mise en œuvre de la politique extérieure.

Bien entendu, cette ampleur des relations se traduit à l'extérieur par un vaste réseau diplomatique qui doit exercer son activité dans un champ très large, de la négociation du désarmement à la préparation d'un accord sur les quotas de pêche, en passant par la coopération au développement.

L'ÉVALUATION DES POLITIQUES EXTÉRIEURES

Comme on le sait, le problème de l'évaluation des politiques n'est pas simple. On peut imaginer, vu la complexité, l'ampleur et le secret qui entoure une partie de ses activités, combien il doit être difficile d'évaluer les politiques extérieures. C'est pour cette raison que l'évaluation des politiques étrangères n'a pas encore fait sa marque chez les spécialistes des relations internationales. Il n'existe pas de schème théorique ni de modèle empirique spécifique pour évaluer une politique étrangère. Regardée avec suspicion par les praticiens de la politique étrangères, tant décideurs que diplomates, l'évaluation des politiques étrangères reste un champ largement inexploré[62].

Pourtant, elle n'en constitue pas moins une activité scientifique intéressante, malgré la difficulté d'obtenir des résultats significatifs et de ne

61. H.R. VOHRA (1961), « Foreign Policy and Public Opinion », dans *Diplomacy in Evolution*, édité par D.L.B. HAMLIN, Toronto, University of Toronto Press, p. 30-31.
62. André DONNEUR et Onnig BEYLERIAN, *op. cit.*, p. 227.

pas heurter des susceptibilités, et socialement désirable à l'heure où l'on cherche à diminuer les dépenses publiques[63].

Mesurer dans la modification d'une situation la part qui revient à une politique dont les décideurs avaient escompté qu'elle aurait une influence est une opération salutaire. Elle permet d'examiner si une autre politique n'aurait pas été plus profitable et si, à l'avenir, dans une situation similaire il ne vaudrait pas mieux adopter cette autre politique[64].

Malgré tous les obstacles, il serait donc utile, surtout dans le domaine de certaines « basses » politiques, où des sommes importantes sont en jeu, d'utiliser les méthodes d'évaluation qui ont fait leurs preuves en politique interne.

CONCLUSION : D'HIER À DEMAIN

On a vu combien la conduite des affaires extérieures et la diplomatie avaient évolué au XXe siècle. De la haute politique (*high politics*), où se mouvait le diplomate traditionnel à la Norpois, plus habile à manier la périphrase qu'à traiter d'avantages commerciaux, on est passé aux basses politiques (*low policies*), où l'expert vient épauler le diplomate pour traiter minutieusement de questions terre à terre. Certes, la haute politique n'a pas disparu, mais là aussi les méthodes ont évolué avec la rapidité des déplacements des ministres des Affaires étrangères et des chefs de gouvernement, les moyens de communication rapide et la pression d'une opinion publique, sinon renseignée, du moins informée.

La politique étrangère classique a fait place aux politiques extérieures multiples. Tout problème interne trouve son prolongement à l'extérieur et nécessite donc des négociations internationales. On voit, par exemple, combien un problème comme la pêche nécessite aujourd'hui une diplomatie vigoureuse. Et l'on a pu mesurer combien peut être complexe un accord sur le commerce international, que cela soit à l'échelle mondiale ou régionale. Il suffit de penser aux efforts que déploient les agents du ministère des Affaires étrangères et du Commerce international pour régler, provisoirement, un problème aussi concret que l'exportation du bois d'œuvre vers les États-Unis.

Une autre innovation spectaculaire de la diplomatie au XXe siècle se trouve dans l'avènement et la multiplication de la diplomatie de conférences. Certes, au XIXe siècle, on avait connu les réunions du Concert, qui

63. *Ibid.*, p. 227.
64. *Ibid.*, p. 228.

groupait les représentants des grandes puissances. Mais ce club exclusif tenait ses réunions dans une atmosphère feutrée de conclave, qui n'a rien à voir avec le caractère parlementaire des débats à l'Assemblée générale des Nations Unies. Certains nostalgiques de la diplomatie classique déplorent ces conférences intergouvernementales que sont l'Assemblée générale des Nations Unies et même le Conseil de sécurité, les qualifiant de gaspillage de temps, d'énergie et d'argent. Cependant, la première chose que désire un État nouvellement indépendant, c'est de devenir membre des Nations Unies et d'installer une mission permanente à New York.

L'avenir de la conduite des affaires extérieures et de la diplomatie est tracé. On ne reviendra jamais à la diplomatie traditionnelle. Certes, les qualités de discrétion, de précision dans le langage et dans l'écrit, de prudence, de jugement, et la culture générale étendue sont des caractéristiques immuables du diplomate. Mais la capacité d'adaptation aux situations nouvelles et d'assimilation de nouvelles connaissances dans des domaines variés devient de plus en plus nécessaire. Avec la fin de la guerre froide, les problèmes concrets à résoudre, aussi bien en « haute » qu'en « basse » politique, occuperont toujours davantage le champ diplomatique.

BIBLIOGRAPHIE

ACHESON, Dean (1958), *Power and Diplomacy*, Cambridge, Harvard University Press.

ACHESON, Dean (1958), *Meetings at the Summit : A Study in Diplomatic Method*, Durham, University of New Hampshire Press.

Affaires extérieures et commerce extérieur Canada (1991), *Rapport annuel 1990-1991*, Ottawa, Affaires extérieures et Commerce extérieur Canada.

ALLISON, Graham (1971), *Essence of Decision : Explaining the Cuban Missile Crisis*, Boston, Little Brown.

BUNDY, H.H. et ROGERS, J.G. (1949), *The Organization of the Government for the Conduct of Foreign Affairs*, Washington, Government Printing Office.

CADIEUX, Marcel (1962), *Le diplomate canadien*, Montréal, Fides.

CAHIER, Philippe (1962), *Le droit diplomatique contemporain*, Genève, IUHEI.

CHAZELLE, Jacques (1968), *La diplomatie*, Paris, Presses universitaires de France.

DER DERIAN, J. (1987), *On Diplomacy : A Genealogy of Western Estrangement*, Oxford, Basic Blackwell.

DONNEUR, André (1994), *Politique étrangère canadienne*, Montréal, Guérin universitaire.

DONNEUR, André et Onnig BEYLERIAN (1987), « La politique étrangère : état des travaux scientifiques », dans *Analyse des relations internationales : approches, concepts et données*, édité par Baghat KORANY, Montréal, Gaëtan Morin éditeur, p. 221-251.

FARRELL, R. Barry (1969), *The Making of Canadian Foreign Policy*, Scarborough, Prentice-Hall of Canada.

GUGGENHEIM, Paul (1953), *Traité de droit international public*, Genève, Georg.

HAMLIN, D.L.B., dir. (1961), *Diplomacy in Evolution*, Toronto, University of Toronto Press.

HILLIKER, John (1990), *Le ministère des Affaires extérieures du Canada*. Vol. 1 : *Les années de formation, 1909-1946*, Québec, Presses de l'Université Laval/Institut d'administration publique du Canada.

HILLIKER, John et Donald BARRY (1995), *Le ministère des Affaires extérieures du Canada*. Vol. 2 : *L'essor, 1946-1968*, Québec, Presses de l'Université Laval/Institut d'administration publique du Canada.

HOLSTI, K.J. (1983), *International Politics : A Framework for Analysis*, Englewood Cliffs, Prentice-Hall.

KAUFMANN, Johan (1968), *Conference Diplomacy : An Introductory Analysis*, Leyden, Sijthoff.

LAUREN, Paul Gordon, éd. (1979), *Diplomacy : New Approaches in History, Theory, Policy*, New York, Free Press.

NICHOLSON, Sir Harold G. (1964), *Diplomacy*, Londres, Oxford University Press.

ROSENAU, James (1971). *The Scientific Study of Foreign Policy*, New York, MacMillan.

SATOW, Sir Ernest (1957), *A Guide to Diplomatic Practice*, Londres, Longmans Green.

SHEA, Michael (1996), *To Lie Abroad : Diplomacy Reviewed*, Londres, Sinclair-Stevenson.

CHAPITRE 11

La participation aux organisations internationales

DANIEL HOLLY

ABRÉVIATIONS ET SIGLES 368

DÉFINITION D'UNE ORGANISATION INTERNATIONALE ... 370

LA NAISSANCE DES ORGANISATIONS INTERNATIONALES .. 371

LES FONCTIONS
DES ORGANISATIONS INTERNATIONALES 373

UNE PARTICIPATION IMPOSANTE 375

DES EFFETS POTENTIELLEMENT NON NÉGLIGEABLES 377

DE LA POLITIQUE ÉTRANGÈRE 378

UNE STRUCTURE ADMINISTRATIVE COMPLEXE 380

UN NIVEAU PARTICULIÈREMENT IMPORTANT 382

DES CHEVAUCHEMENTS INÉVITABLES 384

UNE CONVERGENCE CERTAINE 385

UN PROCESSUS DÉCISIONNEL SOUPLE 386

CONCLUSION 387

BIBLIOGRAPHIE INDICATIVE 388

ABRÉVIATIONS ET SIGLES

ACCT	Agence de coopération culturelle et technique
ACDI	Agence canadienne de développement international
BID	Banque interaméricaine de développement
BIRD	Banque internationale pour la reconstruction et le développement ou Banque mondiale
BIT	Bureau international du travail
CNUCED	Conférence des Nations Unies pour le commerce et le développement
FAO	Food and Agriculture Organization
FMI	Fonds monétaire international
OAA	Organisation des Nations Unies pour l'alimentation et l'agriculture
OACI	Organisation de l'aviation civile internationale
OCDE	Organisation de coopération et de développement économique
OEA	Organisation des États américains
OIT	Organisation internationale du travail
OMC	Organisation mondiale du travail
OMCI	Organisation intergouvernementale consultative de la navigation maritime
OMM	Organisation météorologique mondiale
OMPI	Organisation mondiale de la propriété industrielle
OMS	Organisation mondiale de la santé
ONG	Organisation non gouvernementale
ONU	Organisation des Nations Unies
ONUDI	Organisation des Nations Unies pour le développement industriel
OSCE	Organisation pour la sécurité et la coopération européenne
OTAN	Organisation du Traité de l'Atlantique Nord
OUA	Organisation de l'unité africaine
PAM	Programme alimentaire mondial
PNUD	Programme des Nations Unies pour le développement
SDN	Société des Nations
UNESCO	Organisation des Nations Unies pour l'éducation, la science et la culture
UPU	Union postale universelle
UTI	Union télégraphique internationale

Pays important économiquement et politiquement dans le monde, grâce notamment au développement de son économie, le Canada est très impliqué dans la conduite des affaires mondiales. Sa position internationale a pour conséquence, entre autres choses, que le pays a des intérêts mondiaux dont la poursuite est une obligation. C'est notamment le cas en matière commerciale. Le Canada doit tout faire pour protéger ses marchés d'exportation et pour les élargir, de façon à soutenir la croissance de l'économie canadienne et à maintenir le niveau de vie de la population. Très présent sur la scène mondiale, il a ainsi une étonnante activité dans les relations internationales. Il en découle que la gestion des relations internationales du pays absorbe beaucoup de temps et d'énergie. Il y a mieux.

Cette intense activité s'exerce dans différents cadres, en particulier dans celui des organisations internationales.

La participation du Canada aux organisations internationales est un champ d'action généralement mal connu. Certes, le grand public est au courant de l'implication du Canada dans certaines opérations de maintien de la paix (Chypre, Bosnie, etc.) entreprises par l'Organisation des Nations Unies (ONU). Mais, ce que l'on sait moins et qui, de ce fait, est peu publicisé, c'est l'appartenance du Canada à un très grand nombre d'organisations internationales.

Ce n'est pas par altruisme ni uniquement pour des considérations de prestige que le Canada adhère à ces institutions internationales. Celles-ci sont, entre autres choses, des moyens de réaliser des objectifs internationaux du gouvernement fédéral. D'où l'importance que nos dirigeants leur accordent le soin qu'ils apportent à l'administration de ce secteur d'activité. Quiconque s'intéresse à ces questions doit donc développer certaines connaissances appropriées, susceptibles d'éclairer le fonctionnement d'une partie de l'administration publique. Dans un monde de plus en plus interdépendant, les relations internationales d'un pays occupent une si large place dans sa vie politique que l'on ne saurait impunément s'en désintéresser. Dans le cas présent, plusieurs questions se présentent à l'esprit et sollicitent notre attention : Qu'est-ce qu'une organisation internationale ? Quelles fonctions remplissent ces institutions ? Pourquoi ont-elles été créées ? Quelle place occupent-elles dans l'ensemble de la politique étrangère du Canada ? Et comment le Canada gère-t-il sa participation à ces organisations ?

DÉFINITION D'UNE ORGANISATION INTERNATIONALE

Pierre-F. Gonidec définit une organisation internationale comme « un groupement d'États, créé par accord entre les États fondateurs et doté d'une certaine personnalité internationale et d'un appareil permanent qui lui permettent de poursuivre la réalisation des objectifs définis par l'accord de base[1] ». Cette définition attire l'attention sur certains traits fondamentaux des organisations tout en permettant de comprendre l'intérêt que leur portent les États. Les membres de ces institutions sont des États. Les entités non étatiques ne peuvent donc pas y adhérer, même si parfois on peut leur reconnaître un certain statut. Ce fut le cas, au moment du processus de décolonisation des années 1960, de différents mouvements de libération nationale, qui purent se faire représenter et entendre à l'Assemblée générale des Nations Unies. Plus près de nous, l'Organisation de libération de la Palestine s'est vu octroyer le statut d'observateur à l'ONU.

Cependant, des entités non étatiques peuvent être associées aux travaux des organisations internationales. Les plus connues sont les organisations non gouvernementales, les fameuses ONG (Médecins sans frontières, etc.), qui peuplent aujourd'hui la scène mondiale. Nombre d'entre elles ont des relations étroites avec des organisations internationales et accomplissent même des missions pour ces dernières dans divers projets. Toutefois, elles n'en sont pas membres.

On doit retenir également que c'est par un accord international qu'est créée une organisation internationale. Cela signifie qu'aucun État ne saurait être contraint d'en faire partie. C'est librement que cette partici-

---

1. Pierre-F. Gonidec (1977), *Relations internationales*, Paris, Éditions Montchrestien, p. 171; aussi, Michel Virally (1977), *L'organisation mondiale*, Paris, A. Colin.

pation est acquise. Il faut à ce sujet distinguer les membres originels d'une organisation de ceux qui y adhèrent après coup. Dans le second cas, l'adhésion signifie l'acceptation par le nouvel État des principes prônés par l'organisation et acquiescement de la majorité des membres à la demande d'admission.

En outre, une organisation internationale possède un appareil permanent, c'est-à-dire une structure organisationnelle propre. C'est là un caractère essentiel. L'organisation internationale dispose ainsi d'un instrument d'intervention indispensable à la réalisation des tâches qui lui sont confiées. C'est aussi le moyen de son autonomie.

Retenons enfin que la raison d'être des organisations réside dans les objectifs dont la réalisation lui est confiée. Au point de départ de la décision de les créer, on trouve la perception par un certain nombre d'États de l'existence de problèmes communs et la prise de conscience de la nécessité d'une action concertée pour tenter de les affronter. C'est ce rôle, ces activités–interventions prévisibles sur la scène mondiale et leurs effets potentiels, qui explique l'intérêt des États et sous-tend leur participation aux travaux des organisations internationales. Pour mieux cerner la spécificité de ce type d'institutions politiques, il est utile de nous pencher sur leurs origines.

LA NAISSANCE DES ORGANISATIONS INTERNATIONALES

Selon Gonidec, encore une fois, il y aurait aujourd'hui quelques centaines d'organisations internationales dans le monde[2]. Le XXe siècle serait le siècle des organisations internationales. Ces dernières apparaissent pour la première fois en 1865, avec la création de l'Union télégraphique internationale (UTI). C'est donc un phénomène récent, vieux d'à peu près cent trente ans. En tout, une cinquantaine d'organisations internationales voient le jour entre 1865 et 1914. Citons pour mémoire la mise sur pied de l'Union postale universelle, en 1878; de l'Union sur les chemins de fer, en 1890; du Bureau international des poids et mesures, en 1875; de l'Union pour la protection de la propriété industrielle, en 1883; de l'Union radiotélégraphie internationale en 1906, etc. La formule a donc du succès. Face à une telle réussite, une question se présente à l'esprit: Qu'est-ce qui est à l'origine de leur création? Ou, en d'autres termes, quelles sont les principaux traits de la conjoncture qui conduisent à un tel développement?

2. P.-F. Gonidec, *op. cit.*, p. 179.

Le facteur le plus important, c'est, au cours de la période qui s'ouvre en 1865, la constitution du monde en système mondial. Des relations de type spécifique sont établies entre les États et entre les différentes régions. Le fait capital, c'est la poursuite de l'expansionnisme européen dans le monde. Des régions entières, jusque-là marginales dans les relations internationales, sont intégrées par la force au jeu international. C'est le triomphe de l'impérialisme colonial[3] avec le partage de l'Afrique et la colonisation d'une partie de l'Asie. Toutefois, et c'est fondamental, les rapports ainsi établis sont inégalitaires, en ce sens que les territoires touchés par la colonisation sont dépendants, dominés. En effet, à l'initiative des grandes puissances de l'époque, ces régions sont cantonnées dans la production de certaines marchandises, notamment de matières premières, ce qui les relègue à des fonctions inférieures dans un ordre économique mondial en formation. Parallèlement, les puissances dominantes se réservent les productions les plus dynamiques et les plus rentables. Ainsi se constitue une division internationale du travail qui perdure encore aujourd'hui. Il en est de même au plan politique : la domination des puissances occidentales sur les autres peuples est incontestable. Elle s'appuie sur la force et la collaboration de certains groupes sociaux de ces territoires dominés. Et tout ceci a sa contrepartie dans l'imposition des modèles culturels occidentaux. La stabilité de ces relations, leur caractère récurrent, indique clairement que nous sommes en présence de structures qui, ensemble, constituent « l'organisation » d'un système mondial englobant, qui se met en place dans la seconde moitié du XIXe siècle.

Or, la formation de ce système a pour corollaire l'apparition de problèmes et de situations qui d'emblée concernent plus d'un État. Certains sont d'une telle importance que toute prolongation de l'état de choses en question fait peser des menaces sur l'ordre du monde. Il en est ainsi, par exemple, à l'époque, des effets de la concurrence en matière de technologie de communication entre les principaux pays producteurs et des politiques suivies en ce domaine par les États. L'absence de réglementation internationale de ce champ d'intérêt général empêche une circulation optimale des informations de toute nature si nécessaires au bon fonctionnement du système mondial. Il suffit de penser à l'utilité, pour le mouvement général des investissements internationaux, de renseignements sur l'état de l'économie d'un pays ou d'une entreprise industrielle, pour se convaincre de cette « vérité ». L'impossibilité pour tout État, quelle qu'en soit la puissance, d'imposer une solution à ces questions a pour conséquence d'obliger la communauté internationale à coopérer. D'où la

3. Pierre RENOUVIN (1958), *Histoire des relations internationales, Tome VI, Le XIXe siècle*, Paris, Hachette; Maurice BAUMONT, *L'essor industriel et l'impérialisme colonial*, Paris.

création de l'Union télégraphique internationale (UTI) en 1865. C'est l'apparition de problèmes de ce genre qui est à l'origine des organisations internationales. Et c'est pourquoi ces dernières ne pouvaient apparaître qu'alors, c'est-à-dire au moment où l'interdépendance planétaire devient une réalité achevée.

Il faut ajouter à ce facteur le rôle non négligeable des leaders politiques. Ces solidarités entre les États, une fois reconnues comme telles, exigeaient une action, imposaient des interventions. Ce sera là le rôle des chefs d'État et des leaders politiques. C'est à leur initiative que sont convoquées les conférences internationales qui aboutissent à la création des organisations internationales. On retiendra donc que des facteurs objectifs (le développement d'un système mondial) et des facteurs subjectifs (le rôle des individus) sont à l'origine de l'apparition des organisations internationales.

Cependant, l'action de ces forces est continue. Aux organisations internationales de la première génération s'ajoutent d'autres. C'est à une véritable explosion qu'on assiste dans ce domaine, après 1914. Sont créées tour à tour la Société des Nations (SDN, 1919), l'Organisation des États américains (OEA, 1945), l'Organisation de coopération et de développement économique (OCDE, 1961), l'Organisation de l'unité africaine (OUA, 1962), etc. Le resserrement, toujours plus grand, de l'articulation des espaces nationaux et ses conséquences sur « l'internationalisation » de certains problèmes et situations opèrent dans toute leur force. Cette prolifération, malgré certains échecs, signifie à tout le moins utilité, instrumentalité des organisations internationales et soulève en même temps la question de leurs fonctions dans les relations internationales.

LES FONCTIONS DES ORGANISATIONS INTERNATIONALES

Il en a déjà été question dans la section précédente, alors qu'il a été établi que la gestion des problèmes communs à une pluralité d'États relève des organisations internationales. Ces problèmes sont de différentes natures. Certains sont politiques, d'autres économiques ou culturels. C'est d'ailleurs la raison première de la relative spécialisation des organisations internationales, dont les unes sont éminemment politiques : l'ONU, l'OTAN, alors que d'autres œuvrent fondamentalement dans le domaine économique : la Banque mondiale (BIRD), le Fonds monétaire international (FMI), par exemple, ou culturel et social : l'UNESCO, l'Organisation mondiale de la santé. Il est dès lors possible, à partir de ce constat, de distinguer les fonctions politiques des fonctions économiques, sociales et culturelles des organisations internationales. Les activités entreprises alors à ces divers titres viseront à établir dans le monde certaines conditions indispensables au fonctionnement et au maintien (reproduction) du système mondial, dont le développement, on s'en souviendra, était un des facteurs à l'origine des organisations internationales. Un exemple illustrera très bien cette dernière affirmation.

Il s'est constitué, en même temps que le système mondial, une économie mondiale définie comme « l'ensemble des activités économiques de la planète, en large partie coordonnées et structurées par la dynamique du capitalisme aux échelles nationale et mondiale[4] ». Elle comprend toutes les économies nationales. Elle a, toutefois, ses propres règles de fonctionnement et de développement. Quelles sont, aujourd'hui, certaines de ces règles ? Schématiquement, on peut relever les suivantes : libre circulation des capitaux et des marchandises, rôle central de l'initiative privée (secteur privé) dans l'économie, limitation du rôle de l'État et resserrement de l'insertion des économies nationales dans l'économie mondiale. On comprendra que le développement de l'économie mondiale est à ces conditions. Sans liberté de circulation des capitaux, par exemple, les investissements internationaux seront limités, ralentissant ainsi l'expansion du système productif mondial. Il est donc fondamental que des dispositions soient prises et des mécanismes mis en place pour assurer l'essor des investissements productifs et, partant, de l'économie mondiale. Cette régulation, à son tour, débouche sur la reproduction de l'économie mondiale et du système mondial. Les organisations internationales y participent largement. À leur façon, elles sont des éléments des mécanismes de régulation dont nous venons de parler. Ainsi, il est de la responsabilité de la Banque mondiale et du Fonds monétaire international de faire en sorte que les gouvernements des États membres, notamment ceux des pays en développement, se « plient » à ces règles, contribuant par là, du même coup, au mouvement de l'économie mondiale. Les moyens utilisés à ces fins sont variés : prêts, pressions, conditions d'accès aux ressources détenues, etc. C'est cette relation avec l'ordre du monde qui pare les organisations internationales d'un attrait certain pour les États, particulièrement les grandes puissances.

En effet, de tous les États, les grandes puissances sont les premières touchées par l'évolution du système mondial. Elles ont, pour la plupart, des intérêts mondiaux et, soucieuses de les protéger et de garder leur position dans la hiérarchie mondiale, elles suivent attentivement le mouvement général des rapports internationaux et agissent activement pour

---

4. Michel BEAUD (1989), *L'économie mondiale dans les années 80*, Paris, La Découverte.

promouvoir leurs idées et faire avancer leurs intérêts. À cela s'ajoute la propension des pays développés à économie de marché à définir des positions communes sur les principaux problèmes internationaux et sur l'ordre mondial et à agir collectivement dans la promotion des politiques ainsi déterminées. Il faut se rappeler que le système mondial est un système social hiérarchisé inégalitaire, fondé sur la domination. Il s'ensuit que la reproduction de cette structure dominants/dominés est une des formes de la reproduction d'ensemble du système mondial.

Toutefois, les pays dominés ont, malgré l'inscription du rapport de domination dans la structure des organisations internationales, intérêt à y adhérer. D'un côté, leur participation aux travaux et activités de ces dernières leur permet d'exercer une certaine influence, si minime soit-elle, sur le cours des affaires mondiales, de l'autre, cela leur donne une visibilité internationale qu'autrement ils n'auraient pas. Enfin, la nature de plus en plus mondiale de certains problèmes (pollution, population, etc.) et la nécessité d'y apporter ensemble des solutions appropriées expliquent cette présence agissante des pays en développement.

Il ressort de ce qui précède que les organisations internationales sont aujourd'hui des institutions essentielles des relations internationales, en plus d'être des instruments de mise en œuvre de la politique des États. Aussi est-il nécessaire, pour bien cerner les rapports du Canada à celles-ci et pour bien comprendre les contraintes qui pèsent sur la gestion de telles relations, de présenter sommairement les objectifs de la politique extérieure du Canada. Mais, avant, une question sollicite notre attention : Quel tableau pouvons-nous dresser de l'importance de la participation canadienne aux organisations internationales ?

UNE PARTICIPATION IMPOSANTE

Dans les paragraphes précédents nous avons mis en lumière l'intérêt pour le Canada d'adhérer aux organisations internationales. Qu'en est-il dans la réalité ? De quelles organisations internationales est-il membre ? Voilà autant de questions qu'il est urgent de considérer pour nous faire une idée de l'importance de ce secteur dans l'ensemble de la politique extérieure canadienne, d'une part, et pour nous habiliter à cerner les problèmes que pose l'administration de la participation canadienne à ces institutions, d'autre part.

Il est peu probable que le Canada ait fait partie des Unions administratives, ces premières organisations internationales. Son statut à l'intérieur de l'Empire britannique ne le permettait pas. Par contre, le Canada est membre à part entière de la Société des Nations (SDN), une organisation internationale créée en 1919 après la Première Guerre mondiale[5]. Entre 1919 et 1945, plusieurs autres organisations voient le jour, au nombre desquelles la Commission de la navigation aérienne (1919), l'Organisation internationale du travail (OIT) (1919), la Cour permanente de justice internationale (1920), le Comité international pour les réfugiés (1939), etc. Ces organismes sont reliés à la SDN et l'on peut supposer que le Canada s'intéresse à leurs activités et y participe. C'est le cas de l'OIT. Le Canada en est membre et jouera un rôle non négligeable dans sa survie, en acceptant, selon la proposition du directeur général de l'OIT d'alors, John G. Winant, le transfert du Bureau international du travail (BIT) à Montréal, en 1940[6].

La participation du Canada aux organisations internationales connaît un essor sans précédent à partir de la Seconde Guerre mondiale. L'échec de la SDN fournit aux États-Unis l'occasion de relancer les efforts en vue de la création d'une nouvelle organisation internationale. L'Organisation des Nations Unies (ONU) voit le jour en 1945. Le Canada en est un des membres fondateurs. Il participe d'ailleurs activement à la mise sur pied de certaines institutions spécialisées des Nations Unies, véritables organisations internationales à part entière. Ainsi, Lester B. Pearson (futur premier ministre du Canada) est le président de la Commission intérimaire de la Conférence sur l'agriculture et l'alimentation qui définit le cadre général de l'Organisation des Nations Unies pour l'alimentation et l'agriculture (OAA)[7]. On peut noter également le rôle de premier plan joué par le Canada au moment de la création de l'UNESCO[8]. Toujours est-il que le Canada adhère dès le début aux institutions spécialisées des Nations Unies à titre de membre à part entière. Citons pour mémoire l'OIT, l'Organisation de l'aviation civile internationale (OACI) dont le siège est à Montréal, l'Organisation mondiale de la santé (OMS), la Banque internationale pour la reconstruction et le développement (BIRD), le Fonds monétaire international (FMI), l'Organisation météorologique mondiale (OMM), l'Organisation intergouvernementale consultative de la navigation maritime (OMCI), l'Organisation mondiale de la propriété industrielle (OMPI), l'Union postale universelle (UPU) et, jusqu'il y a quelques années, l'Organisation des Nations Unies pour le développement industriel (ONUDI). Pour se faire une idée exacte de l'engagement du Canada, il faut aussi prendre en considération son implication dans

5. F.H. Soward et Edgar McInnis (1974), *Canada and the United Nations*, Westport, Connecticut, Greenwood Press Publishers, chapitre 1.
6. Manuela Tortola (1980), *Institutions spécialisées et organisation mondiale : étude des relations de l'OIT avec la SDN et l'ONU*, Bruxelles, Emile Bruylant, p. 113.
7. F.H. Soward et Edgar McInnis, *op. cit.*, p. 11.
8. *Ibid.*, p. 189.

les travaux des organes subsidiaires de l'ONU, au nombre desquels l'UNICEF, le Programme des Nations Unies pour le développement (PNUD), la Conférence des Nations Unies sur le commerce et le développement (CNUCED), etc.

En outre, relevons qu'en dehors des Nations Unies, le Canada est un membre actif de toute une série d'autres organisations. Nous avons déjà noté son appartenance à l'OTAN, à l'OSCE, à l'OCDE, à l'OMC. Il faut ajouter son adhésion à l'Organisation des États américains (OEA), à la Banque interaméricaine de développement (BID), au Commonwealth, au Commandement de la défense aérospatiale de l'Amérique du Nord (NORAD) et à l'Agence de coopération culturelle et technique de la francophonie (ACCT).

Voilà un tableau éloquent : la participation du Canada aux organisations internationales est impressionnante, reflétant l'importance de ces institutions politiques dans les relations internationales aujourd'hui et la position du Canada sur la scène mondiale. Ces organismes couvrent, en effet, comme nous l'avons constaté, pratiquement tout le spectre social, leurs activités s'étendant du politique à l'économique en passant par le social.

Cette très grande diversité d'appartenance, la complexité et le nombre élevé des questions et situations traitées par ces organisations entraînent des problèmes particuliers dans l'administration de la politique étrangère.

DES EFFETS POTENTIELLEMENT NON NÉGLIGEABLES

Il est certain qu'aucun individu ou aucune unité administrative ne peut prétendre maîtriser seul les dossiers pertinents traités par une organisation internationale. Du point de vue technique, comme de celui du nombre, cela est impossible. La spécialisation relative des tâches imparties à une organisation internationale, l'étendue du mandat de chacune d'elles, l'organisation de leur travail et les contraintes de fonctionnement de ces grandes bureaucraties, on peut valablement le supposer, ont une incidence profonde sur la répartition des responsabilités au sein de l'appareil gouvernemental des États membres. La gestion des dossiers sera décentralisée, imposant le recours à des mécanismes et procédures d'arbitrage et de coordination. C'est par une organisation systématique du travail que les questions d'élaboration des politiques, de suivi administratif et d'efficacité seront réglées. Il est nécessaire de ne pas perdre de vue que, dans ses rapports avec une organisation internationale, un État membre est, d'une part, interpellé par les décisions, les politiques et initiatives de celle-ci et, d'autre part, amené à en faire un instrument de son action internationale, en y inscrivant certains objectifs de sa politique étrangère. Ce qui conduit cet État, à terme, à se définir une politique vis-à-vis cette organisation, soit pour la renforcer soit pour l'affaiblir. Telles sont les orientations possibles des relations entre un État membre et une organisation internationale. Dans cette perspective, le Canada doit non seulement voir à être représenté au sein des institutions internationales, mais encore aménager le processus décisionnel de façon à tenir compte de la spécifité des domaines concernés, et des intérêts des ministères visés. L'organisation administrative reflétera inévitablement cet état de choses. Toutefois, avant d'aborder cette question, il nous faut replacer les relations du Canada avec les organisations internationales dans leur contexte, c'est-à-dire la politique étrangère.

DE LA POLITIQUE ÉTRANGÈRE

Pour analyser les objectifs canadiens dans les relations internationales, particulièrement en ce qui a trait aux organisations internationales, il est important de prendre en considération le fait que ces dernières sont à la fois instruments et objets de la politique étrangère canadienne. Il s'agira alors de distinguer les objectifs dont la réalisation repose en partie sur le recours au caractère instrumental des organisations internationales de ceux qui visent essentiellement celles-ci. Il va sans dire que ces deux aspects sont étroitement liés puisque le choix d'une organisation internationale comme instrument d'exécution de la politique étrangère suppose une adhésion ferme et un soutien actif aux buts de ladite organisation. Cela étant précisé, comment se présentent les objectifs de la politique étrangère canadienne ?

Nous serons bref. Schématiquement, on peut relever trois grands objectifs du Canada sur la scène mondiale : la promotion de la prospérité et de l'emploi, la protection de la sécurité du pays dans un cadre mondial stable et la projection des valeurs et de la culture canadienne[9]. Des buts restreints et plus ciblés sont définis pour chacun de ces objectifs majeurs. Citons pour mémoire, par exemple, en rapport avec le premier (la promotion de la prospérité et de l'emploi), les politiques que s'engage à suivre le gouvernement fédéral : a) gérer les relations économiques du Canada avec les États-Unis; b) œuvrer en faveur d'un système commercial inter-

9. Gouvernement du Canada (1995), *Le Canada dans le monde*, Ottawa, Gouvernement du Canada, p. 12. Comme il apparaît clairement, la poursuite de ces buts est indissociable des préoccupations domestiques du gouvernement. La politique étrangère sert en partie des fins internes.

national ouvert; c) renforcer les liens économiques avec l'Europe; d) bâtir des relations avec les nouveaux marchés; e) mettre en place des règles et des institutions pour le nouveau système financier mondial, etc.[10]

Il n'est pas nécessaire de tous les énumérer. Il est plus intéressant, ici, d'analyser l'ensemble de ces objectifs en partant de la distinction proposée plus haut, pour tenter de faire ressortir la place qu'y tiennent les organisations internationales. Il ressort clairement que la réalisation de certains fait appel au caractère instrumental des organisations internationales. C'est le cas, par exemple, de la politique en faveur d'un système commercial ouvert. La participation canadienne aux travaux de l'Organisation mondiale du commerce (OMC) est à ce titre fondamentale, puisqu'elle permet au gouvernement canadien de faire valoir ses idées et, en insistant sur les dispositions de la *Constitution* de cette organisation internationale, de convaincre les partenaires commerciaux du Canada d'œuvrer à la création d'un tel état de choses. Il en est de même de la protection de la sécurité du Canada au plan mondial. L'action diplomatique du gouvernement a pour cadre les organisations internationales de sécurité : l'Organisation des Nations Unies (ONU), l'Organisation du Traité de l'Atlantique Nord (OTAN), l'Organisation pour la sécurité et la coopération en Europe (OSCE), etc. Ceci ne devrait pas étonner vu l'importante complexité et densité, aujourd'hui, du réseau des organisations internationales qui couvrent pratiquement tous les aspects des relations internationales.

Mais cette présence des organisations internationales sur la scène mondiale, et leur rôle parfois fondamental, imposent également aux États de définir leurs objectifs par rapport à elles. Ceux-ci peuvent aller de la simple décision d'adhérer à une politique d'actif soutien à l'œuvre de l'organisation, en passant par un appui ferme au renforcement des pouvoirs de l'organisation. On en trouve des exemples dans la politique étrangère canadienne.

L'attachement aux Nations Unies est une constante de la politique extérieure du Canada qui conduit le gouvernement canadien à rechercher une plus grande efficacité de l'ONU et à prôner son renforcement et sa réforme. Ainsi, dans un énoncé de politique étrangère récent, le gouvernement fédéral déclare vouloir que « l'ONU soit en mesure de s'attaquer à tous les nouveaux problèmes qui se posent à la communauté internationale en matière de sécurité[11] » et s'engage à tout faire pour en accroître l'efficacité. À cette fin, il promet de s'employer : « à renforcer la capacité

10. *Ibid.*, p. 17-21.
11. *Ibid.*, p. 31.

d'action préventive de l'ONU; à revoir en profondeur les activités économiques et sociales de l'ONU de manière qu'elles reflètent une définition plus large de la sécurité mondiale; à renforcer la capacité de l'ONU de réagir rapidement; à améliorer le fonctionnement des organes décisionnels de l'ONU; et à assainir l'assise financière de l'ONU[12] ». Voilà qui ne laisse planer aucun doute, l'ONU est bien un objet de la politique étrangère du Canada. Mais cette attention, ce souci, est indissociable du statut d'instrument d'exécution d'une politique étrangère attribué aux organisations internationales par les dirigeants d'un pays. Si le Canada désire renforcer les Nations Unies, c'est bien, en effet, pour consolider ce statut de l'organisation internationale. Une ONU plus efficace permet au Canada, par exemple, de mieux assurer la sécurité dans le monde.

La poursuite d'objectifs semblables marque aussi les positions canadiennes vis-à-vis d'autres organisations internationales. Ainsi l'adhésion à l'OTAN et à l'Organisation pour la sécurité et la coopération européenne (OSCE) sont l'expression de l'engagement du Canada en Europe. Comme pour l'ONU, des objectifs spécifiques quant au renforcement et au changement de ces organisations caractérisent aujourd'hui la politique extérieure canadienne. Quel tableau pouvons-nous dresser de la structure administrative en charge de l'administration de la participation du Canada aux organisations internationales ?

UNE STRUCTURE ADMINISTRATIVE COMPLEXE

La participation du Canada aux organisations internationales s'inscrit dans le cadre plus général des relations extérieures du pays, donc de sa politique étrangère. Dès lors, la gestion des rapports avec les organisations internationales relève des mêmes responsables.

L'administration de ces relations implique différents niveaux de l'appareil gouvernemental. Au sommet de l'édifice on trouve le premier ministre. Selon sa personnalité, il s'intéresse à certaines questions de politique étrangère dont l'évolution lui tient à cœur. Il est aidé, dans cette tâche, par le Bureau du premier ministre, au sein duquel un conseiller s'occupe spécifiquement des affaires étrangères, particulièrement des dossiers d'intérêt pour le premier ministre. Le Bureau coordonne, supervise et mène des consultations sur les sujets à soumettre au premier ministre ou au Cabinet. Questions politiques et questions économiques y sont examinées. Il est rare que le Cabinet soit saisi des premières. Par

12. *Ibid.*, p. 31.

contre, vu le genre de décisions requises par les secondes, celles-ci sont généralement soumises au Cabinet[13].

Le Cabinet est l'autre instance qui intervient dans la conduite de la politique extérieure du Canada. Certains problèmes touchant les relations avec les organisations internationales y sont traités. Le Cabinet est notamment consulté toutes les fois où il est question de lancer une nouvelle politique. Il l'est également quand certaines situations, découlant de politiques déjà approuvées, risquent d'avoir d'importantes retombées au plan interne au Canada. La prolongation de la participation du Canada à la force de la paix en Bosnie en est un exemple. Notons enfin que le Cabinet se prononce sur les questions dont la mise en œuvre exige la contribution financière de plusieurs ministères. C'est, entre autres, le cas si l'on décide de tenir un sommet au Canada.

Au-dessous de ces deux paliers se trouve le ministère des Affaires étrangères et du Commerce international. Organe principal chargé de l'administration des relations extérieures du pays, sa structure est complexe et comprend différents niveaux. Aussi est-il intéressant de s'y arrêter.

Aux échelons supérieurs de la structure administrative du ministère, on retrouve cinq ministres (plus spécifiquement trois ministres et deux secrétaires d'État): le ministre des Affaires extérieures, le ministre du Commerce international, le ministre de la Coopération internationale et de la Francophonie, le secrétaire d'État responsable de l'Afrique et de l'Amérique latine, et le secrétaire d'État responsable de l'Asie-Pacifique. Ces deux derniers relèvent du ministre des Affaires étrangères.

Ils sont aidés dans leur tâche par deux sous-ministres, le sous-ministre des Affaires étrangères et celui du Commerce international. Ceux-ci sont à leur tour assistés par sept sous-ministres adjoints. Trois d'entre eux ont des attributions géographiques (l'Europe et le Moyen-Orient, l'Asie-Afrique, les Amériques). Un autre est en charge des questions administratives et du personnel. Les trois derniers sont responsables respectivement du commerce; de la promotion des échanges; des enjeux globaux, des affaires politiques et de la sécurité internationale.

Des sept sous-ministres adjoints, c'est le sous-ministre adjoint aux enjeux globaux, aux affaires politiques et à la sécurité internationale qui

---

13. Les informations utilisées dans cette section et les suivantes nous ont été fournies par des responsables du ministère des Affaires extérieures et du Commerce international lors d'entrevues. En ce qui concerne la structure, il est important de noter qu'elle évolue selon l'architecture du Cabinet, laquelle change au gré du premier ministre. Il s'ensuit que la situation décrite ici est celle en vigueur au moment de la rédaction du présent chapitre.

nous intéresse le plus. C'est de lui que relèvent les relations du Canada avec les organisations internationales. Dépendent de lui, en effet, trois bureaux : le Bureau des enjeux globaux, le Bureau des organisations internationales et le Bureau de la sécurité internationale. Chacun d'eux est dirigé par un directeur général et comprend un certain nombre de sections qui se répartissent les divers dossiers correspondants.

UN NIVEAU PARTICULIÈREMENT IMPORTANT

L'organisation des échelons inférieurs de la structure administrative du ministère des Affaires étrangères en sections est particulièrement importante. C'est, en effet, à ce niveau que sont traités, au jour le jour, les dossiers de la politique étrangère du Canada correspondant aux attributions des bureaux ci-dessus mentionnés. Les questions se rapportant aux organisations internationales sont ainsi réparties entre les sections. Notons, comme nous le verrons, que les problèmes et les situations concernant les organisations internationales ne relèvent pas exclusivement du Bureau des organisations internationales. Selon leur spécificité et pour des raisons d'efficacité administrative, ils peuvent être confiés à l'un ou l'autre des autres bureaux. Il est utile de rappeler, à ce propos, non seulement qu'une organisation internationale mène de front plusieurs dossiers, mais aussi que l'appartenance à cette dernière signifie qu'un État membre, en particulier une grande puissance, doit s'intéresser aux activités correspondantes, d'une part, et aux problèmes, difficultés et ratés de l'organisme, d'autre part. Ce qui, comme nous le constaterons, ne peut manquer d'influer sur l'organisation interne du ministère chargé de la conduite de la politique étrangère. Qu'en est-il exactement ?

Considérons, en premier lieu, le cas du Bureau des enjeux globaux. Ses activités visent, au premier chef, les situations et problèmes internationaux pressants, porteurs des plus grandes menaces pour la survie de l'espèce humaine (la pollution, la déforestation, etc.) d'une part, ou pour la stabilité du système mondial (les mouvements migratoires, par exemple) d'autre part, et dont la solution passe par une action conjointe des États, qui fait souvent appel au caractère instrumental des organisations internationales. Il comprend les divisions suivantes : la section de la consolidation de la paix et du développement démocratique, la Direction des migrations, des crimes et du terrorisme, la Direction du développement social et des politiques sociales, la Direction des droits de la personne et de la justice et la Direction de l'environnement.

Les appellations de ces divisions administratives fournissent de précieuses indications sur les politiques du gouvernement canadien sur la scène mondiale et sur le rôle des organisations internationales dans leur mise en œuvre. La promotion de la paix, de la démocratie, des droits de la personne, du développement social, etc. sont autant d'objectifs de la politique étrangère du Canada. Or, si la plupart s'inscrivent bien dans le cadre des relations bilatérales du pays, il faut surtout reconnaître que diverses instances internationales, notamment les Nations Unies, sont actives dans ces domaines. Les activités de toutes les agences des Nations Unies agissant dans l'aide au développement au bénéfice de la promotion internationale de la femme[14], du développement social et de la santé, illustrent pleinement cette réalité. Il en résulte que le Bureau des enjeux globaux gère également quelques-uns des dossiers se rapportant aux relations du Canada avec les organisations internationales. Les juridictions en la matière ne sont donc pas exclusives à un secteur de l'appareil gouvernemental.

Des trois bureaux, c'est celui des organisations internationales qui est le plus intéressant à considérer. Il se compose d'une section de l'ONU, d'une section de la Francophonie, d'une section des institutions spécialisées et d'une section des affaires du Commonwealth. Chacune comporte un certain nombre d'offices qui s'occupent de différentes questions.

La section de l'ONU en compte six, chargés spécifiquement, entre autres choses, des dossiers suivants concernant la participation canadienne aux Nations Unies : la réforme du Conseil de sécurité, la paix et la sécurité, les élections à l'ONU, l'environnement et la population, les affaires publiques de l'ONU, Habitat II; les finances du système onusien, les questions relatives au budget, la Cinquième commission, le Groupe de Genève; la réforme de l'ONU, les affaires juridiques, l'Assemblée générale, les affaires économiques et sociales, l'Agenda pour le développement; l'Assemblée générale, les droits de la personne et le développement de la démocratie; les finances du système onusien, la fonction publique internationale.

Cette énumération est très révélatrice. Elle confirme ce qui a déjà été mis en lumière auparavant, à savoir qu'en tant que membre des Nations Unies, le Canada vise le renforcement de l'organisation mondiale, en s'impliquant, par exemple, dans le mouvement de réforme de l'ONU et en appuyant les initiatives de cette dernière, tout en poursuivant des

14. Lynn BENNET et M. GOLDBERG (1990), *Providing Enterprise Development and Financial Service to Women. A Decade of Bank Experience in Asia*, Banque Mondiale, Washington; ONU (1990), *Étude mondiale sur le rôle des femmes dans le développement*, New York, Nations Unies; United Nations (1991), *Women, Challenges to the Year 2000*, New York, United Nations.

objectifs propres plus généraux, inscrits partiellement dans le cadre des Nations Unies. Il y a mieux.

La complexité institutionnelle et fonctionnelle des Nations Unies se reflète dans l'organisation du ministère des Affaires étrangères. Ensemble d'instances : la Conférence des Nations Unies sur le commerce et le développement (CNUCED), le Programme des Nations Unies pour le développement (PNUD), le Programme alimentaire mondial (PAM), etc.) et d'institutions spécialisées (le FMI, la Banque mondiale, l'UNESCO, etc.), le système des Nations Unies impose, en effet, aux États membres intéressés par les multiples aspects de son action l'obligation de se doter des moyens nécessaires pour suivre l'évolution des politiques mises en forme et, éventuellement, les influencer. D'où une organisation spécifique des secteurs de l'appareil d'État. Les dossiers techniques se rapportant aux questions économiques et sociales traitées par les institutions spécialisées et les autres instances compétentes des Nations Unies leur seront confiés. Dans la structure du ministère des Affaires Étrangères et du Commerce International, cette responsabilité échoit, en ce qui a trait aux institutions spécialisées, au Bureau des organisations internationales, plus spécifiquement à la section des institutions spécialisées[15]. Celle-ci compte plusieurs administrateurs qui se répartissent les dossiers suivants : l'Organisation de l'aviation civile internationale (espace, la réforme des agences spécialisées), l'OIT, l'OMS, l'UNESCO (alimentation), le secteur économique et réforme de l'ONU, l'OMM, l'OMPI, l'OMI, la FAO. Retenons, en outre, que les affaires se rapportant au Commonwealth et à la Francophonie, avec son cortège d'institutions francophones, dont l'Agence de coopération culturelle et technique (ACCT), sont traitées par le Bureau des organisations internationales.

DES CHEVAUCHEMENTS INÉVITABLES

Malgré une apparente volonté d'éviter les chevauchements, force est de constater que cela n'est pas atteint. Les responsabilités, souvent partagées, augmentent les risques de conflit de juridiction intersectorielle et, partant, rendent plus pressante la mise en place d'une procédure d'arbitrage et de coordination. La gestion de certaines questions (l'environnement par exemple), en effet, est confiée à des unités différentes localisées dans des secteurs différents. C'est le cas, notamment, des enjeux globaux. L'environnement, la population, les droits de la personne et le développe-

15. Nous avons déjà vu que la gestion des questions sociales est du ressort du Bureau des enjeux globaux.

ment de la démocratie relèvent à la fois du Bureau des organisations internationales et du Bureau des enjeux globaux.

À ces engagements déjà nombreux, il faut ajouter ceux qui découlent des préoccupations de sécurité du gouvernement canadien. Les questions s'y rapportant sont de la compétence du Bureau de la sécurité internationale. Il en découle une organisation spécifique, avec des sections qui se partagent les responsabilités correspondantes : la non-prolifération et le contrôle des armements et du désarmement, les relations de sécurité et de défense pour l'Amérique du Nord et la région Euro-Atlantique, l'autorité nationale pour la Convention sur les armes chimiques, etc. Sous la supervision du directeur général du Bureau, la gestion au quotidien des politiques canadiennes concernant l'OTAN et l'OSCE, pour ne mentionner que ces organisations internationales, leur revient.

Ajoutons pour terminer que la participation du Canada à d'autres organisations, notamment les organisations internationales régionales, l'Organisation des États américains (OEA), la Banque interaméricaine de développement (BID) et celles qui s'occupent du commerce international, relève soit des secrétaires d'État régionaux, soit du ministre du Commerce international et des services qui dépendent de lui (sous-ministres adjoint aux Affaires régionales, au Commerce et à la Promotion des échanges, et les échelons inférieurs des secteurs concernés du ministère des Affaires extérieures).

UNE CONVERGENCE CERTAINE

Il ressort pleinement de la présentation ci-dessus, comme nous le faisions remarquer plus haut, un entrecroisement des objectifs de la politique étrangère du Canada et des activités des organisations internationales. Il est impossible d'examiner, une à une, toutes les fins recherchées de part et d'autre, vu leur grande diversité. Aussi, nous n'en considérerons qu'une.

Dans ses rapports avec les pays en développement, le Canada entend contribuer, par des programmes bilatéraux, au développement économique de ces pays. À cette fin, des instruments ont été mis en place, dont l'ACDI est le plus bel exemple. Mais parallèlement, des programmes d'aide au développement sont lancés à l'initiative et sous l'égide des Nations Unies et des institutions spécialisées. Cette convergence, ajoutée à son appartenance au système des Nations Unies, explique l'intérêt du Canada pour l'action onusienne et le soutien financier et politique qu'il lui accorde, soutien qui prend la forme de contributions financières volontaires à différents programmes d'opérations des Nations Unies. Le renforcement de l'ordre mondial qu'on veut promouvoir est ainsi mieux servi par une activité se déployant aux niveaux bilatéral et multilatéral. L'engagement du Canada dans les organisations internationales et son appui à leur action ne surprennent donc pas.

Toutefois, les développements précédents n'épuisent pas la question discutée dans ce chapitre. Il nous reste à présenter le processus décisionnel et la mise en œuvre des décisions et politiques.

UN PROCESSUS DÉCISIONNEL SOUPLE

Nous avons déjà décrit quelques éléments du processus décisionnel, notamment les paliers du Bureau du premier ministre et du Cabinet. Certaines décisions (le lancement d'une nouvelle politique, la reconduction de politiques ou la répartition des charges financières entraînées par des décisions) sont prises par ces instances. Toutefois, le traitement des dossiers se rapportant à la participation du Canada aux organisations internationales fait intervenir les autres instances du ministère des Affaires étrangères. C'est à leur niveau que sont, dans un premier temps, étudiées les questions qui nécessitent une décision. Des dossiers sont préparés lors de réunions interministérielles présidées par un sous-ministre adjoint ou par le directeur général du bureau concerné.

Généralement, la composition de ces réunions est déterminée par l'importance du sujet. Les étapes sont simples. Après discussion et échange de points de vue, un mémorandum contenant des propositions est préparé et acheminé au ministre ou au premier ministre. Après son approbation par les instances supérieures (le ministre des Affaires étrangères ainsi que le premier ministre ou le Cabinet), le dossier est remis au directeur général du Bureau concerné qui voit à la mise en œuvre de la décision. Cela peut comporter, dans le cas de réunions internationales importantes (réunions du Commonwealth, de l'Assemblée générale des Nations Unies par exemple), la préparation de dossiers particuliers, dont le nombre varie selon les sujets à l'ordre du jour de ces rencontres. Ainsi, quatre documents furent produits à l'occasion de la dernière réunion du Commonwealth : un premier qui établissait les positions des autres pays membres, un second consistant en des notes devant servir lors des rencontres bilatérales, un troisième qui soumettait des propositions de discours, et un dernier, enfin, qui couvrait les points de presse. Le Bureau des affaires politiques, il faut le noter, joue un rôle central et majeur dans ce processus, lequel fait aussi appel au personnel diplomatique des missions canadiennes aux organisations internationales, rouage indispensable de l'action internationale du Canada.

Les décisions concernant les affaires de sécurité (OTAN, OSCE) et les questions régionales empruntent des circuits similaires. Seuls les intervenants changent.

CONCLUSION

Au terme de ce chapitre, plusieurs faits retiennent l'attention. C'est d'abord l'extraordinaire complexité du champ des relations du Canada avec les organisations internationales. Cela tient à la diversité, à l'ampleur et à l'importance des questions abordées et traitées par les organisations internationales. Les compétences de ces dernières signifient que la plupart des développements internationaux relèvent de leur domaine. Rares sont ceux qui sont susceptibles de ne pas les intéresser. La complexité du champ est également fonction du grand nombre d'organisations internationales existant aujourd'hui dans le monde et dont sont membres la grande majorité des États. Elles sont différentes les unes des autres par leur mandat, leurs moyens d'action et leur importance stratégique et, à ce titre, la participation à un certain nombre d'entre elles est un défi de taille pour les États membres.

Il ressort aussi de ce qui précède que la participation du Canada aux organisations internationales est indissociable des autres dimensions et aspects de la politique étrangère et canadienne. Comme nous l'avons établi, nombre des objectifs des relations extérieures du Canada concernent les institutions internationales. Leur caractère instrumental sert fort à propos, selon le cas, la promotion des intérêts canadiens dans le monde. L'organisation du ministère des Affaires étrangères et du Commerce international reflète cette réalité et témoigne de la position centrale de ce secteur d'activité.

Dans un monde où les pays sont de plus en plus interdépendants, on peut penser que la propension à recourir aux organisations internationales pour tenter d'organiser la gestion de situations toujours plus complexes et suppléer, en quelque sorte, à l'absence de gouvernement mondial sera forte. Certes, des remises en question du rôle et de l'utilité des organisations internationales sont courantes ces jours-ci. Certaines organisations pourront même disparaître. Mais, vu l'impossibilité pour tout État d'assurer seul la régulation d'un monde en proie à des transformations considérables, l'espace des organisations internationales ne peut que s'élargir. Et les pressions sur les appareils gouvernementaux des États membres seront d'autant plus fortes. L'administration de la participation étatique aux activités des organisations internationales absorbera donc de plus en plus d'énergie.

BIBLIOGRAPHIE INDICATIVE

Canadian Institute of International Affairs (1968). *Peacekeeping. International Challenge and Canadian Response.* Contemporary Affairs no. 9, Lindsay, Ontario, John Deyell Limited.

DONNEUR, André (1995). *Politique étrangère canadienne,* Montréal, Guérin.

GONIDEX, P.-F. (1979). *Relations internationales,* Paris, Éditions Montchrestien.

Gouvernement du Canada (1995). *Le Canada dans le monde,* Ottawa, Gouvernement du Canada.

PAINCHAUD, Paul (dir.) (1989). *De Mackenzie King à Pierre Trudeau,* Québec, Les Presses de l'Université Laval.

SOWARD, F.H. et E. MCINNIS (1974). *Canada and the United Nations,* Westport, Connecticut, Greenwood Press Publishers.

RIEKHOFF, Harold von (1989). « The Structure of Foreign Policy Decision. Making and Management », dans B. TOMLIN et M. MOLOT, *Canada among Nations 1986 : Talking Trade,* Toronto, Oxford University Press.

THORDASON, B. (1972). *Trudeau and Foreign Policy : A Study in Decision Making,* Toronto, Oxford University Press.

VIRALLY, M. (1972). *L'organisation mondiale,* Paris, A. Colin.

CHAPITRE 12

Notes sur l'administration de l'éducation

ANDRÉ GIRARD

L'ÉTAT FACE À L'ÉDUCATION 391
L'ÉDUCATION EN OCCIDENT 392
LA PLACE DE L'ÉDUCATION DANS L'ÉTAT 394
L'ADMINISTRATION DE L'ÉDUCATION PAR L'ÉTAT 396
LE PERSONNEL DE L'ÉDUCATION 398
LES DÉFIS ACTUELS DE L'ÉTAT QUANT À L'ÉDUCATION ... 400
BIBLIOGRAPHIE 400

L'ÉTAT FACE À L'ÉDUCATION

L'éducation et la culture caractérisent toute société. Elles caractérisent les individus et les collectivités partout, depuis toujours. Le patrimoine, les valeurs, les savoirs, les savoir-faire, les savoir-être communs, partagés, en sont les éléments. Ce sont des biens dont l'État, pour sa part et de façon diversifiée, gère la conservation, le développement et la transmission.

Toutefois, à la différence de certains autres biens et services collectifs, l'éducation et la culture présentent deux particularités. D'une part, elles sont dans leur essence même des biens immatériels, même si leur réalité repose sur une imposante infrastructure concrète : écoles, collèges, universités, conservatoires, musées, bibliothèques, théâtres, etc. D'autre part, elles recouvrent des aires d'activité qui dépassent largement le seul engagement public de l'État et du gouvernement : l'éducation n'est pas que scolaire, elle est aussi familiale, environnementale; la culture est au départ, avant l'intervention de l'État, l'apanage des individus et de la société civile. Aucun totalitarisme politique n'a jamais réussi à les absorber dans leur totalité.

En fait, dans le contexte contemporain, partout dans le monde, on s'appuie sur les idéologies et théories ambiantes pour s'interroger sur l'action éducative elle-même et sur le rôle de l'État dans le domaine. La famille, première éducatrice de l'enfant, demeure-t-elle prioritairement responsable de sa formation jusqu'à ce qu'il soit autonome ? Dans quelle mesure considérer et circonscrire comme volets constitutifs de l'éducation toutes les influences du milieu dans l'évolution de l'enfant, par exemple les médias ? L'école, qu'on a longtemps considérée comme une institution pour d'abord instruire les enfants, n'assure-t-elle pas désormais des missions complémentaires et supplétives tout aussi attendues, telles que la formation de leur personnalité dans son ensemble, que leur préparation immédiate à l'activité productive ?

Les réponses à ces interrogations ont fait ressortir qu'il existait un large éventail d'organisations scolaires. En particulier, là où la famille impose au système d'éducation la transmission de ses propres valeurs avant toute autre, on trouve l'État partagé entre l'école publique commune et l'école publique diversifiée, celle-ci différemment nommée selon les pays : gouvernementale, dissidente, officielle, sous contrat, subventionnée, confessionnelle, libre, et même, par détournement de signification ou vocabulaire hérité, privée. C'est le cas dans la quasi-totalité des pays démocratiques. Également, on relève des structures scolaires soit qui regroupent les contenus des programmes, les filières, dans un même établissement : école polyvalentes, intégrées, écoles « compréhensives », cégeps, « multiversités », etc., soit qui les séparent : écoles spécialisées, écoles professionnelles (HÉC, Polytechnique), instituts, facultés, grandes écoles, etc.

Il reste que, dans ce spectre de conceptions et d'organisations de l'éducation, scolaire surtout, c'est l'État, en tant que responsable du bien public et du lien social, qui a la compétence. Il l'exerce désormais de façon plus ou moins directe, plus ou moins serrée, par le gouvernement ou par des corps intermédiaires, selon les pays.

L'ÉDUCATION EN OCCIDENT

Dans le domaine de l'éducation, l'État est peu à peu devenu le promoteur de l'identité collective. C'est en faveur du développement, de l'unité et de l'équité que son action s'exerce désormais. Il revient à l'individu de situer dans ce contexte son initiative et son épanouissement particuliers. Le cheminement pour arriver à cet état de fait fut long. Le mécénat et la religion en furent d'abord les instruments.

En Occident, dès le IVe siècle, l'empereur romain Constantin, qui administrait un domaine s'étendant de l'Angleterre à la Turquie actuelles, remplace les divers cultes existants par le christianisme, ce qui en toute continuité faisait de l'Église désormais « établie » un organisme intégré au gouvernement central, en charge entre autres de ce qu'on nomme actuellement l'éducation, la santé, le bien-être et, partiellement, de la culture. La situation demeurera la même à travers les âges. C'est ainsi, par exemple, qu'en voulant restaurer la grandeur passée de l'empire, Charlemagne, au IXe siècle, regroupera dans sa capitale les meilleurs éducateurs — des clercs — issus des pays qu'il influençait pour qu'ils fournissent à tous un modèle de formation des agents de l'État. Le prototype sera multiplié; il finira par évoluer à la fois en écoles monastiques, en écoles cathédrales, puis finalement en universités au XIIIe siècle. La révolution américaine (1774), près de mille cinq cents ans après Constantin, introduira le principe de la neutralité religieuse de l'État en ces domaines et la Révolution française (1789) ajoutera celui de leur sécularisation et de leur nationalisation. Les pays limitrophes qui n'ont vécu ni l'une ni l'autre de ces révolutions procéderont néanmoins dès lors à une lente évolution dans le même sens. D'autres pays ignorent encore ces principes.

Au XIXe siècle, au fur et à mesure que s'installe la démocratie élective, les parlements ajoutent aux gouvernements des ministères de l'Instruction, qui se transformeront ensuite en ministères de l'Éducation pour enfin, en plusieurs endroits, devenir officiellement des ministères de l'Éducation nationale. Ces appellations successives et graduelles ont leur importance. Peu à peu, l'école publique voit sa mission et sa durée élargies par l'État : au seul apprentissage intellectuel du début (lire, écrire, compter), on ajoute ensuite une plus vaste et plus longue formation, puis enfin, çà et là, une préparation à la vie civique pour tous.

En parallèle à des systèmes préexistants d'éducation de type sélectif au départ, éliminatoire en cours de route et élitiste à la sortie, par exemple les collèges classiques québécois, les ministères de l'Instruction publique ont en un premier temps développé une scolarisation de base généralisée pour les masses populaires, axée sur l'alphabétisation et sur l'apprentissage des habiletés élémentaires (hygiène, arts domestiques, etc.). Par suite de l'industrialisation, de l'urbanisation et de l'élévation du niveau de vie, la demande en éducation scolaire croissait. À l'école primaire s'ajoute l'école primaire-supérieure, importée de France au Québec avant de devenir l'école secondaire comme dans le reste de l'Amérique du Nord. La prolongation des études et la diversification des programmes ont alors élargi l'éventail des responsabilités ministérielles. On a dorénavant parlé des ministères de l'Éducation. Enfin, là où l'école publique tend à devenir l'école commune en prenant de plus en plus la place de celle qui la précédait, il est question d'un ministère de l'Éducation nationale, avec compétence complète sur tout l'enseignement primaire et secondaire dans un pays.

Quand les ressources collectives — humaines et financières — sont suffisantes, le ministère de la Culture apparaît en quelque sorte pour compléter et prolonger le ministère de l'Éducation. Au rôle de transmission des savoirs par ce dernier au profit des générations successives, il ajoute aux pouvoirs publics la responsabilité de préserver le patrimoine culturel, de l'accroître, de le rendre disponible dans l'ensemble de la société. C'est ainsi qu'est née Radio-Canada dans les années 1930 et que le ministère de la Culture a été institué au Québec lors de la Révolution tranquille.

Par rapport aux individus, le ministère de l'Éducation a donc pour mission de voir à ce que chaque enfant, dès que possible, ait accès à l'école et qu'il puisse poursuivre ensuite ses études jusqu'à la limite de ses capacités ou aptitudes, de ses besoins, de sa motivation, de sa disponibilité. Au profit de la société, il a la responsabilité du développement des ressources humaines en ce qui a trait à la culture, à la formation, aux compétences et aux expertises, de sorte que la collectivité en soit suffisamment pourvue pour son propre développement et soit compétitive dans le monde actuel.

L'éducation scolaire connaît donc une expansion progressive. La généralisation de la fréquentation scolaire, prévue par la loi d'abord entre six et douze ans, s'étend ensuite jusqu'à seize ans en un premier temps (au Québec, en 1943 pour la première tranche, en 1960 pour la seconde). Puis l'État favorise, sans toutefois l'imposer, la continuation des études après l'âge de seize ans (au Québec, par la création des cégeps en 1967, le gel des frais de scolarité, les prêts et les bourses à l'université au cours des années 1970, sans oublier la création du réseau de l'Université du Québec). On entend même assurer la réussite scolaire subséquente par la création de classes maternelles, à demi-temps et ensuite à plein temps pour les enfants de cinq ans, par des garderies pour ceux de quatre et trois ans (même de deux ans en France). Les services éducatifs fournis par l'État rejoignent de cette façon les besoins des individus et de la famille, comme ceux de la collectivité dans son ensemble. L'école est devenue un droit pour tous; ses extensions restent un service privilégié, limité par les ressources existantes et la priorité des choix.

LA PLACE DE L'ÉDUCATION DANS L'ÉTAT

L'administration publique de l'éducation s'exerce, de pays en pays, à partir de deux modèles généraux de départ, selon qu'on a affaire à un État unitaire ou à un État fédératif. La France illustre le premier modèle; les États-Unis, le second. De plus, à l'intérieur de chacun de ces cadres, les modalités varient de place en place. Les diverses Constitutions attribuent la compétence première en ces domaines. Les législations subséquentes articulent cette compétence au fil de l'histoire, en l'adaptant au contexte et à l'évolution des idées.

Ainsi, dans un État unitaire, où il devient habituel d'évoquer l'éducation comme étant nationale, le gouvernement gère l'ensemble des ordres d'enseignement, de la maternelle au primaire, au secondaire et au tertiaire. Le personnel éducatif fait partie de la fonction publique, ses membres sont des fonctionnaires de l'État. Pour contrebalancer une trop forte bureaucratisation, il pourra se trouver des formes de décentralisation ou de déconcentration. Dans le premier cas, l'État cède des pouvoirs à des instances locales; dans le second cas, l'État administre lui-même, mais localement plutôt qu'à partir de la capitale. Par exemple, en France, l'établissement d'éducation, en tant qu'entité légalement reconnue, est diversement géré : l'école communale par la municipalité; le collège (premier cycle du secondaire) par le département; le lycée (deuxième cycle du secondaire) par la région, même si le personnel éducatif est fourni par l'État.

Par contre, dans une fédération ou dans une confédération, la compétence dans ces domaines est rarement celle de l'État central, mais relève plutôt des entités qui la composent. Au Canada comme aux États-Unis, en Suisse comme en Allemagne, l'école relève de la province, de l'État particulier, du canton, du land. Il existe une grande variété d'arrangements administratifs entre les deux circuits gouvernementaux. La plupart de ces arrangements portent sur le financement de programmes spéciaux ou la coordination et l'équivalence des diplômes à l'échelle d'un pays. Par exemple, au Canada, même si la Constitution prévoit la compétence exclusive des provinces en éducation, l'instance fédérale y intervient au nom de la culture nationale, de la mobilité de la main-d'œuvre et du développement régional.

L'enseignement tertiaire (universités, instituts, grandes écoles) a toutefois ses propres traits. Car un acquis plusieurs fois séculaire veut que l'université soit autonome, que professeurs et étudiants travaillent en toute liberté académique. Il en est également ainsi pour le domaine culturel. La connaissance, le savoir, la science, la créativité y ont priorité face aux exigences organisationnelles étatiques. Dans les faits, cependant, cette liberté est tempérée par le double encadrement venant du financement public des études et de la pratique subséquente d'une profession. Les subventions orientent plus ou moins l'activité universitaire; dans les pays unitaires, l'État a tendance à contrôler ensuite les conditions d'exercice des diverses professions; dans les pays où il y a partage des compétences, on en confie le plus souvent la responsabilité à des corporations professionnelles, publiques mais non gouvernementales ni étatiques. Le financement de la formation et le droit d'exercice d'une activité qui en découle conditionnent en conséquence le fonctionnement de l'université, surtout là où les diplômes sont entérinés par l'État.

Le cas de certaines professions juridiques et médicales illustre bien cette situation. En France, le nombre et la répartition des notaires ou des pharmaciens relèvent de l'État : on trouve donc en amont (permis d'officine ou d'étude, diplômes d'État, programmes d'études, inscriptions au départ) tout un processus prévisionnel gouvernemental à base de *numerus clausus*. Au Québec, la démarche est plutôt à l'inverse : la sélection à l'entrée au tertiaire n'est modulée que par le rendement scolaire antérieur des candidats et les ressources, humaines ou financières, à la disposition des universités (où jouent par conséquent les subventions publiques plus ou moins orientées). Les établissements sont complètement maîtres de leur diplômation, indépendamment des conditions d'emploi. Le relais est pris ensuite, pour les juristes par exemple, par le Barreau des avocats ou la Chambre des notaires, organismes indépendants de l'État, qui octroient aux gradués le droit de pratique, qui sont seuls responsables de la protection du public dans le domaine et qui, en principe du moins, n'ont pas à limiter l'accès à la profession en fonction des ouvertures d'emploi. Dans cette séquence, l'université n'est qu'un rouage dans un système de libre compétition. Il en est de même pour la quasi-totalité des filières d'études. Il reste que dans les deux scénarios, ce qu'on a appelé la « massification des études supérieures » provoque une quantité variable de « chômeurs instruits » qui crée des responsabilités sociales nouvelles pour l'État ... et l'université !

L'ADMINISTRATION DE L'ÉDUCATION PAR L'ÉTAT

Le Parlement vote donc la loi qui régit et qui finance. Le gouvernement l'administre en la réglementant, en l'organisant, et en la supervisant. Le ministère l'exécute par ses propres agents, à moins que certaines responsabilités soient confiées à des corps publics intermédiaires n'en faisant pas partie.

Ainsi, en éducation, nulle part en Amérique du Nord les enseignants ne sont des fonctionnaires du gouvernement. L'école primaire et l'école secondaire, de la 1re à la 12e année, relèvent d'un district ou d'une municipalité scolaire, qui est propriétaire des biens, qui a un pouvoir de taxation et qui est administrée par des commissaires élus. La commission scolaire est l'employeur de tous les éducateurs de son territoire. Il en est de même de chacun des établissements d'enseignement tertiaire.

À peu près partout, néanmoins, le ministre de l'Éducation, avec ses fonctionnaires, exerce un rôle déterminant dans la gestion. D'abord, par le processus d'octroi des subventions gouvernementales, selon le principe que celui qui paye a aussi le contrôle. Ensuite, son pouvoir d'administration pédagogique est inséré dans la loi : il a la responsabilité de concevoir les programmes scolaires, de voir à ce qu'ils soient offerts, d'en évaluer les résultats (examens, certificats, etc.). Sauf au tertiaire, où, n'ayant pas été influencées par l'université impériale napoléonienne (1808) ou ayant été réformées depuis lors, les chartes universitaires réservent cette responsabilité pédagogique à chaque établissement. C'est par conséquent dans ces systèmes d'éducation qu'on ne trouve pas de diplômes d'État.

Dans des pays aussi différents que les États-Unis et la France, qui exercent pourtant une forte influence sur les pratiques scolaires dans le monde, on constate en plus que près d'un élève ou d'un étudiant sur cinq fréquente un établissement privé. Ces réseaux publics parallèles fonctionnent selon un éventail diversifié de responsabilités envers l'État. Ici, un simple enregistrement suffira, sans qu'il soit question d'aide ni de soutien, sans non plus aucun dégrèvement fiscal; là, le permis d'installation, le respect des programmes, l'inspection et les examens officiels seront requis, plus une possibilité de contrat d'association avec le secteur commun, incluant un financement. L'histoire, l'idéologie, la religion et la politique modulent ces divers arrangements. Enfin, en plusieurs endroits, un Conseil supérieur de l'éducation a été installé pour servir d'intermédiaire entre l'opinion publique et le ministre. Ce conseil fait partie de l'appareil de l'État mais non du gouvernement. Il en est indépendant, comme au Québec.

Si l'on reprend maintenant le fonctionnement du système scolaire du point de vue de l'usager, le déroulement de la scolarisation se présente comme un processus d'initiation, d'orientation et d'insertion par étapes ou ordres d'enseignement successifs.

Dès l'âge de cinq ans, quelquefois plus tôt, l'école maternelle est accessible, en tant que service public offert aux parents. L'enseignement élémentaire, à partir de l'âge de six ans, est obligatoire, gratuit, commun et uniforme. Il dure habituellement de six à neuf années selon les endroits; lorsqu'il se prolonge au-delà de la sixième, on le qualifiera alors d'enseignement de base, les premières années s'appelant l'enseignement primaire. C'est ce modèle de six plus trois qui est prôné par les organismes internationaux dans les pays en développement.

Depuis le milieu du XXe siècle, la tendance a été de rendre la scolarisation obligatoire jusqu'à l'âge de seize ans, là où les ressources étaient suffisantes. L'ordre de l'enseignement secondaire a alors acquis ses assises propres; il a cessé de n'être considéré que comme une transition, entre le primaire et le tertiaire, destinée aux seules futures élites. Le secondaire, une fois généralisé, se présente en deux cycles, de durée à peu près égale. Le premier cycle offre un enseignement fondamental qui prolonge et approfondit les études primaires. C'est le *Junior High School* des Américains, le collège des Français. Le deuxième cycle (le lycée en France, la continuation de la polyvalente et le début du cégep au Québec) est celui des options qui engagent l'avenir, soit vers des études plus poussées, soit vers un emploi, dans des proportions variables selon les politiques établies par les ministères de l'Éducation. Le cas de l'Allemagne devient ici un prototype : les adolescents qui, à ce stade, se préparent pour le marché du travail sont progressivement retirés de l'école. D'après ce système de temps partagé, appelé « dual », l'école continue à offrir les matières ou disciplines intellectuelles, tandis que les secteurs privés de l'économie (industrie, services, finance, etc.) sont tenus de prendre ces jeunes en apprentissage et de les former. L'ensemble est sous la supervision des divers ministères en cause.

Quant au tertiaire, sa croissance est constante depuis quelques décennies dans les pays les plus riches. Déjà une bonne majorité des Américains y accèdent d'une façon ou d'une autre, pour des durées variables. C'est ce qu'on a aussi nommé l'explosion des études supérieures : à partir de la treizième année de scolarité, on y a le choix — toujours payant, même au secteur public — entre le *Two-Year College*, le *Liberal Arts College* (quatre ans) et la *University* (quatre ans, plus des *graduate studies*). Le cégep québécois (collège d'enseignement général et professionnel, 12e et 13e années) se situe donc dans cette veine puisque, participant à la fois du secondaire et du tertiaire, il assure la jonction entre les deux.

À l'intérieur de cette séquence, l'État assure également un service complémentaire qui peut couvrir jusqu'à 10 % de la population scolarisée, à titre de développement des « ressources humaines ». Il s'agit de l'éducation des adultes, des citoyens de 18 ans et plus, sous forme d'alphabétisation, de recyclage, de perfectionnement, de mise à jour, soit dans des centres spécialisés, soit par des infrastructures de communication à distance. L'innovation technologique et les poussées de chômage sont les principaux incitatifs de cette prise en charge par l'autorité.

C'est en quelque sorte en continuité avec cette croissance de l'éducation dite formelle que sont établies en surplus les politiques culturelles des gouvernements. On favorise les expositions, les festivals, les créations artistiques au nom de l'éducation populaire, de la culture de masse, de la créativité. Le processus démocratique encourage cet élargissement, qui s'ajoute aux conceptions traditionnelles de préservation du patrimoine commun en ce qui a trait à la culture.

LE PERSONNEL DE L'ÉDUCATION

Comme la défense nationale, la santé publique et les services sociaux, l'éducation scolaire et universitaire occupe un personnel considérable, diversifié et spécialisé. Selon les pays, les éducateurs relèvent dans leur totalité du gouvernement ou sont, ailleurs, les agents de « pouvoirs organisateurs » reconnus, pour reprendre le terme juridique qui a cours en Belgique. Mais partout, le personnel est composé de catégories assez bien délimitées, regroupées sous le vocable générique d'éducateurs.

Il y a d'abord et avant tout les enseignants, les pédagogues professionnels, les praticiens de la salle d'activités, de classe ou de cours, qui exercent leur action dans un contexte unifié d'apprentissage regroupant des élèves et un maître. Le rapport entre maître et élèves, dans les systèmes suffisamment riches, tend à se rapprocher de 1 pour 25 au primaire, avec une diminution progressive de ce ratio pour les ordres subséquents de l'enseignement.

Parmi les éducateurs, on compte également les administrateurs et les gestionnaires, divers spécialistes, de même que des employés de soutien. Leur nombre varie selon l'ordre politique établi, les ressources du système et, surtout, les attentes de la société face à son réseau d'éducation. C'est ainsi qu'une centralisation marquée augmente la proportion des cadres; que le relais par l'école de services communautaires divers pourvoira cette dernière de psychologues, d'hygiénistes, d'orienteurs, etc.; que la teneur des programmes imposés nécessitera des bibliothécaires, des appariteurs.

Un des faits marquants de l'éducation au XXe siècle a été la généralisation de la scolarisation, au primaire d'abord, au secondaire ensuite. Ce phénomène a provoqué un professionnalisme accru des éducateurs. Dans l'enseignement, le professeur (formé, au tertiaire, à l'université) a succédé à l'instituteur (formé, au secondaire, à l'école normale). Une collectivité forme le gros de ses éducateurs dans le cycle ou l'ordre d'enseignement situé juste au-dessus de celui où elle scolarise la masse de ses élèves : au secondaire, lorsque s'est opérée la généralisation du primaire; au tertiaire, lorsqu'on en est rendu au secondaire. Les universités ont donc pris la suite des écoles normales pour la formation du personnel éducatif, comme elles le faisaient depuis des siècles pour le personnel juridique et médical.

Une autre retombée de la généralisation de la scolarisation primaire et secondaire a été la transformation profonde de l'école publique, désormais école commune et obligatoirement ouverte à tous. La priorité, là où tous ne pouvaient pas encore la fréquenter, était de préparer une relève d'encadrement. Désormais, quand la totalité des classes d'âge y est admise, il revient à l'école commune de rejoindre tous et chacun, sans discrimination. Si l'enseignement reste collectif, plus que jamais l'apprentissage devient individualisé : l'école secondaire est unifiée, mais son organisation est polyvalente.

LES DÉFIS ACTUELS DE L'ÉTAT QUANT À L'ÉDUCATION

Toutes les sociétés, au tournant de ce siècle et en matière d'éducation comme de culture, font face à une double sollicitation : comment assurer l'efficacité des services offerts ? Dans quel sens gérer ces services, pour à la fois enraciner l'identité collective et promouvoir une ouverture sur le monde ?

S'il est désormais admis que les divers systèmes d'éducation, s'appuyant sur les lois de fréquentation scolaire obligatoire, en arrivent à rejoindre de plus en plus les jeunes de cinq ou six ans et jusqu'à seize ans, il n'en demeure pas moins que les taux d'échec et d'abandon sont préoccupants. Par ailleurs, il est également admis que l'organisation pédagogique elle-même est à rajuster si l'on veut rejoindre la totalité de chaque classe d'âge et proposer des programmes adéquats. Enfin, la pression sociale est grande pour que des services éducatifs publics accrus soient offerts tant à la petite enfance, en deçà de cinq ans, qu'aux populations adultes qu'il faut adapter à une économie en pleine transformation.

Or, l'économie et la politique se mondialisent. Elles font figure de défi et de confrontation à la montée, vieille de deux siècles, des nationalismes. L'éducation et la culture, en tant que responsabilités de l'État, sont donc devenues le lieu d'un effort de conciliation et d'équilibre.

Le XXe siècle a été celui d'une prise en charge progressive par l'État de la scolarisation et de l'éducation de l'ensemble de la population. L'aspect quantitatif de la question est largement résolu ou en voie de l'être. L'avenir plus ou moins immédiat consistera à faire face aux exigences de l'aspect qualitatif. À la généralisation quantitative de l'instruction, succède la démocratisation qualitative de l'éducation. Ce dernier terme, celui de « démocratisation », utilisé naguère comme slogan électoral, acquiert dorénavant son sens plénier de « contenus adaptés de formation » et renvoie désormais à l'idée d'une politique à mettre en place par l'ensemble des administrations publiques.

BIBLIOGRAPHIE

LEGRAND, Louis. *Les politiques de l'éducation*. PUF, Que sais-je ? Paris, 1988, 126 pages.

Ministère des Affaires culturelles. *La politique culturelle du Québec*. Imprimeur du gouvernement, Québec, 1992, 150 pages.

HALLAK, Jacques. *Investir dans l'avenir*. UNESCO, Paris, 1990, 346 pages.

LEGENDRE, Renald. *Dictionnaire actuel de l'éducation*. 2e édition, Eska, Paris; Guérin, Montréal, 1993, 1 500 p.

CHAPITRE 13

Note sur l'administration de l'environnement

LAURENT LEPAGE

DE LA SANTÉ PUBLIQUE
À LA PROTECTION DE L'ENVIRONNEMENT 404

L'ADMINISTRATION DE LA CHOSE ENVIRONNEMENTALE :
LA DIMENSION INSTITUTIONNELLE 406

L'OPTION DU DÉVELOPPEMENT DURABLE :
LA DIMENSION ÉCONOMIQUE 409

L'ÉVALUATION ENVIRONNEMENTALE
ET LA PARTICIPATION PUBLIQUE: LE FAIT CULTUREL 411
La participation publique 412

LA RÉGULATION DES SYSTÈMES-ACTEURS
ET LA GESTION DE L'ENVIRONNEMENT 414
Le dilemme centralisation/décentralisation 415

CONCLUSION 416

BIBLIOGRAPHIE 417

Au tournant des années 1970, dans un contexte de prospérité et de croissance, des forums internationaux secouaient l'indolence de l'époque en dressant un tableau alarmant de l'avenir de la planète[1]. Tels des sons discordants dans la symphonie du progrès et du développement illimité, des rapports scientifiques prédisaient l'agonie des océans ou, plus près de nous, la disparition des érablières. Les fausses notes avaient pour nom : déchets nucléaires, pluies acides, pollution des cours d'eau, empoisonnement de l'air. Brusquement, la communauté scientifique pointait des problèmes écologiques qui conduiraient l'humanité vers des lendemains apocalyptiques.

Alertée par les images de nappes de pétrole engluant tel littoral ou celle d'un dôme de smog recouvrant Los Angeles, l'opinion publique dans les sociétés industrialisées était entraînée par un sentiment d'urgence jusqu'alors inconnu. Cette nouvelle conscience écologique ne pouvait que favoriser l'émergence de groupes de défense de la nature, voire de partis « verts ». Experts à l'appui, ces groupes de pression imposaient assez rapidement la cause de l'*environnement* (au sens de *protection de la qualité de notre milieu de vie*) à l'ordre du jour de la majorité des gouvernements occidentaux.

Depuis bientôt trente ans, nous assistons à une véritable explosion de la problématique environnementale. On peut constater le verdoiement des consciences civiques tout simplement en regardant autour de nous. Les bacs de recyclage et les logos publicitaires « Protège l'environnement » sur les produits de consommation font désormais partie de notre

1. Conférence des Nations Unies sur l'environnement humain, Stockholm 1972.

quotidien. De même, les bilans annuels de santé de la biosphère suscitent le plus grand intérêt[2]. La protection de nos milieux de vie est devenu un enjeu qui a pénétré les esprits, les médias et de surcroît le discours politique[3]. Aujourd'hui, malgré la prépondérance des idées néolibérales, les électeurs et les politiciens reconnaissent que la protection de l'environnement est un problème crucial qui appelle l'intervention de l'État[4]. Ainsi, la plupart des pays occidentaux ont élaboré des politiques et mis en place des administrations dans le but de contrôler ou, mieux, d'éradiquer les sources de pollution qui mettent en péril l'équilibre des écosystèmes. Dans quel cadre et par quels moyens le gouvernement du Québec s'acquitte-t-il de cette nouvelle mission ?

Pour bien comprendre ce qu'implique une politique de l'environnement — sa complexité et son originalité par rapport aux champs traditionnels d'intervention —, il est utile d'établir une brève comparaison historique. Même si l'usage du mot « environnement » au sens de « protection de notre milieu de vie » est récent, le problème est ancien.

DE LA SANTÉ PUBLIQUE À LA PROTECTION DE L'ENVIRONNEMENT

À peine établis sur les rives du Saint-Laurent, les premiers colons français ont été confrontés à des problèmes d'hygiène publique qui menaçaient la qualité de leur nouveau milieu de vie. Dès les premières concentrations de population en Nouvelle-France, les nuisances engendrées par l'élevage du porc faisaient l'objet d'une ordonnance du gouverneur Frontenac qui obligeait les fermiers à maintenir leurs bêtes dans des enclos[5]. Plus de trois siècles plus tard, voilà que les successeurs du premier gouverneur de la Nouvelle-France sont confrontés à des problèmes causés par la même source de pollution.

Après avoir établi ce parallèle on pourrait conclure, non sans raison, que les problèmes environnementaux ne datent pas d'hier. Nous pourrions ajouter que l'activité économique, voire de subsistance, est souvent une agression sur la nature et une hypothèque sur le futur. Mais pour

2. Voir le site Worldwatch (*http://www.worldwatch.org*).
3. GUAY, L., « La dégradation de l'environnement et l'institutionnalisation de sa protection », *Traité des problèmes sociaux*, INQRS, 1994.
4. VAUGHAN Lyon, « Green Politics : Parties, Elections and Environmental Policy », dans : Robert BOARDMAN, *Canadian Environmental Policy : Ecosystems, Politics and Process*, Toronto, Oxford University Press, 1992.
5. YERGEAU, M., *Loi sur la qualité de l'environnement : texte annoté*, Montréal, Société québécoise d'information juridique, 1988.

bien comprendre ce qui caractérise les décisions publiques visant aujourd'hui la protection de l'environnement, nous devons les inscrire dans un tableau qui décrit les instruments dont dispose désormais l'État moderne. Il est aussi nécessaire de considérer les nouvelles règles du jeu politique et la mutation des systèmes culturels qui nous font voir et agir différemment vis-à-vis des problèmes liés à notre milieu de vie.

Si au XVIIe siècle une simple ordonnance pouvait résoudre rapidement un problème, il en est autrement aujourd'hui. Le modèle d'autorité d'alors, la simplicité des solutions et la docilité des pollueurs rendaient les choses aisées. Tout a changé d'échelle et le cadre politique est autre de nos jours, surtout parce que les populations touchées ont désormais leur mot à dire. Les revendications d'accès au processus décisionnel — de démocratisation — des années 1960 et 1970 ont grandement influencé et caractérisent encore le discours écologiste[6]. Pour y voir clair aujourd'hui, il nous faut connaître le rôle des administrations responsables du dossier, les valeurs culturelles, les enjeux économiques et les interactions entre les nombreux acteurs qui participent aux choix dans la gestion de l'environnement.

Comment aujourd'hui limiter la pollution inhérente à l'industrie porcine sans pour autant menacer les activités de 3 500 éleveurs et ainsi mettre en péril un secteur important de l'économie québécoise? Comment assurer aux « voisins », comme l'indique l'article 5 de la *Loi sur la qualité de l'environnement*, qu'aucun contaminant, à savoir une matière solide, liquide ou gazeuse, un micro-organisme, un son, une vibration, un rayonnement, une chaleur, une odeur, une radiation ou toute combinaison de l'un ou l'autre, n'altère de quelque manière la qualité de leur environnement?

Désormais tout problème environnemental doit être inscrit dans un schéma à multiples dimensions. Le tableau de la page suivante introduit le lecteur à la complexité du nouveau cadre de gestion de l'environnement.

La gestion de l'environnement renvoie désormais à une juxtaposition de problèmes que nous avons réunis dans un tableau multidimensionnel. Pour espérer comprendre un problème de gestion publique, une controverse environnementale comme celle que génèrent les barrages hydro-électriques ou l'industrie du porc, il nous faut prendre en considération le cadre juridique et institutionnel, les enjeux économiques, les caractéristiques de l'aménagement du territoire, les représentations sociales du problème et la perception des risques dans la population, ainsi que le

---

6. Robyn ECKERSLEY, *Environmentalism and Political Theory*, State University of New York Press, Albany, 1992.

Les multiples dimensions des problèmes environnementaux

Dimensions	Objets	Problèmes
cadre juridique et institutionnel	lois, programmes, administrations, juridiction, conventions internationales	litiges, sanctions, dysfonctionnements, déviances
système économique	conjoncture, production, taxes à la pollution, développement durable	diminution des ressources, coûts externes
système culturel	représentations sociales, perceptions, langage, valeurs, choc des valeurs	incompréhension, conflit « citoyen/expert »
système d'action (acteurs)	intérêts, négociations, arbitrages, jeux organisationnels	blocages, non-décision, batailles médiatiques

jeu des acteurs et bien évidemment les données techniques et scientifiques du problème. D'un point de vue plus large encore, la gestion de l'environnement appelle de nouveaux modes de raisonnement, voire une vision macroscopique qui implique aussi des questions d'éthique[7].

L'ADMINISTRATION DE LA CHOSE ENVIRONNEMENTALE : LA DIMENSION INSTITUTIONNELLE

D'emblée, la politique de l'environnement soulève l'épineuse question de l'harmonisation des impératifs économiques à la protection de la nature; elle a désormais pour finalité le développement durable. Le ministère de l'Environnement et de la Faune (MEF), sur son site web, présente ce nouveau raisonnement de la façon suivante :

> Ce concept vise à intégrer la dimension environnementale, la dimension économique et la dimension sociale au sein de toute stratégie ou projet de développement. Il convie à réviser les objectifs du développement et la façon de concevoir celui-ci afin de maintenir l'intégrité de l'environnement et d'assurer l'utilisation durable des ressources, espèces et écosystèmes, de maintenir l'efficacité économique et de maintenir ou d'améliorer l'équité sociale et économique, pour le bénéfice des générations présentes et futures.

7. PRADES, José A. (1995). *L'éthique de l'environnement et du développement*, Presses universitaires de France (Que sais-je, # 2967).

Le MEF a pour mission d'assurer, dans une perspective de développement durable, la protection de l'environnement, la conservation et la mise en valeur de la faune et de son habitat[8]. Cet organisme central propose (et éventuellement exécute) des politiques dans les sept champs suivants :

1. la conservation de la biodiversité et des écosystèmes;
2. la prévention, la réduction ou la suppression de la contamination de l'eau, de l'air et du sol;
3. le développement et la gestion des activités de pêche, de chasse et de piégeage;
4. l'établissement et la gestion de parcs, de réserves écologiques, de réserves fauniques, de refuges fauniques, de pourvoiries, de zones d'exploitation contrôlée et de terrains de piégeage;
5. la sauvegarde des espèces fauniques et floristiques menacées ou vulnérables;
6. le développement et la réalisation d'activités liées à l'observation et à la connaissance du milieu naturel; et
7. la gestion du domaine hydrique public et de l'eau en tant que ressource naturelle.

Signalons que le MEF est composé des cinq directions générales suivantes : la Direction générale de l'environnement, la Direction générale du développement durable, la Direction générale des opérations, la Direction générale du patrimoine faunique et naturel, la Direction générale des services à la gestion, et de deux unités relevant du sous-ministre : la Direction des affaires institutionnelles et des communications et le Secrétariat[9].

---

8. Pour une présentation détaillée des activités du MEF du Québec, voir le site à l'adresse *http://www.mef.gouv.qc.ca*.
9. Organismes relevant du ministre de l'Environnement et de la Faune.

   L'information et la consultation de la population au sujet de projets particuliers relèvent d'organismes formés en vertu de la *Loi sur la qualité de l'environnement* et de la *Loi sur le Conseil de la conservation et de l'environnement*. Ces organismes chargés de conseiller le ministre de l'Environnement et de la Faune sont :

   – le Bureau d'audiences publiques sur l'environnement (BAPE);
   – le Conseil de la conservation et de l'environnement (CCE); et
   – le Comité consultatif pour l'environnement de la baie James (CCEBJ) et le Comité consultatif de l'environnement Kativik (CCEK).

   À ces organismes consultatifs viennent s'ajouter la Société québécoise de récupération et de recyclage (Recyc-Québec), le Comité conjoint de chasse, de pêche et de piégeage ainsi que la Fondation de la faune du Québec.

Les politiques sur l'environnement sont l'expression concrète de la volonté des gouvernements de protéger la nature. D'emblée, la *Loi sur la qualité de l'environnement* du Québec, la réglementation et les programmes d'action qui en découlent sont des moyens qui permettent à l'État d'établir clairement que la protection de l'environnement ne relève pas de l'ordre privé ou du bon vouloir des individus mais représente un projet collectif. « Il s'agit d'une loi d'ordre public destinée à protéger la santé et le bien-être de la population, non seulement en éliminant ou en contrôlant les sources de contamination ou de pollution actuelles mais en contrôlant les exploitations de façon à protéger le milieu de vie à l'avenir[10]. »

Cette présentation « classique » de la politique de l'environnement suggère que la protection de la nature est une affaire confiée à l'État-gendarme : mise en application des lois, repérage des fautifs et sanctions. Certes, les actions de contrôle et d'inspection du ministère de l'Environnement et de la Faune sont importantes et déjà bien inscrites dans l'activité bureaucratique[11].

Toutefois, cette lecture plutôt légaliste de la mission environnementale du gouvernement du Québec s'accorde mal avec le fait que la nature est complexe, les sources de pollution innombrables et les situations de risque plutôt difficiles à cerner. Mais surtout, elle ignore l'interférence des acteurs sociaux. Quoique les objectifs du législateur soient précis et la volonté politique affirmée, les textes de loi demeurent obligatoirement généraux, la protection de l'environnement ne se prêtant pas à une codification précise. De sorte que le contenu de cette politique publique est inéluctablement soumise à l'interprétation, aux initiatives et aux délibérations des acteurs sociaux impliqués dans une controverse environnementale. Selon leurs intérêts et leur pouvoir, voire leurs représentations des problèmes, les fonctionnaires, les citoyens, les promoteurs, les groupes écologistes et souvent les élus s'engagent dans une « discussion » dont l'issue n'est jamais connue d'avance ni même vraiment prévisible. Car face aux imprécisions de la loi, il y a les intérêts contradictoires et les stratégies de ceux qui sont impliqués dans la polémique. À l'épreuve de cette réalité — contestations devant les tribunaux, mobilisation de l'opinion publique, immixtion dans les processus décisionnels —, le ministère de l'Environnement du Québec a été confronté à des problèmes relevant plus souvent du gouvernement des personnes que de l'administration

---

10. Rivest, R.L. et Thomas, M.A., *La loi sur la qualité de l'environnement et sa réglementation annotées*, Les éditions Yvon Blais, Cowansville, 1995.
11. La nouvelle loi canadienne sur la protection de l'environnement est axée pour sa part sur la prévention de la pollution. Par exemple, elle vise plus particulièrement le contrôle des produits toxiques. Voir le site web à l'adresse *http://www.ec.gc.ca.*

concrète de la chose environnementale. On pourrait dire que ce ministère est moins un technicien, un inspecteur qu'un arbitre.

La politique de l'environnement pose en effet le problème de la régulation des systèmes acteurs[12]. Aussi, la gestion de l'environnement veut-elle dire inviter promoteurs, fonctionnaires, experts, élus locaux, défenseurs de la nature, riverains, etc. à trouver un terrain d'entente ! Les controverses environnementales sont désormais au cœur de la mission que se reconnaît le MEF. On peut définir une controverse environnementale comme un ensemble de positions publiques, exprimées dans un temps et un espace donnés, qui s'opposent au sujet de l'opportunité ou non de la réalisation d'un projet. Il s'agit de l'affrontement d'acteurs défendant des intérêts divergents[13]. D'ailleurs, les dernières orientations du MEF annoncent une déréglementation et son corrolaire, la responsabilisation des acteurs impliqués dans un dossier environnemental.

L'OPTION DU DÉVELOPPEMENT DURABLE : LA DIMENSION ÉCONOMIQUE

Le concept de développement durable a été diffusé en 1987 par le Rapport Bruntland, devenu la référence en la matière. Brièvement, il s'agit d'un « développement qui répond aux besoins du présent sans compromettre la possibilité pour les générations à venir de satisfaire les leurs[14] ».

Ainsi le développement durable est-il dorénavant central dans la politique québécoise et, signe des temps, on la retrouve affichée par certaines entreprises et même sur la page web de la compagnie forestière Domtar. Ce précepte se retrouve désormais au cœur des débats sur la gestion de l'environnement. Mais si l'on parle officiellement d'harmonisation entre le développement économique et la protection de la nature, les moyens concrets pour y arriver restent à inventer.

Considérons l'activité industrielle dans son ensemble. Les entreprises d'exploitation de ressources naturelles et les industries manufacturières consomment de l'énergie et transforment des matières en biens courants et, ce faisant, rejettent des résidus. En ce sens, elles portent

12. Voir CROZIER, M. et FRIEDBERG, E., *L'acteur et le système*, Paris, Seuil, 1977. Aussi, LASCOUMES, P., *L'éco-pouvoir*, Paris, La découverte, 1994.
13. L. GUAY, L. IMBEAU, V. LEMIEUX et J. MERCIER, *La dynamique socio-politique de la réaction « pas dans ma cour » : problématique de recherche pour le cas du Québec*, Cahier 91-93, GERPE, Université Laval, février 1991.
14. Commission mondiale sur l'environnement et le développement, Nations Unies, avril 1987.

atteinte à l'équilibre des écosystèmes. De surcroît, les biens produits deviennent tôt ou tard des déchets qui sont parfois dangereux mais toujours nuisibles lorsqu'ils sont irresponsablement propulsés dans les airs, jetés dans des cours d'eau ou bêtement abandonnés dans la nature. L'activité économique est le plus souvent facteur de pollution.

Prenons pour exemple la production d'énergie ou le secteur minier et même la consommation domestique pour constater les dégats, c'est-à-dire les milliards de tonnes métriques de matières solides, liquides ou gazeuses qui sont des menaces pour notre bien-être et un lourd héritage pour les générations futures. Le problème des coûts externes — les effets négatifs d'une production qui sont supportés par d'autres agents que le producteur — sont désormais dénoncés vigoureusement. Même si des principes de régulation de la pollution, tels celui du « pollueur-payeur », sont considérés par les pouvoirs publics, la crainte des répercussions néfastes sur l'économie l'emporte le plus souvent. Toute intervention dans le cycle « extraction, transformation, consommation » risque en effet de secouer l'économie. Les enjeux sont colossaux au plan de l'emploi et, plus globalement, de la croissance. En revanche, l'exploitation incontrôlée de la nature annonce tout autant des bouleversements économiques.

Certains économistes — principalement de tendance néolibérale — croient que la libre confrontation des forces des intérêts individuels — ce qu'ils nomment les forces du marché — suffit à résoudre les problèmes liés à l'environnement. Ils s'appuient sur le concept *d'adaptation spontanée* pour critiquer toute forme de régulation des activités de production. Un équilibre doit, selon eux, s'établir entre les pollueurs et les victimes de la pollution. Chez d'autres économistes, plus conscients de la question verte, on préfère signaler que la protection de la nature, plus ou moins encadrée, peut être une voie prometteuse qui pousse à la restructuration de l'économie. « La prise en compte de l'environnement [...] encourage l'extension de secteurs spécialisés dans les techniques de dépollution, favorise l'apparition de nouveaux marchés, modifie les marchés traditionnels en impulsant de nouveaux modes de gestion[15]. » En somme, l'heure est venue de chercher réponse à la question.

Pour sa part, le ministère de l'Environnement et de la Faune du Québec a fait siennes les recommandations de la conférence de Rio[16]. Le ministère, de concert avec un comité interministériel sur le développement durable, a indiqué son intention de mettre en œuvre les mesures appropriées pour donner suite à l'une des pièces maîtresses issues de la

---

15. Hervé KEMPT, *L'économie à l'épreuve de l'écologie*, Paris, Hatier, 1991, p. 9.
16. Conférence des Nations Unies sur l'environnement, Rio de Janeiro, 1992.

Conférence des Nations Unies sur l'environnement et le développement de juin 1992. Ce cadre de référence a été traduit pour rejoindre la réalité québécoise, en plus d'une centaine d'initiatives porteuses de développement durable. Ainsi retrouvons-nous dans cet énoncé de politique des projets concrets qui visent l'utilisation efficace des ressources naturelles ou la gestion des produits chimiques et des déchets dans plusieurs domaines d'activité économique. Mais le MEF indique aussi clairement que la mise en œuvre du développement durable passe nécessairement par un partenariat des divers groupes économiques et sociaux. Il se présente volontiers comme le diffuseur d'un nouveau type de projet de société.

L'ÉVALUATION ENVIRONNEMENTALE ET LA PARTICIPATION PUBLIQUE : LE FAIT CULTUREL

L'évaluation environnementale constitue pour le MEF un outil fondamental dans la poursuite de sa mission. Survient un projet potentiellement perturbateur ou qui fait peser une menace sur notre milieu de vie, les promoteurs sont tenus de faire la preuve de leur adhésion à la politique officielle de la protection de la nature et de se soumettre aux évaluations environnementales et aux consultations publiques. Les documents officiels présentent l'évaluation environnementale comme suit :

> Activité qui intègre des considérations d'environnement et des perceptions du milieu à la planification des projets, permettant ainsi de les réaliser tout en assurant la protection et la conservation des milieux de vie. Le processus permet de colliger, de traiter, d'analyser et d'interpréter les impacts afin d'évaluer l'acceptabilité environnementale des projets et de préparer les décisions et leur mise en œuvre[17].

L'optique du développement durable guide l'esprit dans lequel doit s'exercer l'évaluation environnementale. Elle indique à la fois l'horizon, l'objectif à long terme, mais aussi le caractère multidimensionnel de l'évaluation environnementale et des principes et objectifs qui s'y rattachent. En effet, cette perspective dicte, selon le ministère, une nette préoccupation pour les besoins futurs lors de toutes les décisions et de toutes les actions.

Dans une perspective de développement durable, l'évaluation environnementale fait référence à l'approche la plus intégrée possible dans la gestion des ressources. Aussi cet instrument d'examen de projet repose-t-il

17. Ministère de l'Environnement et de la Faune du Québec : *http://www.mef.gouv.qc.ca.*

sur la participation du public : « [...] à cet égard, elle accorde une large place aux divers mécanismes d'information et de consultation, telles l'audience publique et la médiation environnementale. L'évaluation environnementale s'appuie ainsi sur les valeurs des individus et de la société en prenant en considération leurs opinions, leurs préoccupations, leurs réactions, de même que leurs attentes et leurs aspirations[18]. »

La participation publique

Les premières manifestations de la volonté des gouvernements occidentaux de « protéger la nature » ont d'abord pris la forme d'organismes centraux qui veillaient au respect d'une réglementation. Au Québec, on mit sur pied le Service de la protection de l'environnement en 1972 et le ministère de l'Environnement en 1979. Dès la création de ces organismes bureaucratiques centraux, les problèmes opérationnels et le fait que la majorité des « controverses » environnementales se posaient localement ont obligé à une certaine déconcentration des moyens d'action et entraîné le recours à des mécanismes d'arbitrage. Aussi la recherche de consensus s'est-elle imposée comme le seul moyen de mener à bien les dossiers. À la fin des années 1970, le Bureau d'audiences publiques sur l'environnement (BAPE) a été mis en place pour instituer des rapports entre les autorités publiques et la société civile en matière de décisions environnementales. La consultation publique visait à diminuer les recours en justice en permettant aux intéressés de participer à une discussion publique. En revanche, la stratégie des audiences publiques entraîne des inconvénients sérieux, à savoir leur durée, leur coût et la difficulté d'identifier des « voies d'harmonisation » dans les discours d'intervenants porteurs de visions peu comparables[19].

Au Québec, l'application de la *Loi sur la qualité de l'environnement* a eu pour effet que, depuis une dizaine d'années, les projets qui touchaient nos milieux de vie faisaient l'objet de consultations[20], avec ce résultat qu'on assiste depuis la fin des années 1980 à une multiplication des audiences publiques, voire des médiations qui réunissaient plus étroite-

18. *Idem.*
19. Lepage, L. « Le malentendu mal entendu : les multiples langages autour du projet hydro-électrique Grande-Baleine » dans : J.F. Chanlat, *Actes du colloque international Entreprises et sociétés*, CD-ROM / HEC, septembre 1996.
20. *Rapport annuel du Bureau d'audiences publiques sur l'environnement 1993-1994.* Le budget annuel du BAPE est de 6 108 900 $, l'effectif du Bureau est de 62 employés dont 35 permanents. Pour la période 1993-1994, le BAPE a mené 45 projets dont 17 périodes d'information et de consultation publique et 16 audiences publiques.

ment encore les protagonistes d'une controverse environnementale. Cependant, le MEF semble indiquer, dans sa nouvelle démarche de déréglementation, qu'à l'avenir seuls les « grands » projets seront soumis à l'exercice de la consultation publique.

Ces audiences publiques visent à faire entendre les points de vue sur un projet. Officiellement, il s'agit d'un service que l'État demande au public pour l'aider à prendre une décision en connaissance de cause et pour favoriser un rapport harmonieux entre le développement économique et la protection de la qualité de l'environnement.

Il s'agit donc d'un exercice d'aide à la décision qui repose essentiellement sur le discours oral ou écrit d'un promoteur, nécessairement, et, disons, des acteurs touchés. Dans les faits, on constate qu'il s'agit pour le promoteur d'une occasion de tenter de convaincre du bien-fondé de son projet et, pour les autres acteurs, de dire qui ils sont et, partant, quels sont leurs intérêts. Avant même d'examiner le contenu d'audiences publiques, il est permis de penser qu'au départ la définition technocratique, utilitariste d'un promoteur se butera aux représentations fort différentes des opposants qui eux-mêmes ont chacun des conceptions distinctes.

Quelles difficultés doivent être surmontées pour que se concrétise ce « service que l'État demande au public pour l'aider à prendre une décision en connaissance de cause et pour favoriser un rapport harmonieux entre le développement économique et la protection de la qualité de l'environnement[21] » ?

À l'enseigne du volontarisme typique de l'action gouvernementale, on donne la parole aux « intéressés », de façon que toutes les opinions soient exprimées, qu'elles soient pour ou contre le projet envisagé. Cela dans le but de produire un avis équilibré qui tiendrait compte de l'ensemble des préoccupations exprimées. C'est en tenant compte des témoignages des citoyens, de la proposition du promoteur et des avis des experts, que le Bureau d'audiences publiques sur l'environnement (BAPE) aura à découvrir des façons d'harmoniser les diverses positions et même à soumettre, le cas échéant, une expertise nouvelle[22]. Or, si l'objectif de la démarche est clair, les sous-entendus de cette opération délicate qui

---

21. *L'examen public : ni judiciaire, ni politique, un forum essentiel pour l'avenir de l'environnement.* Rapport concernant la réforme des procédures d'audiences publiques du processus d'examen des évaluations environnementales. Canada, Bureau fédéral d'examen des évaluations environnementales, 1988, p. 12.

22. *Le Bureau d'audiences publiques sur l'environnement et la gestion des conflits, Bilan et perspectives.* BAPE, Québec, 1986.

consiste à recueillir, à trier, à analyser et à soupeser les prises de position des uns et des autres sont pour le moins problématiques.

Selon certains chercheurs, il s'agit souvent d'un véritable conflit culturel, où les valeurs communautaires et les intérêts privés comptent autant que les preuves scientifiques[23].

La diversité des réactions, voire des perceptions des risques environnementaux, soulève le dilemme de l'improbable rencontre des points de vue des experts avec les expériences et les intérêts des citoyens. Il s'agit d'un conflit entre les valeurs dites scientifiques d'objectivité et d'efficacité et les valeurs dites démocratiques de participation, d'inclusion dans le processus décisionnel[24].

LA RÉGULATION DES SYSTÈMES-ACTEURS ET LA GESTION DE L'ENVIRONNEMENT

> La réalisation de grands projets d'aménagement met face à face des acteurs qui relèvent de trois types différents : un État centralisé prolongé par une administration territorialisée, ou une entreprise publique [ou privée], qui décide de l'opportunité des travaux pour développer une infrastructure (autoroute, tunnel, barrage, etc.); des élus locaux attachés aux intérêts des administrés (agriculteurs, commerçants, etc.) [...]; des associations qui, pour consolider leur base sociale, s'évertuent à critiquer le projet au nom de l'environnement. Quelles que soient les références à la nature de part et d'autre, n'est-ce pas toujours au même affrontement d'acteurs dotés d'intérêts divergents que conduit le lancement d'un projet d'aménagement[25].

Plus encore que dans les secteurs d'intervention tels l'éducation et la santé, la gestion de l'environnement se révèle hypersensible à l'opinion publique et aux groupes de pression. La mise en relation des acteurs touchés par un problème écologique, les règles qui régissent leurs oppositions, l'aménagement formel de leurs interactions sont aujourd'hui remis en cause. À la remorque du projet de régionalisation du gouvernement du Québec, la nouvelle gestion de l'environnement s'oriente résolument vers la décentralisation et, de surcroît, vers une certaine déréglementation. Ces nouvelles orientations feront que les prota-

23. K. DAKE, « Myths of Nature : Culture and the Social Construction of Risk », *Journal of Public Issues*, 1992, vol. 48, n° 4, 21-37.
24. G. CVETKOVICH, T.C. EARLE, « Environmental Hazards and the Public », *Journal of Public Issues*, 1992, vol. 48, n° 4, 1-20.
25. LAFAYE, C., et THÉVENOT, L., « Une justification écologique », *Revue française de sociologie*, xxxiv, 1993, p. 497.

gonistes eux-mêmes supporteront encore plus la recherche des solutions aux crises environnementales.

Le dilemme centralisation/décentralisation

Les limites des approches conventionnelles basées sur la réglementation, la technique et la sanction et les succès mitigés de la consultation publique ont amené les responsables politiques à considérer une nouvelle stratégie. Aujourd'hui figure à l'ordre du jour du ministère de l'Environnement et de la Faune une véritable décentralisation « politique ». Ce changement de cap pose clairement un dilemme centralisation/décentralisation qui dépasse la seule question de l'efficacité. Cette décision politique soulève plusieurs paradoxes quant à la détermination et à la régulation même des enjeux environnementaux. Est-il préférable de confier la gestion nationale de l'environnement à un organisme central fort ou ne vaut-il pas mieux déléguer cette même mission nationale à des systèmes politico-administratifs locaux ? Les groupes écologistes disputent souvent de la façon de trancher ce dilemme. Les nouveaux aménagements institutionnels divisent les leaders des mouvements environnementalistes et écologistes[26].

À l'enseigne du principe de subsidiarité, le gouvernement du Québec met en place des instances régionales chargées de planifier et de gérer, avec l'aide des ministères et des organismes gouvernementaux, le développement des régions. Dans la foulée de cette volonté régionaliste du gouvernement du Québec, le MEF a mis en œuvre une politique de reconnaissance et de financement des conseils régionaux de l'environnement. Dans sa nouvelle version, ces lieux de concertation se grefferont à un ensemble d'organismes régionaux existant déjà : les conseils régionaux de développement, les municipalités régionales de comté, les municipalités et bientôt les conseils de gestion de bassin versant. Ce nouvel agencement institutionnel est déjà en place. De plus, le maître mot « concertation » est bien repris en région. Les fonctionnaires régionaux, les promoteurs, les groupes et les élus locaux ont donc déjà pris acte de la nouvelle configuration du système régional de gestion de l'environnement. Une première étude exploratoire réalisée à l'été 1996 dans l'un des derniers conseils régionaux de l'environnement à voir le jour nous a permis d'entrevoir les bouleversements que représente cette décision publique. Plusieurs acteurs locaux cherchent à se positionner, à faire partie du jeu. Quelles

26. MERCIER, Jean, « Paradoxes et contradictions dans les propositions écologistes », *Politique*, n° 25, hiver 1994.

sont les répercussions de la décentralisation sur les représentations, l'émergence et la résolution des enjeux environnementaux ? Quelles seront les conséquences de cette politique de décentralisation sur la gestion des controverses environnementales ?

La régionalisation de la gestion de l'environnement, voire les nouveaux aménagements institutionnels obligent les acteurs « traditionnellement » touchés par la protection de la nature à s'immiscer plus concrètement dans les dynamiques socio-politiques locales. L'implication des élus, les règles de financement des conseils régionaux de l'environnement, les enjeux sociaux et économiques qui priment dans une région donnée sont autant de facteurs qui influenceront l'allure des systèmes de concertation. Comment se jouera la concertation chez les acteurs individuels et collectifs qui font déjà partie des systèmes politico-administratifs en région (les MRC, les CRD, les bureaux régionaux des ministères, les élus, etc.) ?

CONCLUSION

La résolution des problèmes environnementaux soulève la question du choix judicieux d'un cadre d'analyse. Il est parfois tentant d'adopter la perspective institutionnelle, voire de s'attarder sur les structures formelles qui relient les acteurs et de les considérer comme déterminantes. D'autres s'intéresseront à une controverse environnementale en négligeant l'organisation pour porter leur attention sur les logiques affectives, les engagements personnels, les référents idéologiques.

Le mouvement écologique ne relève pas seulement de l'engagement spontané et du foisonnement informel, pas plus qu'une organisation économique ne renvoie qu'à l'instrumentalité ou n'est réductible qu'à son ordre formel[27]. Pour dépasser ces visions trop « institutionnelles » ou, inversement, trop centrées sur les caractéristiques des « individus », nous devons nous attarder au jeu des acteurs, à l'organisation de l'action collective. Les aménagements institutionnels représentent un cadre de jeu partiellement contraignant dans lequel s'expriment la liberté relative, les stratégies et les volontés de la constellation d'acteurs de la chose environnementale en région. Il faut se demander comment ils arrivent à former un système d'action, comment s'opère l'intégration de leurs représentations des enjeux environnementaux et par quelles médiations ils arrivent à des compromis.

---

27. FRIEDBERG, E., *Le pouvoir et la règle*, Paris, Seuil, 1993.

La grille d'analyse proposée dans ce texte nous conduit à la conclusion suivante : c'est autour des contraintes organisationnelles, des règles formelles édictées par les organismes centraux et régionaux, et grâce au jeu des acteurs (avec leurs engagements, leurs valeurs et leurs intérêts) que se construira la nouvelle gestion de l'environnement. La construction et le maintien d'un minimum d'ordre ou de régulation dans le champ d'action que représente la « protection de la nature » passe à notre avis par la création de nouvelles interdépendances entre des acteurs pourtant « conflictuels » dans le respect de leurs différentes valeurs et représentations.

BIBLIOGRAPHIE

BOARDMAN, Robert (1992). *Canadian Environmental Policy : Ecosystems, Politics and Process*, Toronto, Oxford University Press.

CROZIER, M. et E. FRIEDBERG (1977). *L'acteur et le système*, Paris, Seuil.

CVETKOVICH, G. et T.C. EARLE (1992). « Environmental Hazards and the Public », *Journal of Public Issues*, vol. 48, n° 4, p. 1-20.

DAKE, K. (1992). « Myths of Nature : Culture and the Social Construction of Risk », *Journal of Public Issues*, vol. 48, n° 4, p. 21-37.

ECKERSLEY, Robyn (1992). *Environmentalism and Political Theory*, State University of New York Press, Albany.

FRIEDBERG, E. (1993). *Le pouvoir et la règle*, Paris, Seuil.

GUAY, L., L. IMBEAU, V. LEMIEUX et J. MERCIER (1991). *La dynamique sociopolitique de la réaction « pas dans ma cour » : problématique de recherche pour le cas du Québec*, Cahier 91-93, GERPE, Université Laval, février.

GUAY, L. (1994). « La dégradation de l'environnement et l'institutionnalisation de sa protection », *Traité des problèmes sociaux*, INQRS.

KEMPT, Hervé (1991). *L'économie à l'épreuve de l'écologie*, Paris, Hatier.

LAFAYE, C. et L. THÉVENOT (1993). « Une justification écologique », *Revue française de sociologie*, xxxiv.

LASCOUMES, P. (1994). *L'éco-pouvoir*, Paris, La découverte.

LEPAGE, L. (1996). « Le malentendu mal entendu : les multiples langages autour du projet hydro-électrique Grande-Baleine » dans : J.F. CHANLAT, *Actes du colloque international Entreprises et sociétés*, CD-ROM / HEC, septembre.

LIMOGES, C. *et al.* (1993). *L'État et les préoccupations des citoyens relatives aux incidences du changement technologique*. Rapport au Conseil de la science et de la technologie du Gouvernement du Québec.

LYON, Vaughan (1992). « Green Politics : Parties, Elections and Environmental Policy », dans : BOARDMAN, Robert, *Canadian Environmental Policy : Ecosystems, Politics and Process*, Toronto, Oxford University Press.

MERCIER, J. (1994). « Paradoxes et contradictions dans les propositions écologistes », *Politique*, n° 25, hiver.

PRADES, José, A. (1995). *L'éthique de l'environnement et du développement*, Presses universitaires de France (Que sais-je, # 2967).

RIVEST, R.L. et M.A. THOMAS (1995). *La loi sur la qualité de l'environnement et sa réglementation annotées*, Cowansville, Les éditions Yvon Blais.

YERGEAU, M. (1988). *Loi sur la qualité de l'environnement : texte annoté*, Montréal, Société québécoise d'information juridique.

Les auteurs

Julien Bauer

Julien Bauer enseigne l'administration publique au département de science politique de l'Université du Québec à Montréal. Il est détenteur d'un doctorat en science politique de la Sorbonne. Son enseignement porte majoritairement sur les organismes décisionnels et centraux du secteur public. Ses intérêts de recherche sont principalement les minorités au Québec, la concertation et la consultation, la politique et la religion ainsi que le judaïsme. Il a écrit plusieurs articles et livres dont le plus récent est *La nourriture cacher* publié, en 1996, dans la très célèbre collection « Que sais-je ? » des Presses universitaires de France.

Jean-Pierre Beaud

Jean-Pierre Beaud est professeur au département de science politique de l'Université du Québec à Montréal. Il a obtenu son doctorat à l'Université Laval. Depuis plusieurs années, ses recherches portent principalement sur l'histoire des institutions et des pratiques statistiques. Il a publié sur ce sujet de nombreux articles (en collaboration avec Jean-Guy Prévost), notamment dans *The Canadian Historical Review, La Revue canadienne de science politique* et *Canadian Ethnic Studies.* Il s'intéresse également aux partis politiques et a co-dirigé (avec J.-G. Prévost) la publication de *La social-démocratie en cette fin de siècle* (Presses de l'Université du Québec, 1995).

Michel G. Bédard

Michel G. Bédard est professeur à l'École des sciences de la gestion de l'Université du Québec à Montréal. Ses intérêts d'enseignement et de recherche sont l'analyse des décisions stratégiques, la culture organisationnelle, le profil des administrations dans le contexte des entreprises privées ou publiques, la privatisation des entreprises publiques, la pédagogie universitaire dans le secteur des sciences administratives et les théories des organisations. Michel G. Bédard est récipiendaire, en 1993, du « Best Paper Award », section Stratégie et Politique, décerné par l'Association des sciences administratives du Canada.

Afef Benessaieh

Afef Benessaieh est candidate à la maîtrise au département de science politique de l'Université du Québec à Montréal. Elle travaille sur la problématique des effets sociaux du commerce au sein du Groupe de recherche sur l'intégration continentale (GRIC) dirigé par le professeur Christian Deblock.

André Bernard

André Bernard est professeur au département de science politique de l'Université du Québec à Montréal. Il est l'auteur de plusieurs livres, notamment *La politique au Canada et au Québec, What Does Quebec Want ?*, *Québec : élections 1976, Systèmes parlementaires et modes de scrutin, Politique et gestion des finances publiques, Problèmes politiques : Canada et Québec, Les institutions politiques au Québec et au Canada* et, paru en 1996, *La vie politique au Québec et au Canada.*

Luc Bernier

Luc Bernier est professeur à l'École nationale d'administration publique depuis 1991. Il a auparavant enseigné à l'Université Concordia après avoir terminé, en 1989, son doctorat en science politique à l'Université Northwestern. Il a publié en 1996 *De Paris à Washington, la politique internationale du Québec*. Il a participé à de nombreux ouvrages portant sur l'administration publique québécoise en général et sur les sociétés d'État en particulier. Il est coauteur de *The Quebec Democracy* (avec Guy Lachapelle, Gérald Bernier et Daniel Salée) et de *L'Administration publique* avec Carolle Simard. Ses sujets de recherche sont les entreprises publiques, leur privatisation, l'analyse des politiques publiques, les réformes administratives et la transformation de l'État.

Jacques Bourgault

Docteur d'État de la Sorbonne (IEP) en administration publique, Jacques Bourgault est aussi avocat; il est professeur au département de science politique de l'Université du Québec à Montréal et professeur associé à l'École nationale d'administration publique. Il a aussi enseigné au doctorat à l'Université de Montréal et à la maîtrise à l'École des Hautes études commerciales. Il mène des recherches et des consultations, et a publié dans les domaines de l'évaluation du rendement, de la haute fonction publique et de la réforme de la gestion. Il a siégé à de nombreux conseils d'administration (UQAM et CCG) et présidera, en 1997-1998, l'Institut d'administration publique du Canada après en avoir présidé ses comités de la recherche et des activités internationales.

Christian Deblock

Christian Deblock est professeur au département de science politique de l'Université du Québec à Montréal. Il détient un Ph.D. en économie de l'Université de Montréal. Son enseignement et ses travaux de recherche s'effectuent principalement en économie politique, notamment sur les questions de l'économie politique des relations internationales et de l'intégration économique régionale. Il est l'auteur de nombreux articles, chapitres de livres et rapports de recherches. Il a récemment codirigé avec Claude Émeri un ouvrage intitulé *Du libre-échange à l'intégration politique. La France dans l'Union européenne, le Québec dans l'ALENA*. Christian Deblock anime le Groupe de recherche sur l'intégration continentale.

André Donneur

André Donneur est professeur de relations internationales au département de science politique de l'Université du Québec à Montréal. Il a reçu un doctorat de l'Institut universitaire des hautes études internationales de Genève en 1967. Il est l'auteur de nombreux écrits dont les plus récents sont *Les forces transnationales* (Guérin, 1996), *La politique extérieure du Canada, 1995 : un tournant de la politique étrangère et de la défense* ainsi que *Une nouvelle politique étrangère canadienne : internationalisme libéral ou néolibéral* (codirecteur avec Onnig Beylerian). En plus de sa carrière universitaire, André Donneur a à son actif un séjour au ministère des Affaires extérieures du Canada.

André Girard

André Girard est professeur à l'Université de Montréal. Il a obtenu son doctorat en administration de l'éducation à l'Université Laval. Depuis 1968, il a donné des cours, encadré des étudiants gradués, fait des recherches et publié sur le développement des systèmes d'éducation d'Amérique, d'Europe, d'Afrique et d'Asie. Il a été, de 1974 à 1989, le directeur-fondateur de la Revue des sciences de l'éducation, qui regroupe les 18 départements et facultés francophones d'éducation dans 7 provinces canadiennes.

Daniel Holly

Daniel Holly est professeur au département de science politique de l'Université du Québec à Montréal. Il est titulaire d'un Ph.D. en relations internationales de l'Université de Denver. Ses intérêts sont les organisations internationales et l'économie politique des relations internationales. Il est l'auteur de plusieurs articles sur les Nations Unies et d'un ouvrage sur l'UNESCO. Il est aussi l'auteur de *Le système mondial* (avec Thierry Hentsch et Pierre-Yves Soucy). Il termine actuellement une recherche sur l'Organisation des Nations Unies pour le développement industriel.

Laurent Lepage

Laurent Lepage a obtenu un doctorat du Cycle supérieur de sociologie de l'Institut d'études politiques de Paris en 1984 sous la direction de Michel Crozier. Il enseigne la théorie et l'analyse des organisations au département de science politique de l'Université du Québec à Montréal depuis 1979. Membre de l'Institut des sciences de l'environnement de cette université, il poursuit des recherches sur la politique et la gestion de l'environnement. Ses derniers travaux portent sur la résolution des controverses environnementales dans le contexte de la déréglementation et de la régionalisation au Québec.

Jacques Léveillée

Jacques Léveillée détient un Ph.D. en science politique de l'Université de Montréal. Il est professeur au département de science politique de l'Université du Québec à Montréal depuis 1972. Ses enseignements sont en analyse politique et en administration publique. Ses recherches portent sur le système municipal et régional québécois et sur la région montréalaise. Il a complété son expertise sur cette question par un séjour de quelques années au sein de l'administration municipale montréalaise.

Fanny Marcoux

Fanny Marcoux est candidate à la maîtrise au département de science politique de l'Université du Québec à Montréal. Elle vient de déposer un mémoire qui traite des relations commerciales du Chili dans le cadre de l'ALENA. Elle participe aux travaux du Groupe de recherche sur l'intégration continentale (GRIC).

Jean-Guy Prévost

Jean-Guy Prévost est professeur au département de science politique de l'Université du Québec à Montréal depuis 1990, année où il y a obtenu son doctorat. Depuis plusieurs années, ses recherches portent en bonne partie sur l'histoire des institutions et des pratiques statistiques. Il a publié sur ce sujet de nombreux articles (en collaboration avec Jean-Pierre Beaud), notamment dans *The Canadian Historical Review, La Revue canadienne de science politique* et *Canadian Ethnic Studies*. Il enseigne l'histoire des idées politiques et a publié en 1995 *De l'étude des idées politiques* (Presses de l'Université du Québec).

Carolle Simard

Carolle Simard est professeur de science politique et d'administration publique à l'Université du Québec à Montréal. Elle détient un doctorat en sociologie des administrations de l'Institut d'études politiques de Grenoble (France). Ses intérêts de recherche sont les changements administratifs, l'administration et l'immigration et l'équité en emploi. Elle a notamment publié avec Luc Bernier *L'administration publique* (Boréal, 1992), « Les minorités visibles et le système politique canadien » dans un ouvrage dirigé par K. Mergyery pour la Commission royale sur la réforme électorale et *Cette impolitesse qui nous distingue* (Boréal, 1994).

Pierre P. Tremblay

Pierre P. Tremblay est professeur d'administration publique au département de science politique de l'Université du Québec à Montréal. Il a obtenu un Ph.D en science politique de l'université de Montréal. Il est venu à l'enseignement et à la recherche après un séjour de 15 ans dans le secteur public tant sur la scène fédérale que sur la scène québécoise. Ses principales recherches portent sur le thème général des relations entre le citoyen et l'État ainsi que sur la question des politiques budgétaires et fiscales au Canada et au Québec. Il a dirigé ou codirigé plusieurs ouvrages dont *Gérer et réussir le changement dans les organisations* et *L'impact référendaire* (avec Guy Lachapelle et John Trent). Il a publié *La politique fiscale : à la recherche du compromis* pour lequel il a obtenu, en 1996, le prestigieux prix Coopers et Lybrand pour le livre d'affaires. Il est aussi l'auteur avec Guy Lachapelle d'un ouvrage intitulé *Le contribuable : héros ou malfaiteur* (Presses de l'Université du Québec, 1996).

Achevé d'imprimer en août 1997 chez
VEILLEUX
IMPRESSION À DEMANDE INC.
à Boucherville, Québec

34.20 $